제 3 판

소장 답변서
준비서면 내용증명

법무사 조 순 구

Law BUB 법률&출판

머 리 말

“소(訴)” 라 함은 원고가 피고를 상대로 법원에 권리보호를 요구하는 당사자의 신청을 말합니다. 소는 판결을 목적으로 하는 소송절차의 개시형식입니다. “소가 없으면 판결이 없다” 는 말이 보여주는 바와 같이, 소송은 소를 제기함으로써 비로소 개시되며, 법원은 소로써 요구한 청구의 내용 범위에서 민사소송법에 따라 합리적이며, 합법적으로 소송절차가 공정하고 신속하며 경제적으로 진행되도록 노력하여야 하고 당사자와 소송관계인은 신의(法)에 따라 성실하게 소송을 수행하여야 합니다.

따라서 소를 제기하는 자는 소장 작성시 청구의 형태와 범위를 구체적으로 특정하여야 하며, 청구취지는 강제집행의 단계까지 고려하여 그 집행이 가능하도록 구성하여야 합니다.

그리고 소를 제기하기 전 제일 먼저 고려되어야 할 것은 충분한 사전조사입니다. 소를 제기하는 사건에 대한 승소의 가능성, 사실을 증명할 서류의 확보, 공격방법과 피고의 예상되는 방어방법, 보전처분의 필요성, 승소한 경우 강제집행실행의 가능성 등을 조사하여 그에 대처하여야 합니다. 채무자 앞으로 재산이 없다면 많은 시간과 소송비용을 들여 집행권원을 받는다 해도 아무 쓸데없는 휴지에 불과 합니다. 따라서 소송 중에 채무자가 자기재산을 타인 명의로 이전을 못하도록 가압류를 해두는 것도 생각해봐야 할 것입니다.

이 책은 제목이 “소장 · 답변서 · 준비서면 · 내용증명” 입니다. 따라서 원고가 소장을 작성하여 법원에 제출하는 절차 즉, 소가(訴價)를 산정하는 방법, 송달료 납부하는 방법, 청구취지 작성하는 방법, 청구원인 작성하는 방법 등과 피고가 답변서를 작성하는 방법, 원고 및 피고가 준비서면을 작성하는 방법에 관하여 상세히 설명하여 민사소송에 관하여 전혀 알지 못하는 초보자라도 쉽게 이해 할 수 있도록 설명하였습니다.

그리고 내용증명에 대한 작성방법을 이해함으로서 타인과 이해관계가 있을 때 그 사안을 명확히 하여 후일 상대방과의 소송에서 증거로 삼아 소송을 승소할 수 있도록 내용증명도 실었습니다.

앞으로 부족한 내용, 보완해야 할 사안들은 계속 수정, 보완하여 더욱 완벽하고 알찬 내용의 책이 될 수 있도록 꾸준히 노력할 것을 약속드립니다.

아무쪼록 이 책이 업무자료집으로써 실무자 분들에게 조금이나마 도움이 되어 주길 바라며 많은 격려와 지도편달을 바라겠습니다.

2019. 8. 10 .

저자 조 순 구

주 요 목 차

목 차

제1장 소의 제기절차

제1절 총 설

제2절 확인의 소(소장)

제3절 이행의 소(소장)

제4절 형성의 소(소장)

제2장 변론과 그 준비

제1절 변론의 준비절차

제2절 답 변 서

제3절 준비서면

제3장 소액소송과 독촉절차

제1절 소액소송

제2절 독촉절차

제4장 내용증명과 소멸시효

제1장 소의 제기절차

◐ 민사소송절차도

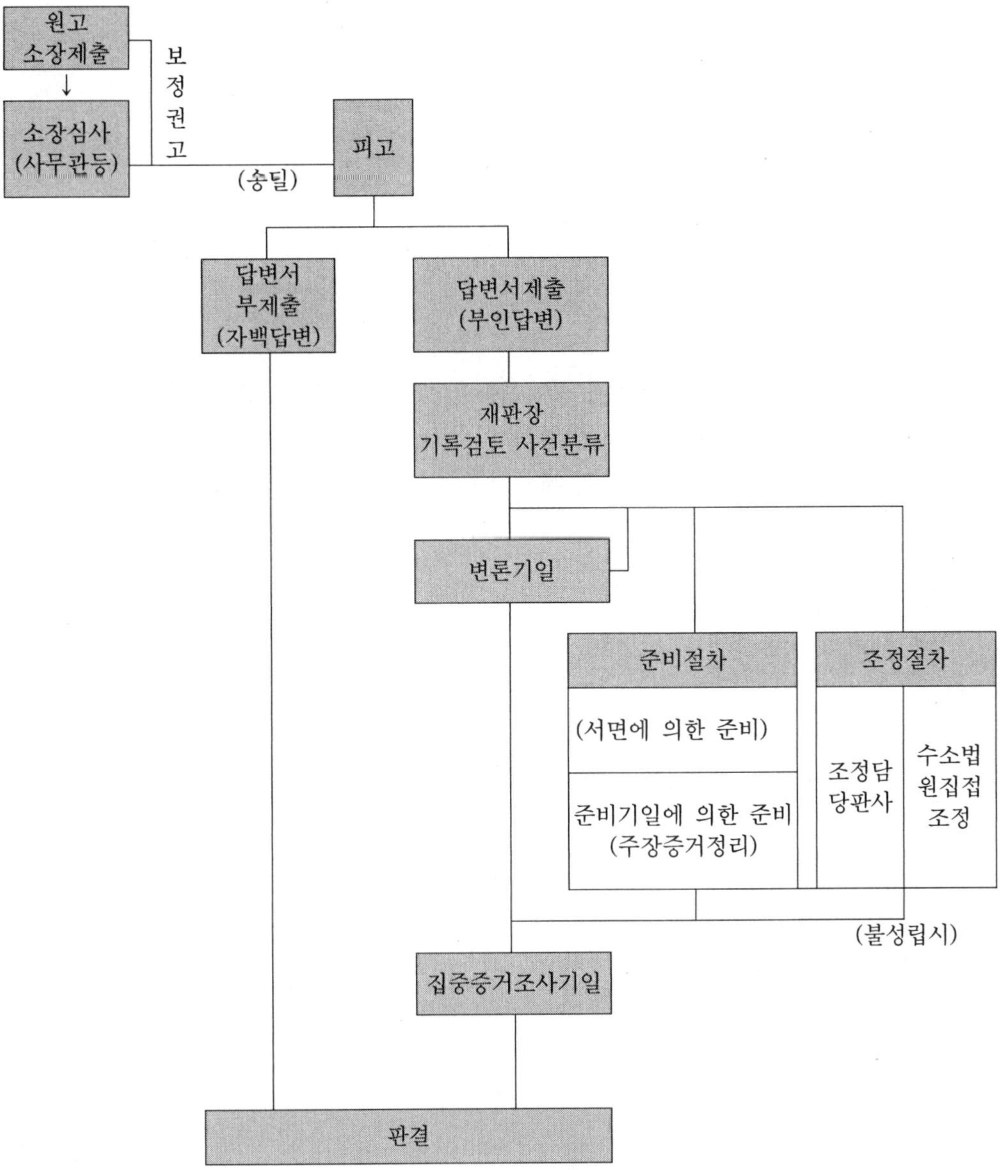

※ 판결이 선고되었다면 승소한 경우 소송비용에 대해 청구하여야하고, 경우에 따라서는 피고(채무자)의 재산에 대한 강제집행이 필요하다. 판결에 대해 불복할 경우에는 상소(항소·상고)를 제기할 수 있고, 항소는 판결문을 송달받기 전에도 할 수 있으며, 송달받은 경우 2주일 이내에 원심법원(제1심 법원)에 항소장을 제출하여야 한다.

제1절 총 설

1. 의 의

소라 함은 원고가 피고를 상대로 법원에 권리보호를 요구하는 당사자의 신청을 말한다. 소는 판결을 목적으로 하는 소송절차의 개시형식이다. 소는 원칙적으로 특정한 권리 또는 법률관계의 존부에 관한 주장이어야 하므로 단순한 사실관계에 관한 다툼은 소의 대상이 될 수 없다. 다만 증서의 진부확인을 구하는 경우(민소법 제250조)는 예외의 경우이다. 소는 청구의 성질과 내용에 따라 이행의 소, 확인의 소, 형성의 소로 구별된다.

소의 제기는 소장을 법원에 제출함으로써 한다(민소법 제248조). 소장은 우편의 방법으로 제출할 수도 있다. 소액사건에 관한 소는 법원서기의 면전에서 하는 구술에 의한 제소(소액사건심판법 제4조)가 가능하다.

2. 소장의 작성요령

가. 소장 및 기타 신청서의 규격

(1) 용지의 규격 : 소송서류의 용지는 특별한 사유가 없는 한 가로 210㎜·세로 297㎜의 종이(A4 용지)를 세워서 쓴다(민소규칙 제4조).

(2) 여백주기 : 여백은 상여백 3㎝, 좌우여백 1.5㎝, 하여백 1.5㎝이상을 두어야 한다(법원공문서 규칙 제5조 제2항).

나. 소장의 구성

소장은 ① 표제(표지), ② 당사자와 법정대리인 및 소송대리인의 성명과 주소, ③ 사건명, ④ 청구취지, ⑤ 청구원인, ⑥ 부속서류의 표시, ⑦ 작성연월일, ⑧ 원고 또는 원고소송대리인의 성명과 날인, ⑨ 법원의 표시 등으로 이루어진다.

(1) 소장표지의 예

소 장

사건명 : 대여금청구의 소

원 고 : 김 정 수(00000-0000000)
서울시 서초구 서초대로 123길 4
연락처 011-123-4563 팩스 02-596-0123

피 고 : 이 진 명(00000-0000000)
서울시 서초구 서초대로 456길 4
연락처 010-523-4563 팩스 02-456-0123

소 가 : 금 10,000,100원
첩부인지액 : 금 50,000원
송 달 료 : 금 35,500원

인지첩부란

서울중앙지방법원 귀중

<주> 소장은 표지를 작성하여 제출하여야 하며, 표제는 소장이라고 기재한다.

(2) 소장내용의 예

소 장

원고 김 정 수(000000-0000000)
서울시 서초구 서초대로 123길 4(우편번호 : 14267)
휴 000-0000, 집 000-0000, 사 000-0000, 팩스 000-000

피고 이 진 명(000000-0000000)
현재 소재불명, 가족전화 000-0000,
최후주소 서울 서초구 서초대로 456길 4 (우편번호 : 14267)

대여금청구의 소

청 구 취 지

……………………………

……………………………

청 구 원 인

……………………………

……………………………

입 증 방 법

1.………………

1.………………

첨 부 서 류

1.……………… 1 통

1.……………… 1 통

20○○. . .

위 원고 소송대리인
변호사 김 동 호 (인)

서울중앙지방법원 귀중

다. 소장의 기재사항

(1) 당사자 및 대리인 등의 표시

자연인인 경우에는 주소와 성명을, 회사인 경우에는 본점소재지와 상호를, 기타의 법인인 경우에는 주사무소와 명칭을 기재한다. 영업소나 또는 사무소의 소재지를 관할 법원으로 하는 소인 경우에는 영업소 또는 사무소를 병기한다. 당사자의 주소, 본점, 영업소, 사무소의 소재지의 기재는 될 수 있는 한 상세히 기재한다. 국가나 지방공공단체가 당사자인 경우에는 주소를 기재하지 않아도 된다.

재판서 양식에 관한 예규(재일 2003-12)에 의하면, 재판서 양식에 당사자의 한글 이름 다음에 주민등록번호를 기재하며, 주민등록번호를 알 수 없는 경우에는 한자성명을 병기하도록 되어 있다. 따라서 소장의 당사자표시에도 주민등록번호가 기재되도록 하여야 할 것이다. 또한 당사자 표시에 있어서는 주소뿐 아니라 전화번호(특히, 집 전화번호 이외에도 일과 중 전화가 가능한 사무실 전화번호 또는 휴대폰 번호), 팩스번호, e-mail 주소가 필수적으로 기재되어야 한다(민소규칙 제2조). 이는 새로운 민사소송진행절차에 있어서 각 단계별로 당사자 또는 대리인에 대한 통지를 우편송달의 방법에 국한하지 아니하고 전화, 팩스, e-mail 등 다양한 통지방법을 강구할 필요가 있기 때문이다. 또한 소장에는 소송대리인의 성명과 주소를 기재하여야 하는데, 당사자 표시와 마찬가지로 소송대리인의 전화번호, 팩스번화, e-mail. 주소 등을 함께 기재하도록 한다. 당사자 또는 대리인이 법원에 그 주소 또는 연락처를 적은 서면을 제출한 때에는 그 이후에 제출하는 서면에는 주소 또는 연락처를 적지 아니하여도 된다(민소규칙 제2조).

당사자 표시는 원·피고·참가인 또는 피고인등 다음에 한글성명은 석자 간격을 두고 쓰고 한 자 띄어 괄호하고 그 안에 한자를 병기한다. 그러나 반드시 한자를 병기하여야 하는 것은 아니고 혼동이 우려될 때 한자를 기재하고 있다.

주소는 특별시, 직할시는 "서울", "부산", "대구", "광주" 등으로 도는 "강원", "경기", "경북", 등으로 표시하고 시는 도 표시를 하지 아니한다. 읍에는 소속군을 기재하되 군과 읍의 명칭이 같은 경우(예, 강원 양구군 양구읍에는 군의 표시를 기재하지 아니한다. 또한 번지에는 "번지"를 생략한다. 예, 강원 고성군 간성읍 고성리 312의 7

주소의 기재는 위 당사자 성명 아래 첫 자에서부터 시작하여 기재한다. 주소가 없거나 알 수 없는 때에는 거소를 기재하고 거소도 없거나 알 수 없는 때에는 "주소불명"이라 기재하고 아울러 최후주소를 기재한다. 이 경우에는 공시송달의 방법에 소송이 진행된다. 따라서 주소의 기재에 있어서는 송달을 염두에 두어야 하므로 통·반을 알 수 있으면 통·반도 기재하고 빌딩의 이름·호실이나 아파트의 동·호수, 우편번호까지도 함께 기재하여 두는 것이 좋다.

① 소재불명인 경우

원 고	이 종 대(000000-0000000) 서울 도봉구 도봉로 123길 2(우편번호 : 14267) 휴 000-0000, 집 000-0000, 사 000-0000, 팩스 000-000
피 고	정 준 화(000000-0000000) 최후주소 서울 강북구 번동로 123길 2 (우편번호 : 14267) 현재 소재불명, 가족전화 000-0000

② 동일한 지위에 있는 피고가 다수인 때

피고	1. 정 준 화 (000000-0000000) 서울 강북구 번동로 123길 2 (우편번호 : 14267) 휴 000-0000, 집 000-0000, 사 000-0000, 팩스 000-000 2. 양 윤 수 (000000-0000000) 서울 노원구 상계로 123길 2 (우편번호 : 14267) 휴 000-0000, 집 000-0000, 사 000-0000, 팩스 000-000

③ 당사자가 가족등록부상의 성명 이외에 이명, 통칭, 예명 등을 사용하는 때

피고	정 준 화(000000-0000000) 일명 용팔이(◇◇◇) 서울 강북구 번동로 123길 2 (우편번호 : 14267) 휴 000-0000, 집 000-0000, 사 000-0000, 팩스 000-000

④ 당사자가 법인이나 기타 단체일 때

피고	대우산업(大宇産業) 주식회사 대표이사 김강용 서울 강북구 번동로 123길 2(우편번호 : 14267) 법인등기부상 주소 서울 노원구 상계로 123길 2(우편번호 : 22467) 휴 000-0000, 집 000-0000, 사 000-0000, 팩스 000-000

⑤ 주민등록상의 주소와 실제거주지가 다를 때

피고	정 준 화(000000-0000000) 서울 강북구 번동로 123길 2(우편번호 : 14267) 주민등록상 주소 서울 노원구 상계로 100-1 송달장소 서울 강북구 수유로 123길 1(우편번호 : 14267) 휴 000-0000, 집 000-0000, 사 000-0000, 팩스 000-000

⑥ 법인의 상호가 변경되었는데 부동산등기부에는 종전의 상호로 표시된 채 존속하는 때

피고	대우산업(大宇産業) 주식회사 대표이사 한 성 수 구 상호(또는 변경전 상호) 강북산업주식회사

⑦ 파산관재인·정리회사관리인·유언집행자 등

제3자가 일정한 자격에 의하여 당사자가 된 경우에는 당사자의 표시란에 그 자격을 표시하여야 한다. 예컨대, 파산관재인(채무자회생 및 파산에 관한 법률 제355조), 유언집행자(민법 제1101조), 상속재산관리인(민법 제1053조), 직무상의 당사자(검사, 민법 제849조, 제864조, 제865조), 후견인(민법 제848조 1항), 선장(상법 제859조 2항) 등이다. 그러나 다음의 경우에는 제3자의 소송담당관계를 당사자의 표시란에 기재하지 않고 단순히 그 제3자인 당사자의 성명, 주소만을 기재하는 것이 실무관례이다. 예컨대 ① 채권자 대위권을 행사하는 채권자(민법 제404조), ② 추심명령을

얻어 추심권을 행사하는 채권자(민사집행법 제238조), ③ 질권의 목적인 채권을 행사하는 질권자(민법 제353조), ④ 대표소송에 의하여 이사의 회사에 대한 책임을 추궁하는 소를 제기한 주주(상법 제403조)의 경우이다.

⊙ 파산관재인

원고 파산자 이종대의 파산관재인 김윤장(000000-0000000) 휴 000-0000, 집 000-0000, 사 000-0000, 팩스 000-000

⊙ 정리회사

원고 정리회사 대신주식회사의 관리인 김용태(000000-0000000) 휴 000-0000, 집 000-0000, 사 000-0000, 팩스 000-000

⊙ 유언집행자

원고 망 이강훈의 유언집행자 조용필(000000-0000000) 휴 000-0000, 집 000-0000, 사 000-0000, 팩스 000-000

⊙ 상속재산관리인

피고 이종대 망 김윤장의 상속재산관리인 주윤발(000000-0000000) 휴 000-0000, 집 000-0000, 사 000-0000, 팩스 000-000

⑧ 법정대리인

미성년자, 금치산자 한정치산자등 소송무능력자가 당사자인 경우에는 법정대리인인 친권자 부와 모, 또는 후견인의 주소와 자격, 성명을 기재한다. 법정대리인 표시는 당사자의 표시 아래에 소송법상 및 실체법상의 대리자격을 표시하여 성명과 주소를 기재한다. 그러나 법정대리인의 주소가 본인의 주소와 같거나 본인의 변호사가 선임되어 있는 때에는 법정대리인의 주소를 기재할 필요가 없다.

예 1)

원고 이 종 대 (000000-0000000)
서울 도봉구 도봉로 123길 2(우편번호 : 14267)
금치산자이므로
법정대리인 후견인 강 동 수 (000000-0000000)
서울 강남구 신사로 111길 1(우편번호 : 14267)
휴 000-0000, 집 000-0000, 사 000-0000, 팩스 000-000

예 2)

원고 이 종 대 (000000-0000000)
서울 도봉구 도봉로 123길 2(우편번호 : 14267)
미성년자이므로
법정대리인 친권자 부(父) 강동수, 모(母) 이영희
소송대리인 변호사 김철수
서울 강남구 신사로 111길 1(우편번호 : 14267)
사 000-0000, 팩스 000-000

예 3)

원고 이 종 대(李 ◇ ◇)
현재소재불명
최후주소 서울 도봉구 도봉로 123길 2 (우편번호 : 14267)
부재자이므로 법정대리인 재산관리인 강동수(000000-0000000)
서울 강남구 신사로 111길 1(우편번호 : 14267)
휴 000-0000, 집 000-0000, 사 000-0000, 팩스 000-000

⑨ 특별대리인이 선임된 경우(민법 제921조, 민사소송법 제62조)

피고	이 종 대 (000000-0000000)
	서울 도봉구 도봉로 123길 2(우편번호 : 14267)
	특별대리인 변호사 강동수
	서울 강남구 신사로 111길 1(우편번호 : 14267)
	사 000-0000, 팩스 000-000

⑩ 법인 등의 대표자

㉠ 법인, 사단, 재단의 경우

예 1)

원고	현대건설 주식회사(◇◇建設 株式會社)
	대표이사 조용필
	서울 도봉구 도봉로 123길 2 (우편번호 : 14267)
	휴 000-0000, 집 000-0000, 사 000-0000, 팩스 000-000

예 2)

원고	강북지구개발추진위원회
	대표자 회장 장동군
	서울 도봉구 도봉로 123길 2 (우편번호 : 14267)
	휴 000-0000, 집 000-0000, 사 000-0000, 팩스 000-000

예 3)

원고	평택임씨 갈곡공파 종중
	대표자 도유사 임동근
	서울 도봉구 도봉로 123길 2 (우편번호 : 14267)
	휴 000-0000, 집 000-0000, 사 000-0000, 팩스 000-000

㉡ 당사자가 국가, 지방자치단체일 때

예 1)

피고	대한민국
	법률상 대표자 법무부장관 강윤식
	소송대리인 변호사 김 철 수
	서울 강남구 신사로 111길 1(우편번호 : 14267)
	사 000-0000, 팩스 000-000

예 2)

피고	서울특별시
	대표자 시장 강윤식
	소송대리인 변호사 김 철 수
	서울 강남구 신사로 111길 1(우편번호 : 14267)
	사 000-0000, 팩스 000-000

⑪ 소송대리인

㉠ 소송대리인이 변호사인 경우에는 반드시 "변호사" 임을 기재하고 비변호사인 경우(민소법 제96조, 소액사건심판법 제8조 제1항)에는 자격을 기재하지 아니한다.

예 1)

원고	이 종 대(000000-0000000)
	서울 성동구 행당로 10길 3
	소송대리인 변호사 김갑순
	서울 서초구 서초로 15길 1(우편번호 : 14267)
	사 000-0000, 팩스 000-000

예 2)

원고 1. 이 종 대
서울 성동구 행당로 190길 6
2. 김 순 자
서울 서초구 서초로 15길 1
원고들 소송대리인 변호사 김윤복
서울 서초구 서초로 15길 1(우편번호 : 14267)
사 000-0000, 팩스 000-000

㉡ 상법상의 지배인, 농업협동조합의 전무와 상무, 국가를 당사자로 하는 소송에 있어서의 소송수행자, 각종 특수법인의 등기된 소송대리인은 자격, 지위 등과 함께 성명을 기재하며, 주소는 기재하지 않는다.

예 1)

원고 화천산업 주식회사
대표이사 양진호
지배인 조용구
서울 도봉구 도봉로 123길 2 (우편번호 : 14267)
휴 000-0000, 집 000-0000, 사 000-0000, 팩스 000-000

예 2)

원고 포천단위농업협동조합
대표자 조합장 이종수
법률상 대리인 상무 김일동
포천시 포천로 12길 1
휴 000-0000, 집 000-0000, 사 000-0000, 팩스 000-000

(2) 사건의 표시

예컨대, “대여금 청구의 소”라 기재한다.

(3) 청구의 취지와 법정이율

① 의 의 : 청구취지라 함은 민사소송법상 청구의 원인에 의하여 결정되는 소송물인 권리 또는 법률관계 중 어떠한 범위 또는 태양의 판결을 구하는 것인가를 명백히 표시하는 부분으로서 이는 소의 결론에 해당하는 부분이며 청구원인과 함께 소장의 필요적 기재사항이다. 청구취지에는 원고가 어떤 주문의 판결을 구하는가 그 내용(소송물), 범위 등을 간결 명확하게 하여야 한다. 소송의 유형은 청구취지에 따라 정하여지는 것이므로 청구취지는 청구의 형태와 범위를 명확히 하여 확정할 수 있도록 구체적으로 특정하여야 하며, 또한 청구취지는 강제집행의 단계까지 고려하여 그 집행이 가능하도록 구성하여야 한다. 금액인 경우에는 그 금액을 명시하여야 하고, 물건의 경우에는 그 물건이 특정되도록 구체적으로 표시하며, 법률관계인 경우에는 그 동일성을 인식할 정도로 특정하여야 한다.

② 법정지연이율 : 지연이자에 대한 법정이율은 청구취지에 기재되어야 하는데 2019. 6. 1일부터 이율이 연 15%에서 12%로 인하되었다. 법정지연이율은 법원이 돈을 지급하라고 판결했음에도 제때 이행하지 않은 채무자에게 부가되는 것이다.

금전채무 불이행으로 인한 손해배상액 산정의 기준이 되는 법정이율은 그 금전채무의 이행을 구하는 소장(訴狀) 또는 이에 준하는 서면(書面)이 채무자에게 송달된 날의 다음 날부터 연 100분의 12의 지연이자를 채무자가 부담하여야 하는 것다(소송촉진 등에 관한 특례법 제3조제1항 본문의 법정이율에 관한 규정).

이 규정 시행 당시 법원에 계속 중인 사건으로서 제1심의 변론이 종결되지 아니한 사건에 대한 법정이율은 2019년 5월 31일까지 발생한 분에 대해서는 종전의 규정에 따르고, 2019년 6월 1일 이후 발생하는 분에 대해서는 이 영의 개정규정에 따른다(소송촉진 등에 관한 특례법 부칙).

③ 소송비용 : 보통 소장의 청구취지란에 “소송비용은 피고의 부담으로 한다”라는 소송비용 부담에 관한 재판을 구하는 신청을 하고 있는바, 이는 실무상의 관행이다. 법원은 사건을 완결하는 재판을 할 때에는 반드시 직권으로 그 심급의 소송비용의 부담에 관한 재판을 하는 것이므로(민소법 제104조), 당사자에게는 법률상 소송비용

의 부담에 관한 재판을 구할 신청권이 없고, 이러한 신청은 직권의 발동을 촉구하는 의미밖에 없다.

④ 가집행선고 : 가집행선고 역시 소송비용의 경우와 마찬가지로 소장의 청구취지란에 "위 제○항은 가집행할 수 있다" 또는 "위 제○항 중 건물명도부분은 가집행할 수 있다" 고 기재하고 있으나, 이것도 실무상의 관행이다. 가집행선고는 미확정의 종국판결에 부여하는 형성적 재판으로서 법원은 상당한 이유가 없는 한 당사자의 신청유무를 불문하고 직권으로 이를 선고한다(민소법 제213조 제1항).

(4) 청구의 원인

청구의 원인이란 원고가 주장하는 권리 또는 법률관계의 성립원인을 말한다. 청구의 원인사실은 소송상의 청구를 다른 청구와 구별하여 특정시키고 혼동오인을 일으키지 않도록 기재하여야 한다. ㉠ 물권 기타의 절대적 권리(특허권, 상표권, 저작권 등의 무체재산권)를 소송물로 하는 소송에 있어서는 원칙적으로 권리의 내용, 주체 그리고 권리의 대상인 객체를 기재하면 족하나 ㉡ 저당권은 동일한 물건에 대하여 순위를 달리하여 병존할 수 있으므로 등기부의 기재에 따라 저당권의 피담보채권과 순위를 기재하여 이를 특정하여야 한다. 토지를 특정함에는 축척도 등을 사용하여 목적물을 구체적으로 기재하여야 한다.

청구원인은 일반적으로 누가 언제 누구와 사이에 어떠한 행위를 하였다는 순서로 기재하되, 기재할 사실이 많은 경우 가능한 주어를 변경하지 아니하고, 시간적 순서에 따라 기재하며, 언어는 법원에 대하여 판결을 구하는 것인 점에서 경어체를 사용함이 상당하다.

청구원인에는 준비서면에 관한 규정이 준용되므로 일반적으로 공격방어방법에 관한 사실, 간접사실, 사정인 사실, 관련사건에 관한 사실 등을 기재하는 것이 보통이다. 이는 임의적 기재사항이다.

(5) 입증방법

증거방법으로 위 청구원인 란에서 밝힌 법률관계의 성립원인사실을 뒷받침하기 위하여 서증으로 할 수 있는 것을 소장에 첨부 제출하여야 하는바, 소장에 표시방식은 "입증방법" 이라고 기재한다. 서증이 많고 이에 따라 입증취지의 기재가 필요한 때에는 꼭 필요한 서증만을 소장에 표시하고 나머지 서증은 따로 증거설명서와 함께 소송진행 과정에서 작성, 제출하는 것이 보통이다. 같은 종류의 증거서류가 다수 있을 경우에 무순위로 번호를 부여하지 말고 날짜, 번지 등 일정한 기준에 따라 차례로 부여함이 소송의 진행에 편리하다.

·입증방법의 표시 예)

입 증 방 법

1. 갑제1호증(등기부등본)
1. 갑제2호증(매매계약서)
1. 갑제3호증의 1내지 3(각 영수증)
1. 갑제4호증의 1(최고서)
1. 갑제5호증(특수우편물수령증)

(6) 첨부서류의 표시

① 민사소송규칙 제63조는 소장에 첨부하여야 할 서류에 대하여 규정하였는바, 위 서류를 첨부하고 소장에 이를 "첨부서류"라고 표시하여야 한다.

·첨부서류의 표시 예)

첨 부 서 류

1. 위 입증방법	각 1통
1. 토지대장등본	1통
1. 법인등기부등본	1통
1. 송달료 납부서	1통
1. 사건번호등록표	1통
1. 영수필확인서	1통
1. 영수필통지서	1통
1. 소송위임장	1통
1. 소장부본	1통

② 기본적 서증의 첨부

㉠ 소장에는 대리권 등을 증명하는 서면과 소장부본 및 소가산정에 필요한 서면

등을 첨부하여 제출하여야 한다(민소규칙 제63조). 예컨대, 부동산관계 소송에 있어서는 부동산등기부등본, 어음·수표소송에 있어서는 어음·수표 사본, 가사소송 또는 상속관계 소송에 있어서는 가족관계증명서·제적등본, 계약관계 소송에 있어서는 계약서 등 기본적 서증을 소장에 첨부하여야 한다. 그 외에도 소장에는 증거로 될 문서 가운데 중요한 것의 사본을 붙여야 한다. 소장에 첨부한 입증서류에 대해서는 피고에게 송달하여야 하므로 피고의 수에 따른 사본을 함께 첨부하여야 한다.

ⓒ 소송대리인에 의하여 소가 제기된 경우에는 위임장(민소법 제89조), 법령에 기하여 그 이름으로 또는 대리인으로서 소를 제기할 경우에는 그 자격증명서(채무자회생 및 파산에 관한 법률 제355조, 상법 제11조, 제761조, 제773조), 소송무능력자(미성년자, 한정치산자, 금치산자)의 법정대리인(친권자 또는 후견인)에 관하여는 그 법정대리권을 증명하는 가족관계증명서, 후견인지정서(민법 제931조), 후견인선임심판서(민법 제936조) 등의 서면 및 그 중 후견인의 경우에는 친족회의 동의서(민법 제950조), 법인의 대표자(사단법인의 이사, 회사의 대표사원, 대표이사 등)에 관하여는 그 대표권을 증명하는 법인등기부등본(또는 초본). 수인의 대표자에 관하여 공동대표의 정함이 있거나 기타 대표권에 관한 제한이 있을 때에는 이에 위반된 것이어서는 안된다. 법인 아닌 사단이나 재단의 대표자 또는 관리인에 관하여는 그 대표권이나 관리권을 증명하는 서면(선임결의서, 재직증명서 등), 정관·규약, 그 밖에 그 당사자의 당사자능력을 판단하기 위하여 필요한 자료(민소규칙 제12조), 선정당사자에 관하여는 그 선정이 있음을 증명하는 서면(선정서 : 선정당사자를 포함한 선정자 전원에 의하여 작성되는 것이 원칙이다).

ⓒ 소송물의 가액을 산출하기 위하여 그 소송의 목적이 토지인 경우에는 개별공시지가가 기재된 공시지가확인원, 토지대장등본 또는 임야대장이나 토지과세대장 또는 토지등급증명서를, 건물인 경우에는 건축물과세대장 또는 가옥대장등 과세보조대장(민인규칙 제8조)을 첨부하여야 한다(민소규칙 제63조 2항). 동산이나 기타 공시가격이 없는 경우에는 이를 인정할 자료로 계약서, 감정서 등을 제출한다.

ⓔ 소장이나 항소장은 피고 또는 피항소인에게 송달하여야 하므로(민소법 제255조) 피고 또는 피항소인의 수만큼 소장의 부본을 제출하여야 한다.

(7) 작성년월일

작성일을 특정하여 기재한다. 이는 임의적 기재사항이다.

(8) 법원의 표시

관할법원의 표시는 임의적 기재사항이나 관할법원의 표시는 수개의 관할법원이 있을 때에는 관할법원을 선택한 의미를 가진다.

(9) 작성자의 기명날인

소 제기라고 하는 소송행위를 일정의 방식에 의하여 작성한 소장의 작성자를 명확히 하기 위한 것이다.

3. 소송목적의 값 산정방법

가. 산정의 원칙

소송목적의 값(이하 '소가' 라고 함)은 원고가 소로서 주장하는 이익에 의하여 산정한다(민소법 제26조 제1항). "소로서 주장하는 이익" 이란 원고가 청구취지로서 구하는 범위 내에서 원고입장에서 보아 전부승소 할 경우에 직접 받는 경제적 이익을 객관적으로 평가하여 금전으로 정함을 원칙으로 한다(민인규 제6조).

소가산정에 관하여는 민사소송 등 인지규칙 제2장이 그 기준을 정하고 있으며 "금전지급청구" 는 청구금액을 소가로 하고(민인규칙 제12조제3호), "토지 및 건물 등" 은 물건의 가액을 표준으로 한다(민인규칙 제9조 내지 제13조).

나. 물건 등의 가액

물건 등의 가액에 관하여는 민사소송 등 인지규칙 제9조 내지 제11조에서 정하고 있으며 소가산정시 이 규정에 의하여 소가를 산출한 후 소가산정기준에 의하여 목적물의 종류에 따라 소가를 산정한다. 다음과 같다.

① 토지의 가액 : 토지의 가액은 「부동산가격공시 및 감정평가에 관한 법률」에 의한 개별공시지가(개별공시지가가 없는 경우에는 시장·군수가 같은 법 제9조의 규정에 의하여 건설교통부장관이 제공한 토지가격비준표를 사용하여 산정한 가액)에 100분의 50을 곱하여 산정한 금액으로 한다(민인규 제9조 제1항).

○ 공식 : 공시지가×면적(㎡)×50/100 = 소가

② 건물의 가액 : 건물의 가액은 지방세법 시행령 제4조 제1항 제1호의 방식에 의하여 산정한 시가표준액(이 경우 같은 법 시행령 제4조 제1항 제1호의 건축물은 건물로 한다)에 100분의 50을 곱한 금액으로 한다(민인규 제9조 제2항).

○ 공식

[예] 건물명도의 경우(부동산시가표준액표에 의함)

건물기준가액×구조지수×용도지수×위치지수×경과년수잔가율×면적(㎡)×가감산율 = 시가표준액×50/100 = 소가

③ 선박·차량·기계장비 등 : 선박·차량·기계장비·입목·항공기·광업권·어업권·골프회원권·콘도미니엄회원권·종합체육시설이용회원권 기타 「지방세법」 제10조 제2항 단서, 같은 법 시행령 제4조의 규정에 의한 시가표준액의 정함이 있는 것의 가액은 그 시가표준액으로 한다(민인규 제9조 제3항).

④ 유가증권의 가액 : 유가증권의 가액은 액면금액 또는 표창하는 권리의 가액으로 하되, 증권거래소에 상장된 증권의 가액은 소 제기 전날의 최종거래가격으로 한다(민인규 제9조 제4항).

⑤ 유가증권 이외의 증서의 가액 : 유가증권 이외의 증서의 가액은 200,000원으로 한다(민인규 제9조 제5항).

다. 소가산정의 기준시와 표준

소가의 산정은 소 제기시 또는 소의 제기가 의제되는 때를 기준으로 하여 산정한다(민인규 제7조). 대법원은 "소액사건의 경우 제소한 때를 표준으로 하여 정하여지는 것이므로 소액사건으로 제소되어 소액사건심판법에 따라 심리하여야 할 수 개의 소액사건을 법원이 병합 심리하게 되어 그 소가의 합산액이 소액사건의 범위를 넘게 된다 하더라도 이미 결정된 소액사건이므로 변동이 생기는 것은 아니다(대법원 1986. 5. 27. 선고 86다137, 138 판결)." 라고 판시한 것이 있다.

소가는 사물관할을 정하는 표준과, 소장 또는 상소장에 첩부할 인지액 산출의 기준이 된다.

라. 소가산정의 자료

소가는 사물관할, 붙일 인지액, 소송비용의 부담비율, 보전처분이나 가집행 선고시의 보증금액 등을 결정하는 기준이 되므로, 정확히 계산하여 소장에 기재하여야 한다. 만일 소장에 기재된 청구취지와 청구원인만으로 소송물의 가액을 산출하기 어려운 사건은 소장에 그 소송목적의 값의 산출에 필요한 자료를 붙여야 한다(민인규 제8조 제1항). 예컨대, 토지 또는 건물에 관한 소송을 제기하는 경우에는 3개월 이내에 발급된 목적물의 개별공시지가 또는 시가표준액을 알 수 있는 토지대장등본, 공시지가 확인원 또는 건축물대장등본 등을 제출하여야 한다(민인규 제8조 제2항). 개별공시지가가 없는 경우에는 시장·군수가 지가공시및토지등의평가에관한법률 제10조의 규정에 의하여 건설교통부장관이 제공한 토지가격비준표를 제출하여야 한다.

동산이나 기타 공시가격이 없는 경우에는 이를 인정할 자료로 계약서나 감정서 등을 제출한다. 유가증권의 경우는 액면금액 또는 표창하는 권리의 가액으로 하되, 증권거래소에 상장된 증권의 가액은 소제기 전날의 최종거래가격으로 하므로(민인규 제9조 제4항) 일자가 기재된 신문을 자료로 제출하면 된다. 유가증권 이외의 증서의 가액은 200,000원으로 한다(민인규 제9조 제5항).

마. 목적물의 종류에 따른 소가 산정기준

민사소송 등 인지법 및 동 규칙은 확인의 소, 물건의 인도·명도 또는 방해배제청구를 구하는 소, 등기·등록절차에 관한 소의 경우에 따라 목적물가액 또는 목적물가액의 1/2, 1/3 등으로 소가의 기준을 정해 놓았다.

(1) 소송목적물에 따른 소가산정기준표(편주 : 민사소송 등 인지규칙 요약)

1. 토 지	토지의 가액은 「부동산가격공시 및 감정평가에 관한 법률」에 의한 개별공시지가(개별공시지가가 없는 경우에는 시장·군수가 같은 법 제9조의 규정에 의하여 건설교통부장관이 제공한 토지가격비준표를 사용하여 산정한 가액)에 100분의 50을 곱하여 산정한 금액으로 한다(민인규 제9조 제1항).
2. 건 물	건물의 가액은 「지방세법 시행령」 제4조제1항제1호의 방식

	에 의하여 산정한 시가표준액(이 경우 같은 법 시행령 제4조제1항제1호의 건축물은 건물로 한다)에 100분의 50을 곱한 금액으로 한다(민인규 제9조 제2항).
3. 선박·차량 등	선박·차량·기계장비·입목·항공기·광업권·어업권·골프회원권·콘도미니엄회원권·종합체육시설이용회원권 기타 「지방세법」 제10조제2항 단서, 같은 법 시행령 제4조의 규정에 의한 시가표준액의 정함이 있는 것의 가액은 그 시가표준액으로 한다(민인규 제9조 제3항).
4. 유가증권	유가증권의 가액은 액면금액 또는 표창하는 권리의 가액으로 하되, 증권거래소에 상장된 증권의 가액은 소 제기 전날의 최종 거래가격으로 한다(민인규 제9조 제4항).
5. 유가증권 이외의 증서	유가증권 이외의 증서의 가액은 200,000원으로 한다.(민인규 제9조 제4항).

(2) 목적물의 종류에 따른 가액

1) 확인의 소(적극, 소극 포함)

(가) 소유권은 목적물의 가액을 소가로 한다(민인규 제10조 제1항).
(나) 점유권 … 목적물가액의 1/3을 소가로 한다(민인규 제10조 제2항).
(다) 지상권, 임차권 … 목적물가액의 1/2을 소가로 한다(민인규 제10조 제3항).
(라) 지역권 … 승역지 가액의 1/3을 소가로 한다(민인규제10조 제4항).
(마) 담보물권 … 목적물가액을 한도로 한 피담보채권의 원본액(근저당권의 경우에는 채권최고액)을 소가로 한다(민인규 제10조 제5항).
(바) 전세권(채권적 전세권 포함) … 목적물건 가액을 한도로 한 전세금액을 소가로 한다(민인규 제10조 제6항).
(사) 기간이 확정되지 아니한 정기금 … 기발생분 및 이후 1년(12개월) 상당의 정기급합산액을 소가로 한다(민인규 제12조 제4호).
(아) 기간이 확정되지 아니한 정기금의 지급을 명한 판결을 대상으로 한 소(민소법 제252조) … 그 소로써 증액 또는 감액을 구하는 부분의 1년간 합산액을 소가로 한다(민인규 제12조 제10호).

(자) 금전지급청구는 청구금액을 소가로 한다(민인법 제2조).
(차) 상린관계 … 부담을 받는 이웃 토지부분의 가액의 1/3을 소가로 한다(민인규 제12조 제6호).
(카) 공유물분할 … 목적물 가액에 원고의 공유지분비율을 곱하여 산출한 가액의 1/3을 소가로 한다(민인규 제12조 제7호).
(타) 경계확정 … 다툼이 있는 범위의 토지부분의 가액을 소가로 한다(민인규 제12조 제8호).
(파) 사해행위취소…취소되는 법률행위의 목적의 가액을 한도로 한 원고의 채권액을 소가로 한다(민인규 제12조 제9호).
(하) 증서진부확인 … 그 증서가 유가증권인 경우에는 액면금액 또는 표창하는 권리의 가액 1/2로 하되, 증권거래소에 상장된 증권의 가액은 소제기 전날의 최종거래가격으로 한다(민인규 제9조 제4항). 유가증권 이외의 증서는 200,000원을 소가로 한다(민인규 제12조 제2호).
(거) 해고무효확인 … 비재산권상의 소로 보아 5,000만원을 소가로 한다(민인규 제15조 제4항, 제18조의2).

2) 물건의 인도·명도(철거포함) 또는 방해배제청구를 구하는 소

(가) 소유권은 목적물가액의 1/2을 소가로 한다(민인규 제12조 제5호, 가목).
(나) 지상권, 전세권, 임차권, 담보물권에 기한 경우 또는 그 계약의 해지· 해제·계약기간의 만료를 원인으로 하는 경우 … 목적물가액의 1/2을 소가로 한다(민인규 제12조 제5호, 나목).
(다) 점유권에 기한 경우는 목적물가액의 1/3을 소가로 한다(민인규 제12조 제5호, 다목).
(라) 소유권의 이전을 목적으로 하는 계약에 기한 동산인도청구의 경우는 목적물건의 가액을 소가로 한다(민인규 제12조 제5호, 라목).

3) 소가를 산출할 수 없는 재산권상의 소 등

재산권상의 소로서 그 소가를 산출할 수 없는 것과 비재산권을 목적으로 하는 소송의 소가는 5,000만원으로 한다(민인규 제18조의2, 전단).

4) 등기·등록절차에 관한 소

(가) 소유권이전등기는 목적물의 가액을 소가로 한다(민인규 13조 1항 1호).
(나) 제한물건의 설정 또는 이전(민인규 13조 1항 2호).
① 지상권, 임차권은 목적물가액의 1/2을 소가로 한다(동조 1항 2호, 가목).
② 담보물권 또는 전세권인 경우에는 목적물건 가액을 한도로 한 피담보채권액(근저당권의 경우에는 채권최고액)을 소가로 한다(동항 2호 나목).
③ 지역권은 승역지가액의 1/3을 소가로 한다(동항 제2호, 다목).
(다) 가등기 또는 그에 기한 본등기는 권리의 종류에 따라 위 가, 나,의 규정에 의한 가액의 1/2을 소가로 한다(동항 제3호).
(라) 말소등기 또는 말소회복등기(동항 제4호).
① 설정 또는 양도계약이 해제, 해지된 경우는 위 가, 나, 다의 규정에 의한 가액을 소가로 한다(동항 제4호, 가목).
② 등기원인이 무효 또는 취소된 경우는 위 가, 나, 다의 규정에 의한 가액의 1/2을 소가로 한다(동항 제4호, 나목).
(마) 등기의 인수를 구하는 소의 소가는 목적물건 가액의 10분의 1(동조 2항)

5) 회사관계소송 등

(가) 주주의 대표소송, 이사의 위법행위유지청구의 소 및 회사에 대한 신주발행유지청구의 소(민인규 제15조 제1항) … 소가를 산출할 수 없는 소송이므로 소가는 5,000만원을 소가로 한다(민인규 제18조의2, 본문).
(나) 제1항에 규정된 것을 제외하고 상법의 규정에 의한 회사관계 소송(민인규 제15조 제2항)의 소가는 1억 원으로 한다(민인규 제18조의2, 단서).
(다) 회사 이외의 단체에 관한 것으로서 위 제2항에 규정된 소에 준하는 소송(민인규 제15조 제3항)의 소가는 1억 원으로 한다(민인규 제18조의2, 단서).

6) 집행법상의 소

(가) 집행판결을 구하는 소 … 외국판결 또는 중재판결에 인정된 권리의 가액의 1/2을 소가로 한다(민인규 제16조 제1호 가).
(나) 중재판정취소의 소에 있어서는 중재판정에서 인정된 권리의 가액.
(다) 집행문부여 및 그에 대한 이의의 소 … 집행권원에서 인정된 권리의 가액의 1/10을 소가로 한다(민인규 제16조 제2호).
(라) 청구이이의 소 … 집행력의 배제대상인 집행권원에서 인정된 권리의 가액을 소가로 한다(민인규 제16조 제3호).
(마) 제3자 이의의 소 … 집행권원에서 인정된 권리의 가액을 한도로 한 원고의 권리의 가액을 소가로 한다(민인규 제16조 제4호).
(바) 배당이 의의 소 … 배당증가액을 소가로 한다(민인규 제16조 제5호).
(사) 공유관계부인의 소 … 원고의 채권액을 한도로 한 목적물건가액의 1/2을 소가로 한다(민인규 제16조 제6호).

7) 무체재산에 관한 소

무체재산권에 관한 소중 금전의 지급이나 물건의 인도를 목적으로 하지 아니하는 소(민인규 제18조) … 소가를 산출할 수 없는 소송이므로 민인규 제18조의2 단서에 의하여 소가는 1억 원을 소가로 한다.

바. 소가 산출의 예

다음에 소개되는 소가산출의 예는 백영사발행 “이남우” 저서의 소가산정실무에서 일부 인용한다.

(1) 소송목적의 값 산정요령

청구취지내용	산정요령
①청구취지에서 특정된 금액에 부대청구가 포함되어 있지 아니한 경우	그 특정된 금액을 소송목적의 값으로 한다(재민 2003-1 제3조 제1항).
②청구취지에서 특정된 금액에 부대청구가 포함되어 있는 경우	위 특정된 금액에서 부대청구에 해당하는 금액을 공제한 나머지 금액을 소송목적의 값으로 한다(재민 2003-1 제3조 제2항).
③제2조 제1항 각호(이자, 약정지연손해금, 법정지연손해금, 위와같은 유사한 내용의 금전지금청구)의 청구가 독립하여 이루어진 경우	그 청구금액을 소송목적의 값으로 한다(재민 2003-1 제3조 제3항).

(2) 부대청구가 있는 금전지급청구 소가산정의 예

○ 부대청구의 범위에 해당하는 경우(이자, 약정지연손해금, 법정지연손해금)

1. 청구취지

원 인	원금이 2,000만원, 지연손해금(2009. 1. 1.부터 2012. 12. 31.까지 발생)이 500만원인 경우
청구취지	[사례1] 청구취지에 특정된 금액에 부대청구가 포함되지 아니한 경우 피고는 원고에게 금2,000만원 및 이에 대한 2009. 1. 1.부터 다 갚을 때까지 연 12%의 비율에 의한 금원을 지급하라. [사례2] 청구취지에 특정된금액에 부대청구가 포함되어 있는 경우 피고는 원고에게 2,500만원 및 이중 2,000만원에 대하여 2009.1.1.부터 다 갚을 때까지 연 12%의 비율에 의한 금원을 지급하라.

청구취지	[사례3] 청구취지에 특정된금액에 부대청구가 포함되어 있는 경우 피고는 원고에게 금 2,500만원 및 위 금원 중 금 2,000만원에 대하여는 2009. 1. 1.부터 2013. 5. 27.까지 연 1할 2푼의, 그 다음날부터 이 사건 소장부본 송달일까지 연 1할 7푼의, 그 다음날부터 완제일까지 연 1할 2푼의 각 비율에 의한 금원을, 금500만원에 대하여는 2010. 9. 7.부터 이 사건 소장부본 송달일까지 연 1할 7푼의, 그 다음날부터완제일까지 연 1할2푼의 각 비율에 의한 금원을 지급하라.

2. 소가산정

가. 부대청구의 소가

청구취지가 위와 같이 어느 하나의 방식으로 기재할 수도 있으나 이자, 약정지연손해금, 법정지연손해금은 부대청구에 해당되므로(예규 재민2003-1 제2조제1항), 청구취지에 특정된 금액에 부대청구가 포함되어 있지 아니한 경우에는 그 특정된 금액을 소송목적의 값으로 하고(예규 재민2003-1 제3조제1항), 청구취지에 특정된 금액에 부대청구가 포함되어 있는 경우에도 위 특정된 금액에서 부대청구에 해당하는 금액을 공제한 나머지 금액을 소송목적의 값으로 하기로 하였다(예규 재민2003-1 제3조제2항). 따라서 본소의 소가는 2,000만원이다.

나. 인지액 산출 공식

1,000만원 이상 1억원 미만에 해당하므로,

5,000+(2,000만원×0.0045) = 95,000원이 된다. 금95,000원을 현금으로 납부할 수 있다(인지액 산출 공식 71면 참조).

지급명령의 경우 10분의 1에 해당하는 금액인 9,500원을 인지액으로 납부한다.

○ 부대청구의 범위에 해당되더라도 독립적으로 이루어지는 경우(이미 발생한 지연손해금)

1. 청구취지

원 인	원금 잔액 500만원(2000만원 중 1500만원은 2009. 12. 31.변제완료), 이미 변제한 1500만원에 대하여 2009. 1. 1.부터 2012. 12. 31.까지 발생한 지연손해금 300만원, 원금 잔액 500만원에 대하여 2009. 1. 1.부터 2012. 12. 31.까지 발생한 지연손해금이 100만원인 경우
청구취지	[사례1] 피고는 원고에게 800만원(500+300) 및 이 중 500만원에 대하여 2009. 1. 1.부터 다 갚을 때까지 연 12%의 비율에 의한 금원을 지급하라. [사례2] 피고는 원고에게 900만원(500+300+100) 및 이 중 500만원에 대하여 2009. 1. 1.부터 다 갚을 때까지 연 12%의 비율에 의한 금원을 지급하라.

2. 소가산정

가. 부대청구의 소가

이자, 약정지연손해금, 법정지연손해금, 위와같은 유사한 내용의 금전지급청구의 경우, 청구가 독립하여 이루어진 경우에는 그 청구금액을 소송목적의 값으로 하기로 하였으므로(예규 재민2003-1 제3조제3항), 위 청구취지에서 이미 변제한 1500만원에 대하여 2009. 1. 1.부터 2012. 12.31.까지 발생한 지연손해금 300만원은 독립하여 이루어진 경우에 해당된다. 판례도 이미 발생한 이자에 대한 지연손해금을 청구할 수 있다(대법원 1996. 9. 20. 선고 96다25302 판결)고 하였으며 판결 중 지연손해금의 일부에 대하여 항소를 한 경우에 는 이를 독립된 소송물로 보고 인지액을 계산하여야 한다(대법원1962. 10. 18. 62라11)고 하였다. 따라서 청구취지가 위와 같이 어느 하나의 방식으로 기재되더라도 본소의 소가는 800만원이 된다.

나. 인지액 산출 공식

1,000만원 미만에 해당하므로 800만원 × 0.005 = 40,000원

금40,000원을 현금으로 납부할 수 있다(인지액 산출 공식 71면 참조).

지급명령의 경우 10분의 1에 해당하는 금액인 4,000원을 인지액으로 납부한다.

○ 부대청구의 범위에 해당되더라도 독립적으로 이루어지는 경우(위약금 등)

1. 청구취지

원 인	대위변제금 2,000만원, 위약금(신용보증기금법상) 40만원, 채권보전비용 60만원, 지연손해금(2019. 12. 31.까지 발생분)이 500만원인 경우
청구취지	[사례1] 피고는 원고에게 2,100만원(2,000+40+60) 및 이 중 2,000만원에 대하여 2019. 1. 1.부터 다 갚을 때가지 연 12%의 비율에 의한 금원을 지급하라. [사례2] 피고는 원고에게 2,600만원(2,000+40+60+500) 및 이 중 2,000만원에 대하여 2019. 1. 1.부터 다 갚을 때 까지 연 12%의 비율에 의한 금원을 지급하라.

2. 소가산정

가. 부대청구의 소가

예규(재민2003-1 제2조 제2항 제2호)는 신용보증기금법 제33조의 규정에 의한 보증료 및 제34조의 규정에 의한 위약금을, 같은 항 제3호는 기술신용보증금법 제33조의 규정에 의한 보증료 및 제33조의2의 규정에 의한 수수료의 경우 부대청구에 해당되지 아니하는 경우라고 규정하였다. 따라서 청구취지가 위와 같이 어느 하나의 방식으로 기재할 수도 있으나 본소의 소가는 2,100만원이다.

나. 인지액 산출 공식

1,000만원 이상 1억원 미만에 해당하므로 5,000+(2,100만원×0.0045)=금 99,500원이 된다(인지액 산출 공식 71면 참조).

지급명령의 경우 10분의 1에 해당하는 금액인 9,900원을 인지액으로 납부한다. 100원 미만은 버린다.

○ 부대청구의 범위에 해당되지 아니 하는 경우(리스회사와의 약정에 따른 손해금)

1. 청구취지

원 인	원고 : 부산리스금융 주식회사 피고 : 연대보증인 김종수 피고에게 미 변제된 리스료와 각 리스료에 포함된 이자 부분에 대하여 이중으로 연체이자를 부담시킨 사안.
청구취지	피고는 원고에게 금 66,585,152원 및 위 금원중 금 16,871,459원에 대하여는 2013. 4. 11.부터, 금 10,548,468원에 대하여는 2013. 12.16.부터 각 소장부본 송달일까지는 연 2할1푼, 그 다음날부터 완제일까지는 연 1할2푼의 비율에 의한 금원을 지급하라.

2. 소가산정

가. 부대청구의 소가

예규(재민2003-1 제2조 제2항 제4호)는 리스회사와의 약정에 따른 손해금은 부대청구의 범위에 해당되지 아니 하는 경우로 규정하였다. 아래 하급심판례참조

나. 인지액 산출 공식

소가는 66,585,152원이 된다.

1,000만원 이상 1억원 미만에 해당하므로

5,000+(66,585,152원×0.0045)=304,633원이 된다.

100원 미만은 버리므로 금304,600원을 현금으로 납부하여야 한다(인지액 산출공식 71면 참조).

[서울지법] 피고는, 이 사건 리스계약에 의하면 소외회사가 매회 지불하기로 한 리스료 금 43,850,818원에는 리스료원금 42,380,737원 및 이에 대한 연 13.875%의 이율에 의한 3개월분의 선이자 금 1,470,081원이 포함되어 있으므로, 원금에 대하여 이미 선이자가 징수된 리스료에 대하여 다시 연체이자를 부과하는 것은 이자의 이중징수가 되어 부당하므로 연체 리스료에 대하여는 다시 연체이자를 부과하여서는 안된다는 취지로 주장한다. 그러나 위와 같은 리스료계산 및 연체이자 산정은 이를 비용의 성격으로 보고 정한 원고와 소외회사 사이의 약정에 기한 것임은 위에서 인정한 바와 같으므로, 피고의 위 주장은 이유없다(서울지법1998.12.11. 선고 98나35845 판결).

○ "각"에 대한 표현과 소가산정

1. 청구취지

피고는 원고 박영순에게 500만원, 원고 진일성, 진이성에게 각 200만원 및 각 이에 대하여 2009. 1. 15.부터 이 사건 소장부본 송달일까지는 연 5푼의, 그 다음날부터 다 갚을 때까지는 연 1할2푼의 각 비율에 의한 돈을 지급하라.

2. 소가산정

가. "각"에 대한 표현과 소가산정

청구취지에서 "각"과 "각자"에 관하여 알아둘 필요가 있다. "각(各)"자는 관형사로서 "각각의, 따로따로의, 낱낱의"로 표현된다. 따라서 위 청구취지에서 "각"이라고 표현한 것은 "원고 진일성과, 진이성이 200만원씩 400만원"을 갚으라는 것이 된다. 소가는 원고가 청구취지로써 구하는 범위 내에서 원고의 입장에서 보아 전부 승소할 경우에 직접 받게 될 경제적 이익을 객관적으로 평가하여 금액으로 정함을 원칙으로 하므로(민인규 제6조), 본 소의 소가는 900만원이 된다.

"각자" 및 "연대하여"에 관하여는 다음 사례 참조

나. 합산원칙의 적용

민사소송법 제27조 제1항에서 "하나의 소로 여러 개의 청구를 하는 경우에는 그 여러 청구의 값을 모두 합하여 소송목적의 값을 정한다"고 하였으며, 민사소송등인지규칙 제19조에서 "1개의 소로써 수 개의 청구를 하는 경우에 그 수 개의 청구의 경제적 이익이 독립한 별개의 것인 때에는 합산하여 소가를 산정한다" 고 하였다.

다. 인지액 산출 공식

위 청구취지의 경우 1,000만원 미만에 해당하므로 금900만원×0.005 = 45,000원(인지액)이 된다(인지액 산출 공식 71면 참조).

지급명령의 경우 10분의 1에 해당하는 금액인 4,500원을 인지액으로 납부한다.

○ "연대하여" 및 "각자"에 대한 표현과 소가산정

1. 청구취지

> 원고에게, 피고 김동일, 정일남은 각자 금500만원, 피고 김동일, 최영일은 각자 금200만원을 각 지급하라.

2. 소가산정

가. 본 소의 형태

본 소는 피고 김동일과 정일남이 A라는 공동불법행위로 금500만원의 배상책임을, 피고 김동일과 최영일은 B라는 공동불법행위로 금 200만원의 배상책임을 각 지는 경우이다.

나. "각자"에 대한 표현과 소가산정

불가분채부(민법제411조), 연대채무(민법 제413조), 공동불법행위자의 채무에 대하여 부진정연대채무를 부담지울 때(민법 제760조) 청구취지에서 "피고들은 각자" 또는 "피고들은 연대하여" 라고 하는데,

"각자(各自)"는 명사로서 "각각의 자기", "제각기"로써 "각자가 맡은 업무"라고 할 때 사용된다.

"연대하여"는 여럿이 함께 책임을 지는 것을 말한다.

"연대하여"나 "각자" 중 어떠한 표현을 사용하건 채권자는 각 피고에 대하여 채권 전액을 집행 할 수 있고 그 중 한 사람관계에서도 채권이 소멸한다는 것을 나타내는 점에 있어서도 동일하고 실질적으로 아무런 차이가 없으나(대법원 1968. 4. 2. 선고 68다112 판결), 이행의 성질을 명확히 하여 준다는 관점에서 위 단어를 구별하여 쓰고 있다.

전 사례에서 본 "각" 은 중첩관계가 없는 반면 "각자" "연대하여" "합동하여" 는 중첩관계가 있다.

부진정연대채무 중 공동불법행위자의 채무는 민법 제760조가 "연대하여"라고 규정하고 있기 때문에 "각자" 대신 "연대하여"를 쓰기도 한다.

다. 인지액 산출 공식

위 청구취지의 경우 소가는 700만원이 된다. 따라서 1,000만원 미만에 해당하므로 금700만원×0.005 = 35,000원이 된다(인지액 산출 공식 71면 참조).

지급명령의 경우 10분의 1에 해당하는 금액인 3,500원을 인지액으로 납부한다.

[판례] 피고가 다수인 경우 채무의 성질에 따라 합동 또는 연대하여 지급하라고 하여야 할 때에 각자 지급하라고 한 판결

피고가 다수인 경우, 채무의 성질에 따라 합동 또는 연대하여 지급하라고 하여야 할 때에, 각자 지급하라고 판결하였다 하더라도, 합동, 연대라는 말은 채무의 성질, 태양을 표시하는 말에 불과하고, 어느 것이나 전부 급부의무가 있음을 뜻하고 있는 점에는 각자 지급하라고 한 경우와 같다는 점과, 피고들 한사람 한사람을 상대로 별개의 소를 제기하였을 때와 비교하여 볼 때, 원고의 실질적 권리에는 아무런 소장이 있는 것이라고는 볼 수 없다 할 것이다(대법원 1968.4.2. 선고 68다112 판결).

[판례] 부진정연대채무를 부담하는 피고들에게 손해금의 "각자" 지급을 명한 판결주문의 적부

원심판결은 그 이유에서는 피고(갑), (을)이 자동차 사고로 인하여 원고에게 배상할 금액이 모두 8,714,898원이라고 확정하고 사고 버스회사인 피고(을)에 관해서는 상계항변을 인정한 후, 판결주문에서 피고(갑)은 금 5,174,898원을, 피고(을)은 금 8,714,898원을 각 지급하라고 명함으로써 결국 합계 13,889,796원의 지급을 명한 결과가 되어 그 이유와 주문에 모순이 있으므로 파기사유에 해당한다.(대법원 1984.6.26. 선고 84다카88, 89 판결)

○ 주채무자와 연대보증인을 공동피고로 한 소송

1. 청구취지

피고들은 연대하여 원고에게 금 5,000만원 및 이에 대한 소장 부본 송달일부터 완제일까지 연 12%의 비율에 의한 금원을 지급하라.

2. 소가산정

가. 본 소의 형태

본 소는 채권자(금원대여인)이 차용인(주채무자)과 수인의 연대보증인들을 공동피고로 하여 대여금의 반환과 지연손해금을 구하는 소이다. 여기서 "연대보증인에 대

한 금전청구의 경우"는 "대여금청구"에 기한 원인된 사실로부터 발생하는 경우이므로 "경제적 이익"이 동일하거나 중복되는 청구에 해당된다. 위 청구취지의 경우에는 흡수법칙을 적용하여 산출하여야 한다.

나. 목적물의 종류에 따른 가액

1. 금전지급청구 : 청구금액을 소가로 한다(민인법 제2조).

2. 지연손해금 : 부대청구에 해당하므로 소가에 산입하지 아니한다. 재민 2003-1에서는 이자, 약정지연손해금, 법정지연손해금은 부대청구에 해당된다하여(동 예규 제2조 제1항), 청구취지에 특정된 금액에 부대청구가 포함되어 있지 아니한 경우에는 그 특정된 금액을 소송목적의 값으로 하고(동 예규 제3조 제1항), 청구취지에 특정된 금액에 부대청구가 포함되어 있는 경우에도 위 특정된 금액에서 부대청구에 해당하는 금액을 공제한 나머지 금액을 소송목적의 값으로 하기로 하였다(동 예규 제3조 제2항).

다. 인지액 산출 공식

소가가 금5,000만원이므로 공식에 의하면 1,000만원이상 1억원 미만에 해당하여 5,000+(5,000만원×0.0045) = 230,000원이 된다(인지액 산출 공식 71면 참조). 위 금액을 현금으로 납부하여야 한다.

지급명령의 경우 10분의 1에 해당하는 금액인 23,000원을 인지액으로 납부한다.

○ 외국통화로 청구하는 경우

1. 청구취지

> 원고에게, 피고들은 연대하여 미화 5,000달러를 이에 대한 이 사건 소장 부본 송달일 다음날부터 완제일까지 연 12%의 각 비율에 의한 금원을 지급하라.

2. 소가산정

가. 개 설

소가의 산정은 소 제기시 또는 소의 제기가 의제되는 때를 기준으로 하여 산정한다(민인규 제7조). 증권의 경우 증권거래소에 상장된 증권의 가액은 소제기 전날의 최

종거래가격으로 하므로(민인규 제9조 제4항), 위 달러환율도 이와 같이 보아 달러 시세가가 보도된 일자가 기재된 시세표를 제출하여야 할 것이다.

나. 인지액 산출 공식

5,000달러 × 소 제기시 또는 소의 제기가 의제되는 때의 환율 = 소가(인지액 산출 공식 71면 참조)

[판례] 채권액이 외국통화로 지정된 금전채권인 외화채권을 채권자가 우리나라 통화로 환산하여 청구하는 경우의 환산기준시기

채권액이 외국통화로 지정된 금전채권인 외화채권을 채무자가 우리나라 통화로 변제함에 있어서는 민법 제378조가 그 환산시기에 관하여 외화채권에 관한 같은법 제376조, 제377조 제2항의 "변제기"라는 표현과는 다르게 "지급할 때"라고 규정한 취지에서 새겨 볼 때 그 환산시기는 이행기가 아니라 현실로 이행하는 때, 즉 현실이행시의 외국환시세에 의하여 환산한 우리나라 통화로 변제하여야 한다고 풀이함이 상당하므로 채권자가 위와 같은 외화채권을 대용급부의 권리를 행사하여 우리나라 통화로 환산하여 청구하는 경우에도 법원이 채무자에게 그 이행을 명함에 있어서는 채무자가 현실로 이행할 때에 가장 가까운 사실심 변론종결 당시의 외국환 시세를 우리나라 통화로 환산하는 기준시로 삼아야 한다(대법원 2000. 6. 9. 선고 99다56512 판결. 대법원 1991. 3. 12. 선고 90다2147 판결).

(3) 건물 · 토지관련 이행청구의 소가산정

○ 건물명도청구의 소(인상된 임대료와 병합)

1. 청구취지

피고는 원고에게, 별지 목록 기재 건물 중 별지 도면 표시 1, 2, 3, 4, 5, 6, 7, 1의 각 점을 차례로 연결한 선내부분 관리실, 오락실, 환전실, 현관 100㎡를 명도하고, 2019. 1. 1.부터 위 건물부분의 명도일까지 월 100만원의 비율에 의한 돈을 지급하라. (소 제기일 2019. 5. 1.)

2. 소가산정

가. 본 소의 형태

본 소는 건물소유자가 임차인을 상대로 "건물일부를 명도 할 것을 구하면서 명도일까지 연체된 임대료를 지불할 것을 구하는 경우이다. 여기서 소송물은 건물명도와

월 임차료이다.

나. 소가산정기준

1) 개 설

건물의 경우에는 지방세법 시행령 제4조 제1항 제1호의 방식에 의하여 산정한 시가표준액에 100분의 50을 곱하여 산정한 후(민인규 제9조 제2항) 소가산정기준에 의하여 목적물의 종류에 따라 소가를 산정한다.

2) 목적물의 종류에 따른 가액

1. 건물명도 : 목적물가액의 1/2을 소가로 한다(민인규 제12조 제5호, 가목).
2. 월 임대료 : 기간이 확정되지 아니한 정기금이므로 기발생분 및 이후 1년(12개월) 상당의 정기급합산액을 소가로 한다(민인규 제12조 제4호).

다. 인지액 산출 공식

1. 건물명도 : 건물기준가액×구조지수×용도지수×위치지수×경과년수잔가율×면적(㎡)×가감산율 = 시가표준액(목적물가액)×50/100×1/2 = 소가
2. 월 임대료 : 건물명도청구에서 임대료는 기히 발생된 임대료이든, 향후 발생될 임대료이든 소가에 포함하지 아니하고 건물명도부분만 소가를 산정한다(재민 98-5).

※ 소가 : 위 건물명도의 금액을 소가로 한다(인지액 산출 공식 71면 참조).

주) 명도(明渡)란 점유이전의 특수한 개념으로서 부동산(주로 건물, 때로는 부속 토지까지 포함하여)에서 침식용구(살림), 사무용품, 영업용 물품 등을 비치하고 거주, 영업 등을 하면서 그 부동산을 점유하고 있는 경우에 그 부동산 내에 있는 점유자의 물품을 부동산 밖으로 반출한 후 점유를 이전하는 것을 의미한다. 따라서 동산에 대하여는 물론, 부동산(특히 건물)의 경우에도 위의 정의에 해당하지 않는 경우에는 명도라는 용어를 쓰지 않는다.

[예규] 부동산의 명도·인도와 임료 등을 병합하여 청구하는 경우의 소가(재민 98-5)

1개의 소로서 부동산의 명도·인도와 그 부동산에 관한 임료 내지 임료 상당의 손해배상금 또는 부당이득금(이하 임료 등이라고 한다)을 병합하여 청구하는 경우, 그 임료 등 청구는 부동산의 명도·인도 소송의 부대목적이 된다 할 것이므로(민소법 제27조 제2항), 그 청구가 이미 발생한 임료 등인가, 장래 발생할

임료 등인가에 관계없이 그 임료 등의 가액을 소가에 산입하지 않도록 한다. 다만 임료 등의 청구만을 독립하여 청구하는 경우에는 민사소송등인지규칙 제12조 제4호를 준용하여 기발생분 및 1년분의 임료 등 합산액을 그 소가로 한다.

○ 건물명도 등 청구의 소(임대인이 임대차보증금 반환과 동시 건물명도청구)

1. 청구취지

피고는 원고로부터 금 5,000만원을 지급 받음과 동시에 경기 안산시 중방동 875의 15 대 100㎡ 위 지상 시멘부록조 기와즙 주택 70㎡을 명도하라.

2. 소가산정

가. 본 소의 형태

본 소는 임대인이 임차인을 상대로 하는 건물명도청구이다. 위 청구취지에서 "임대차보증금5,000만원을 지급 받음과 동시에 ○○건물을 명도하라"고 한 청구는 반대급부와 상환으로 이행을 구하는 소이며, 여기서 원고가 구하고자 하는 목적물은 건물명도이다.

소가는 원고가 청구취지로써 구하는 범위 내에서 원고의 입장에서 보아 전부 승소할 경우에 직접 받게 될 경제적 이익을 객관적으로 평가하여 금액으로 정함을 원칙으로 하므로(민인규 제6조), 본 소에서는 건물의 가액을 소가로 산정하여야 하고, 위 임대보증금 5,000만원은 소가에 산입하지 아니한다.

반대급부와 상환으로 구하는 소에서는 원고가 구하는 청구권의 가액이 그대로 소가가 되며 그 가액에서 반대급부의 액을 공제한 액이 소가로 되는 것은 아니다. 위 사례와 반대되는 경우는 다음 사례 참조

나. 소가산정기준

1) 개 설

건물의 경우에는 지방세법 시행령 제4조 제1항 제1호의 방식에 의하여 산정한 시가표준액에 100분의 50을 곱하여 산정한 후(민인규 제9조 제2항) 소가산정기준에 의하여 목적물의 종류에 따라 소가를 산정한다.

2) 목적물의 종류에 따른 가액

임차권에 기한 경우 그 계약의 해지 · 해제 · 계약기간의 만료를 원인으로 하므로 목

적물가액의 1/2을 소가로 한다(민인규 제12조 제5호, 나목).

다. 인지액 산출 공식

건물기준가액×구조지수×용도지수×위치지수×경과년수잔가율×면적(㎡)×가감산율=과세시가표준액(목적물가액)×50/100×1/2 = 소가(인지액 산출 공식 71면 참조)

○ 임차인이 건물명도와 동시 임대차보증금 반환청구

1. 청구취지

피고는 원고로부터 별지 목록기재 건물을 명도 받음과 동시에 금5,000만원을 지급하라.

2. 소가산정

가. 본 소의 형태

본 소는 임차인이 임대인을 상대로 하는 임차보증금청구이다. 위 청구취지에서 "건물을 명도 받음과 동시에 임대차보증금 5,000만원을 지급하라"고 한 청구는 반대급부와 상환으로 이행을 구하는 소이며, 여기서 원고가 구하고자 하는 목적물은 임대차보증금이다.

소가는 원고가 청구취지로써 구하는 범위 내에서 원고의 입장에서 보아 전부 승소할 경우에 직접 받게 될 경제적 이익을 객관적으로 평가하여 금액으로 정함을 원칙으로 하므로(민인규 제6조), 본 소에서는 임대차보증금5,000만원만을 소가로 산정하여야 한다. 반대급부와 상환으로 구하는 소에서는 원고가 구하는 청구권의 가액이 그대로 소가가 되며 그 가액에서 반대급부의 액을 공제한 액이 소가로 되는 것은 아니다.

※ 본 사례와 반대되는 경우는 전(前)사례 참조

나. 목적물의 종류에 따른 가액

금전지급청구는 청구금액을 소가로 한다(민인법제2조).

다. 인지액 산출 공식

임대차보증금 5,000만원이 소가가 된다. 위 소가가 1,000만원이상 1억원미만에 해당하므로 5,000+(5,000만원×0.0045) = 230,000원(인지액)이 된다. 위 금액을 현금으로 납부하여야 한다(인지액 산출 공식 71면 참조).

○ 토지인도 청구

1. 청구취지

피고는 원고에게 서울 ○○구 ○○로 7길 56-18 대 500㎡를 인도하라.

2. 소가산정

가. 소가산정기준

1) 개 설

토지의 경우에는 「부동산가격공시 및 감정평가에 관한 법률」에 의한 개별공시지가(개별공시지가가 없는 경우에는 토지가격비준표를 사용하여 산정한 가액)에 100분의 50을 곱하여 산정한 후(민인규 제9조 제1항) 소가산정기준에 의하여 목적물의 종류에 따라 소가를 산정한다.

2) 목적물의 종류에 따른 가액

토지의 인도청구를 구하는 소는 목적물가액의 1/2을 소가로 한다(민인규 제12조 제5호, 가목).

나. 인지액 산출 공식

공시지가×면적(㎡)×50/100×1/2 = 소가(인지액 산출 공식 71면 참조)

4. 첨부인지액의 산출 및 납부방법

가. 개 설

제1심 소장에는 소송의 목적물가액(소가)을 다음의 공식에 의하여 산출한 인지를 붙여야 한다(민사소송등인지법 제2조 제1항).

나. 제1심 소장의 경우 첩부할 인지액(민사소송등인지법 제2조 제1항)

소송물의 값	인지액	민사소송등인지법
1,000만원 미만	소가×0.005	제2조 제1항 제1호
1,000만원이상1억원미만	5,000+(소가×0.0045)	제2조 제1항 제2호
1억원 이상 10억원 미만	55,000+(소가×0.004)	제2조 제1항 제3호
10억원 이상	555,000+(소가×0.0035)	제2조 제1항 제4호

主) 다만, 산출된 인지액이 1,000원 미만인 때에는 이를 1,000원으로 한다. 그리고 100원 미만의 액수는 생략한다.

다. 인지액 납부방법

① 소장 등에 첨부하거나 보정할 인지액이 1만 원 이상인 때에는 전액을 현금으로 납부하여야 한다. 인지액이 1만 원 미만인 때에도 현금으로 납부할 수 있다.

② 인지액 상당의 금액을 현금으로 납부할 수 있는 경우에는 신용카드, 직불카드(이하 "신용카드등" 이라 함)으로 납부할 수 있다.

③ 수납은행에서 가서 직접 납부하는 경우에는 수납은행에 비치된 소송등인지의 현금·신용카드등 납부서에 소정사항을 기재(제출법원란에는 소장 등을 실제로 제출하였거나 제출할 법원을 기재)하여 납부한 후 영수증은 납부인이 보관하고, 영수필확인서(법원제출용) 및 영수필통지서(법원제출용: 수입징수관 송부용)를 소장 등에 첨부하여 법원에 제출하여야 한다. 인터넷뱅킹을 이용한 계좌이체의 방법 또는 인지납부대행기관의 인지납부용 인터넷 홈페이지에 접속하여 납부하는 경우에도 영수필확인서 및 영수필통지서를 출력한 다음 소장 등에 첨부하여 법원에 제출하여야 한

다.

※ 현금 납부 절차(민인규 제29조)

원 고, 상소인	→	인 지 액 현금납부	→	송 달 료 수납은행	→	영수필확인서 및 동 통지서	→	법 원 접 수

5. 송달료

가. 개 설

소장, 항소장, 상고장, 항고(준항고 포함)장, 재항고(특별항고 포함)장(이하 상소장 등이라 한다)을 제출하는 경우에는 송달료납부서를 첨부하여 원심법원에 제출하여야 한다(재일 87-4). 송달료는 '송달료규칙의 시행에 따른 업무처리요령' (재일 87-4) '별표 1' 에서 정한 적용대상사건 및 송달료납부기준에 따라 현금으로 이를 납부하여야 한다. 송달료는 반드시 송달료납부서에 의하여 납부하여야 하고, 송달료를 납부한 때에는 수납은행으로부터 송달료납부서, 송달료 영수증 각 1통을 교부받아야 하고, 송달료납부서 1통을 소장 등 서면에 첨부하여 관할법원에 제출하여야 한다. 다만, 현금지급기(CD) 또는 현금입·출금기(ATM)를 이용하여 송달료를 납부하는 때에는 그 이용명세표로 송달료납부서에 갈음할 수 있다(송달료규칙 제3조, 송달료규칙의 시행에 따른 업무처리요령 제8조).

송달료납부서는 송달료, 납부당사자, 본인의 주소, 성명, 우편번호, 납부금액을 기재한다. 송달료는 재판이 확정될 때까지의 소송서류의 우편요금을 미리 납부 하는 것이므로 소장접수창구에서는 충분한 송달료를 납부하게 하고 있다. 따라서 소송이 종료된 후 남은 송달료 금액을 돌려주기 위하여 은행예금계좌번호를 송달료납부서에 기재하도록 하고 있다. "납부자" 란에는 대리인 등 실제로 송달료납부행위를 하는 사람의 이름을 기재한다.

송달료를 추가로 납부할 때에는 송달료 추가납부통지서를 작성 제출함으로써 한다.

나. 송달료납부기준

<적용대상사건 및 당사자 1인당 납부기준(편주 : 재일 87-4 요약)>

민사사건 \ 송달료 및 수송달자	당사자 1인당 납부기준	수 송 달 자
민사제1심합의사건(가합)	15회	원고, 피고 등
민사제1심단독사건(가단)	15회	〃
민사소액사건(가소)	10회	〃
민사항소사건(나)	12회	항소인, 피항소인 등
민사상고사건(다)	8회	상고인, 피상고인
민사항고사건(라)	5회	항고인, 상대방
민사재항고사건(마)	5회	재항고인, 상대방
민사특별항고사건(그)	3회	특별항고인, 상대방
민사준항고사건(바)	3회	항고인, 상대방
민사조정사건(머)	5회	신청인, 피신청인

※ 2019년 8월 현재 1회당 4,800원
예 : 민사소액사건(가소)이고, 원피고 2인일 경우 : 20회×4,800원=96,000원을 납부하여야 한다.

6. 관할법원(소장제출법원)

가. 보통재판적

소는 피고의 보통재판적이 있는 곳의 법원이 관할한다(민소법 제2조).

① 사람(자연인)의 경우 : 피고의 주소지를 관할하는 법원에 소장을 제출한다. 다만, 대한민국에 주소가 없거나 주소를 알 수 없는 경우에는 거소에 따라 정하고, 거소가 일정하지 아니하거나 거소도 알 수 없으면 마지막 주소에 따라 정한다(민소법 제3조).

② 법인 기타 단체인 경우 : 법인, 그 밖의 사단 또는 재단의 보통재판적은 이들의 주된 사무소 또는 영업소가 있는 곳에 따라 정하고, 사무소와 영업소가 없는 경우에는 주된 업무담당자의 주소에 따라 정한다(민소법 제5조 제1항). 위 규정을 외국법인,

그 밖의 사단 또는 재단에 적용하는 경우 보통재판적은 대한민국에 있는 이들의 사무소·영업소 또는 업무담당자의 주소에 따라 정한다(민소법 제5조 제2항).

③ 국가의 경우 : 국가가 민사소송의 당사자로 되는 경우에는 국가를 대표하는 관청인 법무부의 법무부장관 또는 대법원이 있는 곳으로 한다(민소법 제6조).

나. 특별재판적

민사소송법은 소송 편의를 도모하기 위하여 여러 특별재판적을 두고 있는데, 그 중 몇 가지를 보면 다음과 같다.

① 근무지의 특별재판적 : 사무소 또는 영업소에 계속하여 근무하는 사람에 대하여 소를 제기하는 경우에는 그 사무소 또는 영업소가 있는 곳을 관할하는 법원에 제기할 수 있다(민소법 제7조).

② 거소지 또는 의무이행지의 특별재판적 : 재산권에 관한 소를 제기하는 경우에는 거소지 또는 의무이행지의 법원에 제기할 수 있다(민소법 제8조).

③ 어음·수표 지급지의 특별재판적 : 어음·수표에 관한 소를 제기하는 경우에는 지급지의 법원에 제기할 수 있다(민소법 제9조).

④ 사무소·영업소가 있는 곳의 특별재판적 : 사무소 또는 영업소가 있는 사람에 대하여 그 사무소 또는 영업소의 업무와 관련이 있는 소를 제기하는 경우에는 그 사무소 또는 영업소가 있는 곳의 법원에 제기할 수 있다(민소법 제12조).

⑤ 불법행위지의 특별재판적 : 불법행위에 관한 소를 제기하는 경우에는 행위지의 법원에 제기할 수 있다(민소법 제18조 제1항).

⑥ 부동산이 있는 곳의 특별재판적 : 부동산에 관한 소를 제기하는 경우에는 부동산이 있는 곳의 법원에 제기할 수 있다(민소법 제20조).

⑦ 등기·등록에 관한 특별재판적 : 등기·등록에 관한 소를 제기하는 경우에는 등기 또는 등록할 공공기관이 있는 곳의 법원에 제기할 수 있다(민소법 제21조).

⑧ 상속·유증 등의 특별재판적 : 상속에 관한 소 또는 유증, 그 밖에 사망으로 효력이 생기는 행위에 관한 소를 제기하는 경우에는 상속이 시작된 당시 피상속인의 보통재판적이 있는 곳의 법원에 제기할 수 있다(민소법 제22조).

제2절 확인의 소(소장)

[서식] 건축주 명의변경 및 소유권 확인의 소

소 장

원 고 최 찬 호 (주민등록번호 -)
서울 강서구 화곡로 134-1(우편번호)
(전화 , 팩스 , 휴대폰)

피 고 1. 이 영 술(주민등록번호 -)
서울 강서구 방화로 612-48(우편번호)
(전화 , 팩스 , 휴대폰)

2. 김 귀 자(주민등록번호 -)
서울 강서구 방화로 612-48(우편번호)
(전화 , 팩스 , 휴대폰)

건축주 명의변경 및 소유권 확인의 소

청 구 취 지

1. 피고들은 원고에게 서울 강서구 방화로 612-48호 지상건물 287.45제곱미터를 원고에게 건축주명의변경하고 소유권은 원고에게 있다.
2. 소송비용은 피고들의 부담으로 한다.
3. 위 제1항은 가집행할 수 있다.

라는 재판을 구함.

청 구 원 인

원고는 20○○년10월 8 일 갑제1호증 공사도급계약서와 같이 피고 김귀자와 공사도급 계약을 체결한 사실이 있어 원고는 원고의 돈으로 피고의 이건 건물 전부를 완공한 사실이 있습니다.

공사도급계약서 8조 특약사항으로 공사대금이 모두 지불될 때까지 점유권과 소유권은 원고에게 있는 것으로 약정을 하고서, 피고 김귀자는 남편인 피고 이영술에게 이건 건물에 대하여 건축허가를 내준 관할 강서구청에 건축주 명의변경을 실행한 다음 피고들은 이건 건물의 소유권을 행사하면서 이건 건물을 임대하고 있는바, 이는 권원 없는 행위로 원고는 이건 건물에 대하여 건축주 명의변경 청구를 구하며, 따라서 예비적으로 소유권 확인의 소 청구에 이른 것입니다.

입 증 방 법

1. 갑제1호증　공사도급 계약서
1. 기타는 변론시 제출하겠음

첨 부 서 류

1. 위 입증서류　1통
1. 소장부본　1통
1. 납부서　1통

20○○　8.　29.

위 원 고 : 최 찬 호 (인)

서울남부지방법원　귀중

소 제기절차와 해설

◆ 소의 제기	소의 제기는 소장을 작성하여 법원에 제출하여야 한다. 소를 제기하려고 하는 사람은 소를 제기하기 전 충분한 사전조사를 할 필요가 있다. 사전조사에는 소를 제기하는 사건에 대한 승소의 가능성, 사실을 증명할 서류의 확보, 공격방법과 피고의 예상되는 방어방법, 보전처분의 필요성, 승소한 경우 강제집행실행의 가능성 등을 조사하여 그에 대처하여야 한다. 소를 제기하려면 적법한 소장의 요건을 갖추어야 하는데, 소장에는 필요적 기재사항 등이 기재되어 있고, 상당한 인지가 첩부되어 있어야 한다. ☞ 2. 소장의 작성요령(34면) 참조
◆ 소가산정	소를 제기할 때에는 소가를 산정하여야 한다. 소가는 사물관할을 정하는 표준이 되는 외에 원고가 소장 등을 제출할 때 납부할 인지액을 정하는 기준이 된다(민사소송등인지법 제2조 내지 제8조). ☞ 3. 소송목적의 값 산정방법(50면) 참조
◆ 인지첩부	제1심 소장에 첩부할 인지는 소송목적의 값에 따라 산출된 인지액을 붙여야 한다(민인법 제2조 제1항). ☞ 4. 첩부인지액의 산출 및 납부방법(71면) 참조
◆ 송 달 료	소장을 제출할 때에는 당사자 수에 따른 계산방식에 의한 송달료를 송달료수납은행에 납부하고 그 은행으로부터 교부받은 송달료납부서를 소장에 첨부하여야 한다. ☞ 5. 송달료 납부방법(72면) 참조
◆ 관할법원	소는 피고의 보통재판적이 있는 곳의 법원이 관할한다(민소법 제2조). 소장은 피고의 주소지를 관할하는 법원에 제출하는 것이 원칙이나, 소송의 편의를 도모하기 위해 특별한 재판관할이 인정되고 있다. ☞ 6. 관할법원(소장제출법원)(73면) 참조

[서식] 대지경계확인청구의 소

소 장

원 고 정 희 문(주민등록번호 -)
서울 종로구 혜화로5길 1-23
(전화 , 팩스 , 휴대폰)

피 고 1. 김 인 식(주민등록번호 -)
서울 종로구 혜화로5길 1-24
(전화 , 팩스 , 휴대폰)

2. 이 미 자(주민등록번호 -)
서울 종로구 혜화로5길 1-25
(전화 , 팩스 , 휴대폰)

대지경계확인청구의 소

청 구 취 지

1. 원고 소유인 서울 종로구 혜화로 5길 1-23 대 235제곱미터의 피고 김인식 소유인 동소로 1-24 대 119제곱미터, 피고 이미자 소유인 동소로 1-25 대 56제곱미터의 경계선은 별지도면 표시 A . F(점 1), B를 직선으로 연결하는 선임을 확인한다.
2. 소송비용은 피고의 부담으로 한다.

라는 판결을 구합니다.

청 구 원 인

1. 원고는 서울 종로구 혜화로 2길 1-23 대 235제곱미터에 대하여 수십 년 동안을 소유하고 있으며 이건 토지는 1978. 4. 10. 동소1-22에서 분할하여

동소로 1-23 대235제곱미터, 동소 1-24 대119제곱미터, 동소로1-25 대 56제곱미터로 각 분할되었으며 전 소유자로부터 양도받아 원고와 피고들이 각 소유하게 되었습니다.

2. 원고는 19○○. 4. 10. 원고 소유 대지상에 건물을 신축하면서 대한측량협회 서울시지부 대한측량설계공사에서 측량(경계명시 측량도 별지첨부)을 하여 그 경계선이 별지도면 표시 A . F(점1), B를 직선으로 연결하는 선으로 확정하여 허가는 물론 준공을 받아 현재까지 소유하고 있습니다.

3. 그런데 원고는 19○○년 신축건물을 완공할 무렵 동소로 1-25 대 56제곱미터를 소유하던 피고 이미자의 피상속인 소외 최일섭의 부인이 원고에게 본인 소유 대지가 너무 좁아서 생활이 불편하여 방을 늘린다고 애원을 함으로 원고는 20년간을 서로 이웃에서 살고 있는 우정으로 거절할 수가 없어 F(점1), C를 연결한 선으로 담을 쌓아 방을 늘려 사용하도록 승낙을 한 바 있습니다.(위 사실을 최일섭의 상속자인 이미자는 상세히 기억하고 원고의 소유임을 인정하고 있음)

4. 그런데 최근에 피고 김 인식이 건물 신축공사를 하기 위하여 자적공사에 측량을 의뢰하였던 바 지적공사에서 측량을 하면서 지적도면상에 경계표시가 일직선으로 되어있는데 별지도면에 표시된 경계선은 A . F . C와 같이 곡선을 이루고 있으므로 이를 착가하고 직선으로 A에서 C로 선을 그어 점1에서 50cm정도를 원고의 대지를 침범하여 점 2에 경계표시를 하였습니다.
그래서 원고는 위 지적공사에 연유를 상세히 설명하고 다시 재측량을 하여 원상대로 경계확정을 하여 줄 것을 요구하였으나 시정이 불가능 합니다.

5. 그러므로 피고 김인식은 이건 대지의 경계선이 별지도면 표시와 같이 A . F (점1). B가 틀림없음에도 나름대로 A . 점2, C를 직선으로 연결하는 선으로 오인하여 설계는 물론 소유권행사를 주장하고 있으므로 위 대지상에 건축분쟁이 거듭되고 있으므로 원고와 피고들간에 경계선의 확정을 구하기 위하여 본

소에 이르렀습니다.

입 증 방 법

1. 변론시 수시 제출하겠음.

첨 부 서 류

1. 대지 등기부 등본 1통
2. 토지대장등본 1통
3. 지적도 등본 1통
4. 경계명시 측량도 1통

20○○. 6. .

원 고 정 희 문 (인)

서울중앙지방법원 귀중

소 제기절차와 해설

◆ 소의 제기	소의 제기는 소장을 작성하여 법원에 제출하여야 한다. 소를 제기하려고 하는 사람은 소를 제기하기 전 충분한 사전조사를 할 필요가 있다. 사전조사에는 소를 제기하는 사건에 대한 승소의 가능성, 사실을 증명할 서류의 확보, 공격방법과 피고의 예상되는 방어방법, 보전처분의 필요성, 승소한 경우 강제집행실행의 가능성 등을 조사하여 그에 대처하여야 한다. 소를 제기하려면 적법한 소장의 요건을 갖추어야 하는데, 소장에는 필요적 기재사항 등이 기재되어 있고, 상당한 인지가 첩부되어 있어야 한다. ☞ 2. 소장의 작성요령(34면) 참조
◆ 소가산정	소를 제기할 때에는 소가를 산정하여야 한다. 소가는 사물관할을 정하는 표준이 되는 외에 원고가 소장 등을 제출할 때 납부할 인지액을 정하는 기준이 된다(민사소송등인지법 제2조 내지 제8조). ☞ 3. 소송목적의 값 산정방법(50면) 참조
◆ 인지첩부	제1심 소장에 첩부할 인지는 소송목적의 값에 따라 산출된 인지액을 붙여야 한다(민인법 제2조 제1항). ☞ 4. 첩부인지액의 산출 및 납부방법(71면) 참조
◆ 송 달 료	소장을 제출할 때에는 당사자 수에 따른 계산방식에 의한 송달료를 송달료수납은행에 납부하고 그 은행으로부터 교부받은 송달료납부서를 소장에 첨부하여야 한다. ☞ 5. 송달료 납부방법(72면) 참조
◆ 관할법원	소는 피고의 보통재판적이 있는 곳의 법원이 관할한다(민소법 제2조). 소장은 피고의 주소지를 관할하는 법원에 제출하는 것이 원칙이나, 소송의 편의를 도모하기 위해 특별한 재판관할이 인정되고 있다. ☞ 6. 관할법원(소장제출법원)(73면) 참조

[서식] 동산인도 및 소유권확인청구의 소

소 장

원 고 주식회사 대한메카닉
대표이사 최 기 준
대전 대덕구 동심5길 (대화동) 175- 2
위 원고 소송대리인 변호사 한 태 호
서울 서초구 서초대로 2길 3 (우)
(전화 , 팩스)

피 고 1. 진 영 만(주민등록번호 -)
익산시 모현로 7길 137-2
(전화 , 팩스 , 휴대폰)

2. 국민은행 구로동지점
지점장 김 성 일
서울 구로구 구로2길 604-19
(전화 , 팩스)

동산인도 및 소유권확인 청구의 소

청 구 취 지

1. 피고 진영만은 원고에게 별지목록기재 동산을 인도하라.
2. 피고 국민은행 구로동지점과 원고 사이에 별지목록기재 동산이 원고의 소유임을 확인한다.
3. 소송비용은 피고들의 부담으로 한다.

라는 판결을 구합니다.

청 구 원 인

1. 원고와 피고 진영만사이의 공사도급계약

원고는 20○○. 9. 18. 피고 진영만과 사이에서 원고가 같은 피고 소유의 익산시 모현로2길 137-2 소재 지상2층, 지하 3층 공장내에 급속동결 및 냉동시설공사를 공사내금310,000,000원에 설치해 주기로 하는 내용의 공사도급계약을 체결하였습니다(갑 제1호증 공사도급계약서).

2. 피고 진영만의 채무불이행 및 공장저당설정

원고는 위 도급계약에 따라 20○○. 3. 경 원고가 모든 공사비용 즉 자재대, 인건비 등을 부담하여 냉동설비인 별지목록기재 기계를 설치함으로써 위 냉동시설공사를 마쳤으나, 현재까지 공사대금의 82%에 이르는 금253,000,000원을 원고에게 지급하지 아니하고 있습니다.

피고 진영만은 20○○. 8. 5. 그 소유의 익산시 모현로2길 137의2, 토지 및 동지상 공장건물에 관하여 채권최고액을 금1,560,000,000원으로 하여 피고 국민은행 구로동지점(이하 구로동지점이라 합니다)에게 근저당권설정등기를 경료해준 바 있었는데, 그 후 원고가 위 미지급 공사대금의 지급을 촉구하고 있던 중인 20○○. 10. 22.에 별지목록기재 기계(이하 이 건 기계라 합니다)를 위 근저당권의 담보로 추가하는 근저당권 변경등기를 하였습니다(갑 제2호증의 1, 2 각 등기부등본)

3 이 건 기계의 소유권귀속

위 공사도급계약 제10조에서는 계약이행의 종료 즉 원고의 이 건 기계(냉동설비)의 설치완료와 피고 진영만의 공사대금의 지급이 완료될 때까지는 이 건 냉동설비의 소유권이 원고에게 유보됨을 전제로 하여 "공사중 원고의 사정으로 인하여 지연이 우려될 경우와 계약이행이 되지 않을시 피고 진영만이 요구하면 원고는 현장내 반입된 자재 및 기계의 소유권을 주장하지 못한다"고 규정하였습니다. 즉 공사완료 및 대금완불시까지는 냉동설비의 소유권이 원고에게 유보되나 원고의 귀책사유로 말미암아 공사 지연 또는 계약 불이행의 경우에는 그 제재로서 피고 진영민이 위 냉동설비를 몰수하도록 규정한 것입니다.

위에서 언급한 바와 같이 원고는 계약대로 냉동시설 공사를 완료하였는데 피고 진영만은 그 대금을 지급하지 않았고 가까운 시일내에 이를 지급할 전망도 보이지 아니합니다. 따라서 위 냉동설비의 소유권은 여전히 원고에게 있습니다. 따라서 원고는 피고 진영만에게 소유물반환청구로서 이 건 기계의 인도를 하고, 피고 구로동지점에 대하여는 같은 피고가 이 건 기계는 그 소유권이 피고 진영만에게 있고, 피고 구로동지점의 근처당권의 목적물이므로 원고에게 반환되어서는 안된다고 다투고 있으므로 이 건 기계의 소유권이 원고에게 있음을 확인을 구하기 위하여 이 소를 제기합니다.

증 거 서 류

1. 갑제 1호증 공사도급 계약서
2. 갑제2호증의 1, 2 각 등기부등본

첨 부 서 류

1. 위 소명방법 각 1통
1. 법인등기부등본 2통
1. 위임장 1통

20○○. 6. .

위 원고 소송대리인
변호사 한 태 호 (인)

대전지방법원 귀중

소 제기절차와 해설

◆ 소의 제기	소의 제기는 소장을 작성하여 법원에 제출하여야 한다. 소를 제기하려고 하는 사람은 소를 제기하기 전 충분한 사전조사를 할 필요가 있다. 사전조사에는 소를 제기하는 사건에 대한 승소의 가능성, 사실을 증명할 서류의 확보, 공격방법과 피고의 예상되는 방어방법, 보선처분의 필요성, 승소한 경우 강제집행실행의 가능성 등을 조사하여 그에 대처하여야 한다. 소를 제기하려면 적법한 소장의 요건을 갖추어야 하는데, 소장에는 필요적 기재사항 등이 기재되어 있고, 상당한 인지가 첩부되어 있어야 한다. ☞ 2. 소장의 작성요령(34면) 참조
◆ 소가산정	소를 제기할 때에는 소가를 산정하여야 한다. 소가는 사물관할을 정하는 표준이 되는 외에 원고가 소장 등을 제출할 때 납부할 인지액을 정하는 기준이 된다(민사소송등인지법 제2조 내지 제8조). ☞ 3. 소송목적의 값 산정방법(50면) 참조
◆ 인지첩부	제1심 소장에 첩부할 인지는 소송목적의 값에 따라 산출된 인지액을 붙여야 한다(민인법 제2조 제1항). ☞ 4. 첩부인지액의 산출 및 납부방법(71면) 참조
◆ 송 달 료	소장을 제출할 때에는 당사자 수에 따른 계산방식에 의한 송달료를 송달료수납은행에 납부하고 그 은행으로부터 교부받은 송달료납부서를 소장에 첨부하여야 한다. ☞ 5. 송달료 납부방법(72면) 참조
◆ 관할법원	소는 피고의 보통재판적이 있는 곳의 법원이 관할한다(민소법 제2조). 소장은 피고의 주소지를 관할하는 법원에 제출하는 것이 원칙이나, 소송의 편의를 도모하기 위해 특별한 재판관할이 인정되고 있다. ☞ 6. 관할법원(소장제출법원)(73면) 참조

[서식] 매매계약증서확인의 소

소 장

원 고 유 재 경(주민등록번호 -)
서울 서초구 양재대로 123-4(우편번호)
(전화 , 팩스 , 휴대폰)
피 고 이 규 창(주민등록번호 -)
서울 강남구 신사로 123-45(우편번호)
(전화 , 팩스 , 휴대폰)

매매계약증서확인의 소

청 구 취 지

1. 피고는 원·피고 간 20○○. 11. 10. 작성한 매매계약증서는 진정하게 성립되어 있음을 확인한다.
2. 소송비용은 피고의 부담으로 한다.

라는 판결을 구합니다.

청 구 원 인

1. 원고는 피고 소유의 별지목록기재부동산을 20○○. 11. 10. 대금56,000,000원에 매수하기로 하는 매매계약을 체결하였고 대금지급방법은 그 계약금으로 같은 일자에 금10,000,000원을 지급하고 중도금으로 같은해 11. 30자에 금30,000,000원을 잔대금으로 같은해 12. 30자에 금26,000,000원을 전액지급하기로 하여 위 매매계약증서를 작성하여 원·피고가 각 1통씩 소지하였던 것입니다.
2. 그런데 피고는 위 중도금지급기일에 이르러 원고가 중도금 30,000,000원을 지급제시하였으나 어찌된 일인지 이를 수령하지도 아니하고 원·피고 사이의 부동산매매사실을 부인하며 또한 위 매매계약증서의 진정한 성립도 부인하고 있습니다.

3. 따라서 원고는 위 매매계약증서의 진정성립을 확인받기 위하여 본소에 이르렀습니다.

입 증 방 법

1. 갑제1호증　매매계약증서사본
1. 기타는 변론시 제출하겠음

첨 부 서 류

1. 위입증서류　1통
1. 소장부본　1통
1. 납부서　1통

20 . 1. 27.

위 원고　유　재　경　(인)

서울중앙지방법원　귀중

<별지목록>

목　록

서울 종로구 평창2길 218-4
대68㎡
위지상
목조와즙 단층주택
37㎡
물치 7㎡

소 제기절차와 해설

◆ 소의 제기	소의 제기는 소장을 작성하여 법원에 제출하여야 한다. 소를 제기하려고 하는 사람은 소를 제기하기 전 충분한 사전조사를 할 필요가 있다. 사전조사에는 소를 제기하는 사건에 대한 승소의 가능성, 사실을 증명할 서류의 확보, 공격방법과 피고의 예상되는 방어방법, 보전처분의 필요성, 승소한 경우 강제집행실행의 가능성 등을 조사하여 그에 대처하여야 한다. 소를 제기하려면 적법한 소장의 요건을 갖추어야 하는데, 소장에는 필요적 기재사항 등이 기재되어 있고, 상당한 인지가 첩부되어 있어야 한다. ☞ 2. 소장의 작성요령(34면) 참조
◆ 소가산정	소를 제기할 때에는 소가를 산정하여야 한다. 소가는 사물관할을 정하는 표준이 되는 외에 원고가 소장 등을 제출할 때 납부할 인지액을 정하는 기준이 된다(민사소송등인지법 제2조 내지 제8조). ☞ 3. 소송목적의 값 산정방법(50면) 참조
◆ 인지첩부	제1심 소장에 첩부할 인지는 소송목적의 값에 따라 산출된 인지액을 붙여야 한다(민인법 제2조 제1항). ☞ 4. 첩부인지액의 산출 및 납부방법(71면) 참조
◆ 송 달 료	소장을 제출할 때에는 당사자 수에 따른 계산방식에 의한 송달료를 송달료수납은행에 납부하고 그 은행으로부터 교부받은 송달료납부서를 소장에 첨부하여야 한다. ☞ 5. 송달료 납부방법(72면) 참조
◆ 관할법원	소는 피고의 보통재판적이 있는 곳의 법원이 관할한다(민소법 제2조). 소장은 피고의 주소지를 관할하는 법원에 제출하는 것이 원칙이나, 소송의 편의를 도모하기 위해 특별한 재판관할이 인정되고 있다. ☞ 6. 관할법원(소장제출법원)(73면) 참조

[서식] 분양계약 확인의 소

소 장

원 고 한 동 원(주민등록번호 -)
서울 강남구 수서2길 수서아파트 1동 102호(우편번호)
(전화 , 팩스 , 휴대폰)
소송대리인 변호사 박 민 호
서울 서초구 서초대로 23 백영빌딩 2층(우편번호)

피 고 한강건설주식회사
대표이사 한 강 수
서울 종로구 종로2가로 123-4(우편번호)
(전화 , 팩스)

분양계약 확인의 소

청 구 취 지

1. 원고가 별지목록기재 아파트에 관하여 20○○. 6. 30. 피고와 사이에 체결한 분양계약상의 수 분양자임을 확인한다.
2. 소송비용은 피고의 부담으로 한다.

라는 판결을 구합니다.

청 구 원 인

1. 피고 한강건설 주식회사(이하 피고회사라고 함)는 주택사업건설 업체로서 20○○.경부터 서울시 강남구 수서2길 234의 일원에 수서아파트를 지으면서 위 아파트를 일반 분양하였는데, 원고는 20○○. 6. 30. 피고 회사와의 사이에 별지목록기재아파트(이하 이사건 아파트라 줄여 씀)에 관하여 대금 124,213,000원(선택사항 9% 포함)에 공급계약을 체결하고,

위 계약시 계약금 24,840,000원을 지급하고, 같은날 1회분부터 4회분까지 중도금 49,680,000원을 지급하여 합계 금 74,520,000원을 지급하였습니다.

2. 그런데 피고회사는 이제와서 원고와의 사이에 체결한 위 아파트 공급계약 체결사실자체를 부인하면서, 원고로부터 남은 중도금과 잔금 수령도 거부하고 있습니다.

3. 따라서 원고가 이사건 아파트에 관하여 20○○. 6. 30. 피고와 사이에 체결한 분양 계약상의 수분양자임을 확인할 필요가 있어 그 확인을 구하는 바입니다.

입 증 방 법

1. 아파트 공급계약서 갑제1호증
1. 영 수 증 갑제2호증
1. 분양대금 불입내역서 갑제3호증
1. 기타변론시 적의제출 하겠음.

첨 부 서 류

1. 위 입증서류 각1통
1. 소장부본 1통
1. 법인등기부 등본 1통
1. 소송 위임장 1통

20○○. 10.

위 원고 소송대리인 변호사 박 민 호

서울중앙지방법원 귀중

소 제기절차와 해설

◆ 소의 제기	소의 제기는 소장을 작성하여 법원에 제출하여야 한다. 소를 제기하려고 하는 사람은 소를 제기하기 전 충분한 사전조사를 할 필요가 있다. 사전조사에는 소를 제기하는 사건에 대한 승소의 가능성, 사실을 증명할 서류의 확보, 공격방법과 피고의 예상되는 방어방법, 보전처분의 필요성, 승소한 경우 강제집행실행의 가능성 등을 조사하여 그에 대처하여야 한다. 소를 제기하려면 적법한 소장의 요건을 갖추어야 하는데, 소장에는 필요적 기재사항 등이 기재되어 있고, 상당한 인지가 첩부되어 있어야 한다. ☞ 2. 소장의 작성요령(34면) 참조
◆ 소가산정	소를 제기할 때에는 소가를 산정하여야 한다. 소가는 사물관할을 정하는 표준이 되는 외에 원고가 소장 등을 제출할 때 납부할 인지액을 정하는 기준이 된다(민사소송등인지법 제2조 내지 제8조). ☞ 3. 소송목적의 값 산정방법(50면) 참조
◆ 인지첩부	제1심 소장에 첩부할 인지는 소송목적의 값에 따라 산출된 인지액을 붙여야 한다(민인법 제2조 제1항). ☞ 4. 첩부인지액의 산출 및 납부방법(71면) 참조
◆ 송 달 료	소장을 제출할 때에는 당사자 수에 따른 계산방식에 의한 송달료를 송달료수납은행에 납부하고 그 은행으로부터 교부받은 송달료납부서를 소장에 첨부하여야 한다. ☞ 5. 송달료 납부방법(72면) 참조
◆ 관할법원	소는 피고의 보통재판적이 있는 곳의 법원이 관할한다(민소법 제2조). 소장은 피고의 주소지를 관할하는 법원에 제출하는 것이 원칙이나, 소송의 편의를 도모하기 위해 특별한 재판관할이 인정되고 있다. ☞ 6. 관할법원(소장제출법원)(73면) 참조

[서식] 소유권확인등 청구의 소(토지매매원인)

소 장

원 고 허 장 수(주민등록번호 -)
○○시 ○○구 ○○로 26-8
소송대리인 변호사 김 ○ ○
○○시 ○○구 ○○로 6길 21
(전화 , 팩스)

피 고 1. 이 송 림(주민등록번호 -)
○○ ○○구 ○○로 62-5
(전화 , 팩스 , 휴대폰)
2. 양준혁(주민등록번호 -)
○○시 ○○구 ○○로 8길 5
송달주소 ○○ 영등포구 ○○대로 4길 1
(전화 , 팩스 , 휴대폰)
3. 양준일(주민등록번호 -)
○○ ○○구 ○○로 4길 7-1
(전화 , 팩스 , 휴대폰)
4. 양만일(주민등록번호 -)
○○ ○○구 ○○로 110-37
(전화 , 팩스 , 휴대폰)
5. 양오일(주민등록번호 -)
○○시 ○○구 ○○로 6길 2-5
(전화 , 팩스 , 휴대폰)
6. 양윤일 (주민등록번호 -)
○○시 ○○구 ○○로 2길 23
(전화 , 팩스 , 휴대폰)

7. 양형숙(주민등록번호 -)
서울 ○○구 ○○로 6길 6-12
(전화 , 팩스 , 휴대폰)

소유권확인등 청구의 소

청 구 취 지

1. ○○시 ○○구 교동로 20 전 298제곱미터 및 같은 시 ○○구 ○○로 5길 6-1 전 655제곱미터는 피고 이송림에게 1/13, 피고 양준혁에게 3/13, 피고 양준일, 같은 양만일, 같은 양오일, 같은 양윤일에게 각 2/13, 피고 양형숙에게 1/13, 각 지분씩 소유하고 있음을 확인한다.
2. 원고에게, ○○시 ○○구 교동로 20 전 298제곱미터 및 같은 시 ○○구 ○○로 5길 6-1 전 655제곱미터에 대하여 피고 이송림은 1/13, 피고 양준혁은 3/13, 피고 양준일, 같은 양만일, 같은 양오일, 같은 양윤일은 각 2/13, 피고 양형숙은 1/13, 각 지분을 20○○. 9. 8. 매매를 원인으로 한 소유권이전등기 절차를 이행하라.
3. 소송비용은 피고들의 부담으로 한다.

라는 판결을 구합니다.

청 구 원 인

1. ○○시 ○○구 교동로 20 전 298제곱미터(이하 이 사건 제1토지라고만 함) 및 같은시 ○○구 ○○로 50길 6의1 전655제곱미터(이하 이 사건 제2토지라고만 함)는 본래 소외 망 000(1959. 9. 23. 사망)소유였는데, 이 사건 제1토지에 관한 토지사정당시인 1912. 2. 3. 토지대장상에 주소란을 표기치 않고 공란을 둔 채 소유자 표시를 "000" 으로만 표시하였고, 이 사건 제2토지에 관하여는 주소란을 표기하면서 번지를 기재치 않고 공란으로 둔 채 소유자를 "교동로 000" 으로 표시하였습니다.

2. 그후 위 망 000은 1959. 9. 23. 사망함으로써 구민법에 의거 이 사건 제1,

2토지는 호주상속인인 소외 000에게 단독 상속되었는데 위 000이 그 상속등기를 경료치 않은 채 19○○. 6. 20. 사망하여 그의 처인 피고 이송림에게 1/13, 피고 양준혁에게 3/13, 피고 양준일, 같은 양만일, 같은 양오일, 같은 양윤일에게 각 2/13, 피고 양형숙에게 1/13, 각 지분 비율로 재산 상속되었습니다.

3. 한편, 원고는 20○○. 9. 8. 상속인들인 위 피고들과의 사이에 이 사건 제1, 2토지에 관하여 대금 000원에 매매계약을 체결하고, 계약금 000원은 위 계약 당일에 지급하였고, 잔금 000원은 이 사건 소장 접수일에 지급키로 약정하였습니다.
4. 따라서 원고는 이 사건 제1, 2토지가 청구취지 기재와 같이 피고들 공유지분 소유라는 확인을 구하고 동시에 피고들로부터 이 사건 제1, 2토지에 관하여 청구취지 기재와 같은 피고들 공유지분에 관하여 20○○. 9. 8. 매매를 원인으로 한 소유권이전등기절차를 이행받고자 이 건 소송에 이른 것입니다.

입 증 방 법

1. 토지대장등본 　　　갑제1호증의1, 2
1. 제적등본 　　　갑제2호증의1, 2
1. 가족관계증명서 　　　갑제3호증의1 내지 6
1. 매매계약서 　　　갑제4호증
1. 기타는 변론시 수시 제출하겠습니다.

첨 부 서 류

1. 위 입증서류 　　　각 1통
1. 소장부본 　　　7통

20○○. 9 .

원고 소송대리인 변호사 ○○○

○○지방법원 ○○지원귀중

소 제기절차와 해설

◆ 소의 제기	소의 제기는 소장을 작성하여 법원에 제출하여야 한다. 소를 제기하려고 하는 사람은 소를 제기하기 전 충분한 사전조사를 할 필요가 있다. 사전조사에는 소를 제기하는 사건에 대한 승소의 가능성, 사실을 증명할 서류의 확보, 공격방법과 피고의 예상되는 방어방법, 보전처분의 필요성, 승소한 경우 강제집행실행의 가능성 등을 조사하여 그에 대처하여야 한다. 소를 제기하려면 적법한 소장의 요건을 갖추어야 하는데, 소장에는 필요적 기재사항 등이 기재되어 있고, 상당한 인지가 첩부되어 있어야 한다. ☞ 2. 소장의 작성요령(34면) 참조
◆ 소가산정	소를 제기할 때에는 소가를 산정하여야 한다. 소가는 사물관할을 정하는 표준이 되는 외에 원고가 소장 등을 제출할 때 납부할 인지액을 정하는 기준이 된다(민사소송등인지법 제2조 내지 제8조). ☞ 3. 소송목적의 값 산정방법(50면) 참조
◆ 인지첩부	제1심 소장에 첩부할 인지는 소송목적의 값에 따라 산출된 인지액을 붙여야 한다(민인법 제2조 제1항). ☞ 4. 첩부인지액의 산출 및 납부방법(71면) 참조
◆ 송 달 료	소장을 제출할 때에는 당사자 수에 따른 계산방식에 의한 송달료를 송달료수납은행에 납부하고 그 은행으로부터 교부받은 송달료납부서를 소장에 첨부하여야 한다. ☞ 5. 송달료 납부방법(72면) 참조
◆ 관할법원	소는 피고의 보통재판적이 있는 곳의 법원이 관할한다(민소법 제2조). 소장은 피고의 주소지를 관할하는 법원에 제출하는 것이 원칙이나, 소송의 편의를 도모하기 위해 특별한 재판관할이 인정되고 있다. ☞ 6. 관할법원(소장제출법원)(73면) 참조

[서식] 소유권확인등 청구의 소(토지상속관련)

소 장

원 고 김 정 오(주민등록번호 -)
○○시 ○○구 ○○로 39-3
소송대리인 변호사 김 ○ ○
○○시 ○○구 ○○로 21-8
(전화 , 팩스)

피 고 1. 대한민국
법률상 대표자 법무부장관 ○ ○ ○
(전화 , 팩스)

2. 민 종 기(주민등록번호 -)
○○시 ○○구 ○○로 1길 27
(전화 , 팩스 , 휴대폰)

토지소유권확인등 청구의 소

청 구 취 지

1. 원고와 피고 대한민국 사이에 ○○시 ○○구 ○○로 18길 3-2 임야 16,118 제곱미터는 피고 민종기 소유임을 확인한다.
2. 피고 민종기는 원고에게 위 토지에 관하여 20○○. 5. 12. 시효취득을 원인으로 한 소유권 이전등기 절차를 이행하라.
3. 소송비용은 피고들의 부담으로 한다.

라는 판결을 구합니다.

청 구 원 인

1. 분할되기 전의 ○○시 ○○구 ○○로 18길 3-2 임야 1정 9단 1무보(이하 분할전 임야라 줄여 씀)는 본래 소외 000소유였는데, 위 000는 1961. 12. 21. 소외 000

에게 매도하였고, 이를 인도 받은 위 000는 1978. 5. 12. 원고의 부(父) 소외 망 000(1978. 11. 21. 사망)에게 매도하였고, 위 망 000는 위 임야를 선산으로 사용키 위해 1978. 10.경 그의 장남인 원고에게 이를 증여 하였습니다.

그 후 원고는 위 망 000가 사망하자 위 분할전 임야(분할된 후 위 같은 동 183의 3)상에 위 망인의 분묘를 설치하고 오늘에 이르기까지 점유관리해 오고 있습니다.

2. 한편, 위 분할전 임야는 20○○. 2, 17. 위 같은 동 18길 3-3이 분할되어 나가므로써 위 같은 동 18길 3-1 임야 16,118제곱미터(이하 이 사건 임야라 줄여 씀)로 되었고, 임야대장상에는 소유자 변동없이 위 000 성명만 기재되어 있고, 그 주소가 누락되어 현재까지 미등기 부동산으로 남아 있는 데, 위 000는 1964. 6. 21. 사망 하였고, 위 망 000의 장남인 소외 000은 동 망인 사망전인 1959. 8. 26. 사망 하므로써 이 사건 임야는 장손자이고 호주상속인인 피고 000에게 단독 상속 되었습니다.

3. 따라서 이사건 임야에 관하여는 위 망 000가 위 000로부터 매수하여 점유를 시작한 1988. 5. 12. 부터 점유의 기산점으로 하여 같은 해 10.경 원고가 위 망인의 점유를 승계하여 20년이 지난 20○○. 5. 12.로서 취득 시효가 완성되었다 할 것입니다.

4. 위에서 본 바와 같이 이 사건 임야의 임야대장은 지적법 제9조 소정의 요건을 갖추지 아니하여 피고 000는 위 임야의 소유자임을 위 지적 공부만으로는 직접 증명할 수 없으므로 원고는 피고 대한민국과의 사이에 위 임야의 소유자가 피고 000 소유임을 확인을 구할 수 있다 할 것입니다.

5. 그렇다면, 원고와 피고 대한민국 사이에 이 사건 임야는 피고 000 소유임을 확인하고, 피고 000는 원고에게 위 임야에 관하여 20○○. 5. 12.로서 시효취득을 원인으로 한 소유권 이전등기절차를 이행하여야 할 것입니다.

입 증 방 법

갑제1호증의1, 2	임야대장등본, 구 임야대장등본
〃 2호증	사서증서 인증서(확인서)
〃 3호증	임야매도증
〃 4호증의1, 2	제적등본, 가족관계증명서
〃 5호증	주민등록 등본
〃 6호증	개별공시지가 확인서

기타 변론시 적의 제출하겠음

첨 부 서 류

1. 위 입증서류	각 1통
2. 소장 부본	2통
3. 소송 위임장	1통

20○○. 6.

원고 소송대리인
변호사 김 ○ ○

○○지방법원 귀중

소 제기절차와 해설

◆ 소의 제기	소의 제기는 소장을 작성하여 법원에 제출하여야 한다. 소를 제기하려고 하는 사람은 소를 제기하기 전 충분한 사전조사를 할 필요가 있다. 사전조사에는 소를 제기하는 사건에 대한 승소의 가능성, 사실을 증명할 서류의 확보, 공격방법과 피고의 예상되는 방어방법, 보전처분의 필요성, 승소한 경우 강제집행실행의 가능성 등을 조사하여 그에 대처하여야 한다. 소를 제기하려면 적법한 소장의 요건을 갖추어야 하는데, 소장에는 필요적 기재사항 등이 기재되어 있고, 상당한 인지가 첩부되어 있어야 한다. ☞ 2. 소장의 작성요령(34면) 참조
◆ 소가산정	소를 제기할 때에는 소가를 산정하여야 한다. 소가는 사물관할을 정하는 표준이 되는 외에 원고가 소장 등을 제출한 때 납부할 인지액을 정하는 기준이 된다(민사소송등인지법 제2조 내지 제8조). ☞ 3. 소송목적의 값 산정방법(50면) 참조
◆ 인지첩부	제1심 소장에 첩부할 인지는 소송목적의 값에 따라 산출된 인지액을 붙여야 한다(민인법 제2조 제1항). ☞ 4. 첩부인지액의 산출 및 납부방법(71면) 참조
◆ 송 달 료	소장을 제출할 때에는 당사자 수에 따른 계산방식에 의한 송달료를 송달료수납은행에 납부하고 그 은행으로부터 교부받은 송달료납부서를 소장에 첨부하여야 한다. ☞ 5. 송달료 납부방법(72면) 참조
◆ 관할법원	소는 피고의 보통재판적이 있는 곳의 법원이 관할한다(민소법 제2조). 소장은 피고의 주소지를 관할하는 법원에 제출하는 것이 원칙이나, 소송의 편의를 도모하기 위해 특별한 재판관할이 인정되고 있다. ☞ 6. 관할법원(소장제출법원)(73면) 참조

[서식] 소유권확인등 청구의 소(토지취득시효완성)

소 장

원 고 신 ○ ○ (주민등록번호 -)
○○군 ○○면 ○○길 16-2
소송대리인 변호사 ○ ○ ○
○○시 ○○구 ○로 630의1
(전화 , 팩스)

피 고 대표자 군수 ○ ○ ○
소송수행자 ○ ○ ○
○○군 ○○길 2-14

토지소유권확인등 청구의 소

청 구 취 지

1. ○○군 ○○면 ○○길 16-2 대 60평은 피고 ○○군의 소유임을 확인한다.
2. 피고는 원고에게 위 부동산에 관하여 20○○. 12. 31. 취득시효완성을 원인으로 한 소유권이전등기절차를 이행하라.
3. 소송비용은 피고의 부담으로 한다.

라는 판결을 구합니다.

청 구 원 인

1.○○군 ○○면 ○○길 16-2 대 60평(이하 이 사건 대지라고 함)은 본래 위 같은리의 ○○로 소유였는데, 원고의 부인 소외 망 신.○○이 생존시인 1948. 경 위○○로부터 위 대지를 대금 5원에 매수하여 이를 인도받아 그 무렵 위 지상에 목조초즙주택 1동을 지어 살다가 1970. 12. 26. 사망함으로써 구 민법에 의거 호주상속인이며 장남인 소외 망 신○○에게 단독 상속하였습니다.

2. 그후 위 신○○은 1980.경 위 주택을 스레트즙으로 개축하여 그 이듬해인 1971.경 고향에서 부, 모를 오랫동안 봉양하며 살았던 동생인 원고에게 살림을 내주면서 이 사건 대지와 위 주택을 증여하였습니다. 따라서 이 사건 대지에 관하여는 원고가 전 소유자인 소외 망 신명선으로부터 증여받아 점유를 시작한 1981.경을 점유의 기산점으로 하여 20년이 지난 20○○. 12. 31.로서 취득시효가 완성되었다 할 것입니다.

3. 한편, 소외 ○○군은 20○○. 4. 13. 이 사건 대지가 위 같은 군 ○○면 재산인 것으로 잘못 알고 법률 제707호 지방자치에관한임시조치법 제8조에 의거 ○○군 소유로 귀속시켜 위 ○○군 명의로 소유권보존등기를 필하였습니다. 그후 위 대지 소재지 관할○○면이 20○○. 7. 1.자로 ○○군에 편입됨에 따라 위 대지는 피고 ○○군 재산으로 승계되었으며, 피고군은 이직도 그 명의로 등기를 경료치 않은 채 있습니다.

4. 그러므로 ○남 ○○군 ○○로○○길 16-2 대 60평이 피고의 소유라는 확인을 구함과 동시에 피고로부터 위 부동산에 관하여 20○○. 12. 31. 취득시효완성을 원인으로 한 소유권이전등기절차를 이행받기 위하여 이 건 소송에 이르게 된 것입니다.

입 증 방 법

1. 등기부등본 갑제1호증
1. 구 등기부등본 갑제2호증
1. 토지대장등본 갑제3호증
1. 구 토지대장등본 갑제4호증
1. 확인서 갑제5호증
1. 건축물관리대장 갑제6호증
1. 입증서 갑제7호증
1. 제적등본, 가족관계증명서 갑제8호증의1, 2
1. 세대별주민등록표등본 갑제9호증

1. 기타는 변론시 필요에 따라 수시로 제출하겠습니다.

첨 부 서 류

1. 위 입증서류 각 1통
1. 소장부본 1통
1. 소송위임장 1통

200 . 4. .

원고 소송대리인
변호사 ○ ○ ○ (인)

○○지방법원 ○○지원귀중

소 제기절차와 해설

◆ 소의 제기	소의 제기는 소장을 작성하여 법원에 제출하여야 한다. 소를 제기하려고 하는 사람은 소를 제기하기 전 충분한 사전조사를 할 필요가 있다. 사전조사에는 소를 제기하는 사건에 대한 승소의 가능성, 사실을 증명할 서류의 확보, 공격방법과 피고의 예상되는 방어방법, 보선처분의 필요성, 승소한 경우 강제집행실행의 가능성 등을 조사하여 그에 대처하여야 한다. 소를 제기하려면 적법한 소장의 요건을 갖추어야 하는데, 소장에는 필요적 기재사항 등이 기재되어 있고, 상당한 인지가 첩부되어 있어야 한다. ☞ 2. 소장의 작성요령(34면) 참조
◆ 소가산정	소를 제기할 때에는 소가를 산정하여야 한다. 소가는 사물관할을 정하는 표준이 되는 외에 원고가 소장 등을 제출할 때 납부한 인지액을 정하는 기준이 된다(민사소송등인지법 제2조 내지 제8조). ☞ 3. 소송목적의 값 산정방법(50면) 참조
◆ 인지첩부	제1심 소장에 첩부할 인지는 소송목적의 값에 따라 산출된 인지액을 붙여야 한다(민인법 제2조 제1항). ☞ 4. 첩부인지액의 산출 및 납부방법(71면) 참조
◆ 송 달 료	소장을 제출할 때에는 당사자 수에 따른 계산방식에 의한 송달료를 송달료수납은행에 납부하고 그 은행으로부터 교부받은 송달료납부서를 소장에 첨부하여야 한다. ☞ 5. 송달료 납부방법(72면) 참조
◆ 관할법원	소는 피고의 보통재판적이 있는 곳의 법원이 관할한다(민소법 제2조). 소장은 피고의 주소지를 관할하는 법원에 제출하는 것이 원칙이나, 소송의 편의를 도모하기 위해 특별한 재판관할이 인정되고 있다. ☞ 6. 관할법원(소장제출법원)(73면) 참조

[서식] 아파트분양권권리확인의 소

소 장

원 고 김 영 윤(주민등록번호 -)
서울 종로구 명륜로 123-45(우편번호)
소송대리인 변호사 이 의 영
(전화 , 팩스 , 휴대폰)
서울 서초구 서초대로 20 정국빌딩 201호(우편번호)

피 고 종로제5구역주택개량재개발조합
(전화 , 팩스)
서울 종로구 명륜로 123(우편번호)
대표자 조합장 조 명 식

아파트분양권권리확인의 소

청 구 취 지

1. 별지목록기재 아파트에 관하여, 원고가 분양을 받을 권리가 있음을 확인한다.
2. 소송비용은 피고의 부담으로 한다.

청 구 원 인

1. 당사자의 지위

피고는 서울 종로구 명륜로 123-5의 320필지 78,494㎡에 관하여, 도시재개발법에 의하여 주택개량사업인가를 받아 현재 일등아파트 1500세대 및 그 부속시설물을 건축중에 있고, 원고는 위 주택개량재개발사업 지구내 서울 종로구 명륜로 123-6 대250㎡중 지분 2분의 1 및 위지상 건물인 목조기와즙 단층주택건평 89.75㎡를 소유하고 있다가 20○○. 5경 위 주택재량사업시행을 위하여 철거하여 준바 있습니다(갑제2, 3호증 참조).

2. 권리관계에 대하여

가) 원고는 위 주택개량사업지구내의 부동산인 위 토지 및 건물을 20○○. 4. 12. 소외 한태웅과 공동매수하기로 약정하고, 원고가 금80,000,000원 위 소외인 이 금70,000,000원을 공동출자하여 위 토지를 원고가 2분의 1을 위 소외인이 2분의 1지분으로 각 소유하고 지상건물에 대하여는 원고 단독소유하기로 합의하고(갑제4호증 참조) 합계금 150,000,000원에 위 부동산을 매수하여 서울중앙지방법원 중부등기소 접수 제28974호로 이전등기절차를 마쳤습니다. 그런데 위 부동산은 매매계약서상 토지 및 건물이 공동소유로 표시됨으로 인하여 등기부상의 표시 또한 원고와 소외인이 공동소유하는 것으로 등재되었습니다. 그러나 위 건물은 전술한 바와 같이 원고 단독 소유건물인 것입니다.

나) 위 건물은 원고단독 소유건물이므로 원고는 소외 홍명렬에게 임대하였고 그 후 피고조합이 위 주택개량사업을 시행하면서 기존건물들을 철거하게 되자 원고는 이에 협력하고자 위 임차인에게 수차에 걸쳐 퇴거를 요구하였고 임차인이 이에 불응하여 통고서를 보내는 등 타협을 종용하여 결국 위 임차인에게 금20,000,000원을 원고가 지급하고 위 건물을 명도받아 철거하였습니다(갑제5, 6호증 참조).

3. 분양아파트

이 주택개량사업으로 아파트 분양면적 18평형이 300세대, 25평형이 500세대, 33평형이 400세대, 46평형이 300세대 등 총 분양가구수 1500세대가 입주하게 되는 데, 피고조합의 정관에 의하여 조합원들에게 분양하고 나머지는 일반분양하는 바, 피고조합의 조합원수는 659명인 실정입니다. 따라서 조합원들은 일정한 권리에 의하여 각 해당 평형의 아파트를 분양받게 되는 바, 원고 또한 조합원인 이상 원고에게도 그 권리가 인정되어야 할 것인데도 피고조합은 그 권리를 인정하지 아니하고, 분양대상자중에서 원고를 제외하고 원고가 위 토지를 상실하는데 대한 토지보상금으로 금100,000,000원만을 보상하겠다는 내용의 분양대상자별 분양예정조서만을 보내오고 있는 것입니다(갑제7호증 참조).

4. 결 론

그러나 원고는 전술한 바와 같이 이건 주택개량사업지구내 토지 및 그 지상건물을 소유한 자이므로, 피고조합의 정관 제21조 제3항, 제3호의 규정에 의하여 위 분양아파트 중 33평형 1동의 아파트를 분양받을 권리가 있으며, 특히 원고단독소유의 건물에 대하여만으로도 원고에게는 아파트를 분양받을 권리가 충분한 것입니다. 그렇다면 피고는 피고가 시행하는 주택개량사업지구내 아파트를 원고가 분양받는 권리를 인정하여야 할 것인데도 불구하고 이를 인정하지 아니하고 있습니다. 따라서 원고는 아파트를 분양받을 권리가 있음을 확인받아야 할 필요가 있으므로 이건 청구를 하기에 이르렀습니다.

입 증 방 법

1. 갑 제1호증	조합정관
1. 갑 제2호증의 1	토지등기부등본
〃 2	건물등기부등본
1. 갑 제3호증	건축물관리대장
1. 갑 제4호증	합의서
1. 갑 제5호증의 1	통고서
1. 갑 제6호증	영수증
1. 갑 제7호증	분양대상자별분양예정조서

첨 부 서 류

1. 위 입증방법	각1통
1. 소장부본	1통
1. 소제기증명원	1통
1. 위임장	1통

20○○. 4. 20.

위 원고 대리인 변 호 사 이 의 영 (인)

서울중앙지방법원 귀중

소 제기절차와 해설

◆ 소의 제기	소의 제기는 소장을 작성하여 법원에 제출하여야 한다. 소를 제기하려고 하는 사람은 소를 제기하기 전 충분한 사전조사를 할 필요가 있다. 사전조사에는 소를 제기하는 사건에 대한 승소의 가능성, 사실을 증명할 서류의 확보, 공격방법과 피고의 예상되는 방어방법, 보전처분의 필요성, 승소한 경우 강제집행실행의 가능성 등을 조사하여 그에 대처하여야 한다. 소를 제기하려면 적법한 소장의 요건을 갖추어야 하는데, 소장에는 필요적 기재사항 등이 기재되어 있고, 상당한 인지가 첩부되어 있어야 한다. ☞ 2. 소장의 작성요령(34면) 참조
◆ 소가산정	소를 제기할 때에는 소가를 산정하여야 한다. 소가는 사물관할을 정하는 표준이 되는 외에 원고가 소장 등을 제출할 때 납부할 인지액을 정하는 기준이 된다(민사소송등인지법 제2조 내지 제8조). ☞ 3. 소송목적의 값 산정방법(50면) 참조
◆ 인지첩부	제1심 소장에 첩부할 인지는 소송목적의 값에 따라 산출된 인지액을 붙여야 한다(민인법 제2조 제1항). ☞ 4. 첩부인지액의 산출 및 납부방법(71면) 참조
◆ 송 달 료	소장을 제출할 때에는 당사자 수에 따른 계산방식에 의한 송달료를 송달료수납은행에 납부하고 그 은행으로부터 교부받은 송달료납부서를 소장에 첨부하여야 한다. ☞ 5. 송달료 납부방법(72면) 참조
◆ 관할법원	소는 피고의 보통재판적이 있는 곳의 법원이 관할한다(민소법 제2조). 소장은 피고의 주소지를 관할하는 법원에 제출하는 것이 원칙이나, 소송의 편의를 도모하기 위해 특별한 재판관할이 인정되고 있다. ☞ 6. 관할법원(소장제출법원)(73면) 참조

[서식] 이사회결의 부존재확인등 청구의 소

소 장

원 고 강 한 수(주민등록번호 -)
서울 강남구 개포로 10-3
소송대리인 변호사 김 갑 동
서울 서초구 서초로 123길 40
(전화 , 팩스)

피 고 의료법인 대성병원
서울 중구 남산길 21-3
대표자 이사장 이 정 섭

이사회결의 부존재확인 등 청구의 소

청 구 취 지

본위적청구

피고 법인의 별지목록기재 각 이사회결의는 모두 존재하지 아니함을 확인한다.
소송비용은 피고의 부담으로 한다.

예비적청구

피고 법인의 별지목록기재 각 이사회결의는 모두 무효임을 확인한다.
소송비용은 피고의 부담으로 한다.
라는 판결을 구합니다.

청 구 원 인

1. 피고법인은 의료법 제41조 제44조와 민법 법인의 규정에 의하여 20○○. 9. 21. 보건사회부장관의 설립허가를 받아 같은 해 11. 18. 설립등기한 의료법인입니다.

2. 적법한 소집권자에 의하여 이사회의 소집없이 개최된 이사회는 성립되지 아니하는 것이므로 당해 이사회에서의 결의는 부존재인 것이고, 소집권자가 소집하였다고 하더라도 그 소집절차와 그 결의의 절차 또 결의내용이 법령 또는 정관의 규정에 위배되는 경우에는 그 이사회결의는 무효라고 보아야 할 것입니다.

3. 피고 법인의 정관 제19조의 규정에 의하면 이사회는 이사장이 소집하도록 되어 있으며 이사회를 소집하고자 할 때에는 적어도 회의 15일전에 서면으로 회의일 시, 목적, 안건등을 명시하여 이사 및 감사에게 통지하여야 한다고 되어 있는바, 원고는 피고법인 이사장으로서 별지목록기재 이사회를 소집한 사실이 전혀 없으므로 각 이사회의 결의는 존재하지 아니하며 가사 이사회가 성립되었다고 가정하더라도 이사회소집의 절차가 정관의 규정에 위배되어 각 이사회의 결의는 무효이므로 청구의 취지와 같은 판결을 구하기 위하여 이 사건 청구에 이르렀습니다.

입 증 방 법

1. 법인등기부등본 1통

기타는 변론시 필요에 따라 수시 제출하겠음

첨 부 서 류

1. 법인등기부등본 1통
1. 위임장 1통
1. 소장부본 1통

20 . 7. .

원고 소송대리인

변호사 김 갑 동 (인)

서울중앙지방법원 귀중

<별지목록>

목 록

20○○. 11. 29. 이사회에서 피고법인의 이사로 홍길동, 박동길을 각 선임한 결의

20○○. 4. 26. 이사회에서 피고법인의 이사 이철순을 해임하고 유종석을 이사로 선임한 결의

20○○. 2. 19. 이사회에서 이사 장동팔, 이사 한국민을 해임하고 변장순을 이사로 선임하며 이사인 대표이사 김이사는 대표이사만 사임하고 후임에 이사 이정섭을 선임한 결의

20○○. 4. 26. 이사회에서 이사 안이사를 이사로 선임한 결의

20○○. 10. 17. 이사회에서 이사 이이사, 정이사, 박이사, 최이사, 윤이사, 오이사, 강이사, 민이사등을 해임하고 이사 노이사, 임이사, 한이사, 남이사, 우이사, 손이사를 선임하고 감사 박감사를 선임한 결의

소 제기절차와 해설

◆ 소의 제기	소의 제기는 소장을 작성하여 법원에 제출하여야 한다. 소를 제기하려고 하는 사람은 소를 제기하기 전 충분한 사전조사를 할 필요가 있다. 사전조사에는 소를 제기하는 사건에 대한 승소의 가능성, 사실을 증명할 서류의 확보, 공격방법과 피고의 예상되는 방어방법, 보전처분의 필요성, 승소한 경우 강제집행실행의 가능성 등을 조사하여 그에 대처하여야 한다. 소를 제기하려면 적법한 소장의 요건을 갖추어야 하는데, 소장에는 필요적 기재사항 등이 기재되어 있고, 상당한 인지가 첩부되어 있어야 한다. ☞ 2. 소장의 작성요령(34면) 참조
◆ 소가산정	소를 제기할 때에는 소가를 산정하여야 한다. 소가는 사물관할을 정하는 표준이 되는 외에 원고가 소장 등을 제출할 때 납부할 인지액을 정하는 기준이 된다(민사소송등인지법 제2조 내지 제8조). ☞ 3. 소송목적의 값 산정방법(50면) 참조
◆ 인지첩부	제1심 소장에 첩부할 인지는 소송목적의 값에 따라 산출된 인지액을 붙여야 한다(민인법 제2조 제1항). ☞ 4. 첩부인지액의 산출 및 납부방법(71면) 참조
◆ 송 달 료	소장을 제출할 때에는 당사자 수에 따른 계산방식에 의한 송달료를 송달료수납은행에 납부하고 그 은행으로부터 교부받은 송달료납부서를 소장에 첨부하여야 한다. ☞ 5. 송달료 납부방법(72면) 참조
◆ 관할법원	소는 피고의 보통재판적이 있는 곳의 법원이 관할한다(민소법 제2조). 소장은 피고의 주소지를 관할하는 법원에 제출하는 것이 원칙이나, 소송의 편의를 도모하기 위해 특별한 재판관할이 인정되고 있다. ☞ 6. 관할법원(소장제출법원)(73면) 참조

[서식] 입주권 확인 청구의 소

소 장

원 고 최 정 권(주민등록번호 -)
서울 성북구 하월곡로 77의123
위 원고소송대리인 변호사 김 천 일
서울 노원구 공릉로 660-5(우편번호)
(전화 , 팩스 , 휴대폰)

피 고 성북제3구역 1지구 주택개량재개발조합
대표자 조합장 김 태 수
서울 성북구 하월곡로 82의3(우편번호)
(전화 , 팩스)

입주권 확인 청구의 소

청 구 취 지

1. 원고는 피고가 시행중인 성북제3구역 제2지구내 32평형 아파트 1세대분에 관하여 분양받을 권리가 있는 조합원임을 확인한다.
2. 소송비용은 피고의 부담으로 한다.

라는 판결을 구합니다.

청 구 원 인

1. 원고는 1972. 3.경 서울 성북구 하월곡로 77의 123 대지상에 무허가 건물 1동을 신축하여 주거용건물(방1, 부엌1)로 사용한 이래 현재까지 동 건물의 소유자로서 재산세 등을 납부하여 왔습니다.

2. 피고는 위 건물을 포함한 하왕 제3구역 제2지구 주택재개발 사업을 시행하면서 주택 소유자에게는 32평형 아파트1동을 분양받을 수 있는 권리를 주었는데 원고 소유의 위 무허가 건물은 그 옆의 하월곡로 산2 건물(무허가 건물번호 12558, 소유자 김재순)의 부속건물로 보고 원고에게는 위 피분양권리를 인정하지 아니하였습니다.

3. 이에 원고는 하월곡4로 동사무소에 재개발사업 시행으로 이미 철거된 위 무허가 건물의 존재여부와 독립된 건물임을 입증하기 위하여 위 건물에 대한 항공판독을 의뢰하여 동 건물이 존재한다는 회신을 얻는 한편 인근 주민의 인우보증을 통해 동 건물이 위 인접건물과 독립된 건물로서 원고가 위 신축 때부터 계속 소유하고 있다는 사실을 확인받았습니다.

4. 그렇다면 원고는 피고 조합이 시행하는 위 사업구역 내 32평 아파트 1동을 분양받을 수 있는 권리를 가지는 조합원의 자격을 갖는다 할 것인바, 피고 조합은 금명간 위 아파트를 타에 분양할 예정으로 되어 있어 시급히 이를 확인할 필요가 있어 이 사건 청구의 소에 이르게 된 것입니다.

입 증 방 법

1. 갑제 1호증	정관
2. 갑제 2호증의 1	서울특별시 자치구 무허가건물 정비사업에 대한 보상금 지급조래(일부)
3. 갑제 2호증의 2	서울특별시 자치구 무허가건물 정비사업에 대한 보상금지급조례시행규칙
4. 갑제 3호증	토지대장
5. 갑제 4호증의 1	재산세과세대장
6. 갑제 4호증의 2	변동사항기록
7 갑제 5호증	재산세 납부영수증
8. 갑제 6호증의 1	항공사진 판독신청서
9. 갑제 6호증의 2	항공사진 판독조서(민원회시)

10.갑제 7호증의 1 인우보증서
11.갑제 7호증의 2 인감증명서
12.갑제 8호증의 1 인우보증서
13. 기타는 변론시 수시로 의하여 제출하겠습니다.

첨 부 서 류

1. 위 각호증
2. 소장부본
3. 위 임 장

20○○. 4. .

위 원고 소송대리인 김 천 일(인)

서울북부지방법원 귀중

소 제기절차와 해설

◆ 소의 제기	소의 제기는 소장을 작성하여 법원에 제출하여야 한다. 소를 제기하려고 하는 사람은 소를 제기하기 전 충분한 사전조사를 할 필요가 있다. 사전조사에는 소를 제기하는 사건에 대한 승소의 가능성, 사실을 증명할 서류의 확보, 공격방법과 피고의 예상되는 방어방법, 보전처분의 필요성, 승소한 경우 강제집행실행의 가능성 등을 조사하여 그에 대처하여야 한다. 소를 제기하려면 적법한 소장의 요건을 갖추어야 하는데, 소장에는 필요적 기재사항 등이 기재되어 있고, 상당한 인지가 첩부되어 있어야 한다. ☞ 2. 소장의 작성요령(34면) 참조
◆ 소가산정	소를 제기할 때에는 소가를 산정하여야 한다. 소가는 사물관할을 정하는 표준이 되는 외에 원고가 소장 등을 제출할 때 납부할 인지액을 정하는 기준이 된다(민사소송등인지법 제2조 내지 제8조). ☞ 3. 소송목적의 값 산정방법(50면) 참조
◆ 인지첩부	제1심 소장에 첩부할 인지는 소송목적의 값에 따라 산출된 인지액을 붙여야 한다(민인법 제2조 제1항). ☞ 4. 첩부인지액의 산출 및 납부방법(71면) 참조
◆ 송 달 료	소장을 제출할 때에는 당사자 수에 따른 계산방식에 의한 송달료를 송달료수납은행에 납부하고 그 은행으로부터 교부받은 송달료납부서를 소장에 첨부하여야 한다. ☞ 5. 송달료 납부방법(72면) 참조
◆ 관할법원	소는 피고의 보통재판적이 있는 곳의 법원이 관할한다(민소법 제2조). 소장은 피고의 주소지를 관할하는 법원에 제출하는 것이 원칙이나, 소송의 편의를 도모하기 위해 특별한 재판관할이 인정되고 있다. ☞ 6. 관할법원(소장제출법원)(73면) 참조

[서식] 전부금채권부존재확인청구의 소

소 장

원 고 장 문 주(주민등록번호 -)
서울 종로구 종로3가 213 종로빌라 301호
위 소송대리인 변호사 장 문 호
서울 서초구 서초대로 정통빌딩 1201호
(전화 , 팩스)

피 고 윤 영 숙(주민등록번호 -)
전주소 : 서울 강남구 신사로 345-4
현주소 : 서울 서초구 서초대로 134-18
(전화 , 팩스 , 휴대폰)

전부금채권부존재확인청구의 소

청 구 취 지

1. 피고는 원고에 대하여 피고가 서울중앙지방법원 20○○타기1234, 1235호로 소외 홍동길이 원고에게 임치한 임대보증금 32,000,000원에 관하여 20○○. 2. 28. 채권압류 및 전부한 채권은 부존재함을 확인한다.
2. 소송비용은 피고의 부담으로 한다.
라는 판결을 구함

청 구 원 인

1. 원고는 서울 서초구 반포로 123-4 공주아파트 4동 202호(58. 01㎡)를 소유하고 있는 자인 바, 20○○. 10. 11. 위 아파트를 소외 홍동길과 같은 양정숙에게(계약작성시 양정숙만이 참석하였는데 임차인 명의를 위 양정숙이 홍동

길과 양명으로 하여 달라고 하여 임차인을 위 두 사람으로 적고 양정숙만이 계약서에 도장을 찍었으며 원고는 위 두 사람이 부부관계인 것으로 알았음) 보증금 2,300만원, 월세금 20만원, 임대기간 20○○. 10. 31부터 1년간으로 하는 월세계약을 체결하고 즉일 임대보증금 내입금으로 계약금 300만원을 받고 20○○. 10. 31에 임대보증금 잔액 2,000만원을 수령함과 동시에 목적물인 아파트를 위 임차인에게 인도하여 주었고 그후 1년간 같은 조건으로 계약이 갱신되었습니다.

2. 그런 후 원고는 본건 갱신 임대차계약이 만료되어 가는 20○○. 10초에 월세입주자인 위 임차인들에 대하여 임대기간이 끝나는 20○○. 10. 31에 명도하여 줄 것을 최고한 사실이 있었던 바, 20○○. 10. 18. 월세입주자인 양정숙과 소외 이상환이 원고에게 동반하여 찾아와 월세입주자인 양정숙 자신과 소외 홍동길은 월세입주권을 포기하였으니 소외 이상환과 임대보증금 및 월세금을 인상하여 줄터이니 새로이 월세계약을 1년간 더하도록 하여 달라는 것이므로 원고는 위 이상환과 월세보증금 3,000만원, 월세금 25만원, 임대기한 20○○. 10. 18부터 1년간으로 하는 월세계약서를 작성함과 동시에 임대보증금 3,000만원을 위 이상환으로부터 받은 후 즉석에서 함께 온 양정숙(전임차인 대표자)에게 전세계약 때 받았던 임차보증금 2,300만원을 반환해 준 사실이 있었습니다.

3. 그런 관계로 원고소유 위 아파트는 20○○. 10. 18. 전까지는 원고와 소외 홍동길 및 양정숙간에 전술한 바와 같은 임대차계약이 존속되어 있었던 것은 사실이나 20○○. 10. 18에 이르러 위 임대차계약은 합의해제가 되는 동시 20○○. 10. 18부터 20○○. 10. 17까지로 하는 임대기간 설정과 함께 보증금과 월세를 올려 새로이 원고와 소외 이상환간에 임대차계약이 성립된 것이므로 따라서 소외 홍동길에 대하여는 아무런 임대보증금 반환채무가 존재하고 있지 않고 있는 것인데도 피고는 20○○. 2. 28경에 이르러 서울중앙지방법원 20○○ 타기 1234, 1235호로 원고가 소외 홍동길에게 금3,200만원의 임차보증금 반환채무가 있는 것으로 오인한 후, 원고에 대하여 청구취지와 같은 채권압

류 및 전부명령을 발부받은 바 있으므로, 원고는 청구취지와 같은 판결을 받고저 본소에 이른바 입니다.

추이 : 원고는 본건 채권압류 및 전부명령에 앞서 피고가 원고에 대하여 소외 홍동길에 대한 임차보증금 반환 채무에 대하여 채권가압류를 한바 있었고 20○○. 10. 26자로 된 서울중앙지방법원으로부터 1. 채권 인낙의 여부와 그 한도, 지급의사의 유무와 한도 2. 채권에 대하여 다른자로부터의 청구 유무와 그 종류 3. 채권에 대하여 다른 채무자로부터 압류된 사실의 유무와 그 청구의 종류에 관하여 진술서를 제출하라는 명령을 20○○. 11. 초순에 받고 20○○. 11. 7자로 동법원에 소외 홍동길에 대한 임대차계약은 해제되어 보증금 반환채무가 전무하다는 것과 20○○. 10. 18자로 소외 이상환에게 보증금 3, 000만원, 월세25만원으로 임대하고 있다는 내용의 진술서를 동법원에 제출한 사실이 있었음을 참고로 첨신하여 두는 바입니다.

입 증 방 법

변론시 수시 제출하고자 합니다.

첨 부 서 류

1. 위임장
2. 납부서

20○○. 7. .

원고 소송대리인
변호사 장 문 호 (인)

서울중앙지방법원 귀중

소 제기절차와 해설

◆ 소의 제기	소의 제기는 소장을 작성하여 법원에 제출하여야 한다. 소를 제기하려고 하는 사람은 소를 제기하기 전 충분한 사전조사를 할 필요가 있다. 사전조사에는 소를 제기하는 사건에 대한 승소의 가능성, 사실을 증명할 서류의 확보, 공격방법과 피고의 예상되는 방어방법, 보전처분의 필요성, 승소한 경우 강제집행실행의 가능성 등을 조사하여 그에 대처하여야 한다. 소를 제기하려면 적법한 소장의 요건을 갖추어야 하는데, 소장에는 필요적 기재사항 등이 기재되어 있고, 상당한 인지가 첩부되어 있어야 한다. ☞ 2. 소장의 작성요령(34면) 참조
◆ 소가산정	소를 제기할 때에는 소가를 산정하여야 한다. 소가는 사물관할을 정하는 표준이 되는 외에 원고가 소장 등을 제출할 때 납부할 인지액을 정하는 기준이 된다(민사소송등인지법 제2조 내지 제8조). ☞ 3. 소송목적의 값 산정방법(50면) 참조
◆ 인지첩부	제1심 소장에 첩부할 인지는 소송목적의 값에 따라 산출된 인지액을 붙여야 한다(민인법 제2조 제1항). ☞ 4. 첩부인지액의 산출 및 납부방법(71면) 참조
◆ 송 달 료	소장을 제출할 때에는 당사자 수에 따른 계산방식에 의한 송달료를 송달료수납은행에 납부하고 그 은행으로부터 교부받은 송달료납부서를 소장에 첨부하여야 한다. ☞ 5. 송달료 납부방법(72면) 참조
◆ 관할법원	소는 피고의 보통재판적이 있는 곳의 법원이 관할한다(민소법 제2조). 소장은 피고의 주소지를 관할하는 법원에 제출하는 것이 원칙이나, 소송의 편의를 도모하기 위해 특별한 재판관할이 인정되고 있다. ☞ 6. 관할법원(소장제출법원)(73면) 참조

[서식] 주식소유권확인의 소

소 장

원 고 임 익 동(주민등록번호 -)
서울 종로구 평창로 123
위 원고 소송대리인 변호사 윤 성 근
서울 서초구 서초로 123길 4 정국빌딩 201호
(전화 , 팩스)

피 고 1. 유 호 영(주민등록번호 -)
서울 종로구 평창로 123-45
(전화 , 팩스 , 휴대폰)

2. 김 태 진(주민등록번호 -)
서울 종로구 혜화로 2길 123-45
(전화 , 팩스 , 휴대폰)

3. 임 복 재(주민등록번호 -)
서울 종로구 창신로 123-42
(전화 , 팩스 , 휴대폰)

주식소유권확인의 소

청 구 취 지

1. 별지목록기재주권에 관하여 피고 유호영은 20○○. 11. 29. 원고와 피고사이에 작성한 주식양도증서에 의한 주식4,000주, 같은 김태진은 20○○. 11. 29. 원고와 피고사이에 작성한 주식양도증서에 의한 주식800주, 같은 임복재는

20○○. 11. 29. 원고와 피고사이에 작성한 주식양도증서에 의한 주식1900주는 각 진정하게 성립한 문서에 의한 양도양수임으로 별지목록기재의 주식은 원고의 소유주식임을 확인한다.

2. 소송비용은 피고들의 부담으로 한다.

라는 판결을 구합니다.

청 구 원 인

1. 피고들은 소외 제일금속기업주식회사(이하 소외주식회사라 칭함)의 주주들이고 원고는 소외 주식회사의 경영권을 인수받은 자인데 소외 주식회사는 20○○. 7. 27. 부도처리 되었고 회사경영권을 상실한 피고들은 20○○. 11. 29. 피고들의 소유로 되어 있는 별지목록기재 주식을 각 양도하는 주식양도증서를 작성하고 각 주권에 대하여 기명날인하여 원고에게 교부한 바 있습니다.

2. 그러나 피고들은 금일에 이르러 이건 주식양도증서의 성립을 부인하고 있으며 또한 전기주권을 기명날인하여 원고에게 양도한 사실도 부인하고 있으므로 원고는 부득이 위 주식양도증서의 진정 성립을 들어 위 증서에 의하여 피고들이 원고에게 양도한 주식의 소유권 확인을 구하고자 이건 청구를 합니다.

입 증 방 법

1. 갑제1호증	주권
1. 갑제2호증의 1	주식양도증
1. 갑제2호증증 2	인감증명서
1. 갑제3호증	주식회사 등기부등본
1. 갑제4호증	영수증

첨 부 서 류

1. 위 입증방법	각1통
1. 소장부본	1통

1. 위임장 1통

20○○ 9. 19.

위 원고대리인 변호사 윤 성 근 (인)

서울중앙지방법원 귀중

<별지목록>

주식목록

양도·양수일자	주권번호	주식수	양도자	양수자
20○○. 11. 29.	가5-가8	4,000	유호영	임익동
20○○. 11. 29.	가11-가17 나12-마15	80	김태진	임익동
20○○. 11. 29.	가24-가31 나27-나35 다31-다39	1,900	임복재	임익동

소 제기절차와 해설

◆ 소의 제기	소의 제기는 소장을 작성하여 법원에 제출하여야 한다. 소를 제기하려고 하는 사람은 소를 제기하기 전 충분한 사전조사를 할 필요가 있다. 사전조사에는 소를 제기하는 사건에 대한 승소의 가능성, 사실을 증명할 서류의 확보, 공격방법과 피고의 예상되는 방어방법, 보전처분의 필요성, 승소한 경우 강제집행실행의 가능성 등을 조사하여 그에 대처하여야 한다. 소를 제기하려면 적법한 소장의 요건을 갖추어야 하는데, 소장에는 필요적 기재사항 등이 기재되어 있고, 상당한 인지가 첨부되어 있어야 한다. ☞ 2. 소장의 작성요령(34면) 참조
◆ 소가산정	소를 제기할 때에는 소가를 산정하여야 한다. 소가는 사물관할을 정하는 표준이 되는 외에 원고가 소장 등을 제출할 때 납부할 인지액을 정하는 기준이 된다(민사소송등인지법 제2조 내지 제8조). ☞ 3. 소송목적의 값 산정방법(50면) 참조
◆ 인지첩부	제1심 소장에 첩부할 인지는 소송목적의 값에 따라 산출된 인지액을 붙여야 한다(민인법 제2조 제1항). ☞ 4. 첩부인지액의 산출 및 납부방법(71면) 참조
◆ 송 달 료	소장을 제출할 때에는 당사자 수에 따른 계산방식에 의한 송달료를 송달료수납은행에 납부하고 그 은행으로부터 교부받은 송달료납부서를 소장에 첨부하여야 한다. ☞ 5. 송달료 납부방법(72면) 참조
◆ 관할법원	소는 피고의 보통재판적이 있는 곳의 법원이 관할한다(민소법 제2조). 소장은 피고의 주소지를 관할하는 법원에 제출하는 것이 원칙이나, 소송의 편의를 도모하기 위해 특별한 재판관할이 인정되고 있다. ☞ 6. 관할법원(소장제출법원)(73면) 참조

[서식] 주위토지 통행권확인 등 청구의 소

소 장

원 고 최 인 환(주민등록번호 -)
서울 서초구 서초2길 102-1(우:13452)
위 원고 소송대리인 변호사 송 기 용
서울 서초구 서초대로 1705 동곡빌딩 304(우:13784)
(전화 , 팩스)

피 고 김 천 일(주민등록번호 -)
서울 서초구 서초2길 102-2
(전화 , 팩스 , 휴대폰)

주위토지 통행권확인 등

청 구 취 지

1. 피고는 원고에 대하여 원고에게 서울 서초구 서초2길 102-1. 대 202제곱미터 중 별지도면 표시 가, 나, 다, 라, 가를 순차로 연결한 선내부분 16제곱미터에 관하여 통행권이 있음을 확인하고, 원고의 그 부분 통행을 방해하여서는 아니된다.
2. 원고에 대하여 피고는 위 도면 표시 가, 나, 다, 라 선상에 각 세워진 시멘블록조 담장을 철거하라.
3. 소송비용은 피고의 부담으로 한다.
4. 위 제2항은 가집행할 수 있다.

라는 판결을 구합니다.

청 구 원 인

1. 원고는 서울서초구 서초2길 102-1 대 77평의 소유자이고 (갑 제1호증), 피고는 위 같은동 102-2. 대 202제곱미터와 그 지상 벽돌조 평슬래브지붕 2층 단독 주택 1층 82.48제곱미터 2층 82.48제곱미터 지층 84.88제곱미터의 소유자입니다. (갑 제 2호증의 1, 2)

2. 원고 소유의 위 토지는 별지도면 표시와 같이 피고 소유의 위 토지건물과는 앞뒤로 접해 있고, 주위에는 같은동 102-4.에 소외 김태호가 대 147제곱미터와 그 지상건물을 (갑 제3호증의 1, 2), 같은동 238-44에 소외 최종황이 대 162제곱미터와 그 지상건물(갑 제4호증의 1, 2)을, 같은동 102의 3에 소외 최병윤이 대 139제곱미터와 그 지상건물(갑 제5호증의 1, 2)을, 같은동 102의 36에 소외 장옥경이 대 199제곱미터와 그 지상건물(갑 제6호증의 1, 2)을, 같은동 102의 21에 소외 장연진이 대 198제곱미터와 그 지상건물(갑 제7호증의 1, 2)을 각 소유하고 있어, 원고 소유의 위 토지와 공로 사이에 위 대지와 건물들로 둘러싸여 있어 원고의 토지는 그 용도에 필요한 통로가 없습니다.(갑 제8호증)

3. 피고는 20○○년경 그 소유토지상에 벽돌조 평슬래브지붕 2층 단독주택을 신축하였고, 동 건물 신축당시 그로 인해 원고 소유토지가 맹지가 되므로 별지도면 표시 가, 나, 다, 라, 가를 순차로 연결한 견내 부분 16제곱미터를 통로로 설계하여 건축허가를 받았으며 건물 준공당시에도 통로로 놔두었었습니다.

4. 그런데 피고는 그뒤 위 통로부분이 자기 소유임을 기화로 통로의 가,나. 다,라 선상에 세멘블럭조 담장을 설치하여 통로를 막아버리고 나, 다 선상에 설치했던 담장을 철거하여 통로부분을 점유사용하면서 원고의 통행을 방해하고 있습니다.

5. 원고로서는 그 소유의 위 토지상에 건물을 축조하고자 하나 주위의 토지를 통해 또는 통로로 하지 아니하면 공로를 출입할 수 없는 형편이고, 피고의 경우

건물신축당시 위 통로부분을 원고의 토지를 위한 통로로 개설하고 건축허가 및 준공을 받았기 때문에 그 부분을 통로로 하더라도 그 손해가 가장 적은 장소와 방법이 된다 할 것입니다.
그리고 원고로서는 앞으로 건물을 신축하거나 신축하고 나서라도 건축자재의 운반, 가재도구 및 생활용품의 운반을 위해서 위 통로부분은 필요한 최소한 면적이라 할 것입니다.

6. 이미 원고는 위 통로부분에 담장을 설치하여 원고의 통행을 방해하고 통행권을 부인하고 있는 피고에 대해 청구취지 기재와 같이 담장철거와 통행방해금지 및 통행권 확인을 구하기 위하여 이건 제소에 이른 것입니다.

첨부서류 및 입증방법

1. 등기부 등본 (갑 제 1호증, 제 2 내지 7호증의 각 1, 2)13통
1. 지적도 등본 (갑 제 8 호증)1통
1. 사 진 (갑 제 9 호증의 1내지 3)3통

20○○. 7. .

위 원고 소송대리인
변호사 송 기 용 (인)

서울중앙지방법원 귀중

소 제기절차와 해설

◆ 소의 제기	소의 제기는 소장을 작성하여 법원에 제출하여야 한다. 소를 제기하려고 하는 사람은 소를 제기하기 전 충분한 사전조사를 할 필요가 있다. 사전조사에는 소를 제기하는 사건에 대한 승소의 가능성, 사실을 증명할 서류의 확보, 공격방법과 피고의 예상되는 방이방법, 보전처분의 필요성, 승소한 경우 강제집행실행의 가능성 등을 조사하여 그에 대처하여야 한다. 소를 제기하려면 적법한 소장의 요건을 갖추어야 하는데, 소장에는 필요적 기재사항 등이 기재되어 있고, 상당한 인지가 첩부되어 있어야 한다. ☞ 2. 소장의 작성요령(34면) 참조
◆ 소가산정	소를 제기할 때에는 소가를 산정하여야 한다. 소가는 사물관할을 정하는 표준이 되는 외에 원고가 소장 등을 제출할 때 납부할 인지액을 정하는 기준이 된다(민사소송등인지법 제2조 내지 제8조). ☞ 3. 소송목적의 값 산정방법(50면) 참조
◆ 인지첩부	제1심 소장에 첩부할 인지는 소송목적의 값에 따라 산출된 인지액을 붙여야 한다(민인법 제2조 제1항). ☞ 4. 첩부인지액의 산출 및 납부방법(71면) 참조
◆ 송 달 료	소장을 제출할 때에는 당사자 수에 따른 계산방식에 의한 송달료를 송달료수납은행에 납부하고 그 은행으로부터 교부받은 송달료납부서를 소장에 첨부하여야 한다. ☞ 5. 송달료 납부방법(72면) 참조
◆ 관할법원	소는 피고의 보통재판적이 있는 곳의 법원이 관할한다(민소법 제2조). 소장은 피고의 주소지를 관할하는 법원에 제출하는 것이 원칙이나, 소송의 편의를 도모하기 위해 특별한 재판관할이 인정되고 있다. ☞ 6. 관할법원(소장제출법원)(73면) 참조

[서식] 주주권 확인 청구의 소

소 장

원 고 정 찬 범(주민등록번호 -)
서울 관악구 신림로 10길 5-2(우:15855)
소송대리인 변호사 박 민 수
(전화 , 팩스)
서울 서초구 서초로 14길 60 서초빌딩 5층 (우:13867)

피 고 1. 장 진 경(주민등록번호 -)
(전화 , 팩스 , 휴대폰)
서울 성북구 돈암로 616-750
송달장소 : 서울 중구 광희로1 72 (우:11812)
나라디자인 빌딩 3층

2. 주식회사 나라디자인
(전화 , 팩스)
서울 성북구 돈암로 61750
대표이사 장 진 경

주주권 확인 청구의 소

청 구 취 지

1. 원고가 피고 주식회사 나라디자인의 주식 8,400주의 주주임을 확인한다.
2. 소송비용은 피고의 부담으로 한다.

라는 판결을 구합니다.

청 구 원 인

1. 원고는 피고 주식회사 나라디자인(이하 피고 회사라 함.) 주식 140,000주 중 6%인 8,400주를 소유한 주주이며, 위 피고 회사는 칼라 비디오 스크린, 네온 전광 광고장치 등의 설계, 제작, 시공, 판매, 광고대행업 등을 영위하는 광고회사입니다.

2. 원고는 1994. 3경 피고 장진경과 함께 소외 주식회사 광고디자인을 설립하였으며 이 당시 원고가 금 10,000,000원, 피고 장진경이 금 20,000,700원을 출자하였습니다. 위 회사는 1995년말경 부도 도산하였으나 원고와 피고 장진경은 1994. 5,경 원고 명의로 사업자등록을 개설하고(장진경은 부도로 사업자등록을 개설할 수 없었음) 서울 종로구 종로3가 71-3에서 "서울광고" 라는 상호로 개인업체를 동업으로 운영하면서 종전의 영업을 계속하였으며 광고제작물 수요증대에 힘입어 많은 이익을 보게 되었는바 19○○. 6경에는 매출액이 3억원 정도까지 이르게 되었으며 당시 외상매출 채권만도 1억에 이르렀습니다.

   원고와 피고 장진경은 이에 위 개인업체를 다시 법인 전환하기로 합의하고 19○○. 6. 27. 소외 주식회사 뉴서울애드(이하 소외 뉴서울애드라 함.)를 설립하였으며 소외 뉴서울애드의 주식 20,000주 중 71.5%인 14,300주를 피고 장진경이, 28.5%인 5,700주를 원고가 각 나누어 갖기로 하고 이에 따라 주식배정을 하였습니다.

   이와 같이 법인 전환함에 있어 원고와 피고 장진경은 원고 명의의 뉴서울애드 영업권, 기계약체결된 거래, 진행중인 공사의 계약권, 공사에 따라 수령할 공사대금 채권 등을 전부 이와 같은 공사비는 그 후 모두 신설된 소외 뉴서울애드에서 수령하였습니다.

3. 소외 뉴서울애드는 설립 이후 계속 일취월장하였고 매년 많은 이익을 내었는바 위 회사는 이와 같은 이익금으로 사옥도 매입하는 한편 19○○. 7경에는 "서울 아트" 주식 회사를 인수하였고, 20○○. 10경 피고 장진경은 소외 뉴서울애드의 수익금을 일부 전용하여 소외 수도금융주식회사, 소외 한국테크주식회사, 소외 한국벤처회사 등과 함께 피고 회사를 설립하였습니다. 이 과정에서 피고 장진경은 소외 뉴서울애드 설립 이후 동 회사의 성장에 기여한 원고

의 공헌에 대한 보상이라면서 원고에게 피고 회사의 주식 8,400주를 공로주로 증여하였습니다.

그런데 20○○년경부터 피고 장진경은 소외 회사 및 피고 회사를 개인 사업체처럼독단적으로 운영하면서 20○○, 봄에는 회사의 수익이 많이 남았다는 이유로 금 2억원 이상을 호가하는 아파드를, 소외 나라디자인 이름을 발행하여 구입해서 자기 명의로 취득하고 원고에게도 돈을 꺼내 쓰라고까지 할 정도였으나, 20○○. 7. 1. 원고와 하등 상의도 없이 피고 배정길을 중역으로 영입하면서부터 원고를 회사 경영에 배제하고 원고의 주주권까지 부인하고 있으며 나아가 피고 장진경의 지배하에 있는 피고 회사 역시 원고의 주주권을 부인하면서 주주인 원고에게 정기 주주총회 소집통지도 하지 아니함은 물론 일전 한 푼도 배당하여 주지 아니하고 장부열람 및 등사청구에도 일채 응하지 아니하고 있습니다.

4. 그렇다면 원고가 피고 회사의 주주임이 분명한 이 사건에 있어 피고 회사 및 피고 회사를 지배하고 있는 피고 장진경이 원고의 주주권을 부인하고 있는 이상 원고로서는 피고들 에 대하여 그 주주권의 확인을 구할 이익이 있다 할 것이므로 원고는 이를 구하기 위하여 이 사건 청구에 이른 것입니다.

입 증 방 법

1. 갑 제 1 호증의 1 재무제표 표지
2 주주명부

첨 부 서 류

1. 소장부본 2통
1. 법인 등기부등본 1통
1. 위 각 입증방법 1통

20○○. 4. 9.

위 원고 소송대리인

변호사 박 민 수(인)

서울북부지방법원 귀중

소 제기절차와 해설

◆ 소의 제기	소의 제기는 소장을 작성하여 법원에 제출하여야 한다. 소를 제기하려고 하는 사람은 소를 제기하기 전 충분한 사전조사를 할 필요가 있다. 사전조사에는 소를 제기하는 사건에 대한 승소의 가능성, 사실을 증명할 서류의 확보, 공격방법과 피고의 예상되는 방어방법, 보전처분의 필요성, 승소한 경우 강제집행실행의 가능성 등을 조사하여 그에 대처하여야 한다. 소를 제기하려면 적법한 소장의 요건을 갖추어야 하는데, 소장에는 필요적 기재사항 등이 기재되어 있고, 상당한 인지가 첨부되어 있어야 한다. ☞ 2. 소장의 작성요령(34면) 참조
◆ 소가산정	소를 제기할 때에는 소가를 산정하여야 한다. 소가는 사물관할을 정하는 표준이 되는 외에 원고가 소장 등을 제출할 때 납부할 인지액을 정하는 기준이 된다(민사소송등인지법 제2조 내지 제8조). ☞ 3. 소송목적의 값 산정방법(50면) 참조
◆ 인지첩부	제1심 소장에 첩부할 인지는 소송목적의 값에 따라 산출된 인지액을 붙여야 한다(민인법 제2조 제1항). ☞ 4. 첩부인지액의 산출 및 납부방법(71면) 참조
◆ 송 달 료	소장을 제출할 때에는 당사자 수에 따른 계산방식에 의한 송달료를 송달료수납은행에 납부하고 그 은행으로부터 교부받은 송달료납부서를 소장에 첨부하여야 한다. ☞ 5. 송달료 납부방법(72면) 참조
◆ 관할법원	소는 피고의 보통재판적이 있는 곳의 법원이 관할한다(민소법 제2조). 소장은 피고의 주소지를 관할하는 법원에 제출하는 것이 원칙이나, 소송의 편의를 도모하기 위해 특별한 재판관할이 인정되고 있다. ☞ 6. 관할법원(소장제출법원)(73면) 참조

[서식] 주주총회결의 무효확인의 소

소 장

원 고 1. 주 상 진(주민등록번호 -)
서울 중랑구 망우로 321
(전화 , 팩스 , 휴대폰)

2. 성 춘 식(주민등록번호 -)
서울 도봉구 번로 123
(전화 , 팩스 , 휴대폰)

피 고 성환기업주식회사
대표이사 이 기 만
서울 성북구 안암로 12-3
(전화 , 팩스 , 휴대폰)

주주총회결의 무효확인의 소

청 구 취 지

1. 20○○. 5. 20. 개최한 피고회사 임시 주주총회에서 한 소외 이성채를 이사로 선임한 결의는 무효임을 확인한다.
2. 소송비용은 피고의 부담으로 한다.

라는 판결을 구합니다.

청 구 원 인

1. 원고·피고등은 피고회사의 주주입니다.

2. 20○○. 5. 20. 청구취지 기재와 같은 피고회사에서 주주총회의 결의가 있었습니다.

3. 위 결의는 그 내용에 있어서 정관에 위반하고 있습니다. 즉 피고회사의 정관은 이사의 수를 7명 이내로 정하고 있으므로 위 결의당시 피고회사에 이미 이사 7명이 있었으므로 위 결의에 의하여 다시 1명의 이사가 선임된다고 하면 이사의 수는 8명이 되어 정관 소정의 수를 초과하게 되는 것입니다. 따라서 위 결의가 무효임을 구하기 위하여 본 소에 이르렀습니다.

입 증 방 법

변론시에 제출하겠음.

첨 부 서 류

1. 소장부본 및 주식회사 등기 각1통
2. 납부서 1통

20○○. 8. 20.

위 원고 주 상 진 (인)
성 춘 식 (인)

서울북부지방법원 귀중

소 제기절차와 해설

◆ 소의 제기	소의 제기는 소장을 작성하여 법원에 제출하여야 한다. 소를 제기하려고 하는 사람은 소를 제기하기 전 충분한 사전조사를 할 필요가 있다. 사전조사에는 소를 제기하는 사건에 대한 승소의 가능성, 사실을 증명할 서류의 확보, 공격방법과 피고의 예상되는 방어방법, 보전처분의 필요성, 승소한 경우 강제집행실행의 가능성 등을 조사하여 그에 대처하여야 한다. 소를 제기하려면 적법한 소장의 요건을 갖추어야 하는데, 소장에는 필요적 기재사항 등이 기재되어 있고, 상당한 인지가 첩부되어 있어야 한다. ☞ 2. 소장의 작성요령(34면) 참조
◆ 소가산정	소를 제기할 때에는 소가를 산정하여야 한다. 소가는 사물관할을 정하는 표준이 되는 외에 원고가 소장 등을 제출할 때 납부할 인지액을 정하는 기준이 된다(민사소송등인지법 제2조 내지 제8조). ☞ 3. 소송목적의 값 산정방법(50면) 참조
◆ 인지첩부	제1심 소장에 첩부할 인지는 소송목적의 값에 따라 산출된 인지액을 붙여야 한다(민인법 제2조 제1항). ☞ 4. 첩부인지액의 산출 및 납부방법(71면) 참조
◆ 송 달 료	소장을 제출할 때에는 당사자 수에 따른 계산방식에 의한 송달료를 송달료수납은행에 납부하고 그 은행으로부터 교부받은 송달료납부서를 소장에 첨부하여야 한다. ☞ 5. 송달료 납부방법(72면) 참조
◆ 관할법원	소는 피고의 보통재판적이 있는 곳의 법원이 관할한다(민소법 제2조). 소장은 피고의 주소지를 관할하는 법원에 제출하는 것이 원칙이나, 소송의 편의를 도모하기 위해 특별한 재판관할이 인정되고 있다. ☞ 6. 관할법원(소장제출법원)(73면) 참조

[서식] 주주총회결의부존재확인의 소

소 장

원 고 이 정 돈(주민등록번호 -)
서울 서초구 방배로23길 1-23
(전화 , 팩스 , 휴대폰)

피 고 삼신물산주식회사
대표이사 김 인 섭
시울 강남구 개포로 2길 23-1
(전화 , 팩스 , 휴대폰)

주주총회결의 부존재확인의 소

청 구 취 지

1. 20○○. 5. 2. 피고회사 주주총회에서 한 별지목록 기재의 결의는 존재하지 아니함을 확인한다.
2. 소송비용은 피고의 부담으로 한다.

라는 판결을 구합니다.

청 구 원 인

1. 원고는 피고회사의 주식 50,000주의 주주입니다.
2. 피고회사의 상업등기부에 의하면 20○○. 5. 2. 피고회사의 주주총회에 있어서 청구취지 기재와 같이 의결된 등기가 있습니다.
3. 그러나 위 주주총회는 개최된 사실이 없습니다.
4. 그러므로 위 결의의 부존재확인을 구하기 위하여 본 소에 이르렀습니다.

입 증 방 법

변론시 제출하겠음.

첨 부 서 류

1. 소장부본 1통
1. 주식회사등기부초본 1통

20○○. 7. 21.

위 원고 이 정 돈 (인)

서울중앙지방법원 귀중

<별지목록>

목 록

1. 홍인서를 이사에 김달호를 감사에 선임함.
2. 상호를 일신공업주식회사로 변경함.
3. 목적을 다음과 같이 변경한다.
   가. 식료품판매
   나. 지대가공 및 판매
   다. 자동차운송업
   라. 위 부대사업일절
4. 본점을 서울특별시 서초구 방배동사옥으로 변경한다.

소 제기절차와 해설

◆ 소의 제기	소의 제기는 소장을 작성하여 법원에 제출하여야 한다. 소를 제기하려고 하는 사람은 소를 제기하기 전 충분한 사전조사를 할 필요가 있다. 사전조사에는 소를 제기하는 사건에 대한 승소의 가능성, 사실을 증명할 서류의 확보, 공격방법과 피고의 예상되는 방어방법, 보전처분의 필요성, 승소한 경우 강제집행실행의 가능성 등을 조사하여 그에 대처하여야 한다. 소를 제기하려면 적법한 소장의 요건을 갖추어야 하는데, 소장에는 필요적 기재사항 등이 기재되어 있고, 상당한 인지가 첩부되어 있어야 한다. ☞ 2. 소장의 작성요령(34면) 참조
◆ 소가산정	소를 제기할 때에는 소가를 산정하여야 한다. 소가는 사물관할을 정하는 표준이 되는 외에 원고가 소장 등을 제출할 때 납부할 인지액을 정하는 기준이 된다(민사소송등인지법 제2조 내지 제8조). ☞ 3. 소송목적의 값 산정방법(50면) 참조
◆ 인지첩부	제1심 소장에 첩부할 인지는 소송목적의 값에 따라 산출된 인지액을 붙여야 한다(민인법 제2조 제1항). ☞ 4. 첩부인지액의 산출 및 납부방법(71면) 참조
◆ 송 달 료	소장을 제출할 때에는 당사자 수에 따른 계산방식에 의한 송달료를 송달료수납은행에 납부하고 그 은행으로부터 교부받은 송달료납부서를 소장에 첨부하여야 한다. ☞ 5. 송달료 납부방법(72면) 참조
◆ 관할법원	소는 피고의 보통재판적이 있는 곳의 법원이 관할한다(민소법 제2조). 소장은 피고의 주소지를 관할하는 법원에 제출하는 것이 원칙이나, 소송의 편의를 도모하기 위해 특별한 재판관할이 인정되고 있다. ☞ 6. 관할법원(소장제출법원)(73면) 참조

[서식] 지역권확인의 소

소 장

원 고 신 기 호(주민등록번호 -)
서울 서초구 염곡로14길 123
(전화 , 팩스 , 휴대폰)

피 고 이 유 환(주민등록번호 -)
서울 강남구 포이로17길 27 포이빌라 3동 201호
(전화 , 팩스 , 휴대폰)

지역권확인의 소

청 구 취 지

1. 서울시 서초구 염곡로 14길 23-4 전17㎡ 존속기간 20○○. 2. 1부터 20○○. 1. 31.로 한 원고가 통로로 사용하는 지역권을 갖고 있음을 확인한다.
2. 소송비용은 피고의 부담으로 한다.

라는 판결을 구합니다.

청 구 원 인

1. 피고는 청구취지기재 토지의 현 소유자이고 원고는 전주인소외 이주성과 존속기간 20○○. 2. 1. ~ 20○○. 1. 31. 사용대가 백미 3가마를 매년 10. 31. 지급하기로 하는 지역권설정계약(5년단위 갱신계약함)을 체결하여 통로로 사용하던 중 피고가 전주 소외 이주성으로부터 20○○. 4. 25. 지역권을 포함한 토지의 실체상 모든 권리의무를 승계하는 조건으로 매수하였던 것입니다.

2. 그런데 피고는 위 토지를 취득한 후로부터는 건축구조물을 설치한다는 이유로 원고가 위 토지를 통로로 사용하는 것을 방해하고 있습니다.

3. 원래 위 토지는 원고의 선대 때부터 위 1항과 같은 지역권설정계약을 체결하여 이용해 왔던 것입니다.

4. 원고는 위 토지를 통로로 이용하지 않고서는 원고가 경작하는 전·답에 출입할 수가 없으므로 원고의 사정을 피고에게 수차 설명하였으나 피고는 막무가내이고 원고가 제공하는 대가도 받지 않을 뿐만아니라 위 통로에 장애물을 설치하는 등 원고의 출입을 저지하며 원고의 요구에 응하지 않으므로 지역권의 확인을 구하기 위하여 이 소를 제기하는 것입니다.

입 증 방 법

1. 지역권 설정계약서(갑제1호증)
1. 기타는 변론시 제출하겠음

첨 부 서 류

1. 위 갑제1호증 사본	1통
1. 소장부본	1통
1. 도면	1통
1. 등기부등본	1통
1. 납부서	1통

20○○. 5. 28.

위 원고 신 기 호 (인)

서울중앙지방법원 귀중

소 제기절차와 해설

◆ 소의 제기	소의 제기는 소장을 작성하여 법원에 제출하여야 한다. 소를 제기하려고 하는 사람은 소를 제기하기 전 충분한 사전조사를 할 필요가 있다. 사전조사에는 소를 제기하는 사건에 대한 승소의 가능성, 사실을 증명할 서류의 확보, 공격방법과 피고의 예상되는 방어방법, 보전처분의 필요성, 승소한 경우 강제집행실행의 가능성 등을 조사하여 그에 대처하여야 한다. 소를 제기하려면 적법한 소장의 요건을 갖추어야 하는데, 소장에는 필요적 기재사항 등이 기재되어 있고, 상당한 인지가 첨부되어 있어야 한다. ☞ 2. 소장의 작성요령(34면) 참조
◆ 소가산정	소를 제기할 때에는 소가를 산정하여야 한다. 소가는 사물관할을 정하는 표준이 되는 외에 원고가 소장 등을 제출할 때 납부할 인지액을 정하는 기준이 된다(민사소송등인지법 제2조 내지 제8조). ☞ 3. 소송목적의 값 산정방법(50면) 참조
◆ 인지첩부	제1심 소장에 첩부할 인지는 소송목적의 값에 따라 산출된 인지액을 붙여야 한다(민인법 제2조 제1항). ☞ 4. 첩부인지액의 산출 및 납부방법(71면) 참조
◆ 송 달 료	소장을 제출할 때에는 당사자 수에 따른 계산방식에 의한 송달료를 송달료수납은행에 납부하고 그 은행으로부터 교부받은 송달료납부서를 소장에 첨부하여야 한다. ☞ 5. 송달료 납부방법(72면) 참조
◆ 관할법원	소는 피고의 보통재판적이 있는 곳의 법원이 관할한다(민소법 제2조). 소장은 피고의 주소지를 관할하는 법원에 제출하는 것이 원칙이나, 소송의 편의를 도모하기 위해 특별한 재판관할이 인정되고 있다. ☞ 6. 관할법원(소장제출법원)(73면) 참조

[서식] 직권면직처분무효확인 등 청구의 소

소 장

원 고 1. 강 의 안(주민등록번호 -)
서울 강남구 대치로 14 대수맨션 1동 101호
2. 김 수 현(주민등록번호 -)
서울 강남구 포이로 321
3. 이 정 수(주민등록번호 -)
서울 강남구 수서로 123 로얄맨션 102호
4. 이 동 규(주민등록번호 -)
서울 강남구 역삼로 43-21
위 소송대리인 변호사 남 일 우
서울 서초구 서초대로 34 정국빌딩 201호
(전화 , 팩스 , 휴대폰)

피 고 학교법인 동보학원
대표자 이사장 이 우 영
서울 서초구 서초대로 12-34

직권면직처분무효확인등 청구의 소

청 구 취 지

1. 피고의 원고 강의안, 동 김수현, 동 이정수에 대한 20○○. 9. 13자 직권면직처분 및 이동규에 대한 20○○. 10. 1자 직권면직처분은 각 무효임을 확인한다.
2. 피고는 원고들이 복직할 때 까지 매월 20일에
원고 김 의 안 에게 금965,040원
원고 김 수 현 에게 금761,875원

원고 이 정 수 에게 금658,290원
원고 이 동 규 에게 금647,207원씩을 각 지급하라.
3. 소송비용은 피고의 부담으로 한다.
4. 제2항에 대하여 가집행할 수 있다.
라는 판결을 구합니다.

청 구 원 인

1. 직권면직 처분

원고 강의안은 20○○. 4. 2부터 동보고등학교 일반수학교사로 원고 김수현은 20○○. 5. 7부터 같은 학교 국어교사로 같은 이정수는 20○○. 4. 2부터 같은 학교 독일어 교사로 같은 이동규는 동보중학교 화학교사로 각 근무하여 오던 중 피고로 부터 원고 강의안 동 김수현 동 이정수는 20○○. 9. 13자로 같은 이동규는 20○○. 10. 1자로 각 직권면직처분을 받았습니다.

2. 직권면직처분의 이유

피고의 위와 같은 직권면직처분의 이유는, 원고들이 국가공무원법 제66조 (집단행위 및 노동운동 금지)의 규정에 위배하여 전국교직원노동조합 서울지부 동보 중,고분회를 20○○. 7. 15. 결성하여 노조활동을 전개함에 따라 그동안 수차에 결쳐 활동 금지 및 탈퇴를 종용하였으나, 이에 응하지 않으므로 사립학교법 제58조 제1항 제4호에 따라 직권면직처분 하였다는 것입니다.

3. 무효사유

피고의 원고들에 대한 면직처분은 다음과 같은 이유로 무효입니다.

가. 절차상의 하자

(1) 진술기회의 박탈

피고가 직권면직처분을 하려면 사립학교법 제58조 제2항에 따라 교원징계위원회의 동의를 얻어야 하고 징계위원회의 동의 절차에 관하여 사립학교법은 명문의 규정을 두고 있지 않으나 사립학교법 제56조(의사에 반한 휴직, 면직 등의 금지)의 법 취지에 비추어 사립학교법 제65조의 규정을 준용하여야 할 것인바, 같은 조항에 따르면 교원징계위원회는 징계사건을 심리함에 있어 징계 의결을 하기 전에 본인의 진술을 들어야 한다고 규정하고 있으므로 이건 면직처분의 동의를 위한 교원징계위원회는 원고들에게 징계위원회에 출석을 요구하고 원고들의 진술을 듣는 절차를 거쳤어야 함에도 불구하고 교원징계위원회는 원고들에게 출석을 요구한 사실도 없으며 진술을 들은 바도 없습니다.

(2) 무자격 재심위원

원고들은 면직처분을 받고 재심을 청구하였는 바, 학교법인 동보학원 정관 제61조(재심위원 회의 구성)에 따르면 재심위원회는 5인 내지 9인의 위원으로 구성하고 재심위원은 ① 법관, 감사 또는 변호사의 직에 있는자 ② 대학에서 법률학을 담당한 조교수이상의 직에 2년이상 근무하고 있는 자 ③ 당해 학교의 법인 이사중에서 이사회의 의결을 거쳐 선임하여 감독청의 승인을 얻어 이사장이 위촉하도록 하고 있는 바, 20○○. 10. 21 소집된 동보학원 재심위원회의 구성원을 보면 위원장 이정만(서울교육위원회 교육위원) 위원 심한일 (서울시 교위 서무과장) 김사일(동보학원 감사) 송지운(동보학원 감사) 임종규(동보전문대 학생과장) 5인으로 구성되어 있으며 임종규를 제외한 나머지 4인은 재심위원의 자격을 갖고 있지 않습니다. 따라서 무자격 재심위원에 의한 재심결정은 무효인 것입니다.

나. 실체상의 하자

(1) 위헌(노동3권 침해)

사립학교법 제55조는 "사립학교 교원의 복무에 관하여는 국, 공립학교 ·교원에 관한 규정을 준용한다고 " 규정하고 있는 바, 이에 따라 교육공무원법 제1조 제53조제4항에 의거하여 "노동운동 기타 공무이외의 일을 위한 집단적 행위"를 금지하는 국가공무원법 제66조 제1항이 사립학교 교원에서도 적용되고 이를 이어 받아 사립학교법 제58조 제1항 제4호는 사립학교의 교원이 노동운동을 하는 것을 면직 사유로 규정하고 있습니다. 그러나 위 사립학교법 제55조 및 제58조 제1항 제4호 "노동운동을 하거나" 규정은 다음과 같은 이유로 위헌입니다.

모든 근로자는 헌법 제11조가 규정하는 평등원칙에 따라 평등하게 헌법 제33조 제1항이 규정하는 단결권, 단체교섭권 단체행동권을 가지는 바, 이 노동3권은 헌법 제33조 제2항 제3항이 규정하는 공무원의 노동 3권, 주요 방위산업체에 종사하는 근로자의 단체 행동권 이외에는 개별적 법률유보없이 보장 되며 다만 헌법 제37조 제2항에 따라 국가 안전보장 질서유지, 공공복리를 위하여 필요한 경우에 한하여 제한할 수 있을 뿐인데 이경우에는 노동3권의 본격적인 내용을 침해할 수 없습니다. 그런데 위에서 말하는 근로자라 함은 노동조합법 제4조가 정의내리고 있는 "직업의 종류를 불문하고 임금, 급료, 기타 이에 준하는 수입에 의하여 생활하는자" 라 할것인바, 사립학교 교원은 사학재단에 고용되어 학생을 가르치고 제반 부수업무를 수행하는 등의 근로를 제공하고 그 대가로 지급받는 수입에 의하여 생활하므로 당연히 위에서 말하는 근로자에 해당한다 할 것입니다.

그렇다면 다른 근로자와 차별적 대우를 받을 합리적 이유가 없는 사립학교 교원은 마땅히 헌법 제33조 제1항이 보장하는 노동 3권을 향유할 권리가 있다 할 것인데도 불구하고 사립학교법 제55조, 제58조 제1항 제4호는 사립학교 교원의 노동 3권을 아무런 이유없이 전면적으로 부정하고 있으니 위 조항들은 사립학교 교원의 노동 3권의 본질적인 내용을 침해함으로써 헌법 제33조 제1항 제37조 제2항에 위배하는 한편 평등원칙을 규정한 헌법 제11조에 위배 되는 것입니다.

(2) 위헌(교육의 자주성 침해)

사립학교법 제1조는 사립학교의 특수성에 비추어 그 자주성을 확보하고 공공성을 양양함으로써 사립학교의 건전한 발전을 목적으로 한다고 규정하고 있고 헌법 제31조 제4항은 "교육의 자주성, 전문성, 정치적 중립성은 법률이 정하는 바에 의하여 보장된다고" 고 규정하고 있는바, 원고들에 대한 면직처분은 피고가 자주적, 자율적으로 결정한 것이 아니라 문교부장관의 일방적인 지시로 피고에 대한 이사장 승인취소, 국고지원 중단등의 위협하에 요식적 절차만을 거쳐서 이루어진 면직처분이므로 이건 면직처분은 사립학교법 제1조 헌법 제31조 제4항에 위배 되는 처분인 것입니다.

4. 원고들의 급여

이 사건 면직처분전 원고 강의안은 월평균 금 965,040원 (봉급405,500원 + 기말수당 405,500 × 4/12 + 정근수당 405,500 × 2/12 + 교직수당 110,000

원 + 근속수당 50,000원 + 가족수당 60, 000원 + 급식비 50,000원 체력단련비 405,500원 × 1/12 + 교원 연구비 50,000원 + 학생지도비 3,000원) 동 김수현은 월 평균 금761,875원 (봉급283,500원 + 기말수당 283,500원 × 4/1 + 정근수당 283,500원 × 2/12 + 교직수당 110,000원 근속수당 40,000원 + 가족수당 60,000원 + 급식비 50,000원 + 체력단련비 283,500원 × 1/21 + 교원연구비 50,000원 + 학생지도비 3,000원) 동 이정수는 월평균 금658,290원 (봉급270,500원 + 기말수당 270,500원 × 4/12 + 정근수당 270,500원 × 2/12 + 교직수당 110,000원 근속수당 15,000원 + 급식비 50,000원 + 체력단련비 270,500원 × 1/21 + 교원연구비 50,000원 + 학생지도비 5,000원) 동 이동규는 월평균 금647,207원 (봉급263,500원 + 기말수당 263,500원 ×4/12 + 정근수당 263,500원 × 2/12 + 교직수당 110,000원 근속수당 15,000원 + 급식비 50,000원 + 체력단련비 263,500원 × 1/21 + 교원연구비 50,000원 + 학생지도비 5,000원)의 보수를 매월 20일 지급받았습니다.

5. 결 론

그렇다면 피고의 원고 강의안, 동 김수현, 동 이정수에 대한 20○○. 9. 13자 지권면직 및 동 이동규에 대한 20○○. 10. 1자 직권면직처분은 각 무효이고 피고는 원고들이 복직할때 까지 매월 20일에 원고 강의안에게 금965,040원을 원고 김수현에게 금761,875원을, 원고 이정수에게 금658,290원을, 원고 이동규에게 금647,207원의 보수를 지급할 의무가 있으므로 그 의무의 이행을 구하기 위하여 본소 청구에 이르렀습니다.

입 증 방 법

갑 제1호증의 1	인사발령 통지서
2	인사발령 통지서
3	인사발령 통지서
4	인사발령 통지서
갑 제2호증의 1	직권면직처분 이유서
2	직권면직처분 이유서

3	직권면직처분 이유서
4	직권면직처분 이유서
갑 제3호증	보수지급 내역서

기타서류는 변론시 제출 하겠음

첨 부 서 류

1. 위 각 입증방법	각1통
1. 학교법인 등기부 등본	1통
1. 위임장	1통
1. 소장부본	1통

20○○. 4. .

위 원고들 소송 대리인
변호사 남 일 우 (인)

서울중앙지방법원 귀중

소 제기절차와 해설

◆ 소의 제기	소의 제기는 소장을 작성하여 법원에 제출하여야 한다. 소를 제기하려고 하는 사람은 소를 제기하기 전 충분한 사전조사를 할 필요가 있다. 사전조사에는 소를 제기하는 사건에 대한 승소의 가능성, 사실을 증명할 서류의 확보, 공격방법과 피고의 예상되는 방어방법, 보전처분의 필요성, 승소한 경우 강제집행실행의 가능성 등을 조사하여 그에 대처하여야 한다. 소를 제기하려면 적법한 소장의 요건을 갖추어야 하는데, 소장에는 필요적 기재사항 등이 기재되어 있고, 상당한 인지가 첩부되어 있어야 한다. ☞ 2. 소장의 작성요령(34면) 참조
◆ 소가산정	소를 제기할 때에는 소가를 산정하여야 한다. 소가는 사물관할을 정하는 표준이 되는 외에 원고가 소장 등을 제출할 때 납부할 인지액을 정하는 기준이 된다(민사소송등인지법 제2조 내지 제8조). ☞ 3. 소송목적의 값 산정방법(50면) 참조
◆ 인지첩부	제1심 소장에 첩부할 인지는 소송목적의 값에 따라 산출된 인지액을 붙여야 한다(민인법 제2조 제1항). ☞ 4. 첩부인지액의 산출 및 납부방법(71면) 참조
◆ 송 달 료	소장을 제출할 때에는 당사자 수에 따른 계산방식에 의한 송달료를 송달료수납은행에 납부하고 그 은행으로부터 교부받은 송달료납부서를 소장에 첨부하여야 한다. ☞ 5. 송달료 납부방법(72면) 참조
◆ 관할법원	소는 피고의 보통재판적이 있는 곳의 법원이 관할한다(민소법 제2조). 소장은 피고의 주소지를 관할하는 법원에 제출하는 것이 원칙이나, 소송의 편의를 도모하기 위해 특별한 재판관할이 인정되고 있다. ☞ 6. 관할법원(소장제출법원)(73면) 참조

[서식] 채권확인청구의 소(임차보증금관련)

소 장

원 고 최 지 혜(주민등록번호 -)
서울 용산구 동부이촌로 312번지 대림아파트 7동802호(우:)
원고 소송대리인 변호사 송 기 영
서울 서초구 서초대로 1705 동곡빌딩 403호
(전화 , 팩스 , 휴대폰)

피 고 이 재 국(주민등록번호 -)
인천 남구 주안2길 주안아파트 2동 102호(우:)
(전화 , 팩스 , 휴대폰)

채권확인청구의 소

청 구 취 지

1. 피고는 서울특별시 용산구 동부이촌로 312번지 대림아파트 7동 802호 32평에 관하여 임대인 피고 임차인 소외 정혜영 임대차보증금 85,000,000원 임대차기간 20○○. 9. 5. 24개월로 한 아파트임대차계약에 의한 그 임대차보증금의 임대차계약종료시 반환청구권자는 원고임을 확인한다.
2. 소송비용은 피고의 부담으로 한다.

라는 판결을 구합니다.

청 구 원 인

1. 원고는 소외 진인식의 어머니이고 같은 정혜영은 동 진인식의 처로서 며느리인데 동인들은 20○○. 9. 15.에 혼인하여(혼인신고는 20○○. 11. 10.에 필함)양인이 거주할 피고 소유의 청구취지기재의 아파트를 그 전인 20○○. 8. 7.에 원고 혼자 직접 중개인의 소개로 피고와간에 그 임대차계약을 체결함에

있어서 아들인 위 진인식은 그당시 홍콩에 거주하고 있는 교포로서 국내에 주민등록이 될 수 없고 주민등록은 동인의 처인 위 정혜영만이 필하여 있었으므로, 편의상 임차인으로 하여 그 임대차계약을 체결하고 임대차 보증금 85,000,000원은 동 진인식이나 같은 정혜영은 각 아무런 직업이 없어 수입은 물론 갖고 있는 돈이 도시 없었으므로, 어머니가 되는 원고가 타인으로부터 차용하여 갖고있는 동 금 85,000,000원을 직접 임대인인 피고에게 약정기일에 각 건네고, 임대차계약서 가운데 임대인 정혜영 이름옆에 그날 조각하여 가져간 정혜영의 인장을 날인하고 또한 임대차 관계를 확실하게 한다는 뜻으로 중개인의 요청으로 원고의 남편인 소외 진민식의 인장을 날인하는 등으로(원고도 그당시 국내에 주민등록을 할 수 없는 홍콩교포이었음) 원고가 시종 그 계약체결 일체를 직접 관여하였으며, 위 정혜영이나 같은 진인식은 물론 동 계약체결에 일체 관여한 사실이 없었으므로, 계약당일 그 장소에도 있지 아니하였고, 그 후 중도금과 잔금지급기일에도 각 참석하지 아니하였으며, 이 사실에 대하여는 누구보다도 같은 진인식 같은 정혜영 자신들이 잘 알고 있는 사실입니다.

2. 그런데 원고의 아들인 위 진인식과 며느리인 같은 정혜영은 혼인초부터 서로 성격차이로 계속 다퉈왔을 뿐만 아니라, 동 정혜영의 문란한 일상생활 태도는 날이 갈수록 심하여진 끝에 20○○. 3. 9.에는 남편인 위 진인식의 승낙도 없이 임의로 가출하고 그 후 같은해 4. 20.에는 외국으로 나갔다가 같은해 4. 26.에 귀국한 다음 남편인 동 진인식을 찾아오지도 않고 동거를 거부하여 계속 친정에 머물고 있던 중, 일방적으로 협의이혼을 하자고 요구하면서 관할법원인 서울중앙지방법원에서 서로 만나자고 하여, 동 진인식은 이에 따라 약속한 서울중앙지방법원에서 동 정혜영을 만나 협의이혼신고서를 작성 제출하였으나 정해진 출석 기일에 불출석하여 협의이혼이 이뤄지지 않게 되자, 같은해 5. 15. 에는 서울 가정법원에 동 진인식을 상대로 여러 가지 허위사실 등을 날조하여 이혼과 위자료 청구소송을 제기하기에 이르렀습니다.

3. 그간 위 진인식은 처인 같은 정혜영과의 혼인생활의 파탄으로 말할 수 없는 깊은 고민 끝에 동 정혜영이 무단 가출하여 외국으로 나가버리자 20○○. 3. 22. 홍콩에 이주포기를 한 다음 현역병지원을 하여 20○○. 5. 7. 13시에 논산훈련소에 입대하여 현재 훈련중이므로, 결국 원고가 동인들을 위하여 임차한

피고 소유의 위 아파트는 비어 있는 상태이므로, 원고는 그간 직접 간접으로 임대인인 피고에게 위와 같은 아들 며느리간의 사정등을 고지하여 이미 그 사실을 숙지하고 있는 피고에게 그 임대차 아파트 처리에 관한 선후책(원고명의로의 임차인 명의변경이나 원고 책임아래 타인에게 전대차하여 피고에게 건넨 그 보증금반환 받는 문제등)을 여러번 간곡하게 요청하였으나, 피고는 그때마다 아직 임대차기간이 남아 있다는 등등으로 시일만 자꾸 끌고 원고의 청구에 불응하고 있으므로 원고는 피고에게 부득이 이 사건 청구의 소에 이르렀습니다.

입 증 방 법

1. 아파트 임대차계약서 1통
2. 약속어음과 보통예금 거래내역서 4통
3. 통 고 서 2통
4. 확 인 서 1통
5. 호 적 등 본 1통
6. 이주 포기서 1통
7. 거주사실 증명서 1통
8. 현역병 입영 통지서 1통
9. 주민등록 등본 1통
10. 출입국에관한 사실증명 1통
11. 기타 변론시 수시제출하겠습니다.

첨 부 서 류

1. 위 입증방법 이상 14통

20○○. 6. .

위 원고 소송대리인 변호사 송 기 영 (인)

서울중앙지방법원 귀중

소 제기절차와 해설

◆ 소의 제기	소의 제기는 소장을 작성하여 법원에 제출하여야 한다. 소를 제기하려고 하는 사람은 소를 제기하기 전 충분한 사전조사를 할 필요가 있다. 사전조사에는 소를 제기하는 사건에 대한 승소의 가능성, 사실을 증명할 서류의 확보, 공격방법과 피고의 예상되는 방어방법, 보전처분의 필요성, 승소한 경우 강제집행실행의 가능성 등을 조사하여 그에 대처하여야 한다. 소를 제기하려면 적법한 소장의 요건을 갖추어야 하는데, 소장에는 필요적 기재사항 등이 기재되어 있고, 상당한 인지가 첨부되어 있어야 한다. ☞ 2. 소장의 작성요령(34면) 참조
◆ 소가산정	소를 제기할 때에는 소가를 산정하여야 한다. 소가는 사물관할을 정하는 표준이 되는 외에 원고가 소장 등을 제출할 때 납부한 인지액을 정하는 기준이 된다(민사소송등인지법 제2조 내지 제8조). ☞ 3. 소송목적의 값 산정방법(50면) 참조
◆ 인지첩부	제1심 소장에 첩부할 인지는 소송목적의 값에 따라 산출된 인지액을 붙여야 한다(민인법 제2조 제1항). ☞ 4. 첩부인지액의 산출 및 납부방법(71면) 참조
◆ 송 달 료	소장을 제출할 때에는 당사자 수에 따른 계산방식에 의한 송달료를 송달료수납은행에 납부하고 그 은행으로부터 교부받은 송달료납부서를 소장에 첨부하여야 한다. ☞ 5. 송달료 납부방법(72면) 참조
◆ 관할법원	소는 피고의 보통재판적이 있는 곳의 법원이 관할한다(민소법 제2조). 소장은 피고의 주소지를 관할하는 법원에 제출하는 것이 원칙이나, 소송의 편의를 도모하기 위해 특별한 재판관할이 인정되고 있다. ☞ 6. 관할법원(소장제출법원)(73면) 참조

[서식] 채무부존재확인의 청구의 소(화재보험금사건)

소 장

원 고 동아화재 해상보험 (주)
서울 ○○구 ○○로 68-2(우편번호)
대표이사 김 종 천
소송대리인 변호사 박 성 미
서울 ○○구 ○○로 23의2(우편번호)
(전화 , 팩스)

피 고 최 종 홍(주민등록번호 -)
서울 ○○구 ○○로 273- 5(우편번호)
(전화 , 팩스 , 휴대폰)

채무부존재확인의 청구

청 구 취 지

1. 20○○.1.10. 03:25경 서울 ○○구 ○○로 41-4 ○○공장에서 발생한 화재사고와 관련하여 원고의 피고에 대한 일체의 보험금지급채무는 존재하지 아니함을 확인한다.
2. 소송비용은 피고의 부담으로 한다.

라는 판결을 구합니다.

청 구 원 인

1. 원고회사는 보험업을 영위하는 보험회사로서, 피고와 다음과 같은 내용의 2건의 보험계약을 체결하였습니다.

Ⅰ. 보 험 종 목 : 일반화재보험
증 권 번 호 : 제21870188호
보험 계약자 : 최 종 홍
보 험 기 간 : 20○○. 3. 7. - 20○○. 3. 7.
보험가입금액 : 금187,000,000원

Ⅱ. 보 험 종 목 : ○○사업장종합보험
증 권 번 호 : 제7785932호
보험 계약자 : 최 종 홍
보 험 기 간 : 20○○. 3. 7. - 20○○. 3. 7.
보험가입금액 : 금257,000,000원

2. 20○○.1.10. 03:25경 피고가 경영하는 서울 ○○구 ○○로 41- 3 소재 ○○ 공장에서 보험계약자인 피고의 방화로 인한 화재가 발생하여 건물 및 시설, 수용중인 기계, 동산, 집기비품 등이 소손되었습니다.
화재사고 원인을 감식한 국립과학수사연구소의 감정결과는 화재사고 원인을 인화성 물질인 솔벤트류가 종이상자 등에 군데군데 검출되고 군데군데 연소된 점으로 보아 인위적 화원에 의한 착화로 규명하였으며, 경찰 실황조사시에도 타다 남은 면사 상자 등에서 고의로 뿌려진 것으로 보이는 기름자국 등이 발견되었습니다. 피고는 과거에도 두차례나 화재사고로 보험금을 수령하였는데, 19○○. 3. 화재사고로 소외 ○○화재해상보험(주)로부터 금212,009,142원을 20○○.12. 화재사고로 원고 회사로부터 금4,850,858원을 수령한 전력이 있습니다.
피고는 경찰 사고 조사가 방화 쪽으로 기울자 이를 알아채고 담당경찰관에게 뇌물 현금5,000,000원을 공여하려고 하였습니다. 한편 피고는 20○○.1.8. 동부경찰서에서 방화혐의로 구속수감되었습니다.

3. 따라서 이 사건 보험사고는 화재보험 및 ○○사업장종합보험 보통약관 제6조 소정의 보상하지 아니하는 손해 제1항 "보험계약자의 고의로 인한 손해"에 해당하므로 원고회사의 보험금지급채무는 존재하지 아니 한다고 할 것입니다.

4. 그러나 피고는 원고회사에게 위 보험금의 지급을 요구하고, 보험감독원에 민원을 제기하는 등 원고회사가 피고에게 보험금을 지급할 의무가 있다고 계속하여 주장하고 있으므로 원고회사는, 원고회사가 위 화재로 인하여 피고에게 보험금을 지급할 채무가 없음을 확인받기 위하여 이 사건 청구에 이른 것입니다.

입 증 방 법

1. 갑제1호증 사고사실확인서
1. 갑제2호증 경찰의견서
1. 참고자료 20○○. 1. 9.자 신문 기사

기타 소송의 진행에 따라 수시로 제출하겠습니다.

첨 부 서 류

1. 소장부본 1통
2. 위임장 및 지정서 각 1통
3. 등기부등본 1통

20○○. 4.

원고회사의 소송대리인 변호사 박 성 미 (인)

서울중앙지방법원 귀중

소 제기절차와 해설

◆ 소의 제기	소의 제기는 소장을 작성하여 법원에 제출하여야 한다. 소를 제기하려고 하는 사람은 소를 제기하기 전 충분한 사전조사를 할 필요가 있다. 사전조사에는 소를 제기하는 사건에 대한 승소의 가능성, 사실을 증명할 서류의 확보, 공격방법과 피고의 예상되는 방어방법, 보전처분의 필요성, 승소한 경우 강제집행실행의 가능성 등을 조사하여 그에 대처하여야 한다. 소를 제기하려면 적법한 소장의 요건을 갖추어야 하는데, 소장에는 필요적 기재사항 등이 기재되어 있고, 상당한 인지가 첩부되어 있어야 한다. ☞ 2. 소장의 작성요령(34면) 참조
◆ 소가산정	소를 제기할 때에는 소가를 산정하여야 한다. 소가는 사물관할을 정하는 표준이 되는 외에 원고가 소장 등을 제출할 때 납부할 인지액을 정하는 기준이 된다(민사소송등인지법 제2조 내지 제8조). ☞ 3. 소송목적의 값 산정방법(50면) 참조
◆ 인지첩부	제1심 소장에 첩부할 인지는 소송목적의 값에 따라 산출된 인지액을 붙여야 한다(민인법 제2조 제1항). ☞ 4. 첩부인지액의 산출 및 납부방법(71면) 참조
◆ 송 달 료	소장을 제출할 때에는 당사자 수에 따른 계산방식에 의한 송달료를 송달료수납은행에 납부하고 그 은행으로부터 교부받은 송달료납부서를 소장에 첨부하여야 한다. ☞ 5. 송달료 납부방법(72면) 참조
◆ 관할법원	소는 피고의 보통재판적이 있는 곳의 법원이 관할한다(민소법 제2조). 소장은 피고의 주소지를 관할하는 법원에 제출하는 것이 원칙이나, 소송의 편의를 도모하기 위해 특별한 재판관할이 인정되고 있다. ☞ 6. 관할법원(소장제출법원)(73면) 참조

[서식] 채무부존재확인 및 저당권설정등기말소청구의 소

소 장

원 고 이 철 호(주민등록번호 -)
서울 강남구 율현로 123-4
(전화 , 팩스 , 휴대폰)

피 고 최 원 길(주민등록번호 -)
서울 강남구 수서로 12-3
(전화 , 팩스 , 휴대폰)

채무부존재확인 및 저당권설정등기말소청구의 소

청 구 취 지

1. 원고가 피고에 대한 20○○. 7. 10. 금전대차계약에 의한 채권액금 5,000,000원 및 이자에 대한 채무는 존재하지 않음을 확인한다.
2. 피고는 원고에게 별지목록기재부동산에 대하여 서울중앙지방법원 강남등기소 20○○. 7. 15. 접수 제1423호 원인 20○○. 7. 10. 저당권설정계약, 채권최고액금 6,500,000원 저당권자 최원길로 된 저당권설정등기의 말소등기 절차를 이행하라.
3. 소송비용은 피고의 부담으로 한다.

라는 판결을 구합니다.

청 구 원 인

1. 피고는 원고에 대하여 청구취지기재 제1항 청구권 원금 5,000, 000원 및 이에 대한 20○○. 5. 10부터의 연체이자가 있음을 이유로 하여 원고소유의 별지목록 기재부동산에 대하여 저당권실행을 위한 부동산 임의경매신청을 하여 20○○. 9. 10. 서울중앙지방법원 2○ 타경 제1423호로 경매개시 결정이 되

었습니다.

2. 원고가 20○○. 7. 10. 피고로부터 금5,000,000 원을 변제기일 20○○. 8. 30. 이자는 연 12%의 비율에 의한 금원을 지급키로 하고 차용한 사실 및 이를 담보하기 위하여 별지 목록기재 부동산에 저당권설정등기를 한 것은 사실입니다.

3. 그러나 원고는 위 금원을 차용한 후 약정된 이자지급기일에 소정의 이자를 어김없이 전부 지급하였으며 원금 또한 변제기일 20○○. 8. 30에 당시 피고가 입원하고 있던 서울대학병원을 방문하여 전부변제하고 영수증까지 받았습니다.

4. 위의 채무를 원고가 변제하고 저당권설정등기의 말소를 하지 못한 이유는 변제당시 피고는 위 병원에 입원중이므로 인감증명 등 번잡한 절차를 요구하는 것이 예가 아닐 뿐 아니라 평소부터 친구인 관계로 퇴원후 말소를 구하면 응할 것으로 믿고 우선 입원비 등 피고의 사정이 급할 것을 생각하여 변제부터 한 것입니다.

5. 그러나 그 후 피고가 퇴원하여 위 저당권말소등기를 요구하자 이유없이 이를 거절하고 미루어오던 중 위 경매신청이 있었으므로 원고는 부득이 청구취지와 같은 판결을 구하기 위하여 본소에 이르렀습니다.

입 증 방 법

1. 갑제1호증　　　　　등기부등본
1. 갑제2호증　　　　　영수증
1. 기타는 변론시 제출하겠음.

첨 부 서 류

1. 위 입증방법　　　　각 1통
1. 소장부본　　　　　　1통

20○○.　10.　20.

위 원고　이　철　호　(인)

서울중앙지방법원　귀중

소 제기절차와 해설

◆ 소의 제기	소의 제기는 소장을 작성하여 법원에 제출하여야 한다. 소를 제기하려고 하는 사람은 소를 제기하기 전 충분한 사전조사를 할 필요가 있다. 사전조사에는 소를 제기하는 사건에 대한 승소의 가능성, 사실을 증명할 서류의 확보, 공격방법과 피고의 예상되는 방어방법, 보전처분의 필요성, 승소한 경우 강제집행실행의 가능성 등을 조사하여 그에 대처하여야 한다. 소를 제기하려면 적법한 소장의 요건을 갖추어야 하는데, 소장에는 필요적 기재사항 등이 기재되어 있고, 상당한 인지가 첩부되어 있어야 한다. ☞ 2. 소장의 작성요령(34면) 참조
◆ 소가산정	소를 제기할 때에는 소가를 산정하여야 한다. 소가는 사물관할을 정하는 표준이 되는 외에 원고가 소장 등을 제출할 때 납부할 인지액을 정하는 기준이 된다(민사소송등인지법 제2조 내지 제8조). ☞ 3. 소송목적의 값 산정방법(50면) 참조
◆ 인지첩부	제1심 소장에 첩부할 인지는 소송목적의 값에 따라 산출된 인지액을 붙여야 한다(민인법 제2조 제1항). ☞ 4. 첩부인지액의 산출 및 납부방법(71면) 참조
◆ 송 달 료	소장을 제출할 때에는 당사자 수에 따른 계산방식에 의한 송달료를 송달료수납은행에 납부하고 그 은행으로부터 교부받은 송달료납부서를 소장에 첩부하여야 한다. ☞ 5. 송달료 납부방법(72면) 참조
◆ 관할법원	소는 피고의 보통재판적이 있는 곳의 법원이 관할한다(민소법 제2조). 소장은 피고의 주소지를 관할하는 법원에 제출하는 것이 원칙이나, 소송의 편의를 도모하기 위해 특별한 재판관할이 인정되고 있다. ☞ 6. 관할법원(소장제출법원)(73면) 참조

[서식] 해고무효확인 등 청구의 소

소 장

원 고 한 성 국(주민등록번호 -)
서울 종로구 인사로 432-10
위 소송대리인 변호사 김 몽 용
서울 서초구 서초로 123길 45 정국빌딩 201호
(전화 , 팩스 , 휴대폰)

피 고 서울용역관리주식회사
대표이사 김 태 수
서울 강남구 삼성로 123 동구빌딩 201호
(전화 , 팩스 , 휴대폰)

해고무효확인등 청구의 소

청 구 취 지

1. 피고가 20○○. 6. 15. 원고에 대하여 한 해고는 무효임을 확인한다.
2. 피고는 원고에게 금16,716,661원 및 이에 대하여 이 소장 송달일로부터 완제일까지 연 12%의 비율에 의한 금원과 20○○. 12. 15부터 본 판결선고일까지 매월 금983,333원의 비율에 의한 금원을 지급하라.
3. 소송비용은 피고의 부담으로 한다.
4. 제2항은 가집행할 수 있다.

라는 판결을 구합니다.

청 구 원 인

1. 당사자의 신분관계

피고는 서울시의 빌딩 및 아파트의 위탁관리용역업체로 이를 경영하는 회사이고 원고는 피고회사의 기술관리직원으로 입사하여 해고되기까지 피고회사에 근무한 바 있는 해고근로자입니다.

2. 부당해고의 발생

원고는 20○○. 8. 9. 피고회사에 입사당시부터 피고회사가 위탁관리하여 오던 서울 종로구 종로2가로 123-4 소재 동성문화센터에서 기술관리직으로 근무해 오던중 피고회사로부터 20○○. 6. 15자로 원고에게 책임이 돌아갈 사유도 없이 해고통고를 받았습니다.그러나 위 해고의 통고는 아래 사항에 의하여 무효인 것입니다.

가. 해고의 경위

(1) 원고는 피고회사에 입사한 이래 결근 한번 없이 성실한 근무로 맡은 업무에 충실하여 왔습니다.

그런데 본건 해고의 원인에 있어서 이를 살펴보면

피고회사는 위탁자인 위 문화센터측과의 위탁관리계약이 기간의 만료가 3개월 앞으로 다가오자 양측간 경신계약에 합의를 보지 못하고 있던 중 20○○. 3. 중순경 위 문화센터의 새 관리권을 갖게 될 소외 한남개발주식회사(이하, 소외 회사라 한다)가 새로 선정되어 위 문화센터측과의 사이에 관리계약이 체결되자 이에 이의를 제기하였고 위 문화센터측과 관리권계속여부를 둘러싼 분쟁은 의외의 법정으로까지 비화되었습니다.

(2) 그러던 중 20○○. 5. 15자로 위탁관리계약이 만료되기에 이르렀고 이에 따라 위 문화센터의 관리권은 소외회사로 넘어가게 되었습니다.

더욱이 당시 피고회사에는 원고를 포함한 근로자가 29명이 소속되어 있었는데 소외회사는 피고회사의 소속근로자들이 소외회사로 이직할 경우 그대로 채용하기로 하여 상당수의 근로자들이 소외회사로 이직하는 상황이 발생하였고 그러자 피고회사는 이를 저지하기 위하여 20○○. 5. 20. 피고회사의 대표이사인 김태수가 직접 근로자들에게 "여러분들의 직장은 내가 책임질테니 동요하지 말라" 고 신분보장을 약속하며 이직하지 말것을 종용하기에 이르렀고 이에 원고는 피고회사를 믿고 소외회사로 이직하지 않기로 하여 피고회사에 남아 피고회사의 사무실로 계속 출근하였습니다.

(3) 그러나 피고회사는 29명의 전체 근로자중 4명을 제외한 25명이 소외회사로 이직하게 되어 더 이상 위 문화센터의 관리권을 유지하기가 곤란하게 되자 원고 및 잔여근로자들로 하여금 무조건 사표서를 제출할 것을 강요하였고 원고가 이에 불응하자 피고회사는 원고에게 책임 돌아 갈 아무런 해고의 사유도 없이 원고에게 해고통고를 한 것입니다(갑제1호증 참조). 따라서 피고회사의 해고의 통고는 이 점에 있어서 부당해고이므로 전연무효인 것입니다.

나. 해고처분의 부당판정

이로 인하여 원고는 20○○. 9. 15. 서울 지방노동위원회에 피고회사를 상대로 하여 부당해고 구제신청을 하여 같은해 9. 30. 99부해 제345호로써 부당해고의 판정을 받았으며(갑제2호증 참조) 이에 따른 피고회사의 재심신청은 같은해 10. 27. 중앙노동위원회로부터 기각판정을 받았습니다(갑제3호증 참조). 이상과 같이 피고회사의 원고에 대한 해고처분은 이점으로도 부당해고임이 명백하며 근로기준법 제27조제1항의 규정에도 위배되어 무효임이 명백한 것입니다.

3. 노임청구권 및 지급의무

가. 그렇다면 본건 해고가 무효임이 명백한 이상 피고회사는 원고를 복직시켜야 할 것이고 해고당시인 20○○. 6. 15부터 복직하는 시점까지 원고가 지급받을 수 있었던 노임상당액을 지급하여야 할 의무가 있는 바, 피고회사는 이를 이행하지 않고 있는 실정입니다. 원고는 아직도 피고회사의 근로자로서의 지위를 보유하고 있고 이에 따라 최고회사에 대하여 노임청구를 할 권리가 있습니다.

나. 원고는 해고되기전 피고회사로부터 매월 기본급외에 각종 수당명목으로 금900,000원을 지급받았고 매년 기본급(원고의 기본급은 금500,000원으로 입사후 추석 및 구정, 명절에 2회의 상여금을 지급받았습니다)에 해당하는 상여금 200%를 지급받았으므로 해고당시 원고의 월평균 급여액은 금983,333원입니다.

산식 : 금983,333원=금900,000원(실제수령액)+(금500,000원(기본

급)×200(%)/100(비율)÷12개월)

따라서 피고회사가 원고에게 지급하여야 할 노임은 금16,716,661원이 됩니다.

산식 : 금16,716,661원=금983,333원(월평균급여액)×17개월(해고기간)

4. 결 어

그러므로 원고는 본건 해고처분의 무효확인과 피고회사로부터 금16,71 6,661원 및 이에 대한 본건 소장 송달일로부터 완제일까지는 소송촉진등에 관한 특례법 소정의 연 12%의 비율에 의한 지연손해금과 20○○. 12. 15부터 본판결 선고일까지는 매월 금983,333원의 비율에 의한 금원의 지급을 구하기 위하여 본소에 이르렀습니다.

입 증 방 법

1. 갑제1호증 해고통고
1. 갑제2호증 명령서
1. 갑제3호증 재심판정서
1. 갑제4호증 내용증명
1. 갑제5호증 급여명세서
1. 기타는 변론시 수시 제출하겠습니다.

첨 부 서 류

1. 위 입증방법 각1통
1. 소장부본 1통
1. 등기부등본 1통

20○○. 12. .

위 원고 소송대리인 변호사 김 몽 용 (인)

서울중앙지방법원 귀중

소 제기절차와 해설

◆ 소의 제기	소의 제기는 소장을 작성하여 법원에 제출하여야 한다. 소를 제기하려고 하는 사람은 소를 제기하기 전 충분한 사전조사를 할 필요가 있다. 사전조사에는 소를 제기하는 사건에 대한 승소의 가능성, 사실을 증명할 서류의 확보, 공격방법과 피고의 예상되는 방어방법, 보전처분의 필요성, 승소한 경우 강제집행실행의 가능성 등을 조사하여 그에 대처하여야 한다. 소를 제기하려면 적법한 소장의 요건을 갖추어야 하는데, 소장에는 필요적 기재사항 등이 기재되어 있고, 상당한 인지가 첩부되어 있어야 한다. ☞ 2. 소장의 작성요령(34면) 참조
◆ 소가산정	소를 제기할 때에는 소가를 산정하여야 한다. 소가는 사물관할을 정하는 표준이 되는 외에 원고가 소장 등을 제출할 때 납부할 인지액을 정하는 기준이 된다(민사소송등인지법 제2조 내지 제8조). ☞ 3. 소송목적의 값 산정방법(50면) 참조
◆ 인지첩부	제1심 소장에 첩부할 인지는 소송목적의 값에 따라 산출된 인지액을 붙여야 한다(민인법 제2조 제1항). ☞ 4. 첩부인지액의 산출 및 납부방법(71면) 참조
◆ 송 달 료	소장을 제출할 때에는 당사자 수에 따른 계산방식에 의한 송달료를 송달료수납은행에 납부하고 그 은행으로부터 교부받은 송달료납부서를 소장에 첨부하여야 한다. ☞ 5. 송달료 납부방법(72면) 참조
◆ 관할법원	소는 피고의 보통재판적이 있는 곳의 법원이 관할한다(민소법 제2조). 소장은 피고의 주소지를 관할하는 법원에 제출하는 것이 원칙이나, 소송의 편의를 도모하기 위해 특별한 재판관할이 인정되고 있다. ☞ 6. 관할법원(소장제출법원)(73면) 참조

제3절 이행의 소(소장)

[서식] 건물명도등 청구의 소(철거)

소 장

원 고 김 기 수(주민등록번호 -)
○○시 ○○구 ○○로 171
소송대리인 변호사 김 철 구
○○시 ○○구 ○로 231-1
(전화 , 팩스)

피 고 1. 조 봉 기(주민등록번호 -)
○○시 ○○구 신정 1로 521의4
(전화 , 팩스 , 휴대폰)
2. 인 수 운(주민등록번호 -)
○○시 ○○구 ○○로 1287의4 ○○상사
(전화 , 팩스 , 휴대폰)
3. 김 종 구(주민등록번호 -)
위 2.와 같은 번지 ○○다방
(전화 , 팩스 , 휴대폰)

건물명도등 청구의 소

청 구 취 지

1. 원고에게,

(1) 피고 조봉기는 ○○시 ○○구 ○○로 12길 87-3 대 297.5제곱미터 및 위 같은 번지의4 대 164평2홉을 인도하고, 위 같은 번지의4 대지 중 별지 도면표시 ㄱ,ㄴ,ㄷ,ㄹ,ㄱ의 각 점을 순차로 연결한 선내 ㉮부분 6.5제곱미터 지상의 브록조 스라브즙 건물과 같은 도면표시 ㄴ,ㅁ,ㄹ,ㄷ,ㄴ의 각 점을 순차로 연결한 선내 ㉯부분 78.68제곱미터 지상의 건물 1층 78.68제곱미터 및 2층 75.27제곱미터를 명도하고,

(2) 피고 임수운은 위 같은 번지의4 대지 중 별지 도면표시 ㅋ, ㅌ,ㅍ,ㅎ,ㅋ의 각 점을 순차로 연결한 선내 ㉰부분 24.6제곱미터 지상의 브록조 스레트즙 건물 및 위 같은 번지 대지 및 위 같은 번지의3 대 297.5제곱미터 양필지상의 같은 도면표시 ㄴ,ㅁ,ㅂ,ㅅ,ㅇ,ㅈ,ㄷ,ㄴ의 각 점을 순차로 연결한 선내 ㉯부분 54.6제곱미터 지상의 연와조 스레트건물, 위 같은 번지의3 대지 중 같은 도면표시 ㅅ,ㅇ,ㅈ,ㅂ,ㅅ,의 각 점을 순차로 연결한 선내 ㉳부분 7.32 제곱미터 지상의 연와조 스레트건물을 각 철거하고 위 ㉰㉯㉳부분 토지를 인도하고,

(3) 피고 김종구는 위 같은 번지의4 대지 중 별지 도면표시 ㄴ,ㅁ,ㄹ,ㄷ,ㄴ의 각 점을 순차로 연결한 선내 ㉯부분 78.68제곱미터 지상건물의1층 78.68 제곱미터 및 2층 75.27제곱미터를 명도하고, 같은 도면표시 ㄱ,ㄴ,ㄷ,ㅎ, ㅍ,ㄱ의 각 점을 순차로 연결한 선내 ㉱부분 19.2제곱미터 지상의 브록조 스레트즙 건물을 철거하고 위 ㉱부분 토지를 인도하고,

(4) 피고 임수운, 같은 김종구는 위 같은 번지의3 대지 중 별지 도면표시 ㄱ, ㄴ,ㄷ,ㄹ,ㄱ의 각 점을 순차로 연결한 선내 ㉮부분 6.5제곱미터 지상의 브록조 슬래브즙 건물을 명도하라.

2. 소송비용은 피고들의 부담으로 한다.
3. 제1항은 가집행할 수 있다.

라는 판결을 구합니다.

청 구 원 인

1. 원고는 20○○. 6. 26. 피고 조봉기와의 사이에 원고 소유인 ○○시 ○○구 ○○로 12길 87-3 대 297.5제곱미터 및 위 같은 번지의4 대 164평2홉과 위

같은 번지의4 대지 중 별지 도면표시 ㄱ,ㄴ,ㄷ,ㄹ,ㄱ의 각 점을 순차로 연결한 선내 ㉮부분 6.5제곱미터 지상의 브록조 스라브즙 건물과 위 같은 도면표시 ㄴ,ㅁ,ㄹ,ㄷ,ㄴ의 각 점을 순차로 연결한 선내 ㉱부분 78.68제곱미터 지상의 건물 1층 78.68제곱미터 및 2층 75.27제곱미터에 관하여 임차보증금은 000원 월임료 000원 기간은 1년으로 하는 임대차계약을 체결하였습니다.
그후 원고와 피고 조봉기는 매년 임차기간이 종료될때마다 쌍방협의에 의하여 위 계약을 연장하였는데, 20○○. 6. 1.에도 임차보증금 000원, 월임료 금 000원, 임차기한은 20○○. 5. 26.로 하는 부동산임대차 연장계약을 체결하였고, 위 임차기간이 종료되자 원고와 피고 조봉기는 위 임차보증 금과 월임료 변경없이 구두로 1년(20○○. 5. 16.까지) 더 계약연장하였습니다.

2. 그런데,

(1) 원고가 위 임대토지 및 건물에 관하여 감시를 소홀히 하고 있음을 기화로 피고 조봉기는 원고의 동의도 받지 않은 채 일자불상경 피고 임수운에게 위 같은 번지의4 대지 중 별지 도면표시 ㅋ, ㅌ,ㅍ,ㅎ,ㅋ의 각 점을 순차로 연결한 선내 ㉰부분 24.6제곱미터 지상의 브록조 스레트즙 건물 및 위 같은 번지 대지 및 위 같은 번지의3 대 297.5제곱미터 양필지 상의 같은 도면표시 ㄴ,ㅁ,ㅂ,ㅅ,ㅇ,ㅈ,ㄷ,ㄴ의 각 점을 순차로 연결한 선내 ㉯부분 54.6제곱미터 지상에 연와조 스레트건물, 위 같은 번지의3 대지 중 같은 도면표시 ㅅ,ㅇ,ㅈ,ㅂ,ㅅ,의 각 점을 순차로 연결한 선내 ㉳부분 7.32제곱미터 지상에 연와조 스레트건물을 불법으로 짓게 하여 이를 전대하였습니다.

(2) 또 피고 조봉기는 원고의 동의도 없이 일자불상경 피고 김종구에게 위 같은 번지의4 대지 중 별지 도면표시 ㄴ,ㅁ,ㄹ,ㄷ,ㄴ의 각 점을 순차로 연결한 선내 ㉱부분 78.68제곱미터 지상건물의1층 78.68제곱미터 및 2층 75.27제곱미터를 전대하고, 같은 도면표시 ㄱ,ㄴ,ㄷ,ㅎ,ㅍ,ㄱ의 각 점을 순차로 연결한 선내 ㉱부분 19.2제곱미터 지상에 브록조 스레트즙 건물을 짓게 하여 이를 전대하였습니다. 따라서 임차인인 피고 조봉기는 임대인인 원고의 동의도 없이 앞서 본 임차대지와 건물을 피고 임수운, 같은 김종구에게 전

대하였으므로 원고는 민법 제629조에 의거 피고 조봉기와의 임대차계약을 이 사건 소장 송달일로 해지하고, 전차인인 피고 임수운, 같은 김종구는 앞서 본 불법건축물을 전부 철거하고 위 점유 부분을 원고에게 마땅히 인도하여야 할 것입니다.

3. 그렇다면 원고에게, 피고 조봉기, 같은 김종구는 청구취지기재와 같이 ㉮㉲부분을 각 명도하고, 피고 조봉기는 위 같은 번지의3, 4 대지를 인도하고, 피고 김종구, 같은 임수운은 청구취지기재와 같이 ㉯㉰㉱㉳부분 지상건물을 건물을 각 철거하고 위 ㉯㉰㉱㉳부분 토지를 각 인도하여야 할 것입니다.

입 증 방 법

1. 부동산임대차계약서	갑제1호증의1 내지 3
1. 각서 및 포기서	갑제2호증의1, 2
1. 토지등기부등본	갑제3호증의1, 2
1. 건축물관리대장	갑제4호증
1. 토지대장등본	갑제5호증

1. 기타는 변론시 필요에 따라 수시로 제출하겠습니다.

첨 부 서 류

1. 위 입증서류	각 1통
1. 소장부본	3통
1. 소송위임장	1통

20○○. 10. .

원고 소송대리인 변호사 김 철 구

○○지방법원 귀중

소 제기절차와 해설

◆ 소의 제기	소의 제기는 소장을 작성하여 법원에 제출하여야 한다. 소를 제기하려고 하는 사람은 소를 제기하기 전 충분한 사전조사를 할 필요가 있다. 사전조사에는 소를 제기하는 사건에 대한 승소의 가능성, 사실을 증명할 서류의 확보, 공격방법과 피고의 예상되는 방어방법, 보전처분의 필요성, 승소한 경우 강제집행실행의 가능성 등을 조사하여 그에 대처하여야 한다. 소를 제기하려면 적법한 소장의 요건을 갖추어야 하는데, 소장에는 필요적 기재사항 등이 기재되어 있고, 상당한 인지가 첩부되어 있어야 한다. ☞ 2. 소장의 작성요령(34면) 참조
◆ 소가산정	소를 제기할 때에는 소가를 산정하여야 한다. 소가는 사물관할을 정하는 표준이 되는 외에 원고가 소장 등을 제출할 때 납부할 인지액을 정하는 기준이 된다(민사소송등인지법 제2조 내지 제8조). ☞ 3. 소송목적의 값 산정방법(50면) 참조
◆ 인지첩부	제1심 소장에 첩부할 인지는 소송목적의 값에 따라 산출된 인지액을 붙여야 한다(민인법 제2조 제1항). ☞ 4. 첩부인지액의 산출 및 납부방법(71면) 참조
◆ 송 달 료	소장을 제출할 때에는 당사자 수에 따른 계산방식에 의한 송달료를 송달료수납은행에 납부하고 그 은행으로부터 교부받은 송달료납부서를 소장에 첨부하여야 한다. ☞ 5. 송달료 납부방법(72면) 참조
◆ 관할법원	소는 피고의 보통재판적이 있는 곳의 법원이 관할한다(민소법 제2조). 소장은 피고의 주소지를 관할하는 법원에 제출하는 것이 원칙이나, 소송의 편의를 도모하기 위해 특별한 재판관할이 인정되고 있다. ☞ 6. 관할법원(소장제출법원)(73면) 참조

[서식] 건물명도등 청구의 소(임대차)

소 장

원 고 정 숙 희(주민등록번호 -)
○○시 ○○구 ○○로 51
소송대리인 변호사 김 ○ ○
○○시 ○○구 ○○로 23-1
(전화 , 팩스)

피 고 공 재 중(주민등록번호 -)
위 원고와 같은 곳
(전화 , 팩스 , 휴대폰)

건물명도등 청구의 소

청 구 취 지

1. 피고는 원고에게 ○○시 ○○구 ○○로 51 지상 벽돌조 슬래브지붕 단층주택 100제곱미터 중 별지 도면표시 ㄱ,ㄴ,ㄷ,ㄹ,ㄱ의 각 점을 순차로 연결한 선내 (가)부분 27.5제곱미터를 명도하고, 20○○. 10. 6. 부터 위 명도일까지 매월 금 000원의 비율에 의한 금원을 지급하라.
2. 소송비용은 피고의 부담으로 한다.
3. 제 1항은 가집행할 수 있다.

라는 판결을 구합니다.

청 구 원 인

1. ○○시 ○○구 ○○로 51 지상 벽돌조 슬래브지붕 단층 주택 100제곱미터는 원고소유인데, 원고는 20○○. 10. 5.경 위 주택 중 별지 도면표시 ㄱ,ㄴ,ㄷ,ㄹ,ㄱ의 각 점을 순차로 연결한 선내 (가)부분 방2칸, 부엌1칸을 피고에게 임대기간 1년, 임대보증금 000원, 월임료 금000원으로 정하여 임대하였습니다.

2. 그후 원고와 피고 사이에 체결된 위 임대차 계약이 만료되자 피고는 20○○. 10. 6.경 원고에게 기간을 1년더 연장하자고 하고 임대료는 월임료 없이 임대보증금만을 000원 인상지급하겠다고 하면서 금000원만을 지급하고는 나머지 임대보증금 000원을 지급치 않고 또 재계약도 체결치 않고 있습니다.
   따라서 원고는 피고와의 사이에 체결된 임대차계약을 피고의 임차보증금 잔금 000원의 미지급을 이유로 이건 소장 송달로써 해지하는 바이고, 피고는 또 위 금000원의 미지급으로 인하여 원고가 입은 월 000원의 임료상당 손해를 배상할 의무가 있다 할 것입니다.
3. 그렇다면, 피고는 원고에게 ○○시 ○○구 ○○로 51 지상 벽돌조 슬래브지붕 단층주택 100제곱미터 중 별지 도면표시 ㄱ,ㄴ,ㄷ,ㄹ,ㄱ의 각 점을 순차로 연결한 선내 (가)부분 27.5제곱미터를 명도하고, 20○○. 10. 6. 부터 위 명도일까지 매월금 000원의 비율에 의한 임료상당 손해금을 지급할 의무가 있다 할 것입니다.

입 증 방 법

1. 갑제1호증 건물등기부등본
1. 갑제2호증 건축물관리대장등본
1. 갑제3호증 세대별주민등록표

첨 부 서 류

1. 위 입증서류 각 1통
1. 소장부본 1통
1. 소송위임장 1통

20○○. 2. .

원고소송 대리인
변호사 김 ○ ○

○○지방법원 귀중

소 제기절차와 해설

◆ 소의 제기	소의 제기는 소장을 작성하여 법원에 제출하여야 한다. 소를 제기하려고 하는 사람은 소를 제기하기 전 충분한 사전조사를 할 필요가 있다. 사전조사에는 소를 제기하는 사건에 대한 승소의 가능성, 사실을 증명할 서류의 확보, 공격방법과 피고의 예상되는 방어방법, 보전처분의 필요성, 승소한 경우 강제집행실행의 가능성 등을 조사하여 그에 대처하여야 한다. 소를 제기하려면 적법한 소장의 요건을 갖추어야 하는데, 소장에는 필요적 기재사항 등이 기재되어 있고, 상당한 인지가 첩부되어 있어야 한다. ☞ 2. 소장의 작성요령(34면) 참조
◆ 소가산정	소를 제기할 때에는 소가를 산정하여야 한다. 소가는 사물관할을 정하는 표준이 되는 외에 원고가 소장 등을 제출할 때 납부할 인지액을 정하는 기준이 된다(민사소송등인지법 제2조 내지 제8조). ☞ 3. 소송목적의 값 산정방법(50면) 참조
◆ 인지첩부	제1심 소장에 첩부할 인지는 소송목적의 값에 따라 산출된 인지액을 붙여야 한다(민인법 제2조 제1항). ☞ 4. 첩부인지액의 산출 및 납부방법(71면) 참조
◆ 송 달 료	소장을 제출할 때에는 당사자 수에 따른 계산방식에 의한 송달료를 송달료수납은행에 납부하고 그 은행으로부터 교부받은 송달료납부서를 소장에 첨부하여야 한다. ☞ 5. 송달료 납부방법(72면) 참조
◆ 관할법원	소는 피고의 보통재판적이 있는 곳의 법원이 관할한다(민소법 제2조). 소장은 피고의 주소지를 관할하는 법원에 제출하는 것이 원칙이나, 소송의 편의를 도모하기 위해 특별한 재판관할이 인정되고 있다. ☞ 6. 관할법원(소장제출법원)(73면) 참조

[서식] 건물명도등 청구의 소(경매낙찰)

소 장

원 고 양 주 원(주민등록번호 -)
○남 ○○군 ○○면 ○○로 2길 2
소송대리인 변호사 김 ○ ○
○○ ○○구 ○○로 8-7
(전화 , 팩스)

피 고 1. 양 정 규(주민등록번호 -)
○○ ○○구 ○○로 5길 84-7 지하 ○○유통
(전화 , 팩스 , 휴대폰)
2. 이 남 희(주민등록번호 -)
위 같은 곳 1층 ○○식당
(전화 , 팩스 , 휴대폰)
3. 정 철 우(주민등록번호 -)
위 같은 곳 2층 ○○호프
(전화 , 팩스 , 휴대폰)
4. 신계산업개발 주식회사
대표이사 최 ○ ○
○○ ○○구 ○○로 5길 84-7
(전화 , 팩스)
5. 주식회사 북 원
대표이사 박 ○ ○
○○시 ○○로 4길 5-8
(전화 , 팩스)

건물명도등 청구의 소

청 구 취 지

1) 원고에게 별지 목록기재 건물에 관하여,

가) 피고 양정규는 위 건물 중 지하 171.84제곱미터를,

나) 피고 이남희는 위 건물 중 1층 171.84제곱미터를,

다) 피고 정철우는 위 건물 중 2층 172.41제곱미터를,

라) 피고 신계산업개발주식회사는 위 건물 4층 중 별지 도면표시 ㄱ,ㄴ,ㄷ,ㄹ,ㄱ의 각 점을 순차로 연결한 선내 ㉮부분 115제곱미터를,

마) 피고 주식회사 북원은 위 건물 4층 중 별지 도면표시 ㅁ,ㅂ,ㄴ,ㄱ,ㅁ의 각 점을 순차로 연결한 선내 ㉯부분 57.41제곱미터를,

각 명도하라.

2. 소송비용은 피고들의 부담으로 한다.

3. 제1항은 가집행할 수 있다.

라는 판결을 구합니다.

청 구 원 인

1. 피고들이 점유사용하고 있는 별지 목록기재 건물(이하 이 사건 건물이라 함)은 원고가 ○○지방법원 ○○지원으로부터 20○○. 6. 23. 낙찰허가를 받아 20○○. 7. 23. 소유권 이전등기를 경료한 원고 소유의 부동산 입니다.

2. 그런데 피고들은 이 사건 건물에 대하여 전 소유자, 또는 전대인에게 임차보증금을 지급하였다는 이유로 원고의 명도청구에 응할 수 없다고 주장하고 있으나, 귀원 집행관의 부동산현황조사 보고서 및 임대차관계 조사서에 의하면,

가) 피고 양정규는 위 건물 중 지하 171.84제곱미터를 임차보증금 000원, 월임료 000원, 임대차기간 20○○. 10. 14.부터 20○○. 10. 14.까지 정하여 임차하였다 하고, 임대차 계약서도 제출하지 않고 주민등록 전입사실

없이 "○○유통" 이란 상호로 영업하면서 점유 사용하고 있고,

나) 피고 이남희는 위 건물 중 1층 171.84제곱미터를 임차보증금 000원, 월임료 000원, 임대차기간 미상으로 전소유자가 아닌 소외 정봉후와 임대차 계약을 체결하고, 주민등록 전입사실 없이 "○○" 식당을 경영하고 있고,

다) 피고 정철우는 위 건물 중 2층 172.41제곱미터를 임차보증금 000원, 월임료 000원, 임대차기간 미상으로 전소유자가 아닌 위 정봉후와 임대차 계약을 체결하고, 주민등록 전입사실 없이 "○○호프" 주점을 경영하고 있고,

라) 피고 신계산업개발 주식회사는 위 건물 4층 중 별지 도면표시 ㄱ,ㄴ,ㄷ,ㄹ,ㄱ의 각 점을 순차로 연결한 선내 ㉮부분 115제곱미터를 임차보증금 000원, 월임료 000원, 임대차기간 20○○. 2. 2.부터 기한의 약정 없이 전 소유자와 임대차 계약을 체결하고, 주민등록 전입사실 없이 사무실로 점유 사용하고 있고,

마) 피고 주식회사 북원은 위 건물 4층 중 별지 도면표시 ㅁ,ㅂ,ㄴ,ㄱ,ㅁ의 각 점을 순차로 연결한 선내 ㉯부분 57.41제곱미터를 임차보증금 000원, 월임료 000원, 임대차기간 20○○. 10, 6. 부터 기한의 약정 없이 전소유자와 임대차 계약을 체결하고, 주민등록 전입 사실 없이 사무실로 점유 사용하고 있습니다.

3. 그러나 이 사건 건물에는 제1순위 근저당권자로 소외 주식회사 ○○상호신용금고가 채권최고액 금000원으로 한 근저당권 설정등기가 20○○. 7. 30.자로, 2순위 근저당권자로 같은 ○○상호신용금고가 채권최고액 금000원으로 한 근저당권 설정등기가 20○○. 8. 6.자로, 3순위 근저당권자로 소외 나정근이 채권최고액 금000원으로 한 근저당권 설정등기가 20○○. 9. 28.자로, 4순위 근저당권자로 소외 정봉후가 채권최고액 금000원으로 한 근저당권 설정등기가 20○○. 11. 11.자로 각 경료되어 있고, 이건 임의경매사건은 위 제1순위 근저당권자인 위 (주)○○상호신용금고의 근저당권의 실행을 전제로 한 경매입니다.

따라서 원고는 이 사건 건물을 경매로 낙찰허가를 받아 소유권을 취득하였으므로 피고들에게 그들이 각 점유하고 있는 부분에 대하여 명도를 구할 수 있다 할 것입니다.

4. 그렇다면, 원고에게, 피고들은 청구취지기재의 각 건물을 명도하여야 할 것입니다.

입 증 방 법

1. 갑제1호증 건물등기부등본
1. 갑제2호증 토지 등기부등본
1. 갑제3호증 건축물 관리대장등본
1. 갑제4호증 토지가격확인원
1. 기타는 변론시 필요에 따라 수시로 제출하겠습니다.

첨 부 서 류

1. 위 입증서류 각 1통
1. 법인등기부 등본 2통
1. 소장부본 5통
1. 소송 위임장 1통

20○○. 8. .

위 원고 소송대리인
변호사 김 ○ ○

○○지방법원 귀중

소 제기절차와 해설

◆ 소의 제기	소의 제기는 소장을 작성하여 법원에 제출하여야 한다. 소를 제기하려고 하는 사람은 소를 제기하기 전 충분한 사전조사를 할 필요가 있다. 사전조사에는 소를 제기하는 사건에 대한 승소의 가능성, 사실을 증명할 서류의 확보, 공격방법과 피고의 예상되는 방어방법, 보전처분의 필요성, 승소한 경우 강제집행실행의 가능성 등을 조사하여 그에 대처하여야 한다. 소를 제기하려면 적법한 소장의 요건을 갖추어야 하는데, 소장에는 필요적 기재사항 등이 기재되어 있고, 상당한 인지가 첩부되어 있어야 한다. ☞ 2. 소장의 작성요령(34면) 참조
◆ 소가산정	소를 제기할 때에는 소가를 산정하여야 한다. 소가는 사물관할을 정하는 표준이 되는 외에 원고가 소장 등을 제출할 때 납부할 인지액을 정하는 기준이 된다(민사소송등인지법 제2조 내지 제8조). ☞ 3. 소송목적의 값 산정방법(50면) 참조
◆ 인지첩부	제1심 소장에 첩부할 인지는 소송목적의 값에 따라 산출된 인지액을 붙여야 한다(민인법 제2조 제1항). ☞ 4. 첩부인지액의 산출 및 납부방법(71면) 참조
◆ 송 달 료	소장을 제출할 때에는 당사자 수에 따른 계산방식에 의한 송달료를 송달료수납은행에 납부하고 그 은행으로부터 교부받은 송달료납부서를 소장에 첨부하여야 한다. ☞ 5. 송달료 납부방법(72면) 참조
◆ 관할법원	소는 피고의 보통재판적이 있는 곳의 법원이 관할한다(민소법 제2조). 소장은 피고의 주소지를 관할하는 법원에 제출하는 것이 원칙이나, 소송의 편의를 도모하기 위해 특별한 재판관할이 인정되고 있다. ☞ 6. 관할법원(소장제출법원)(73면) 참조

[서식] 점포명도청구의 소

소 장

원 고 김 홍 도(주민등록번호 -)
서울 종로구 혜화로 2길 12-34
(전화 , 팩스 , 휴대폰)

피 고 김 미 라(주민등록번호 -)
서울 종로구 혜화로 2길 432-1(나래머리방 내)
(전화 , 팩스 , 휴대폰)

점포명도청구의 소

청 구 취 지

1. 피고는 원고에게 별지목록 기재 부동산중 별지도면 표시 1, 2, 3, 4, 1.를 순차로 연결하는 선내 근린생활시설(소매점) (가)부분 25. 38 제곱미터를 명도하고 20○○. 1. 28부터 20○○. 2. 28까지는 매월 380,000원씩을, 동년 3. 2부터 점포명도시까지는 금420,000원씩의 임대료를 지급하라.
2. 소송비용은 피고의 부담으로 한다.
3. 위 제1항은 가집행할 수 있다.

라는 판결을 구합니다.

청 구 원 인

1. 원고는 20○○. 9. 28. 별지목록 기재 부동산에 대하여 소외 한민자간에 보증금 8,000,000원 월임대료 380,000원으로 하여 임대차 기간은 점포 명도일로부터 12개월로 월세계약을 체결하였으며 계약서 단서조항4에 20○○. 2. 28부터 보증금 2,000,000원을 인상하기로 약정하였습니다.

2. 그리고 위 한민자는 피고로부터 받을 돈이 금5,000,000원이 있으나 돈이 없어 받을 길이 없고 따라서 피고가 인근에서 미장원을 경영하다가 기간만료로 집주인에게 점포를 명도하여 주고 점포가 없어 집에서 놀고있는 것을 보고 이 사건 점포에서 미장원을 경영하여 그 수입금으로 월세금 380,000원을 원고에게 매월 지불하고 20○○. 3부터는 보증금 인상대신 월임대료를 금 40,000원을 인상하여 매월 금420,000원씩을 지불하고 소외인의 채무금도 갚을 것을 조건으로 하여 20○○. 9. 28. 피고에게 점유 사용하도록 한바 있습니다.
3. 그런데 피고는 20○○. 1부터 약정한 임대료를 지불하지 아니하고 8개월이나 연체하고 있으므로 수차에 걸쳐 지급을 촉구하였으나 불응함으로 이건 청구를 하오니 청구취지와 같은 판결을 하여 주시기 바랍니다.

입 증 방 법

1. 월세계약서(갑제1호증)
1. 통고서(갑제1호증의 1, 2)
1. 부동산등기부등본(갑제3호증)
1. 건축물관리대장등본(갑제4호증)
1. 공시지가확인원(갑제5호증)

첨 부 서 류

1. 위 입증방법 각1통
1. 소장부본 1통
1. 납부서 1통

20○○. 9. .

원 고 김 홍 도 (인)

서울중앙지방법원 귀중

<별지목록>

목 록

서울 종로구 혜화로 2길 12-34
위 지 상
철근콘크리트조 및 조적조 평슬래브 지붕
근린생활시설 및 주택
1층 102.12 제곱미터(소매점)
2층 102.12 제곱미터(사무소)
3층 102.12 제곱미터(사무소)
4층 90.32 제곱미터(주택)
지층 98.28 제곱미터

위 1층 102.12 제곱미터 중
근린생활시설(가)부분 25.38 제곱미터

이 상

소 제기절차와 해설

◆ 소의 제기	소의 제기는 소장을 작성하여 법원에 제출하여야 한다. 소를 제기하려고 하는 사람은 소를 제기하기 전 충분한 사전조사를 할 필요가 있다. 사전조사에는 소를 제기하는 사건에 대한 승소의 가능성, 사실을 증명할 서류의 확보, 공격방법과 피고의 예상되는 방어방법, 보전처분의 필요성, 승소한 경우 강제집행실행의 가능성 등을 조사하여 그에 대처하여야 한다. 소를 제기하려면 적법한 소장의 요건을 갖추어야 하는데, 소장에는 필요적 기재사항 등이 기재되어 있고, 상당한 인지가 첩부되어 있어야 한다. ☞ 2. 소장의 작성요령(34면) 참조
◆ 소가산정	소를 제기할 때에는 소가를 산정하여야 한다. 소가는 사물관할을 정하는 표준이 되는 외에 원고가 소장 등을 제출할 때 납부할 인지액을 정하는 기준이 된다(민사소송등인지법 제2조 내지 제8조). ☞ 3. 소송목적의 값 산정방법(50면) 참조
◆ 인지첩부	제1심 소장에 첩부할 인지는 소송목적의 값에 따라 산출된 인지액을 붙여야 한다(민인법 제2조 제1항). ☞ 4. 첩부인지액의 산출 및 납부방법(71면) 참조
◆ 송 달 료	소장을 제출할 때에는 당사자 수에 따른 계산방식에 의한 송달료를 송달료수납은행에 납부하고 그 은행으로부터 교부받은 송달료납부서를 소장에 첨부하여야 한다. ☞ 5. 송달료 납부방법(72면) 참조
◆ 관할법원	소는 피고의 보통재판적이 있는 곳의 법원이 관할한다(민소법 제2조). 소장은 피고의 주소지를 관할하는 법원에 제출하는 것이 원칙이나, 소송의 편의를 도모하기 위해 특별한 재판관할이 인정되고 있다. ☞ 6. 관할법원(소장제출법원)(73면) 참조

[서식] 건물철거등 청구의 소(가건물)

소 장

원 고 한 국 민(주민등록번호 -)
○○ ○○구 ○○로 123
(전화 , 팩스 , 휴대폰)

피 고 1. 조 선 인(주민등록번호 -)
○○ ○○구 ○○로 345
(전화 , 팩스)
2. 정 치 인(주민등록번호 -)
○○ ○○구 ○○로 234
(전화 , 팩스)
3. 정 찬 수(주민등록번호 -)
○○ ○○구 ○○로 234
(전화 , 팩스)
4. 정 남 우(주민등록번호 -)
○○ ○○구 ○○로 ○○아파트 0동 0호
(전화 , 팩스)
5. 장 상 석(주민등록번호 -)
○○ ○○구 ○○로 234
(전화 , 팩스)
6. 한 양 일(주민등록번호 -)
○○ ○○구 ○○로 234
(전화 , 팩스)
7. 정 상 철(주민등록번호 -)
○○ ○○구 ○○로 234
(전화 , 팩스)

8. 민 상 환(주민등록번호 -)
○○ ○○구 ○○로 234
(전화 , 팩스)

건물철거등 청구의 소

청 구 취 지

1. 원고에게,

가. 피고 조선인은 별지목록기재 (1)대지 중 별지도면표시 "(가) (나) (다) (라) (가)" 의 각 점을 순차로 연결한 선내 12평위에 세워진 제1호 건물인 브록크조 스레트즙 평가건 주택 1동(방2칸, 부엌1칸) 건평 12평(가건물)을 철거하고 위 대지를 인도하고, 20○○.1.1.부터 그 대지 인도일까지 매월금 10,000원씩의 율에 의한 금원을 지급하고,

나. 피고 정치인은 별지목록기재 (2) (3)대지 중 별지도면표시 "(자) (차) (카) (타) (파) (하) (자)" 의 각 점을 순차로 연결한 선내 20평위에 세워진 제2호 건물인 브록크조 스레트즙 평가건 주택 1동(방3칸, 부엌1칸) 건평 20평(가건물)을 철거하고 위 대지를 인도하고, 20○○.1.1.부터 그 대지 인도일까지 매월금 25,000원씩의 율에 의한 금원을 지급하고,

다. 피고 정찬수는 별지목록기재 (3)대지 중 별지도면표시 "(거) (너) (더) (러) (머) (버) (거)" 의 각 점을 순차로 연결한 선내 10평위에 세워진 제3호 건물인 목조 와즙 평가건 주택 1동(방2칸, 부엌1칸) 건평 10평(가건물)을 철거하고 위 대지를 피고 정치인과 연대하여 인도하고, 20○○.1.1.부터 그 대지 인도일까지 매월금 20,000원씩의 율에 의한 금원을 지급하고,

라. 피고 정남우는 별지목록기재 (3)대지 중 별지도면표시 "(마) (바) (사) (아) (마)" 의 각 점을 순차로 연결한 선내 7평위에 세워진 제4호 건물인 목조 와즙 평가건 주택 1동(방2칸, 변소1칸) 건평 7평(가건물) 및 같은 도면표시 "(서) (어) (저) (처) (서)" 의 각 점을 순차로 연결한 선내 15평위에 세워진 제5호 건물인 브록크조 스레트즙 평가건 주택겸 점포 1동(방2

칸, 점포1칸, 부엌1칸) 건평 15평(가건물)을 각 철거하고 위 대지를 피고 정치인, 같은 정찬수와 연대하여 인도하고, 20○○.1.1.부터 그 대지 인도일까지 매월금 20,000원씩의 율에 의한 금원을 지급하고, 피고 장상석은 위 제4호 건물에서 퇴거하고, 피고 한양일은 위 제5호 건물에서 퇴거하고,

마. 피고 정상철은 별지목록기재 (3)대지 중 별지도면표시 "(고) (노) (도) (로) (고)"의 각 점을 순차로 연결한 선내 15평위에 세워진 제6호 건물인 목조 와즙 평가건 주택 1동(방2칸, 부엌1칸, 마루1칸) 건평 15평(가건물) 및 같은 도면표시 "(커) (터) (퍼) (허) (커)"의 각 점을 순차로 연결한 선내 13평위에 세워진 제7호 건물인 적벽돌조 스레트즙 평가건 주택겸 점포 1동(방2칸, 점포1칸) 건평 13평(가건물)을 각 철거하고 위 대지를 피고 정치인, 같은 정찬수, 같은 정남우와 연대하여 인도하고, 20○○.1.1.부터 그 대지 인도일까지 매월금 20,000원씩의 율에 의한 금원을 지급하고, 피고 민상환은 위 제7호 건물에서 퇴거하라.

2. 소송비용은 피고들의 부담으로 한다.

라는 판결 및 가집행선고를 구합니다.

청 구 원 인

1. 별지목록기재 (1) (2) (3)대지는 원래 소외 한중혁의 소유로서 동인이 19○○.4.26. 사망을 하자, 원고가 같은 날 상속을 하고 19○○.12.10. ○○지방법원 접수 제12345호로서 그 상속을 원인으로 하여 원고 앞으로 소유권이전등기까지 마친 바 있습니다.

2. 그런데 피고들은 위 한중혁의 생존시인 1987년경을 전후하여 아무런 권원없이,

가. 피고 조선인은 별지목록기재 (1)대지를 점유하면서 그 중 별지도면표시 "(가) (나) (다) (라) (가)"의 각 점을 순차로 연결한 선내 12평위에 제1호 건물인 브록크조 스레트즙 평가건 주택1동 건평 12평(가건물)을 건립하여 방 및 부엌으로 사용해오고 있고,

나. 피고 정치인은 별지목록기재 (2) (3)대지를 점유하면서 그 대지 중 별지도면표시 "(자) (차) (카) (타) (파) (하) (자)"의 각 점을 순차로 연결한

선내 20평위에 제2호 건물인 브록크조 스레트즙 평가건 주택1동 건평 20평(가건물)을 건립하여 방 및 부엌으로 사용해오고 있고,

다. 피고 정찬수는 별지목록기재 (3)대지를 점유하면서 그 중 별지도면표시 "(거) (너) (더) (러) (머) (버) (거)"의 각 점을 순차로 연결한 선내 10평위에 제3호 건물인 목조 와즙 평가건 주택1동 건평 10평(가건물)을 건립하여 방과 부엌으로 사용해오고 있고,

라. 피고 정남우는 별지목록기재 (3)대지를 점유하면서 그 중 별지도면표시 "(마) (바) (사) (아) (마)"의 각 점을 순차로 연결한 선내 7평위에 제4호 건물인 목조 와즙 평가건 주택1동 건평 7평(가건물) 및 같은 도면표시 "(서) (어) (저) (처) (서)"의 각 점을 순차로 연결한 선내 15평위에 제5호 건물인 브록크조 스레트즙 평가건 주택겸 점포1동 건평 15평(가건물)을 각 건립한 후 제4호 건물은 피고 장상석에게 임대하여 현재 피고가 방으로 사용하고 있고, 제5호 건물은 피고 한양일에게 임대하여 현재 위 피고가 방과 부엌, 점포로 사용하고 있으며,

마. 피고 정상철은 별지목록기재 (3)대지를 점유하면서 그 중 별지도면표시 "(고) (노) (도) (로) (고)"의 각 점을 순차로 연결한 선내 15평위에 제6호 건물인 목조 와즙 평가건 주택1동 건평 15평(가건물) 및 같은 도면표시 "(커) (터) (퍼) (허) (커)"의 각 점을 순차로 연결한 선내 13평위에 제7호 건물인 적벽돌조 스레트즙 평가건 주택겸 점포1동 건평 13평(가건물)을 각 건립한 후 제6호 건물은 방과 부엌으로, 제7호 건물은 방과 점포로 각 사용하다가, 제7호 건물은 피고 민상환에게 임대하여 현재 위 피고가 방과 점포로 사용하고 있습니다.

3. 한편, 별지목록기재 (1) (2) (3)대지를 타에 임대하면, 20○○.1.1.부터 그 대지 인도일까지 같은 목록기재 (1)대지는 매월금 10,000원씩, 같은 목록기재 (2)대지는 매월금 5,000원씩, 같은 목록기재 (3)대지는 매월금 20,000원씩의 차임을 받을 수 있습니다. 따라서 원고는 피고들을 상대로 청구취지와 같은 판결을 구하고자 이건 소제기에 이른 것입니다.

20○○. . .

원고 한 국 민

○○지방법원 귀중

소 제기절차와 해설

◆ 소의 제기	소의 제기는 소장을 작성하여 법원에 제출하여야 한다. 소를 제기하려고 하는 사람은 소를 제기하기 전 충분한 사전조사를 할 필요가 있다. 사전조사에는 소를 제기하는 사건에 대한 승소의 가능성, 사실을 증명할 서류의 확보, 공격방법과 피고의 예상되는 방어방법, 보전처분의 필요성, 승소한 경우 강제집행실행의 가능성 등을 조사하여 그에 대처하여야 한다. 소를 제기하려면 적법한 소장의 요건을 갖추어야 하는데, 소장에는 필요적 기재사항 등이 기재되어 있고, 상당한 인지가 첩부되어 있어야 한다. ☞ 2. 소장의 작성요령(34면) 참조
◆ 소가산정	소를 제기할 때에는 소가를 산정하여야 한다. 소가는 사물관할을 정하는 표준이 되는 외에 원고가 소장 등을 제출할 때 납부할 인지액을 정하는 기준이 된다(민사소송등인지법 제2조 내지 제8조). ☞ 3. 소송목적의 값 산정방법(50면) 참조
◆ 인지첩부	제1심 소장에 첩부할 인지는 소송목적의 값에 따라 산출된 인지액을 붙여야 한다(민인법 제2조 제1항). ☞ 4. 첩부인지액의 산출 및 납부방법(71면) 참조
◆ 송 달 료	소장을 제출할 때에는 당사자 수에 따른 계산방식에 의한 송달료를 송달료수납은행에 납부하고 그 은행으로부터 교부받은 송달료납부서를 소장에 첨부하여야 한다. ☞ 5. 송달료 납부방법(72면) 참조
◆ 관할법원	소는 피고의 보통재판적이 있는 곳의 법원이 관할한다(민소법 제2조). 소장은 피고의 주소지를 관할하는 법원에 제출하는 것이 원칙이나, 소송의 편의를 도모하기 위해 특별한 재판관할이 인정되고 있다. ☞ 6. 관할법원(소장제출법원)(73면) 참조

[서식] 건물철거 및 대지인도청구의 소(철골조 및 목조 천막즙)

소 장

원 고 김 민 자(주민등록번호 -)
서울 종로구 평창로 21 협동빌라 103호
위 소송대리인 변호사 박 문 수
서울 서초구 서초대로 20 정국빌딩 201호
(전화 , 팩스)

피 고 1. 한 재 기(주민등록번호 -)
서울 종로구 명륜로 34-1 상지기업 대표
(전화 , 휴대폰)
2. 김 재 호(주민등록번호 -)
(전화 , 휴대폰)
3. 박 선 규(주민등록번호 -)
(전화 , 휴대폰)
4. 최 규 선(주민등록번호 -)
(전화 , 휴대폰)
위 피고들의 주소 서울 종로구 명륜로 34-1

건물철거 및 대지인도청구의 소

청 구 취 지

1. 피고들은 원고에 대하여 별지목록 기재 부동산 중 피고 한 재기는 별지도면 표시 1, 2, 4, 5, 1의 각 점을 순차로 연결한 선내 (가)부분 철골조 및 목조 천막즙 건평 250제곱미터에 대한, 피고 김재호는 같은 도면표시 2, 3, 5, 6, 2의 각점을 순차로 연결한 선내 (나)부분 철골조 및 목조천막즙 건평 250제곱미터에 대한, 피고 박선규는 같은 도면표시 4, 5, 7, 8, 4의 각점을 순차로 연

결한 선내 (다)부분 철골조 천막즙 건평 220제곱미터에 대한, 피고 최규선은 같은 도면표시 5, 6, 8, 9, 5의 각점을 순차로 연결한 선내 (라)부분 철골조 및 목조 천막즙 270제곱미터를 각 철거하고 동 부동산을 인도하고 20○○. 4. 23부터 인도시까지 매월 금1,000,000원씩의 지연임대료를 지급하라.

2. 소송비용은 피고의 부담으로 한다.
3. 위 제1항에 대하여 가집행할 수 있다.

라는 판결을 구합니다.

청 구 원 인

1. 원고는 소외 정민수 동 정일수와 공동상속인으로 이 사건 부동산을 1987. 1. 9. 재산상속으로 인하여 1988. 3. 26. 소유권이전등기를 하여 소유권을 취득하였는 바 20○○. 4. 23. 임대차 계약에 갈음하여 원고와 피고 한재기는 토지 임대보증금으로 50,000,000원, 지급기일은 20○○. 10. 19로 하여 (주)일산 실업 대표이사 김산 발행의 약속어음을 교부받은 사실이 있습니다.

2. 그런데 피고 한재기는 20○○. 4. 30. 현금 10,000,000원과 동년 5. 16. 현금 10,000,000원을 지불하였으며 위 약속어음을 지급기일에 지급제시하였으나 지급이 거절되었습니다. 그러므로 피고 한재기는 동년 11. 21. 위 지급거절되었던 보증금 30,000,000원중에서 그 일부인 금10,000,000원을 지급하면서 그동안 이자로 약정하였던 금1,500,000원을 같이 원고에게 지급하였습니다. 아울러 20○○. 1. 30. 미불된 보증금 20,000,000원에 대한 20○○. 11. 12. 94년 1월분 이자로 금1,200,000원(400,000원×3개월)을 수령하였으므로 20○○. 1. 31까지는 모두 정산되었습니다.

3. 그리고 피고 한재기는 원고에게 동의도 받지 아니하고 아무런 상의도 없이 이건 부동산의 일부를 피고 2내지 4인에게 전대차 계약을 체결하여 계약을 위반하고 있습니다. 따라서 원고는 계약기간 만료 1개월전부터 피고들에게 이건 부동산을 명도할 것을 요구한 바 있으며 피고 한재기가 계약기간 만료일인 20○○. 4. 23. 전후로 명도하겠다고 약속하였음에도 이에 불응하고 있습니다.

그러므로 이건 토지의 월임대사용료를 1년에 금12,000,000원으로 약정하였으므로 20○○. 4. 23부터 완재일까지 매월 1,000,000원씩의 임대료와 피고들이 불법으로 건축한 무허가 건물을 철거하고 토지를 인도받기 위하여 공동소유자인 원고는 보전행위로서 원고 단독으로 공동소유자 전원을 위하여 전부의 인도를 받기 위하여 이건 청구를 합니다.

입 증 방 법

1. 임대차계약에 갈음하는 약속어음 보관증(갑제1호증)
1. 등기부등본(갑제2호증)
1. 토지대장등본(갑제3호증)
1. 통고서 답변서 및 사진(갑제4호증의 1, 2, 3)
1. 주민등록등본(갑제5호증)
1. 도시계획 확인원(갑제6호증)

첨 부 서 류

1. 위 입증방법 각1통
1. 위임장 1통
1. 소장부본 4통
1. 납부서 1통

20○○. 5. .

위 원고 소송대리인변호사 박 문 수 (인)

서울중앙지방법원 귀중

소 제기절차와 해설

◆ 소의 제기	소의 제기는 소장을 작성하여 법원에 제출하여야 한다. 소를 제기하려고 하는 사람은 소를 제기하기 전 충분한 사전조사를 할 필요가 있다. 사전조사에는 소를 제기하는 사건에 대한 승소의 가능성, 사실을 증명할 서류의 확보, 공격방법과 피고의 예상되는 방어방법, 보전처분의 필요성, 승소한 경우 강제집행실행의 가능성 등을 조사하여 그에 대처하여야 한다. 소를 제기하려면 적법한 소장의 요건을 갖추어야 하는데, 소장에는 필요적 기재사항 등이 기재되어 있고, 상당한 인지가 첩부되어 있어야 한다. ☞ 2. 소장의 작성요령(34면) 참조
◆ 소가산정	소를 제기할 때에는 소가를 산정하여야 한다. 소가는 사물관할을 정하는 표준이 되는 외에 원고가 소장 등을 제출할 때 납부할 인지액을 정하는 기준이 된다(민사소송등인지법 제2조 내지 제8조). ☞ 3. 소송목적의 값 산정방법(50면) 참조
◆ 인지첩부	제1심 소장에 첩부할 인지는 소송목적의 값에 따라 산출된 인지액을 붙여야 한다(민인법 제2조 제1항). ☞ 4. 첩부인지액의 산출 및 납부방법(71면) 참조
◆ 송 달 료	소장을 제출할 때에는 당사자 수에 따른 계산방식에 의한 송달료를 송달료수납은행에 납부하고 그 은행으로부터 교부받은 송달료납부서를 소장에 첨부하여야 한다. ☞ 5. 송달료 납부방법(72면) 참조
◆ 관할법원	소는 피고의 보통재판적이 있는 곳의 법원이 관할한다(민소법 제2조). 소장은 피고의 주소지를 관할하는 법원에 제출하는 것이 원칙이나, 소송의 편의를 도모하기 위해 특별한 재판관할이 인정되고 있다. ☞ 6. 관할법원(소장제출법원)(73면) 참조

[서식] 토지인도 등 청구의 소(도로점유)

소 장

원 고 정 익 환(주민등록번호 -)
서울 종로구 혜화로 2길 123-1
소송대리인 변호사 도 재 승
서울 종로구 종로2가 1-2
(전화 , 팩스)

피 고 종로구청
대표자 ○ ○ ○
서울 종로구 수송로 123-4
(전화 , 팩스)

토지인도 등 청구의 소

청 구 취 지

1. 피고는 원고에게 서울 종로구 혜화로 2길 123-40 도로 182㎡를 명도하라.
2. 피고는 원고에게 금15,000,000원을 지급하라.
3. 소송비용은 피고의 부담으로 한다.
4. 제1, 2항은 가집행할 수 있다.

라는 판결을 구합니다.

청 구 원 인

1. 청구취지 기재 토지는 원고의 소유입니다.

2. 피고는 적법한 권원없이, 1987. 2. 1. 원래 지목이 대지이던 위 토지를 도로로 지목변경하고 그 때부터 여지껏 도로로 점유하면서 공중의 통행에 제공함으로

써 원고의 사용 수익을 방해하고 원고에게 금20,000,000원 상당의 손해를 가하고 동액 상당의 이익을 얻었습니다.

3. 따라서 원고는 위 토지의 명도와 손해금 중 일부인 금15,000,000원의 우선적 지급을 구하고자 이 사건 청구에 이르렀습니다.

입 증 방 법

1. 토지등기부등본(갑제 1호증)
1. 토지대장등본(갑제 2호증)
1. 그 이외는 변론시 수시 제출코자 합니다

첨 부 서 류

1. 위 입증방법 각1통
1. 소장부본 1통
1. 지적도등본 1통
1. 위임장 1통
1. 납부서 1통

20○○. 7. .

위 원고 소송대리인
변호사 도 재 승 (인)

서울중앙지방법원 귀중

소 제기절차와 해설

◆ 소의 제기	소의 제기는 소장을 작성하여 법원에 제출하여야 한다. 소를 제기하려고 하는 사람은 소를 제기하기 전 충분한 사전조사를 할 필요가 있다. 사전조사에는 소를 제기하는 사건에 대한 승소의 가능성, 사실을 증명할 서류의 확보, 공격방법과 피고의 예상되는 방어방법, 보전처분의 필요성, 승소한 경우 강제집행실행의 가능성 등을 조사하여 그에 대처하여야 한다. 소를 제기하려면 적법한 소장의 요건을 갖추어야 하는데, 소장에는 필요적 기재사항 등이 기재되어 있고, 상당한 인지가 첩부되어 있어야 한다. ☞ 2. 소장의 작성요령(34면) 참조
◆ 소가산정	소를 제기할 때에는 소가를 산정하여야 한다. 소가는 사물관할을 정하는 표준이 되는 외에 원고가 소장 등을 제출할 때 납부할 인지액을 정하는 기준이 된다(민사소송등인지법 제2조 내지 제8조). ☞ 3. 소송목적의 값 산정방법(50면) 참조
◆ 인지첩부	제1심 소장에 첩부할 인지는 소송목적의 값에 따라 산출된 인지액을 붙여야 한다(민인법 제2조 제1항). ☞ 4. 첩부인지액의 산출 및 납부방법(71면) 참조
◆ 송 달 료	소장을 제출할 때에는 당사자 수에 따른 계산방식에 의한 송달료를 송달료수납은행에 납부하고 그 은행으로부터 교부받은 송달료납부서를 소장에 첨부하여야 한다. ☞ 5. 송달료 납부방법(72면) 참조
◆ 관할법원	소는 피고의 보통재판적이 있는 곳의 법원이 관할한다(민소법 제2조). 소장은 피고의 주소지를 관할하는 법원에 제출하는 것이 원칙이나, 소송의 편의를 도모하기 위해 특별한 재판관할이 인정되고 있다. ☞ 6. 관할법원(소장제출법원)(73면) 참조

[서식] 건축주명의변경절차이행청구의 소

소 장

원 고 나 일 한(주민등록번호 -)
○○시 ○○구 ○○로 471-120
소송대리인 변호사 박 ○ ○
○○시 ○○구 ○로 630-1
(전화 , 팩스 , 휴대폰)

피 고 신 상 우(주민등록번호 -)
○○시 ○○구 ○○로 751의1
(전화 , 팩스 , 휴대폰)

건축주명의변경절차이행청구의 소

청 구 취 지

1. 피고는 소외 고명희, 같은 추정동, 같은 추성동, 같은 추희경, 같은 추희정, 같은 추희원, 같은 추성수 같은 추희돈, 같은 추희숙, 같은 추인영에게 별지 목록 기재 건축물에 관한 건축주명의를 위 소외인들 명의로 변경하는 절차를 이행하라.
2. 소송비용은 피고의 부담으로 한다.

라는 판결을 구합니다.

청 구 원 인

1. 원고는 20○○. 3. 5. 당시 원고 소유인 ○○시 ○○구 ○○로 471의120 대 330제곱미터 및 위 지상 철근콘크리트조 및 벽돌조 슬래브지붕 4층 건물에 관

하여 소외 추정웅의 소개로 동 소외인의 친구이며 소외 "○○전기"를 경영하는 소외 송용숙, 같은 석종율을 위하여 소외 ○○전선 주식회사(이하 소외회사라고 함)와의 사이에 채권최고액 금1억원으로 하는 근저당권 설정계약을 체결하고, 위 당일 근저당권설정등기를 경료함으로써 물상보증인이 되었습니다.

2. 그런데 원고는 소외회사에게 원고소유인 위 부동산을 담보제공하기 전인 같은 해 2. 28. 위 추정웅과의 사이에 원고가 위 석종율, 같은 송용숙을 위하여 위와 같이 담보제공해 주는 대신에 위 추정웅은 그무렵 그가 신축중이던 ○○시 ○○구 ○○로 653의2, 3소재 의료시설건물(가칭 ○○병원, 이하 ○○병원이라고 함)이 준공되면 그 즉시 위 설정금액의 2배(2억)이상의 금액으로 원고에게 담보설정을 해주기로 하는 약정을 한 바 있습니다.

그 후 위 추정웅은 위 ○○병원을 준공하지 못한 채 20○○. 2. 28. 사망함으로써 동 망인이 신축중이던 위 병원은 위 망인의 처인 소외 고명희, 장남이며 호주상속인인 소외 추정동에게 각 3/22, 나머지 자녀들인 소외 추성동, 같은 추희경, 같은 추희정, 같은 추희원, 같은 추성수 같은 추희돈, 같은 추희숙, 같은 추인영에게(이하 소외 상속인들이라고 함)에게 각 2/22 지분비율로 재산상속 되었습니다.

3. 그후 소외회사와 물품거래를 하여 오던 ○○전기의 대표인 소외 송용숙이 위 소외회사에 외상물품대금 000원을 변제하지 못하자 위 소외회사는 원고 소유인 위 부동산에 대하여 20○○. 7. 6. ○○지방법원에 원고에 대한 저당권 실행으로 임의경매신청을 하였는바, 이에 원고는 20○○. 10. 11. 위 소외회사에게 위 송용숙, 석종율을 대신하여 금000원을 변제하였습니다.

한편, 위 망 추정웅의 소외 상속인들은 20○○. 9. 6. 피고 신상우와의 사이에 위 망 추정웅이 신축중이던 위 ○○병원의 건축주 명의를 피고명의로 변경할 것을 협의하면서 피고는 상속인들이 지게 된 ○○병원의 모든 채무를 상속인들을 대신하여 조속한 시일내에 전부 변제할 것을 약정하고, 만일 피고가 위와 같은 약정을 이행치 않을 시에는 피고는 그가 취득하게 된 위 병원의 모든 권리를 포기하고 위 약정을 취소키로 하였습니다.

위 상속인들은 같은 달 25. 위 ○○병원의 건축주 명의를 ○○시장에게 피고 명의로 변경신고하여 피고 명의로 변경함으로써(건축법 제14조, 동법 시행규칙 제3조의2 규정 참조) 위 병원 건축주 명의는 위 병원 대지 소유자이며 종전부터 위 망 추정웅과 같이 건축주 명의를 가지고 있던 소외 전후근과 피고 2인 앞으로 되었고, 그 뒤 피고는 20○○. 6. 27. 새로운 자금주를 구하여 위 전후근의 건축주 명의를 소외 이채곤으로 변경시킴으로써, 결국 위 ○○병원의 건축주 명의는 피고와 위 이채곤 2인 명의로 되었습니다.

4. 그런데 원고가 소외 상속인들에게 수차례 찾아가서 원고에게 지고 있는 구상채무에 대하여 조속히 청산할 것을 요구하니 위 상속인들은 피고에게 미루고, 또 피고를 찾아가니 위 병원 준공될 때까지 기다리라는 등 핑계를 대면서 차일피일 지연하고 있습니다.

   따라서 원고는 채권자로서 상속인들을 대위하여 피고에게 동인명의의 건축주 명의를 위 상속인들 앞으로 명의변경을 구할 수 있다 할 것입니다.

5. 그렇다면, 피고는 소외 고명희, 같은 추정동, 같은 추성동, 같은 추희경, 같은 추희정, 같은 추희원, 같은 추성수 같은 추희돈, 같은 추희숙, 같은 추인영에게 별지 목록기재 건축물에 관한 건축주명의를 위 소외인들 명의로 변경하는 절차를 이행하여야 할 것입니다.

입 증 방 법

1. 갑제1호증	확인서
1. 갑제2호증의1, 2	토지, 건물등기부등본
1. 갑제3호증	공정인증서(약정서)
1. 갑제4호증의1, 2	제적등본, 가족관계증명서
1. 갑제5호증의1, 2, 3	건축주 명의변경신고서

1. 갑제7호증 설계변경 건축허가신청서 및 허가서
1. 갑제8호증 사서증서인증서(합의서)
1. 갑제9호증〃 (각서)
1. 기타는 변론시 수시로 제출하겠습니다.

첨 부 서 류

1. 위 입증서류 각 1통
1. 소장부본 1통
1. 소송위임장 1통

20○○. 8.

원고 소송대리인
변호사 박 ○ ○

○○지방법원 귀중

<별 지>

1. 대지 위치 : ○○시 동구 ○○로 653-2, 653-3
2. 건축허가년월일 : 20○○. 3. 2. 제59호
3. 용도 및 규모 : 의료시설(종합병원) 연면적 : 4835.30
4. 건축주성명 : 신상우, 이채곤
5. 주민등록번호 : 123445-1234563(신상우)
123451-2345678(이채곤)
6. 주소 : ○○시 ○○구 ○○로 751-1(신상우)
○○시 ○○구 ○○로 43-2(이채곤)

소 제기절차와 해설

◆ 소의 제기	소의 제기는 소장을 작성하여 법원에 제출하여야 한다. 소를 제기하려고 하는 사람은 소를 제기하기 전 충분한 사전조사를 할 필요가 있다. 사전조사에는 소를 제기하는 사건에 대한 승소의 가능성, 사실을 증명할 서류의 확보, 공격방법과 피고의 예상되는 방어방법, 보전처분의 필요성, 승소한 경우 강제집행실행의 가능성 등을 조사하여 그에 대처하여야 한다. 소를 제기하려면 적법한 소장의 요건을 갖추어야 하는데, 소장에는 필요적 기재사항 등이 기재되어 있고, 상당한 인지가 첩부되어 있어야 한다. ☞ 2. 소장의 작성요령(34면) 참조
◆ 소가산정	소를 제기할 때에는 소가를 산정하여야 한다. 소가는 사물관할을 정하는 표준이 되는 외에 원고가 소장 등을 제출할 때 납부할 인지액을 정하는 기준이 된다(민사소송등인지법 제2조 내지 제8조). ☞ 3. 소송목적의 값 산정방법(50면) 참조
◆ 인지첩부	제1심 소장에 첩부할 인지는 소송목적의 값에 따라 산출된 인지액을 붙여야 한다(민인법 제2조 제1항). ☞ 4. 첩부인지액의 산출 및 납부방법(71면) 참조
◆ 송 달 료	소장을 제출할 때에는 당사자 수에 따른 계산방식에 의한 송달료를 송달료수납은행에 납부하고 그 은행으로부터 교부받은 송달료납부서를 소장에 첨부하여야 한다. ☞ 5. 송달료 납부방법(72면) 참조
◆ 관할법원	소는 피고의 보통재판적이 있는 곳의 법원이 관할한다(민소법 제2조). 소장은 피고의 주소지를 관할하는 법원에 제출하는 것이 원칙이나, 소송의 편의를 도모하기 위해 특별한 재판관할이 인정되고 있다. ☞ 6. 관할법원(소장제출법원)(73면) 참조

[서식] 계금청구의 소

소 장

원 고 박 미 선(주민등록번호 -)
서울 강남구 대치로 31 은성아파트 3동301호
(전화 , 팩스 , 휴대폰)

피 고 차 은 주(주민등록번호 -)
서울 강남구 삼성로 127-2
(전화 , 팩스 , 휴대폰)

계금청구의 소

청 구 취 지

1. 피고는 원고에게 금5,650,000원 및 이에 대한 20○○. 4. 5부터 소장 송달일까지는 연 5푼, 소장 송달 다음 날부터 완제일까지는 연 1할 2푼의 각 비율에 의한 금원을 지급하라.
2. 소송비용은 피고의 부담으로 한다.
3. 위 제1항에 대하여 가집행할 수 있다.

라는 판결을 구합니다.

청 구 원 인

1. 원고는 피고가 계주가 되어 26일계로 결정한 순번계에 25번 구좌에 가입하여 매월 불입금 200,000원씩 24회에 걸쳐 금4,800,000원을 불입하고 20○○. 4. 4에 25번 계금을 수령할 순번에 금6,150,000원을 타도록 되어 있는바,

2. 계주인 피고는 계금 지급기일이 지나도록 지급치 아니하여 원고는 각 계원들에게 문의한 바 계원들은 이미 피고의 통장에 계불입금을 입금시켰다고 합니

다.

3. 그러므로 원고는 계금 6,150,000원 중 26회의 계불입금이 금500,000원이므로 위 금원을 공제하고 나머지 금5,650,000원의 계금을 지급할 것을 피고에게 독촉하였으나 무자력 항변을 주장할 뿐 지급을 지연하고 있으므로 이건 청구에 이르렀습니다.

소 명 방 법

1. 갑제1호증 약정서
1. 기타는 변론시 수시 제출하겠습니다.

첨 부 서 류

1. 위 갑호증사본 1통
1. 소장부본 1통
1. 납 부 서 1통

20○○. 4. .

원 고 박 미 선 (인)

서울중앙지방법원 귀중

소 제기절차와 해설

◆ 소의 제기	소의 제기는 소장을 작성하여 법원에 제출하여야 한다. 소를 제기하려고 하는 사람은 소를 제기하기 전 충분한 사전조사를 할 필요가 있다. 사전조사에는 소를 제기하는 사건에 대한 승소의 가능성, 사실을 증명할 서류의 확보, 공격방법과 피고의 예상되는 방어방법, 보전처분의 필요성, 승소한 경우 강제집행실행의 가능성 등을 조사하여 그에 대처하여야 한다. 소를 제기하려면 적법한 소장의 요건을 갖추어야 하는데, 소장에는 필요적 기재사항 등이 기재되어 있고, 상당한 인지가 첩부되어 있어야 한다. ☞ 2. 소장의 작성요령(34면) 참조
◆ 소가산정	소를 제기할 때에는 소가를 산정하여야 한다. 소가는 사물관할을 정하는 표준이 되는 외에 원고가 소장 등을 제출할 때 납부할 인지액을 정하는 기준이 된다(민사소송등인지법 제2조 내지 제8조). ☞ 3. 소송목적의 값 산정방법(50면) 참조
◆ 인지첩부	제1심 소장에 첩부할 인지는 소송목적의 값에 따라 산출된 인지액을 붙여야 한다(민인법 제2조 제1항). ☞ 4. 첩부인지액의 산출 및 납부방법(71면) 참조
◆ 송 달 료	소장을 제출할 때에는 당사자 수에 따른 계산방식에 의한 송달료를 송달료수납은행에 납부하고 그 은행으로부터 교부받은 송달료납부서를 소장에 첨부하여야 한다. ☞ 5. 송달료 납부방법(72면) 참조
◆ 관할법원	소는 피고의 보통재판적이 있는 곳의 법원이 관할한다(민소법 제2조). 소장은 피고의 주소지를 관할하는 법원에 제출하는 것이 원칙이나, 소송의 편의를 도모하기 위해 특별한 재판관할이 인정되고 있다. ☞ 6. 관할법원(소장제출법원)(73면) 참조

[서식] 계금등 청구의 소

소 장

원 고 이 순 이(주민등록번호 -)
서울 강남구 신사로 123-4
소송대리인 변호사 백 영 환
서울 서초구 서초대로 23 백영빌딩 201호
(전화 , 팩스)

피 고 1. 김 복 자(주민등록번호 -)
서울 강남구 논현로 2길 34-5
(전화 , 팩스 , 휴대폰)

2. 이 철 호(주민등록번호 -)
(전화 , 팩스 , 휴대폰)
피고 1.과 같은곳

계금등 청구의 소

청 구 취 지

1. 피고들은 연대하여 원고에게 금61,800,000원 및 위 금원중 21,800,000원에 대하여는 이사건 소장 부본 송달 다음날부터, 금20,000,000원에 대하여는 20○○. 4. 29.부터 금20,000,000원에 대하여는 20○○. 3. 24.부터 완제일까지 연 12%의 각 비율에 의한 금원을 지급하라.
2. 소송비용은 피고들의 부담으로 한다.
3. 제1항은 가집행 할 수 있다.

라는 판결을 구합니다.

청 구 원 인

1. 계금청구

피고 김복자는 20○○. 11. 17. 원고가 계주로서 조직 운영하는 계금 10,000,000원, 매일 금70,000원씩 불입하는 변호식 일수계에 1번, 3번, 13번 3구좌에 가입한 후 20○○. 12. 11. 1번 계금 10,000,000원을, 20○○. 2. 2. 3번 계금 10,000,000원을 원고로부터 각 지급 받았는데, 위 피고는 20○○. 3. 27.부터 매일 불입해야 할 계불입금을 전혀 불입치 않아 금 10,900,000원의 계불입금이 남았고, 또한 위 피고는 20○○. 2. 6. 원고가 계주로서 조직운영하는 계금 10,000,0000원, 매일 금70,000운씩 불입하는 번호식 일수계에 1번, 2번, 4번, 10번, 13번 5구좌를 피고 김복자 명의로 가입한 후, 20○○. 3. 1. 1번 계금 10,000,000원을, 위 같은해 3. 26. 2번 계끔 10,000,000원을 원고로부터 각 지급 받았는데, 위 피고는 20○○. 3. 27.부터 매일 불입해야 할 계불입금을 전혀 불입치 않아 금 10,900,000원의 계불입금이 남았는데, 피고 이철호는 피고 김복자와 부부지간으로서 위 미불입 계금을 피고 김복자와 연대하여 원고에게 변제키로 약정한 바 있습니다.

2. 대여금 청구

(가) 피고들은 20○○. 2. 27. 원고에게 소외 이철수 발행의 액면금 10,000,000원, 발행일 20○○. 4. 27. 발행지 서울시, 지급지(주) 국제은행 강남지점으로 된 선일 자 당좌수표를 그 이면에 각 배서하고 차용금 증서에 갈음하여 이를 교부하고 금10,000,000원을 차용하면서, 이자는 월 3.5푼, 변제일은 위 당좌수표상의 발행일로 하였습니다.

(나) 피고들은 20○○. 2. 28. 원고에게 소외 이철수 발행의 액면금 10,000,000원, 발행일 20○○. 4. 28. 발행지 서울시, 지급지 (주)국제은행 강남지점으로 된 선일자 당좌수표를 그 이면에 각 배서하고 차용금 증서에 갈음하여 이를 교부하고 금10,000,000원을 차용하면서 이자는 월 3.5푼, 변제일 위 당좌수표상의 발행일로 하였습니다.

(다) 피고 이철호는 20○○. 3. 14. 원고로부터 금20,000,000원을 차용하면서 이자는 월4푼, 변제기는 자신명의로 한강은행 삼성지점에 어음거래(당좌거래개설)신청을 해놓았으므로 10일내에 어음장이 나오면 어음을 할인

하여 변제하겠다고 약정하고 피고 김복자는 위 차용금증서에 연대보증을 하였습니다.

(라) 그런데 알고보니 위 당좌 수표 2매는 이미 부도가 난 수표였고, 피고들은 지금까지 원리금을 변제치 않고 있습니다.

3. 결 론

그렇다면 피고들은 연대하여 원고에게 금61,800,000원(계미불입금 21,800,000 + 당좌수표 지급 담보차용금 20,000,000 + 대여금 20,000,000원) 및 위 금원중 21,800,000원에 대하여는 이사건 소장 송달 다음날부터 완제일까지 소송촉진등에 관한 특례법 소정의 연 12%의 비율에 의한 지연 손해금을, 금20,000,000원에 대하여는 20○○. 4. 29.부터 금20,000,000원에 대하여는 20○○. 3. 24.부터 완제일까지 연12%의 이자를 지급하여야 할 것입니다.

입 증 방 법

1. 계금 수령증서 갑제 1호증의 1,2
1. 당좌수표 표면 및 이면 갑제 2호증의 1,2
1. 당좌수표 표면 및 이면 갑제 3호증
1. 차용금증서 갑제 4호증
1. 기타변론시 적의제출하겠음.

첨 부 서 류

1. 위 입증서류 각 1통
1. 소장부본 2통
1. 소송 위임장 1통

20○○. 4.

원고 소송대리인

변호사 백 영 찬

서울중앙지방법원 귀중

소 제기절차와 해설

◆ 소의 제기	소의 제기는 소장을 작성하여 법원에 제출하여야 한다. 소를 제기하려고 하는 사람은 소를 제기하기 전 충분한 사전조사를 할 필요가 있다. 사전조사에는 소를 제기하는 사건에 대한 승소의 가능성, 사실을 증명할 서류의 확보, 공격방법과 피고의 예상되는 방어방법, 보전처분의 필요성, 승소한 경우 강제집행실행의 가능성 등을 조사하여 그에 대처하여야 한다. 소를 제기하려면 적법한 소장의 요건을 갖추어야 하는데, 소장에는 필요적 기재사항 등이 기재되어 있고, 상당한 인지가 첩부되어 있어야 한다. ☞ 2. 소장의 작성요령(34면) 참조
◆ 소가산정	소를 제기할 때에는 소가를 산정하여야 한다. 소가는 사물관할을 정하는 표준이 되는 외에 원고가 소장 등을 제출할 때 납부할 인지액을 정하는 기준이 된다(민사소송등인지법 제2조 내지 제8조). ☞ 3. 소송목적의 값 산정방법(50면) 참조
◆ 인지첩부	제1심 소장에 첩부할 인지는 소송목적의 값에 따라 산출된 인지액을 붙여야 한다(민인법 제2조 제1항). ☞ 4. 첩부인지액의 산출 및 납부방법(71면) 참조
◆ 송 달 료	소장을 제출할 때에는 당사자 수에 따른 계산방식에 의한 송달료를 송달료수납은행에 납부하고 그 은행으로부터 교부받은 송달료납부서를 소장에 첨부하여야 한다. ☞ 5. 송달료 납부방법(72면) 참조
◆ 관할법원	소는 피고의 보통재판적이 있는 곳의 법원이 관할한다(민소법 제2조). 소장은 피고의 주소지를 관할하는 법원에 제출하는 것이 원칙이나, 소송의 편의를 도모하기 위해 특별한 재판관할이 인정되고 있다. ☞ 6. 관할법원(소장제출법원)(73면) 참조

[서식] 계금반환청구의 소

소 장

원 고 이 만 순(주민등록번호 -)
서울 강남구 신사로 12-345
위 소송대리인 변호사 김 상 훈
서울 서초구 서초대로 2길 17-1 정국빌딩 201호
(전화 , 팩스)

피 고 1. 박 성 찬(주민등록번호 -)
서울 강남구 신사로 123-4
(전화 , 팩스 , 휴대폰)
2. 박 지 순(주민등록번호 -)
서울 종로구 수하로 12-34
(전화 , 팩스 , 휴대폰)
3. 박 명 순(주민등록번호 -)
서울 서초구 서초대로 1-12
(전화 , 팩스 , 휴대폰)

계금반환청구의 소

청 구 취 지

1. 원고에게
피고 박성찬은 금7,714,285원, 같은 박지순은 금5,142,857원 같은 박명순은 금5,142,857원 및 이에 대한 이 사건 소장송달 다음 날부터 완제일까지 연 12%의 비율에 의한 금원을 지급하라.
2. 소송비용은 피고들의 부담으로 한다.
3. 위 제1항은 가집행할 수 있다.

라는 판결을 구합니다.

청 구 원 인

1. 당사자들의 신분관계

원고는 계주이고 피고 박성찬은 원고가 조직한 계의 구좌(11번과 17번)에 가입한 바 있는 계원 소외 조경희(20○○. 3. 30. 사망, 이하 망인이라 함)의 남편이고 피고 박지순, 같은 박명순은 그의 딸들로서 상속자들입니다.

2. 계의 구성

가. 원고가 조직한 계는 20○○. 11. 25. 시작한 계로서 각 계원 30명 매월계불입금 200,000원 계금불입일자 매월 25일 1구좌당 금10,000,000원으로 하는 계이며 계원은 자기가 타는 달의 계금은 불입하지 아니하고 계금을 수령한 다음 달부터 매월금 이자로서 금50,000원을 합산한 계불입금 250,000원을 불입하도록 되어 있습니다. 위 망인은 이와 같이 구성된 계에 2 구좌인 11번과 17번에 각 가입한 계원입니다.

나. 위 망인은 위 계에 가입한 후 2 구좌중 11번에 해당하는 계금 10,000,000원을 20○○. 9. 25. 수령하여 계불입금 250,000원씩을 매월 25일에 송금하였고 17번에 해당하는 계금10,000,000원을 20○○. 3. 25에 수령하여 계불입금 250, 000원씩을 매월 25일 송금하여 오던중 사망하였으며 그 후로도 위 상속인들이 계

속하여 송금해온 바가 있습니다.

3. 계금반환의 청구

가. 그런데 20○○. 6. 25에 이르러 계속 송금되어 오던 계불입금이 이후 중단되어 있는 실정이므로 원고는 망인의 남편인 피고 박성찬에게 계불입금을 송금하여 줄 것을 누차에 걸쳐서 촉구한 바 있으나 피고는 돈이 없다는 이유로 원고의 요구에 불응하고 있습니다. 그러므로 원고는 부득이 망인의 상속자들인 피고들에게 이건 청구를 하기에 이르른 바 피고들은 원고에게 계

금을 반환할 의무가 있다할 것이고 망인이 불입하여야 할 계금은 금 18,000,000원이 됩니다.

※ 계금불입 및 미불현황

① 11번 구좌 미불입금액
금8,400,000원=금10,000,000 (금200,000원×8회)

② 17번 구좌 미불입금액
금9,600,000원=금10,000,000원—(금200,000원×2회)

③ 미불입금액의 합계
금18,000,000원=금8,400,000원+금9,600,000원

나. 따라서 피고들은 망인의 상속자들로서 망인이 불입하여야 할 계금을 반환하여야 할 것이므로 이를 상속지분별로 계산하면 피고 박성찬은 망인의 남편으로서 금7,714,285원(금18,000,000원×3/7원 미만버림 이하 같음)이 되고 피고 박지순, 같은 박명순은 그 자녀들인 바 각금 5,142,857원(금18,000,000원×2/7원)이 됩니다.

4. 결 론

그렇다면 피고들은 상속지분 비율에 따른 계금을 원고에게 반환하여야 할 것임에도 원고의 누차에 걸친 촉구에도 불응하므로 부득이 청구취지 기재와 같이 이를 반환받기 위하여 본 소 청구에 이르렀습니다.

입 증 방 법

1. 갑제 1호증 가족관계증명서
1. 갑제 2호증의 1 통장표지
2 통장내용
1. 갑제3호증 약정서
1. 기타는 변론시 수시 제출하겠습니다.

첨 부 서 류

1. 위 입증방법 각1통
1. 소장부본 3통
1. 납부서 1통
1. 위임장 1통

20○○. 8. .

위 원고 소송대리인
변호사 김 상 훈 (인)

서울중앙지방법원 귀중

소 제기절차와 해설

◆ 소의 제기	소의 제기는 소장을 작성하여 법원에 제출하여야 한다. 소를 제기하려고 하는 사람은 소를 제기하기 전 충분한 사전조사를 할 필요가 있다. 사전조사에는 소를 제기하는 사건에 대한 승소의 가능성, 사실을 증명할 서류의 확보, 공격방법과 피고의 예상되는 방어방법, 보전처분의 필요성, 승소한 경우 강제집행실행의 가능성 등을 조사하여 그에 대처하여야 한다. 소를 제기하려면 적법한 소장의 요건을 갖추어야 하는데, 소장에는 필요적 기재사항 등이 기재되어 있고, 상당한 인지가 첩부되어 있어야 한다. ☞ 2. 소장의 작성요령(34면) 참조
◆ 소가산정	소를 제기할 때에는 소가를 산정하여야 한다. 소가는 사물관할을 정하는 표준이 되는 외에 원고가 소장 등을 제출할 때 납부할 인지액을 정하는 기준이 된다(민사소송등인지법 제2조 내지 제8조). ☞ 3. 소송목적의 값 산정방법(50면) 참조
◆ 인지첩부	제1심 소장에 첩부할 인지는 소송목적의 값에 따라 산출된 인지액을 붙여야 한다(민인법 제2조 제1항). ☞ 4. 첩부인지액의 산출 및 납부방법(71면) 참조
◆ 송 달 료	소장을 제출할 때에는 당사자 수에 따른 계산방식에 의한 송달료를 송달료수납은행에 납부하고 그 은행으로부터 교부받은 송달료납부서를 소장에 첨부하여야 한다. ☞ 5. 송달료 납부방법(72면) 참조
◆ 관할법원	소는 피고의 보통재판적이 있는 곳의 법원이 관할한다(민소법 제2조). 소장은 피고의 주소지를 관할하는 법원에 제출하는 것이 원칙이나, 소송의 편의를 도모하기 위해 특별한 재판관할이 인정되고 있다. ☞ 6. 관할법원(소장제출법원)(73면) 참조

[서식] 계약금반환청구의 소(기망으로 인한 계약위반)

소 장

원 고 박 창 호(주민등록번호 -)
서울 관악구 봉천로 12
(전화 , 팩스 , 휴대폰)

피 고 김 대 환(주민등록번호 -)
서울 관악구 신림로 12-34
(전화 , 팩스 , 휴대폰)

계약금반환청구의 소

청 구 취 지

1. 피고는 원고에 대하여 금50,000,000원 및 이에 대한 20○○. 8. 29부터 본 판결 선고일까지는 연 5푼의 그 다음 날부터 완제일까지는 연 1할 2푼의 비율에 의한 금원을 지급하라.
2. 소송비용은 피고의 부담으로 한다.
3. 위 제1항은 가집행할 수 있다.

라는 판결을 구합니다.

청 구 원 인

1. 원고는 20○○. 8. 29. 피고와의 사이에 별지목록기재의 대지 및 건물을 대금 1,000,000,000 원에 매매계약을 체결하고 당일 원고는 피고에게 계약금 50,000,000 원을 지급하였습니다.
2. 원고는 본건 건물은 공장으로 이용하여 의류제조업을 경영할 목적으로 이를 매수한 것이었으나 위 건물의 대지 일부가 서울시의 도시계획사업으로 인하여 토지구획정리의 도로용지에 해당하여 불원간 이것이 실시되면 위 건물의 동쪽 약 3분의 1내지 2분의 1 가량의 부분이 동북쪽에 걸쳐 철거당할 수밖에 없습

니다.

3. 원고는 위 계약체결 당시에는 위와 같은 사실을 알지 못하였고, 계약후 일주일이 지났을 무렵에야 이웃 사람들로부터 들어 알게 된 후 즉시 중개인 이학주를 통하여 그 뜻을 피고에게 통지하였던 바, 피고도 그 진상을 알지 못하였다고 하므로 원 피고와 중개인이 함께 사실조사를 하기 위하여 서울시 도시계획과에 가서 알아본 결과 위와 같은 사실이 판명되었습니다.
4. 그리하여 원고는 20○○. 9. 8자 내용증명우편으로 피고에게 대하여 민법 제580조 동법 575조에 의하여 매매계약을 해제한다는 요지의 의사표시를 하였습니다.
5. 그러므로 원고는 위 계약해제에 의한 원상회복의무의 이행으로서 이미 피고에게 교부한 계약금 50,000,000원의 반환을 청구하기 위하여 부득이 본 소에 이르렀습니다.

입 증 방 법

1. 갑제1호증 매매계약서
1. 갑제2호증 토지대장등본
1. 갑제3호증 등기부등본
1. 갑제4호증 도시계획시설확인원
1. 갑제5호증 도면
1. 갑제5호증 내용증명

첨 부 서 류

1. 위 입증방법 각1통
1. 소장부본 1통

20○○. 9. 28.

위 원고 박 창 호 (인)

서울중앙지방법원 귀중

소 제기절차와 해설

◆ 소의 제기	소의 제기는 소장을 작성하여 법원에 제출하여야 한다. 소를 제기하려고 하는 사람은 소를 제기하기 전 충분한 사전조사를 할 필요가 있다. 사전조사에는 소를 제기하는 사건에 대한 승소의 가능성, 사실을 증명할 서류의 확보, 공격방법과 피고의 예상되는 방어방법, 보전처분의 필요성, 승소한 경우 강제집행실행의 가능성 등을 조사하여 그에 대처하여야 한다. 소를 제기하려면 적법한 소장의 요건을 갖추어야 하는데, 소장에는 필요적 기재사항 등이 기재되어 있고, 상당한 인지가 첩부되어 있어야 한다. ☞ 2. 소장의 작성요령(34면) 참조
◆ 소가산정	소를 제기할 때에는 소가를 산정하여야 한다. 소가는 사물관할을 정하는 표준이 되는 외에 원고가 소장 등을 제출할 때 납부할 인지액을 정하는 기준이 된다(민사소송등인지법 제2조 내지 제8조). ☞ 3. 소송목적의 값 산정방법(50면) 참조
◆ 인지첩부	제1심 소장에 첩부할 인지는 소송목적의 값에 따라 산출된 인지액을 붙여야 한다(민인법 제2조 제1항). ☞ 4. 첩부인지액의 산출 및 납부방법(71면) 참조
◆ 송 달 료	소장을 제출할 때에는 당사자 수에 따른 계산방식에 의한 송달료를 송달료수납은행에 납부하고 그 은행으로부터 교부받은 송달료납부서를 소장표지 뒷면에 떨어지지 않을 정도로 풀로 붙인다. ☞ 5. 송달료 납부방법(72면) 참조
◆ 관할법원	소는 피고의 보통재판적이 있는 곳의 법원이 관할한다(민소법 제2조). 소장은 피고의 주소지를 관할하는 법원에 제출하는 것이 원칙이나, 소송의 편의를 도모하기 위해 특별한 재판관할이 인정되고 있다. ☞ 6. 관할법원(소장제출법원)(73면) 참조

[서식] 공사대금청구의 소

소 장

원 고 박 종 성(주민등록번호 -)
서울 종로구 홍지로 123-45
위 소송대리인 변 호 사 민 광 주
서울 중구 서소문로 12-3(우편번호 12370)
(전화 , 팩스)

피 고 보성종합개발주식회사
대표이사 김 수 철
서울 강남구 삼성내로 12(석진빌딩 3층) (우편번호 13090)
(전화 , 팩스)

공사대금청구의 소

청 구 취 지

1. 피고는 원고에게 금29,000,000원 및 이에 대하여 20○○. 9. 12. 부터 이 소장 송달일까지는 연 5푼의, 그 다음 날부터 다 갚을 때까지 연 1할 2푼의 비율에 의한 금원을 지급하라.
2. 소송비용은 피고의 부담으로 한다.
3. 제1항은 가집행할 수 있다.

라는 판결을 구합니다.

청 구 원 인

1. 원고는 20○○. 8. 13. 피고와 사이에 피고가 건축중인 서울 강남구 개포로 12길3-4 소재 청호빌라주택(19세대)의 도배 및 바닥공사를 아래와 같이 도급받는 계약을 체결하였습니다.

(1) 공 사 기 간 : 20○○. 8. 18. 착공

(2) 총 대 금 : 29,000,000원

(3) 대금지급방법 : 공사가 끝나는 즉시 전액 지급

2. 원고는 위 계약에 따라 20○○. 8. 18. 공사에 착수하여 동년 9. 11. 도배 및 바닥공사 일체를 끝내었는바, 피고가 위 공사대금의 지급을 차일피일 미루고 있어 공사대금 29,000,000원 및 그에 대한 공사 완공 다음 날로부터 이 소장 송달일까지는 민법 소정의 연 5푼의, 그 다음날부터 다 갚을 때까지는 소송촉진 등에 관한 특례법 소정의 연 1할 2푼의 비율에 의한 지연손해금을 지급받고자 본 소 청구에 이른 것입니다.

입 증 방 법

1. 건설공사표준도급(하도급) 계약서(갑제 1호증)
1. 그 외는 변론시 수시 제출코자 합니다.

첨 부 서 류

1. 위 입증방법 사본 각1통
1. 소장부본 1통
1. 위임장 1통
1. 법인등기부등본 1통
1. 납부서 1통

20○○. 3. 21.

위 원고 소송대리인

변호사 민 광 주 (인)

서울중앙지방법원 귀중

소 제기절차와 해설

◆ 소의 제기	소의 제기는 소장을 작성하여 법원에 제출하여야 한다. 소를 제기하려고 하는 사람은 소를 제기하기 전 충분한 사전조사를 할 필요가 있다. 사전조사에는 소를 제기하는 사건에 대한 승소의 가능성, 사실을 증명할 서류의 확보, 공격방법과 피고의 예상되는 방어방법, 보전처분의 필요성, 승소한 경우 강제집행실행의 가능성 등을 조사하여 그에 대처하여야 한다. 소를 제기하려면 적법한 소장의 요건을 갖추어야 하는데, 소장에는 필요적 기재사항 등이 기재되어 있고, 상당한 인지가 첩부되어 있어야 한다. ☞ 2. 소장의 작성요령(34면) 참조
◆ 소가산정	소를 제기할 때에는 소가를 산정하여야 한다. 소가는 사물관할을 정하는 표준이 되는 외에 원고가 소장 등을 제출할 때 납부할 인지액을 정하는 기준이 된다(민사소송등인지법 제2조 내지 제8조). ☞ 3. 소송목적의 값 산정방법(50면) 참조
◆ 인지첩부	제1심 소장에 첩부할 인지는 소송목적의 값에 따라 산출된 인지액을 붙여야 한다(민인법 제2조 제1항). ☞ 4. 첩부인지액의 산출 및 납부방법(71면) 참조
◆ 송 달 료	소장을 제출할 때에는 당사자 수에 따른 계산방식에 의한 송달료를 송달료수납은행에 납부하고 그 은행으로부터 교부받은 송달료납부서를 소장표지 뒷면에 떨어지지 않을 정도로 풀로 붙인다. ☞ 5. 송달료 납부방법(72면) 참조
◆ 관할법원	소는 피고의 보통재판적이 있는 곳의 법원이 관할한다(민소법 제2조). 소장은 피고의 주소지를 관할하는 법원에 제출하는 것이 원칙이나, 소송의 편의를 도모하기 위해 특별한 재판관할이 인정되고 있다. ☞ 6. 관할법원(소장제출법원)(73면) 참조

[서식] 과불금반환청구의 소(계약서상과 공부상등기평수미달)

소 장

원 고 강 호 식(주민등록번호 -)
서울 강남구 역삼대로 12길 1-17
(전화 , 팩스 , 휴대폰)

피 고 심 재 근(주민등록번호 -)
서울 강남구 신사로 123-45
(전화 , 팩스 , 휴대폰)

과불금 반환청구의 소

청 구 취 지

1. 피고는 원고에 대하여 금35,000,000원 및 이에 대한 20○○. 12. 3부터 본 판결 선고일까지는 연 5푼 그 다음 날부터 완제일까지는 연 1할 2푼의 비율에 의한 금원을 지급하라.
2. 소송비용은 피고의 부담으로 한다.
3. 위 제1항은 가집행할 수 있다.

라는 판결을 구합니다.

청 구 원 인

1. 원고는 피고로부터 20○○. 12. 3. 서울 서초구 반포대로 12길1-17 대164평을 대금 820,000,000원으로 매수하여 그 익일 매매에 의한 소유권 이전등기를 필하고 대금 820,000,000원을 지급하였습니다.

2. 원고는 위 대지에 근린생활시설을 건축하고자 설계를 하고 20○○. 12. 8. 지적공사로 하여금 위 대지를 실측케 했더니 매매계약 당시 공부상등기평수 보다 7평이나 부족된 것을 발견하였습니다.

3. 그러므로 원고는 피고에 대하여 20○○. 12. 10. 내용증명으로서 위 평수 부족을 통지함과 동시에 위 부족분의 대금의 감액을 요구하고 그 반환을 구한 바 피고는 이에 응하지 않았습니다.

4. 따라서 원고는 피고에 대하여 금35,000,000원 및 이에 대한 20○○. 12. 3부터 본 판결 선고일까지는 연 5푼 그 다음 날부터 완제일까지는 연 1할 2푼의 지연손해금의 지급을 구하기 위하여 본 소에 이르렀습니다.

입 증 방 법

변론시 제출하겠음.

첨 부 서 류

1. 소장부본 1통
1. 납부서 1통

20○○. 1. .

위 원고 강 호 식 (인)

서울중앙지방법원 귀중

소 제기절차와 해설

◆ 소의 제기	소의 제기는 소장을 작성하여 법원에 제출하여야 한다. 소를 제기하려고 하는 사람은 소를 제기하기 전 충분한 사전조사를 할 필요가 있다. 사전조사에는 소를 제기하는 사건에 대한 승소의 가능성, 사실을 증명할 서류의 확보, 공격방법과 피고의 예상되는 방어방법, 보전처분의 필요성, 승소한 경우 강제집행실행의 가능성 등을 조사하여 그에 대처하여야 한다. 소를 제기하려면 적법한 소장의 요건을 갖추어야 하는데, 소장에는 필요적 기재사항 등이 기재되어 있고, 상당한 인지가 첩부되어 있어야 한다. ☞ 2. 소장의 작성요령(34면) 참조
◆ 소가산정	소를 제기할 때에는 소가를 산정하여야 한다. 소가는 사물관할을 정하는 표준이 되는 외에 원고가 소장 등을 제출할 때 납부할 인지액을 정하는 기준이 된다(민사소송등인지법 제2조 내지 제8조). ☞ 3. 소송목적의 값 산정방법(50면) 참조
◆ 인지첩부	제1심 소장에 첩부할 인지는 소송목적의 값에 따라 산출된 인지액을 붙여야 한다(민인법 제2조 제1항). ☞ 4. 첩부인지액의 산출 및 납부방법(71면) 참조
◆ 송 달 료	소장을 제출할 때에는 당사자 수에 따른 계산방식에 의한 송달료를 송달료수납은행에 납부하고 그 은행으로부터 교부받은 송달료납부서를 소장표지 뒷면에 떨어지지 않을 정도로 풀로 붙인다. ☞ 5. 송달료 납부방법(72면) 참조
◆ 관할법원	소는 피고의 보통재판적이 있는 곳의 법원이 관할한다(민소법 제2조). 소장은 피고의 주소지를 관할하는 법원에 제출하는 것이 원칙이나, 소송의 편의를 도모하기 위해 특별한 재판관할이 인정되고 있다. ☞ 6. 관할법원(소장제출법원)(73면) 참조

[서식] 구상금청구의 소(전세보증금반환 채무)

소 장

원 고 김 용 진(주민등록번호 -)
서울 종로구 연남로 12-34
(전화 , 팩스 , 휴대폰)

피 고 구 자 원(주민등록번호 -)
서울 종로구 평창로 123

구상금청구의 소

청 구 취 지

1. 피고는 원고에게 금20,000,000원 및 이에 대한 이 사건 소장 송달 익일부터 완제일까지 연 12%의 비율에 의한 금원을 지급하라.
2. 소송비용은 피고의 부담으로 한다.
3. 위 제1항에 대하여 가집행을 할 수 있다.

라는 판결을 구합니다.

청 구 원 인

1. 원고와 피고는 서울시 종로구 창신로 123-45 토지와 위 지상 건물을 19○○. 7. 27. 매매를 원인으로 소유권 이전등기를 함으로써 각 2분지 1지분씩을 공동 소유하게 되었으며 1층 3세대 2층 1세대 도합 4세대를 각 전세계약을 체결하고 전세보증금은 원, 피고가 각 2분지1씩 수령하여 각 소유하였습니다.
2. 20○○. 8. 4. 원고와 피고는 이건 건물에 대한 소유권 행사를 1층 59.56제곱미터는 피고가, 2층 59.56제곱미터는 원고가 각 소유권을 행사하기로 하고 각종 공과금및 유지보수에 소요되는 비용은 각 2분지 1씩 부담하기로 하였으며, 전세권 설정이나 임대차 관계는 위 소유권 행사 부분에 대하여 각자가 임의로

행사하도록 약정하고 이행각서를 공증하여 후일 증거로 삼도록 한 바 있습니다.

3. 그리고 위 약정이전에 입주한 1층 3세대 전세보증금 60,000, 000원에 대하여는 피고에게 전세권 설정자의 지위를 양도하고, 전세보증금 반환 채무를 피고가 면 책적으로 인수하였으며, 2층 1세대 전세보증금 20,000,000원에 대하여는 원고에게 전세권 설정자의 지위를 양도하고, 전세보증금 반환 채무를 원고가 면책적으로 인수하여 각 지위 양도와 채무인수를 전세권자들에게 통고하였습니다.
4. 그런데 소외 고명군은 20○○. 10. 9. 이 건물 1층 일부(피고가 소유한 3세대 중 1세대)를 보증금 20,000,000원 기간 20○○. 10. 30부터 12개월로 전세계약을 체결한 바 있어 기간이 만료되자 위 고명군은 서울중앙지방법원 20 가단 제5566호로 전세계약서상 계약자인 원고를 상대로 보증금반환청구의 소를 제기하여 동 법원에서 원고에게 위 금의 지급을 명하므로, 피고의 소유부분인 전세보증금반환 채무를 원고가 전액을 대위 변제하였습니다.
5. 그러므로 피고는 위와 같이 원고가 변제한 전세보증금을 구상할 채무가 있으므로 이 청구를 하오니 청구취지와 같은 판결을 하여 주시기 바랍니다.

입 증 방 법

1. 판결정본(갑제1호증)
1. 대위변제영수증(갑제2호증)
1. 전세계약서(갑제3호증)
1. 인증서(갑제4호증)
1. 등기부등본(갑제5호증)

첨 부 서 류

1. 위 입증방법 각1통
1. 소장부본 1통

20○○. 2. .

위 원고 김 용 진 (인)

서울중앙지방법원 귀중

소 제기절차와 해설

◆ 소의 제기	소의 제기는 소장을 작성하여 법원에 제출하여야 한다. 소를 제기하려고 하는 사람은 소를 제기하기 전 충분한 사전조사를 할 필요가 있다. 사전조사에는 소를 제기하는 사건에 대한 승소의 가능성, 사실을 증명할 서류의 확보, 공격방법과 피고의 예상되는 방어방법, 보전처분의 필요성, 승소한 경우 강제집행실행의 가능성 등을 조사하여 그에 대처하여야 한다. 소를 제기하려면 적법한 소장의 요건을 갖추어야 하는데, 소장에는 필요적 기재사항 등이 기재되어 있고, 상당한 인지가 첩부되어 있어야 한다. ☞ 2. 소장의 작성요령(34면) 참조
◆ 소가산정	소를 제기할 때에는 소가를 산정하여야 한다. 소가는 사물관할을 정하는 표준이 되는 외에 원고가 소장 등을 제출할 때 납부할 인지액을 정하는 기준이 된다(민사소송등인지법 제2조 내지 제8조). ☞ 3. 소송목적의 값 산정방법(50면) 참조
◆ 인지첩부	제1심 소장에 첩부할 인지는 소송목적의 값에 따라 산출된 인지액을 붙여야 한다(민인법 제2조 제1항). ☞ 4. 첩부인지액의 산출 및 납부방법(71면) 참조
◆ 송 달 료	소장을 제출할 때에는 당사자 수에 따른 계산방식에 의한 송달료를 송달료수납은행에 납부하고 그 은행으로부터 교부받은 송달료납부서를 소장표지 뒷면에 떨어지지 않을 정도로 풀로 붙인다. ☞ 5. 송달료 납부방법(72면) 참조
◆ 관할법원	소는 피고의 보통재판적이 있는 곳의 법원이 관할한다(민소법 제2조). 소장은 피고의 주소지를 관할하는 법원에 제출하는 것이 원칙이나, 소송의 편의를 도모하기 위해 특별한 재판관할이 인정되고 있다. ☞ 6. 관할법원(소장제출법원)(73면) 참조

[서식] 구상금 등 청구의 소

소 장

원 고 1. 주식회사 남성
대표이사 원 규 일
서울 강남구 삼성로 12 삼성빌딩 2층
2. 창원산업 주식회사
대표이사 장 원 산
서울 강남구 신사로 23 신사빌등 3층
원고들의 소송대리인 변호사 임 종 현
서울 서초구 서초대로 42 백영빌딩 4층
(전화 , 팩스)

피 고 한강주택건설주식회사
대표이사 한 강 수
서울 서초구 반포대로 345-6
(전화 , 팩스)

구상금 청구의 소

청 구 취 지

1. 피고는 원고 주식회사 남성, 같은 창원산업주식회사에게 각 금26,291,640원 및 각 이에 대한 이사건 소장 송달일부터 이사건 판결선고일까지는 연5푼의, 그 그 다음 날부터 완제일까지는 연 1할2푼의 비율에 의한 금원을 지급하라.
2. 소송비용은 피고의 부담으로 한다.
3. 제1항은 가집행 할 수 있다.

라는 판결을 구합니다.

청 구 원 인

1. 소외 조명건설 주식회사(이하 소외 회사라고 함)는 토목, 거축사업을 하는 업체로서 20○○.경 피고 한강주택건설 주식회사(이하 피고 회사라고 함)가 건축하는 서울시 종로구 혜화로 2길 578의9 소재 한강빌라 아파트(연립주택, 8세대)의 철근콘크리트 골조 공사를 130,834,000원에 도급받았는데,
소회 회사는 피고 회사로부터 그 공사대금조로 피고 회사가 보증으로 배서한 소외 최상원 발행의 액면금 57,000,000원, 발행일 20○○. 10. 11. 지급기일 20○○. 4. 20. 지급장소 주식회사 국제은행 종로지점, 지급지 및 발행지 각 서울시로 된 약속어음 1매를 교부받아 소외 회사가 다시 배서한 후 이를 20○○. 10. 22. 소외 ○○공제조합(이하 소외 조합이라고 함)에 어음할인을 하여 위 어음금액상당 금원을 대출 받았습니다.

2. 한편, 원고 주식회사 남성과 같은 창원산업주식회사는 소외 회사와 소외 조합간에 20○○. 5. 2. 채무한도금 494,000,000원으로 어음거래 약정서를 체결할 때 공동으로 연대보증인이 되었습니다.
그런데 소외 최상원은 위 어음금 지급일에 예금부족으로 어음이 부도처리되어 위 어음소지인인 소외 조합에게 위 어음금을 지급치 않았고, 소외 회사 또한 소외 조합에게 위 어음 대출금중 금4,416,720원만 변제하고 나머지 어음대출금 52,583,280원을 변제치 않았으며, 피고 회사도 위 어음의 배서인겸 보증인으로서 위 어음채무를 변제치 않았습니다.

3. 이에 소외 조합은 20○○. 5. 22. 연대보증인인 원고들에게 위 어음대출금을 대위변제해 줄 것을 촉구하였고, 원고들은 소외 조합에게 지고 있는 연대보증확정채무 각금26,291,640원에 대하여 3회 분할상환 신청을 하여 재가 받아 20○○. 6. 4. 각 금26,291,640원을 약속어음으로 지급 하였습니다.
따라서 원고들은 위 어음상의 보증채무자인 피고 회사와 소외 회사를 대위하여 위 대출금을 변제하였다 할 것이므로, 원고들은 피고 회사에게 가금 26,291,640원의 구상금 채권을 갖게 되었습니다.

4. 그렇다면 피고는 원고 주식회사 남성, 같은 창원산업 주식회사에게 각금 26,691,640원 및 각 이에 대한 이사건 소장 송달일부터 이사건 판결선고일까지는 민법 소정의 연5푼의, 그 다음날부터 완제일까지는 소송촉진등에 관한 특례법 소정의 연 1할 2푼의 비율에 의한 지연손해금을 지급하여야 할 것입니다.

입 증 방 법

1. 공사도급계약서	갑제 1호증
1. 건축허가 신청서 및 허가서	갑제 2호증
1. 약속어음 표면 및 이면	갑제 3호증의 1,2
1. 어음거래 약정서	갑제 4호증
1. 어음할인 신청서	갑제 5호증
1. 각 서	갑제 6호증의 1,2
1. 상환청구(○○공제조합)	갑제 7호증
1. 연대보증확정채무분할상환허용신청	갑제 8호증의 1,2
1. 약 속 어 음	갑제 9호증의 1,2

1. 기타변론시 적의 제출하겠음.

첨 부 서 류

1. 위 입증서류	각 1통
1. 법인등기부등본	5통
1. 소장부본	1통
1. 소송 위임장	1통

20○○. 7.

원고 소송대리인 변호사 임 종 현

서울중앙지방법원 귀중

소 제기절차와 해설

◆ 소의 제기	소의 제기는 소장을 작성하여 법원에 제출하여야 한다. 소를 제기하려고 하는 사람은 소를 제기하기 전 충분한 사전조사를 할 필요가 있다. 사전조사에는 소를 제기하는 사건에 대한 승소의 가능성, 사실을 증명할 서류의 확보, 공격방법과 피고의 예상되는 방어방법, 보전처분의 필요성, 승소한 경우 강제집행실행의 가능성 등을 조사하여 그에 대처하여야 한다. 소를 제기하려면 적법한 소장의 요건을 갖추어야 하는데, 소장에는 필요적 기재사항 등이 기재되어 있고, 상당한 인지가 첩부되어 있어야 한다. ☞ 2. 소장의 작성요령(34면) 참조
◆ 소가산정	소를 제기할 때에는 소가를 산정하여야 한다. 소가는 사물관할을 정하는 표준이 되는 외에 원고가 소장 등을 제출할 때 납부할 인지액을 정하는 기준이 된다(민사소송등인지법 제2조 내지 제8조). ☞ 3. 소송목적의 값 산정방법(50면) 참조
◆ 인지첩부	제1심 소장에 첩부할 인지는 소송목적의 값에 따라 산출된 인지액을 붙여야 한다(민인법 제2조 제1항). ☞ 4. 첩부인지액의 산출 및 납부방법(71면) 참조
◆ 송 달 료	소장을 제출할 때에는 당사자 수에 따른 계산방식에 의한 송달료를 송달료수납은행에 납부하고 그 은행으로부터 교부받은 송달료납부서를 소장표지 뒷면에 떨어지지 않을 정도로 풀로 붙인다. ☞ 5. 송달료 납부방법(72면) 참조
◆ 관할법원	소는 피고의 보통재판적이 있는 곳의 법원이 관할한다(민소법 제2조). 소장은 피고의 주소지를 관할하는 법원에 제출하는 것이 원칙이나, 소송의 편의를 도모하기 위해 특별한 재판관할이 인정되고 있다. ☞ 6. 관할법원(소장제출법원)(73면) 참조

[서식] 권리금반환청구의 소

소 장

원 고 홍 길 자(주민등록번호 -)
서울 서초구 양재로 12
(전화 , 팩스 , 휴대폰)

피 고 이 인 수(주민등록번호 -)
서울 서초구 우면산로 12-3
(전화 , 팩스 , 휴대폰)

권리금반환청구의 소

청 구 취 지

1. 피고는 원고에 대하여 금10,000,000원 및 이에 대한 본 소장 송달일 다음 날부터 지급을 완제할 때까지 연 12%의 비율에 의한 금원을 지급하라.
2. 소송비용은 피고의 부담으로 한다.
3. 위 제1항은 가집행할 수 있다.

라는 판결을 구합니다.

청 구 원 인

1. 임 대 차

원고는 피고로부터 20○○. 3. 14. 서울 서초구 서초대로 12-1 위 지상 목조와즙 점포 3평을 임대차기간은 20○○. 3. 14부터 20○○. 3. 15까지 1년, 임료는 1개월 금800,000원, 다음 달 분을 전월중에 지급하기로 약정 대차하여 권리금 10,000,00원을 피고에게 지급하고, 임대차 기간의 만료로 계약을 해제하여 명도할 경우에는 권리금 10,000,000원을 반환할 것을 특약하였습니다.

2. 합의 해약

원고는 20○○. 3. 15. 위 임차기간의 만료로 위 점포임대차를 합의해제하고 피고에게 위 점포를 명도하였습니다.

3. 반환청구

원고는 피고에게 위 임대차를 합의해제하고 점포를 명도하였으므로 권리금을 반환할 것을 피고에게 누차 요구하였으나 피고는 차일피일 기일만 지연할 뿐 이에 응하지 아니하므로 피고는 부득이 위 약정에 의하여 권리금 10,000,000원 및 이에 대한 본건 소장 송달일 다음 날로부터 지급이 끝날 때까지 소송촉진등에 관한 특례법 소정의 연 12%의 비율에 의한 지연손해금의 지급을 구하기 위하여 본소에 이른 바입니다.

입 증 방 법

1. 갑 제1호증 건물등기부등본
1. 갑 제2호증 계약서

첨 부 서 류

1. 위 갑호증사본 각1통
1. 소장부본 1통
1. 납 부 서 1통

20○○. 4. 20.

위 원고 홍 길 자 (인)

서울중앙지방법원 귀중

소 제기절차와 해설

◆ 소의 제기	소의 제기는 소장을 작성하여 법원에 제출하여야 한다. 소를 제기하려고 하는 사람은 소를 제기하기 전 충분한 사전조사를 할 필요가 있다. 사전조사에는 소를 제기하는 사건에 대한 승소의 가능성, 사실을 증명할 서류의 확보, 공격방법과 피고의 예상되는 방어방법, 보전처분의 필요성, 승소한 경우 강제집행실행의 가능성 등을 조사하여 그에 대처하여야 한다. 소를 제기하려면 적법한 소장의 요건을 갖추어야 하는데, 소장에는 필요적 기재사항 등이 기재되어 있고, 상당한 인지가 첩부되어 있어야 한다. ☞ 2. 소장의 작성요령(34면) 참조
◆ 소가산정	소를 제기할 때에는 소가를 산정하여야 한다. 소가는 사물관할을 정하는 표준이 되는 외에 원고가 소장 등을 제출할 때 납부할 인지액을 정하는 기준이 된다(민사소송등인지법 제2조 내지 제8조). ☞ 3. 소송목적의 값 산정방법(50면) 참조
◆ 인지첩부	제1심 소장에 첩부할 인지는 소송목적의 값에 따라 산출된 인지액을 붙여야 한다(민인법 제2조 제1항). ☞ 4. 첩부인지액의 산출 및 납부방법(71면) 참조
◆ 송 달 료	소장을 제출할 때에는 당사자 수에 따른 계산방식에 의한 송달료를 송달료수납은행에 납부하고 그 은행으로부터 교부받은 송달료납부서를 소장표지 뒷면에 떨어지지 않을 정도로 풀로 붙인다. ☞ 5. 송달료 납부방법(72면) 참조
◆ 관할법원	소는 피고의 보통재판적이 있는 곳의 법원이 관할한다(민소법 제2조). 소장은 피고의 주소지를 관할하는 법원에 제출하는 것이 원칙이나, 소송의 편의를 도모하기 위해 특별한 재판관할이 인정되고 있다. ☞ 6. 관할법원(소장제출법원)(73면) 참조

[서식] 근저당권설정등기절차이행청구의 소

소 장

원 고 주식회사 ○○
대표이상 이 진 수
서울 ○○구 ○○로 411-1
위 소송대리인 변호사 ◇ ◇ ◇
서울 ○○구 ○○로 600-30
(전화 , 팩스)

피 고 1. 박 두 성(주민등록번호 -)
서울 ○○구 ○○로 429-80
(전화 , 팩스 , 휴대폰)
2. 박 일 원(주민등록번호 -)
서울 ○○구 ○○로 600-80
(전화 , 팩스 , 휴대폰)
3. 박 영 숙(주민등록번호 -)
위 같은곳
(전화 , 팩스 , 휴대폰)
4. 박 혜 숙(주민등록번호 -)
위 같은곳
(전화 , 팩스 , 휴대폰)
5. 박 선 숙(주민등록번호 -)
서울 ○○구 ○○로 743-955
(전화 , 팩스 , 휴대폰)
6. 박 영 석(주민등록번호 -)
서울 ○○구 ○○로 429-80
(전화 , 팩스 , 휴대폰)

근저당권설정등기절차이행청구의 소

청 구 취 지

1. 피고등은 원고에 대하여 별지목록 기재부동산에 관하여 20○○. 9. 30자 근저당권설정계약을 원인으로 한 채권최고액 금70,000,000원정, 채무자 박두성 같은 박혜숙, 근저당권자 원고로 한 근저당권설정등기절차를 이행하라.
2. 소송비용은 피고등의 부담으로 한다.

라는 판결을 구합니다.

청 구 원 인

1. 피고 박두성은 20○○. 6. 2. 소외 경기전자주식회사(이하 소외회사라고 한다)와 소외회사로부터 전자제품을 공급받아 판매하는 전자제품등 판매대리점계약을 체결하고, 피고 박두성의 위 거래에서 발생될 소외회사에 대한 채무의 담보로서 20○○. 5. 8. 소외회사앞으로 피고들의 소유인 별지목록기재의 서울시 중구 남산길 600-80 대지 및 동 지상건물에 대하여 채권최고액 금 70,000,000원 근저당권자 소외회사 채무자 박두성으로 한 근저당권설정계약을 체결하고 같은 해 5. 10자로 서울중앙지방법원 등기 접수 제14891호로서 동 부동산에 대한 근저당권설정등기를 경료하여 준 바 있습니다. 그리고 피고 박혜숙은 20○○. 2. 1. 나머지 피고들의 동의 아래 피고 박두성과 소외회사 사이의 위 거래에 관한 채무자 추가에 인한 채무인수를 하게 됨으로써 피고 박두성과 위 소외회사사이의 위 거래에 관한 연대채무자가 되었던 것입니다.
2. 그후 근저당설정자들인 피고등은 근저당목적물중 건물 부분을 철거하고 동 대지상에 건물을 신축하고저 20○○. 9. 30. 근저당권자인 위 소외회사에 대하여 그 동의를 요청하면서 철거할 구 건물대신 신축건물에 근저당권설정등기를 해주겠다고 하므로 동 소외회사는 이에 동의를 하였습니다. 그리고 소외회사는 20○○. 12. 2. 피고 박영숙 및 박혜숙등에 대한 채권과 위 부동산에 대한 근저당권을 피고등의 승낙아래 원고에게 양도하고 20○○. 3. 29. 위 소외회사 명의로 있던 위 근저당권설정등기를 원고 명의로 이전함으로써 원고는 위 부동산에 대한 근저당권자겸 피고 박두성 및 박혜숙에 대한 채권자가 되었습

니다. 그런데 피고등은 근저당권이 설정되어 있던 구 건물을 철거하고 동 대지 상에 별지목록 기재건물을 신축하여 20○○. 12. 24. 그 준공검사까지 필하고서도 지금까지 동 건물에 대한 근저당권설정등기절차를 이행치 않고 있습니다. 그러므로 원고 피고등에 대하여 청구취지 기재와 같이 별지목록 기재 건물에 대한 근저당권설정등기절차이행을 구하고저 본소 청구에 이른 것입니다.

입 증 방 법

1. 변론시 수시 입증하겠음.

첨 부 서 류

1. 소장부본 6통
2. 법인등기부초본 1통
3. 부동산등기부등본 1통
4. 건축물관리대장 1통
5. 등기필증 1통
6. 각서 1통
7. 근저당권양도증서 1통

20○○. 7. 24.

원고 소송대리인
변호사 강 두 섭 (인)

서울중앙지방법원 귀중

<별지목록>

부동산의 표시

서울 ○○구 ○○로 600-80

제1호

조표영재 19153

블럭조 스라브 2층 근린생활시설(소매점 사무실)

1층 71.91제곱미터

2층 36.50제곱미터

내역 : 1층 71.91제곱미터 소매점

2층 36.50제곱미터 사무실

이 상

소 제기절차와 해설

◆ 소의 제기	소의 제기는 소장을 작성하여 법원에 제출하여야 한다. 소를 제기하려고 하는 사람은 소를 제기하기 전 충분한 사전조사를 할 필요가 있다. 사전조사에는 소를 제기하는 사건에 대한 승소의 가능성, 사실을 증명할 서류의 확보, 공격방법과 피고의 예상되는 방어방법, 보전처분의 필요성, 승소한 경우 강제집행실행의 가능성 등을 조사하여 그에 대처하여야 한다. 소를 제기하려면 적법한 소장의 요건을 갖추어야 하는데, 소장에는 필요적 기재사항 등이 기재되어 있고, 상당한 인지가 첩부되어 있어야 한다. ☞ 2. 소장의 작성요령(34면) 참조
◆ 소가산정	소를 제기할 때에는 소가를 산정하여야 한다. 소가는 사물관할을 정하는 표준이 되는 외에 원고가 소장 등을 제출할 때 납부할 인지액을 정하는 기준이 된다(민사소송등인지법 제2조 내지 제8조). ☞ 3. 소송목적의 값 산정방법(50면) 참조
◆ 인지첩부	제1심 소장에 첩부할 인지는 소송목적의 값에 따라 산출된 인지액을 붙여야 한다(민인법 제2조 제1항). ☞ 4. 첩부인지액의 산출 및 납부방법(71면) 참조
◆ 송 달 료	소장을 제출할 때에는 당사자 수에 따른 계산방식에 의한 송달료를 송달료수납은행에 납부하고 그 은행으로부터 교부받은 송달료납부서를 소장표지 뒷면에 떨어지지 않을 정도로 풀로 붙인다. ☞ 5. 송달료 납부방법(72면) 참조
◆ 관할법원	소는 피고의 보통재판적이 있는 곳의 법원이 관할한다(민소법 제2조). 소장은 피고의 주소지를 관할하는 법원에 제출하는 것이 원칙이나, 소송의 편의를 도모하기 위해 특별한 재판관할이 인정되고 있다. ☞ 6. 관할법원(소장제출법원)(73면) 참조

[서식] 근저당권말소등기청구의 소

소 장

원 고 천 시 환(주민등록번호 -)
서울 강남구 압구정로 12 영건아파트 1동 101호
위 소송대리인 변호사 김 만 규
서울 서초구 서초로 123길 40
(전화 , 팩스)

피 고 이 현 우(주민등록번호 -)
서울 강남구 포이로 12-34
(전화 , 팩스 , 휴대폰)

근저당권말소등기청구의 소

청 구 취 지

1. 피고는 원고에게 별지목록 기재부동산에 대한 서울중앙지방법원 강남등기소 20○○. 1. 22. 접수 제3939호 근저당권설정등기의 말소등기절차를 이행하라.
2. 소송비용은 피고의 부담으로 한다.

라는 판결을 구합니다.

청 구 원 인

1. 원고는 20○○. 1. 19. 피고와 사이에 원고 소유인 별지목록 기재 부동산에 채권최고액 금150,000,000원의 근저당권을 설정하여 이를 담보로 같은 금액의 돈을 차용하기로 약정하고, 피고에게 청구취지와 같은 내용의 근저당권설정등기를 경료해 주었습니다.

2. 그런데, 피고는 위 약정 당시 소외 조규환, 소외 박건수, 소외 김기현, 소외 한

창석 등과 공모하여, 원고에게 10일 이내에 위 차용금으로 대한보증보험주식회사가 원고 소유인 부동산 23필지에 가압류한 것을 해제시켜 주겠다고 기망함으로써 원고로 하여금 그에 속아 위와 같은 약정을 맺게 하였습니다.

3. 피고는 여태까지 원고에게 돈을 차용해 주지도 않고 위 가압류를 해제시켜 주지도 않았습니다.
4. 따라서 원고는 이 사건 소장의 송달로써 피고와의 위 소비대차계약 및 근저당권설정계약을 취소하고, 근저당권설정등기의 말소를 구하고자 합니다.

입 증 방 법

1. 부동산 등기부등본 (갑제 1호증)
1. 부동산 가압류결정정본 (갑제 2호증)
1. 그 외는 변론시 수시 제출코자 합니다.

첨 부 서 류

1. 위 입증방법 각1통
1. 건축물관리대장등본 1통
1. 공시지가확인원 1통
1. 토지대장등본 1통
1. 소장부본 1통
1. 위임장 1통
1. 납부서 1통

20○○. 6. 4.

위 원고 소송대리인 변호사 김 만 규 (인)

서울중앙지방법원 귀중

소 제기절차와 해설

◆ 소의 제기	소의 제기는 소장을 작성하여 법원에 제출하여야 한다. 소를 제기하려고 하는 사람은 소를 제기하기 전 충분한 사전조사를 할 필요가 있다. 사전조사에는 소를 제기하는 사건에 대한 승소의 가능성, 사실을 증명할 서류의 확보, 공격방법과 피고의 예상되는 방어방법, 보전처분의 필요성, 승소한 경우 강제집행실행의 가능성 등을 조사하여 그에 대처하여야 한다. 소를 제기하려면 적법한 소장의 요건을 갖추어야 하는데, 소장에는 필요적 기재사항 등이 기재되어 있고, 상당한 인지가 첩부되어 있어야 한다. ☞ 2. 소장의 작성요령(34면) 참조
◆ 소가산정	소를 제기할 때에는 소가를 산정하여야 한다. 소가는 사물관할을 정하는 표준이 되는 외에 원고가 소장 등을 제출할 때 납부할 인지액을 정하는 기준이 된다(민사소송등인지법 제2조 내지 제8조). ☞ 3. 소송목적의 값 산정방법(50면) 참조
◆ 인지첩부	제1심 소장에 첩부할 인지는 소송목적의 값에 따라 산출된 인지액을 붙여야 한다(민인법 제2조 제1항). ☞ 4. 첩부인지액의 산출 및 납부방법(71면) 참조
◆ 송 달 료	소장을 제출할 때에는 당사자 수에 따른 계산방식에 의한 송달료를 송달료수납은행에 납부하고 그 은행으로부터 교부받은 송달료납부서를 소장표지 뒷면에 떨어지지 않을 정도로 풀로 붙인다. ☞ 5. 송달료 납부방법(72면) 참조
◆ 관할법원	소는 피고의 보통재판적이 있는 곳의 법원이 관할한다(민소법 제2조). 소장은 피고의 주소지를 관할하는 법원에 제출하는 것이 원칙이나, 소송의 편의를 도모하기 위해 특별한 재판관할이 인정되고 있다. ☞ 6. 관할법원(소장제출법원)(73면) 참조

[서식] 근저당설정등기 회복등기청구의 소

소 장

원 고 유준상(주민등록번호 -)
대구 ○○구 ○○로 31-2
(전화 , 팩스 , 휴대폰)

피 고 1. 구문수(주민등록번호 -)
등기부상주소 ○○ ○○구 ○○로 75-369
송달장소 ○○시 ○○구 ○○로 78-3
(전화 , 팩스 , 휴대폰)
2. 소동탁(주민등록번호 -)
주소 및 송달장소 위 피고1과 같은 곳
(전화 , 팩스 , 휴대폰)

근저당설정등기 회복등기 청구의 소

1. 피고들은 원고에게 별지목록 기재 부동산에 관하여 ○○지방법원 ○○지원 등기과 20○○. 9. 16. 등기접수 제73084호로 말소된 같은 법원 20○○. 4. 23. 접수 제11306호 근저당권설정 등기의 회복등기절차를 이행하라.
2. 소송비용은 피고의 부담으로 한다.

라는 판결을 구합니다.

청 구 원 인

1. 채권자겸 근저당권자인 원고는 20○○. 4. 25. 같은 채권자인 소외 오칠한과 별지 목록기재 부동산에 관하여 기히 1번으로 일부(채권금 2억원)의 근저당권을 갖고 있던 소외 김우형과 간에 동 김우형의 근저당권을 양도받는 계약을 체결하고 동 지분이전에 따른 근저당권 지분이전등기(1부기 1호 접수 20○

○. 5. 25. 접수 제23818호)를 경료받는 방법으로 담보잡고 원고가 금1억원, 위 오칠한이 금1억원, 도합 2억원을 모아 피고부부에게 대여한 바 있습니다.

2. 그런데 피고등은 원고를 피고등에게 소개 해 준 금융알선업체인 오성투자금융 대표 박인수와 공모하여 다시 위 부동산을 담보로 소외 ○○소재 고려상호신용금고에서 돈을 대출받으려 하였으나 원고등의 위 1번 근저당권 때문에 여의치 아니하자 위 1번 근저당권에 의한 원고의 돈 1억원은 변제하지도 아니하였고 이로 인해 원고로부터 동 근저당권 말소를 위한 해지증서, 위임장 등을 작성 받은바 없음에도 피고등이 위 근저당권을 임의 말소하는데 행사할 목적으로 20○○. 9. 16. 장소불상지에서 피고등이 임의 조작하여 보관하고 있던 원고명의 인장을 사용하여 원고명의 "말소등기 절차를 소외 법무사 이○○에게 위임한다"는 위임장 1매, 위 "1번 근저당권을 해지한다"는 취지로 된 해지증서 1매에 각 원고의 이름을 기재하고 위 도장을 날인하는 방법으로 원고명의의 위임장 1매, 해지증서 1매를 각 위조한 후, 이를 ○○ ○○구 부민동 소재 법무사 이○○에게 주어 이를 진실로 믿은 동 법무사가 다시 이를 말소등기 신청서류와 함께 접수를 대행할 자로 ○○시 ○○구 목동 소재 법무사 유○○에게 인계 재위임(일명 복대리인)하였고, 동 법무사 유○○가 위 위임장과 해지증서에 의한 위 근저당권 말소 신청서류를 20○○. 9. 16.일자로 ○○지방법원 ○○지원 등기과에 접수시켜 이를 행사 함으로써 그 내용을 모르는 동 등기과 등기담당직원이 관계등기원부에 위 말소등기 절차를 경료시키므로 위 근저당권이 불법 말소되었습니다.

3. 따라서 원고는 위 근저당권을 불법 말소한 피고부부를 ○○ 검찰지청에 고소함으로써 법에 의한 상당한 처벌을 받을 것이나 채무자겸 근저당권설정자인 피고등은 채권자겸 근저당권자인 원고에게 불법 말소된 청구취지 기재 근저당권설정등기를 회복시킬 의무가 있다 할 것이므로 이건 청구에 이른 것입니다.

입 증 방 법

1. 갑제1호증　　　　　　　　등기부등본

1. 갑제2호증의1, 2	각 위임장
1. 갑제3호증	말소등기신청서
1. 갑제4호증	차용금 약정서

천 부 서 류

1. 위 갑호증	각 사본1통
1. 고소장	사본 1통

20○○. 7. .

위 원고 유준상 (인)

○○지방법원 ○○지원귀중

<별 지>

부동산의 표시

○○시 ○○구 ○○로 780-3
철근콘크리트 및 조적조 슬래브지붕 5층
근린생활시설 및 주택
1층 212.55제곱미터
2층 251.37제곱미터
3층 244.97제곱미터
4층 244.97제곱미터
5층 183.02제곱미터
지하1층 313.15제곱미터
지하2층 116.64제곱미터

소 제기절차와 해설

◆ 소의 제기	소의 제기는 소장을 작성하여 법원에 제출하여야 한다. 소를 제기하려고 하는 사람은 소를 제기하기 전 충분한 사전조사를 할 필요가 있다. 사전조사에는 소를 제기하는 사건에 대한 승소의 가능성, 사실을 증명할 서류의 확보, 공격방법과 피고의 예상되는 방어방법, 보전처분의 필요성, 승소한 경우 강제집행실행의 가능성 등을 조사하여 그에 대처하여야 한다. 소를 제기하려면 적법한 소장의 요건을 갖추어야 하는데, 소장에는 필요적 기재사항 등이 기재되어 있고, 상당한 인지가 첩부되어 있어야 한다. ☞ 2. 소장의 작성요령(34면) 참조
◆ 소가산정	소를 제기할 때에는 소가를 산정하여야 한다. 소가는 사물관할을 정하는 표준이 되는 외에 원고가 소장 등을 제출할 때 납부할 인지액을 정하는 기준이 된다(민사소송등인지법 제2조 내지 제8조). ☞ 3. 소송목적의 값 산정방법(50면) 참조
◆ 인지첩부	제1심 소장에 첩부할 인지는 소송목적의 값에 따라 산출된 인지액을 붙여야 한다(민인법 제2조 제1항). ☞ 4. 첩부인지액의 산출 및 납부방법(71면) 참조
◆ 송 달 료	소장을 제출할 때에는 당사자 수에 따른 계산방식에 의한 송달료를 송달료수납은행에 납부하고 그 은행으로부터 교부받은 송달료납부서를 소장표지 뒷면에 떨어지지 않을 정도로 풀로 붙인다. ☞ 5. 송달료 납부방법(72면) 참조
◆ 관할법원	소는 피고의 보통재판적이 있는 곳의 법원이 관할한다(민소법 제2조). 소장은 피고의 주소지를 관할하는 법원에 제출하는 것이 원칙이나, 소송의 편의를 도모하기 위해 특별한 재판관할이 인정되고 있다. ☞ 6. 관할법원(소장제출법원)(73면) 참조

[서식] 노임 및 임대료청구의 소

소 장

원 고 황 기 준(주민등록번호 -)
서울 종로구 무악로 123-45
(전화 , 팩스 , 휴대폰)

피 고 1. 최 은 미(주민등록번호 -)
서울 종로구 숭인로 12길 2-34
(전화 , 팩스 , 휴대폰)
2. 박 숙 이(주민등록번호 -)
서울 종로구 숭인로12길 3-45
(전화 , 팩스 , 휴대폰)

노임 및 임대료청구의 소

청 구 취 지

1. 피고들은 연대하여 원고에게 금9,000,000원 및 이에 대한 이 소장부본 송달익일부터 완제일까지 연 12%의 비율에 의한 금원을 지급하라.
2. 소송비용은 피고들의 부담으로 한다.
3. 위 제1항은 가집행할 수 있다.

라는 판결을 구합니다.

청 구 원 인

1. 서울 종로구 숭인동 12-34 지상에 건물신축공사를 함에 있어 피고 최은미는 건축주이고 동 박숙이는 공사 시공업자인 바 피고들이 공동으로 건축공사를 하였으며,

2. 원고는 20○○. 2. 21부터 동년 12. 21까지 피고 최은미의 부탁으로 미장공사를 하였으며 또한 거푸집(판넬)임대업을 하고 있으므로 피고들에게 거푸집을 임대하면서 사용기간은 200일로 정하고 임대료는 금5,000,000원으로 하되 일자가 초과할시는 1일 20,000원씩으로 정한 바 있습니다.

3. 그러므로 위 공사기간이 20○○. 2. 21부터 동년 12. 21까지 300일(1개월을 30일로 환산하여×10=300일임)이므로 그 임대료 합계가 금7,000,000원(20,000원×100=200만원+500만원=700만원임)이 되고 피고가 한 미장공사 노임이 금3,000, 000원 합계금 10,000,000원 중 금1,000,000원을 피고 최은미로부터 수령하였으므로 나머지 금9,000,000원을 지급할 것을 요구하였으나 피고들이 서로 미루고 지급을 회피하는 등 기일을 지연하므로 이 청구를 합니다.

입 증 방 법

변론시 제출하겠습니다.

첨 부 서 류

1. 계약서	1통
1. 소장부본	2통
1. 납부서	1통

20○○. 2. .

원 고 황 기 준 (인)

서울중앙지방법원 귀중

소 제기절차와 해설

◆ 소의 제기	소의 제기는 소장을 작성하여 법원에 제출하여야 한다. 소를 제기하려고 하는 사람은 소를 제기하기 전 충분한 사전조사를 할 필요가 있다. 사전조사에는 소를 제기하는 사건에 대한 승소의 가능성, 사실을 증명할 서류의 확보, 공격방법과 피고의 예상되는 방어방법, 보전처분의 필요성, 승소한 경우 강제집행실행의 가능성 등을 조사하여 그에 대처하여야 한다. 소를 제기하려면 적법한 소장의 요건을 갖추어야 하는데, 소장에는 필요적 기재사항 등이 기재되어 있고, 상당한 인지가 첩부되어 있어야 한다. ☞ 2. 소장의 작성요령(34면) 참조
◆ 소가산정	소를 제기할 때에는 소가를 산정하여야 한다. 소가는 사물관할을 정하는 표준이 되는 외에 원고가 소장 등을 제출할 때 납부할 인지액을 정하는 기준이 된다(민사소송등인지법 제2조 내지 제8조). ☞ 3. 소송목적의 값 산정방법(50면) 참조
◆ 인지첩부	제1심 소장에 첩부할 인지는 소송목적의 값에 따라 산출된 인지액을 붙여야 한다(민인법 제2조 제1항). ☞ 4. 첩부인지액의 산출 및 납부방법(71면) 참조
◆ 송 달 료	소장을 제출할 때에는 당사자 수에 따른 계산방식에 의한 송달료를 송달료수납은행에 납부하고 그 은행으로부터 교부받은 송달료납부서를 소장표지 뒷면에 떨어지지 않을 정도로 풀로 붙인다. ☞ 5. 송달료 납부방법(72면) 참조
◆ 관할법원	소는 피고의 보통재판적이 있는 곳의 법원이 관할한다(민소법 제2조). 소장은 피고의 주소지를 관할하는 법원에 제출하는 것이 원칙이나, 소송의 편의를 도모하기 위해 특별한 재판관할이 인정되고 있다. ☞ 6. 관할법원(소장제출법원)(73면) 참조

[서식] 납입금반환등 청구의 소(공동주택건립관련)

소 장

원 고 1. 박 상 태(주민등록번호 -)
대전 대덕구 신대방로 306-8
2. 최 길 수(주민등록번호 -)
서울 중구 묵정로 100-38
3. 이 효 성(주민등록번호 -)
서울 강남구 도곡로 172-53
4. 김 현 숙(주민등록번호 -)
서울 서초구 방배로 산451
5. 윤 성 준(주민등록번호 -)
서울 종로구 내자로 70-11 내자빌라 303호
6. 안 화 식(주민등록번호 -)
서울 서대문 북가좌로 120-13
소송대리인 변화사 최 정 환
서울 서초구 서초로 321-33
(전화 , 팩스)

피 고 강남지역주택주합
대표자 조합장 고 대 섭
서울 강남구 세곡로 915-31
(전화 , 팩스)

납입금반환등 청구의 소

청 구 취 지

1. 피고는 원고들에게 별지기재 "납입금총액"란 기재의 각돈 및 위 각 돈에 대하여 이 사건 소장송달일부터 완제일까지 연 12%의 비율에 의한 돈을 각 지급하라.
2. 소송비용은 피고의 부담으로 한다.
3. 제1항은 가집행 할 수 있다.

청 구 원 인

1. 피고조합은 20○○. 2경부터 무주택조합원의 주거생활향상을 위한 공동주택 건립을 목적으로 조합원을 모집하기 시작하여 20○○. 8. 강남구청으로부터 설립인가를 받은 주택조합입니다.

2. 원고 김현숙을 제외한 나머지 원고들과 소외 오동철은 별지기재 가입일자에 피고조합에 가입하여 공동주택건설을 목적으로 한 조합원 분담금으로 별지기재 납입금을 납입하였습니다.

3. 원고 박상태, 윤성준, 안화식, 소외 오동철은 위 분담금을 납입하다가 별지기재 탈퇴일자에 피고조합으로 부터 탈퇴하였고, 원고 최길수, 이효성은 이 사건 소장송달로서 피고조합에 대하여 탈퇴의사를 표시하고 탈퇴하였습니다.

4. 피고조합은 그 임원들이 조합원들로부터 분담금을 수령하고 나서 이를 횡령하는 등 각종 부정행위를 저지르는 바람에 피고조합은 조합설립인가만 받았을 뿐 아직 관할구청으로부터 사업승인도 받지 못하였을 뿐 아니라 조합주택건설을 위한 대지도 일부 밖에 구입하지 못한 상태에서 탈퇴한 조합원들이 위 토지에 대하여 강제집행을 실시하고 있는 실정이어서 피고조합의 목적달성이 불가능하게 되었습니다.

5. 이러한 사정으로 원고 박상태, 윤성준, 안화식, 소외 오동철은 피고조합에서 기히 탈퇴하였고, 원고 최길수, 이효성은, 금번 피고조합에서 탈퇴하게 되었습

니다.

6. 원고 김현숙은 소외 오동철의 추심채권자로서 소외인이 피고조합에 대하여 가지는 조합분담금 반환채권 금53,000,000원에 대하여 수원지방법원 92 타기 321, 322호로 추심명령을 받아 위 결정정본이 피고에게 송달되었습니다.

7. 이에 원고들은 피고조합에 납부한 분담금(단, 원고 김현숙은 쇠외 오동철이 납부한 분담금) 및 이에 대한 이 사건 소장송달일부터 위 금 완제시까지 소송촉진등에 관한 특례법 소정의 연 12%의 각 비율에 의한 지연손해금을 지급받기 위하여 위 사건 청구에 이르렀습니다.

입 증 방 법

1. 갑제 1호증 주택조합설립인가필증
2. 갑제 2호증 주택조합설립변경인가처리
3. 갑제 3호증의 1내지 5 납입금명세서

그 밖의 것은 구두변론시 수시로 제출하겠습니다.

첨 부 서 류

1. 위임장
1. 납부서
1. 소장부본

20○○. 3. .

원고들 소송대리인
변호사 최 정 환 (인)

서울중앙지방법원 귀중

소 제기절차와 해설

◆ 소의 제기	소의 제기는 소장을 작성하여 법원에 제출하여야 한다. 소를 제기하려고 하는 사람은 소를 제기하기 전 충분한 사전조사를 할 필요가 있다. 사전조사에는 소를 제기하는 사건에 대한 승소의 가능성, 사실을 증명할 서류의 확보, 공격방법과 피고의 예상되는 방어방법, 보전처분의 필요성, 승소한 경우 강제집행실행의 가능성 등을 조사하여 그에 대처하여야 한다. 소를 제기하려면 적법한 소장의 요건을 갖추어야 하는데, 소장에는 필요적 기재사항 등이 기재되어 있고, 상당한 인지가 첩부되어 있어야 한다. ☞ 2. 소장의 작성요령(34면) 참조
◆ 소가산정	소를 제기할 때에는 소가를 산정하여야 한다. 소가는 사물관할을 정하는 표준이 되는 외에 원고가 소장 등을 제출할 때 납부할 인지액을 정하는 기준이 된다(민사소송등인지법 제2조 내지 제8조). ☞ 3. 소송목적의 값 산정방법(50면) 참조
◆ 인지첩부	제1심 소장에 첩부할 인지는 소송목적의 값에 따라 산출된 인지액을 붙여야 한다(민인법 제2조 제1항). ☞ 4. 첩부인지액의 산출 및 납부방법(71면) 참조
◆ 송 달 료	소장을 제출할 때에는 당사자 수에 따른 계산방식에 의한 송달료를 송달료수납은행에 납부하고 그 은행으로부터 교부받은 송달료납부서를 소장표지 뒷면에 떨어지지 않을 정도로 풀로 붙인다. ☞ 5. 송달료 납부방법(72면) 참조
◆ 관할법원	소는 피고의 보통재판적이 있는 곳의 법원이 관할한다(민소법 제2조). 소장은 피고의 주소지를 관할하는 법원에 제출하는 것이 원칙이나, 소송의 편의를 도모하기 위해 특별한 재판관할이 인정되고 있다. ☞ 6. 관할법원(소장제출법원)(73면) 참조

[서식] 대여금청구의 소(가정생활을 위한 가사채무)

소 장

원 고 정 숙 희(주민등록번호 -)
서울 강남구 삼성로 12길 3-4 서림빌딩 101호
(전화 , 팩스 , 휴대폰)

피 고 나 영 철(주민등록번호 -)
서울 서초구 방배로12길 3 무림아파트 1동 101호
(전화 , 팩스 , 휴대폰)

대여금청구의 소

청 구 취 지

1. 피고는 원고에 대하여 금15,000,000원 및 이에 대하여 본 소장부본 송달 다음 날부터 완제일까지 연 12%의 비율에 의한 금원을 지급하라.
2. 소송비용은 피고의 부담으로 한다.
3. 위 제1항은 가집행할 수 있다.

라는 판결을 구합니다.

청 구 원 인

1. 원고는 소외 이순하로 부터 금15,000,000원의 채무관계가 있었는데 피고는 소외 이순하와 부부지간으로 위 채무를 가정생활을 위한 가사채무로 인정하여 20○○. 9. 1. 금7,500,000원을 지급기일 20○○. 10. 31로 같은해 9. 30. 금7,500,000원을 지급기일 20○○. 1. 31로 하여 합계 금15,000,000원을 별첨과 같이 지급지, 지급장소, 발행지 각 서울특별시로 된 약속어음을 차용증에 갈음하여 교부받았습니다.

2. 피고는 지급기일이 20○○. 10. 31로 된 금7,500,000원을 변제기간이 지난 지금까지변제하지 않고 있으며, 지급기일이 20○○. 1. 31로 된 금7,500,000원에 대하여는 1차금원에 대하여 불이행시 기한의 이익을 상실하기로 약정한 바 있어, 금5,000,000원을 변제할 것을 요구하였으나 차일피일 미루고 있으므로 부득이 청구취지와 같은 판결을 받고자 본소 청구에 이른 것입니다.

입 증 방 법

1. 갑제1호증의 1 약속어음
2 〃
1. 갑제2호증 주민등록등본

첨 부 서 류

1. 위 입증방법 각1통
1. 소장부본 1통

20○○. 12. .

원고 정 숙 희 (인)

서울중앙지방법원 귀중

소 제기절차와 해설

◆ 소의 제기	소의 제기는 소장을 작성하여 법원에 제출하여야 한다. 소를 제기하려고 하는 사람은 소를 제기하기 전 충분한 사전조사를 할 필요가 있다. 사전조사에는 소를 제기하는 사건에 대한 승소의 가능성, 사실을 증명할 서류의 확보, 공격방법과 피고의 예상되는 방어방법, 보전처분의 필요성, 승소한 경우 강제집행실행의 가능성 등을 조사하여 그에 대처하여야 한다. 소를 제기하려면 적법한 소장의 요건을 갖추어야 하는데, 소장에는 필요적 기재사항 등이 기재되어 있고, 상당한 인지가 첩부되어 있어야 한다. ☞ 2. 소장의 작성요령(34면) 참조
◆ 소가산정	소를 제기할 때에는 소가를 산정하여야 한다. 소가는 사물관할을 정하는 표준이 되는 외에 원고가 소장 등을 제출할 때 납부할 인지액을 정하는 기준이 된다(민사소송등인지법 제2조 내지 제8조). ☞ 3. 소송목적의 값 산정방법(50면) 참조
◆ 인지첩부	제1심 소장에 첩부할 인지는 소송목적의 값에 따라 산출된 인지액을 붙여야 한다(민인법 제2조 제1항). ☞ 4. 첩부인지액의 산출 및 납부방법(71면) 참조
◆ 송 달 료	소장을 제출할 때에는 당사자 수에 따른 계산방식에 의한 송달료를 송달료수납은행에 납부하고 그 은행으로부터 교부받은 송달료납부서를 소장표지 뒷면에 떨어지지 않을 정도로 풀로 붙인다. ☞ 5. 송달료 납부방법(72면) 참조
◆ 관할법원	소는 피고의 보통재판적이 있는 곳의 법원이 관할한다(민소법 제2조). 소장은 피고의 주소지를 관할하는 법원에 제출하는 것이 원칙이나, 소송의 편의를 도모하기 위해 특별한 재판관할이 인정되고 있다. ☞ 6. 관할법원(소장제출법원)(73면) 참조

[서식] 대여금청구의 소(수표를 차용증에 갈음하여 배서양도)

소 장

원 고 문 상 일(주민등록번호 -)
서울 강남구 신사로 123-4
(전화 , 팩스 , 휴대폰)

피 고 방 만 수(주민등록번호 -)
서울 종로구 창신로 123-6
(전화 , 팩스 , 휴대폰)

대여금청구의 소

청 구 취 지

1. 피고는 원고에게 금30,000,000원 및 위 금원 중 금10,000,000원에 대하여는 20○○. 9. 30부터
금10,000,000원에 대하여는 20○○. 10. 5부터
금10,000,000원에 대하여는 20○○. 10. 19부터
각 금원을 이 사건 소장 부본 송달일까지는 연 5푼, 소장부본 송달 다음 날부터 완제일까지 연 1할 2푼의 비율에 의한 금원을 지급하라.
2. 소송비용은 피고의 부담으로 한다.
3. 위 제1항은 가집행할 수 있다.

라는 판결을 구합니다.

청 구 원 인

1. 소외 (주)일흥산업대표 배동철은 다음과 같이 수표를 발행 하였습니다.

다 음

종 류 금 액 지 급 지 지 급 일

가계수표	5,000,000원(주)	제삼은행강남지점	20○○. 9. 29.
가계수표	5,000,000원(주)	제삼은행강남지점	20○○. 9. 29.
당좌수표	10,000,000원(주)	시민은행종로지점	20○○. 10. 4.
당좌수표	10,000,000원(주)	시민은행종로지점	20○○. 10. 18.

2. 위 수표들을 발행하여 피고에게 교부하였습니다.
3. 피고는 원고에게 금30,000,000원에 대한 채무가 있었는데 동 수표를 차용증에 갈음하여 원고에게 배서양도하여 원고는 동 수표들의 최후 소지인이 되었습니다.
4. 원고는 지급기일에 지급장소에 임하여 동 금원의 지급을 구하였으나 무거래라는 이유로 지급이 거절되었습니다.
5. 따라서 원고는 피고로 부터 위 수표는 금30,000,000원에 대한 채무변제조로 받은 것이므로 청구취지와 같은 판결을 받고자 본소 청구에 이른 것입니다.

입 증 방 법

1. 가계수표(갑제1호증의 1, 2)
1. 당좌수표(갑제2호증의 1, 2)

첨 부 서 류

1. 위 입증방법 각1통
1. 소장부본 1통

20○○. 4. .

위 원고 문 상 일 (인)

서울중앙지방법원 귀중

소 제기절차와 해설

◆ 소의 제기	소의 제기는 소장을 작성하여 법원에 제출하여야 한다. 소를 제기하려고 하는 사람은 소를 제기하기 전 충분한 사전조사를 할 필요가 있다. 사전조사에는 소를 제기하는 사건에 대한 승소의 가능성, 사실을 증명할 서류의 확보, 공격방법과 피고의 예상되는 방어방법, 보전처분의 필요성, 승소한 경우 강제집행실행의 가능성 등을 조사하여 그에 대처하여야 한다. 소를 제기하려면 적법한 소장의 요건을 갖추어야 하는데, 소장에는 필요적 기재사항 등이 기재되어 있고, 상당한 인지가 첩부되어 있어야 한다. ☞ 2. 소장의 작성요령(34면) 참조
◆ 소가산정	소를 제기할 때에는 소가를 산정하여야 한다. 소가는 사물관할을 정하는 표준이 되는 외에 원고가 소장 등을 제출할 때 납부할 인지액을 정하는 기준이 된다(민사소송등인지법 제2조 내지 제8조). ☞ 3. 소송목적의 값 산정방법(50면) 참조
◆ 인지첩부	제1심 소장에 첩부할 인지는 소송목적의 값에 따라 산출된 인지액을 붙여야 한다(민인법 제2조 제1항). ☞ 4. 첩부인지액의 산출 및 납부방법(71면) 참조
◆ 송 달 료	소장을 제출할 때에는 당사자 수에 따른 계산방식에 의한 송달료를 송달료수납은행에 납부하고 그 은행으로부터 교부받은 송달료납부서를 소장표지 뒷면에 떨어지지 않을 정도로 풀로 붙인다. ☞ 5. 송달료 납부방법(72면) 참조
◆ 관할법원	소는 피고의 보통재판적이 있는 곳의 법원이 관할한다(민소법 제2조). 소장은 피고의 주소지를 관할하는 법원에 제출하는 것이 원칙이나, 소송의 편의를 도모하기 위해 특별한 재판관할이 인정되고 있다. ☞ 6. 관할법원(소장제출법원)(73면) 참조

[서식] 대여금 등 청구의 소(연대보증관련)

소 장

원 고 임 근 영(주민등록번호 -)
서울 마포구 성산동 123의 4 (우) 12351
소송대리인 변호사 최 영 철
서울 서초구 서초로 23 정국빌딩 201호
(전화 , 팩스)

피 고 1. 성 창 일(주민등록번호 -)
서울 마포구 망원동 234의5 (우) 12030
(전화 , 팩스 , 휴대폰)
2. 김 인 숙(주민등록번호 -)
서울 마포구 합정로 34-6 (우) 12330
(전화 , 팩스 , 휴대폰)

대여금등 청구의 소

청 구 취 지

원고에 대하여

1. 피고 성창일은 금10,000,000원 및 이에 대한 20○○. 3. 1.부터 본 판결선고일까지는 연5푼, 판결선고일 다음날부터 완제일까지는 연 1할2푼의 비율에 의한 금원을, 피고 성창일, 같은 김인숙은 금20,000,000원 및 이에 대한 20○○. 9. 27.부터 본 판결선고일까지는 연5푼, 판결선고일 다음날부터 완제일까지는 연 1할2푼의 비율에 의한 금원을 각 지급하라.
2. 소송비용은 피고등의 부담으로 한다.
3. 위 제1항은 가집행 할 수 있다.

라는 판결을 구합니다.

청 구 원 인

1. 피고 성창일은 원고로부터 20○○. 12. 31. 금10,000,000원을 차용하면서 20○○. 2. 31.까지 변제하기로 약정하는 보관증을 작성하여 원고에게 교부한 바 있었는바 변제기일을 도과한 후 현재까지 지급이행을 하지 않고 있으며

2. 또한 피고 성창일은 피고 김인숙 보증아래 20○○. 8. 27. 원고로부터 금 20,000,000원을 차용하고 20○○. 9. 26.까지 지급하기로 하는 각서를 발행하여 원고에게 교부한 사실이 있음에도 불구하고 변제기일을 도과한 후 현재까지 변제하지 않고 있어 원고는 청구취지와 같은 판결을 구하고저 본소에 이른 바입니다..

입 증 방 법

1. 구술변론시 입증하겠습니다.

첨 부 서 류

1. 보관증 사본	1통
1. 각서 사본	1통
1. 위 임 장	1통
1. 납 부 서	1통

20○○. 8.

위 원고 소송 대리인

변호사 최 영 철 (인)

서울서부지방법원 귀중

소 제기절차와 해설

◆ 소의 제기	소의 제기는 소장을 작성하여 법원에 제출하여야 한다. 소를 제기하려고 하는 사람은 소를 제기하기 전 충분한 사전조사를 할 필요가 있다. 사전조사에는 소를 제기하는 사건에 대한 승소의 가능성, 사실을 증명할 서류의 확보, 공격방법과 피고의 예상되는 방어방법, 보전처분의 필요성, 승소한 경우 강제집행실행의 가능성 등을 조사하여 그에 대처하여야 한다. 소를 제기하려면 적법한 소장의 요건을 갖추어야 하는데, 소장에는 필요적 기재사항 등이 기재되어 있고, 상당한 인지가 첩부되어 있어야 한다. ☞ 2. 소장의 작성요령(34면) 참조
◆ 소가산정	소를 제기할 때에는 소가를 산정하여야 한다. 소가는 사물관할을 정하는 표준이 되는 외에 원고가 소장 등을 제출할 때 납부할 인지액을 정하는 기준이 된다(민사소송등인지법 제2조 내지 제8조). ☞ 3. 소송목적의 값 산정방법(50면) 참조
◆ 인지첩부	제1심 소장에 첩부할 인지는 소송목적의 값에 따라 산출된 인지액을 붙여야 한다(민인법 제2조 제1항). ☞ 4. 첩부인지액의 산출 및 납부방법(71면) 참조
◆ 송 달 료	소장을 제출할 때에는 당사자 수에 따른 계산방식에 의한 송달료를 송달료수납은행에 납부하고 그 은행으로부터 교부받은 송달료납부서를 소장표지 뒷면에 떨어지지 않을 정도로 풀로 붙인다. ☞ 5. 송달료 납부방법(72면) 참조
◆ 관할법원	소는 피고의 보통재판적이 있는 곳의 법원이 관할한다(민소법 제2조). 소장은 피고의 주소지를 관할하는 법원에 제출하는 것이 원칙이나, 소송의 편의를 도모하기 위해 특별한 재판관할이 인정되고 있다. ☞ 6. 관할법원(소장제출법원)(73면) 참조

[서식] 동산인도청구의 소

소 장

원 고 김 성 규(주민등록번호 -)
서울 강남구 대치로 123(우편번호 13240)
소송대리인 변호사 정 동 규
서울 서초구 서초로 321 서초빌딩 203호
(전화 , 팩스)

피 고 1. 김 은 식(주민등록번호 -)
서울 서초구 내곡로 364 영인아파트 3동 201호(우편번호 13080)
(전화 , 팩스 , 휴대폰)
2. 장 정 국(주민등록번호 -)
서울 서초구 내곡로 364 영인아파트 3동 201호(우편번호 13080)
(전화 , 팩스 , 휴대폰)

동산인도청구의 소

청 구 취 지

1. 피고들은 원고에게 별지목록 기재 동산을 인도하라.
2. 소송비용은 피고들의 부담으로 한다.
3. 제1항은 가집행을 할 수 있다.
라는 판결을 구합니다.

청 구 원 인

원고는 20○○. 12. 8. 피고 김은식에게 금25,000,000 원을 변제기 20○○. 1. 9. 로 정하여 대여하고, 피고들은 연대하여 원고에게 위 금원을 변제하기로 하였습니다.

또한 원·피고들은 20○○. 12. 10. 피고들이 위 기한내에 위 금원을 변제하지 못 할때는 피고들이 공동 운영하는 동일볼링센타에 있는 별지목록기재 유체동산을 원고에게 양도하기로 하였습니다. 그런데 피고들은 위 금원을 아직까지 원고에게 변제하고 있지 않으므로 원고는 피고들로부터 별지목록기재 동산을 인도받고자 이건 청구에 이른 것입니다.

입 증 방 법

1. 갑 제1호증	차용금증서
1. 갑 제2호증의 1	양도증서
2	동일볼링센타 관련장비
1. 갑 제3호증	각서

첨 부 서 류

1. 위 각 입증방법	각1통
1. 소송대리 위임장	1통
1. 납부서	1통
1. 소장부본	2통

20○○. 8. .

원고 소송대리인
변호사 정 동 규 (인)

서울중앙지방법원 귀중

소 제기절차와 해설

◆ 소의 제기	소의 제기는 소장을 작성하여 법원에 제출하여야 한다. 소를 제기하려고 하는 사람은 소를 제기하기 전 충분한 사전조사를 할 필요가 있다. 사전조사에는 소를 제기하는 사건에 대한 승소의 가능성, 사실을 증명할 서류의 확보, 공격방법과 피고의 예상되는 방어방법, 보전처분의 필요성, 승소한 경우 강제집행실행의 가능성 등을 조사하여 그에 대처하여야 한다. 소를 제기하려면 적법한 소장의 요건을 갖추어야 하는데, 소장에는 필요적 기재사항 등이 기재되어 있고, 상당한 인지가 첩부되어 있어야 한다. ☞ 2. 소장의 작성요령(34면) 참조
◆ 소가산정	소를 제기할 때에는 소가를 산정하여야 한다. 소가는 사물관할을 정하는 표준이 되는 외에 원고가 소장 등을 제출할 때 납부할 인지액을 정하는 기순이 된다(민사소송등인지법 제2조 내지 제8조). ☞ 3. 소송목적의 값 산정방법(50면) 참조
◆ 인지첩부	제1심 소장에 첩부할 인지는 소송목적의 값에 따라 산출된 인지액을 붙여야 한다(민인법 제2조 제1항). ☞ 4. 첩부인지액의 산출 및 납부방법(71면) 참조
◆ 송 달 료	소장을 제출할 때에는 당사자 수에 따른 계산방식에 의한 송달료를 송달료수납은행에 납부하고 그 은행으로부터 교부받은 송달료납부서를 소장표지 뒷면에 떨어지지 않을 정도로 풀로 붙인다. ☞ 5. 송달료 납부방법(72면) 참조
◆ 관할법원	소는 피고의 보통재판적이 있는 곳의 법원이 관할한다(민소법 제2조). 소장은 피고의 주소지를 관할하는 법원에 제출하는 것이 원칙이나, 소송의 편의를 도모하기 위해 특별한 재판관할이 인정되고 있다. ☞ 6. 관할법원(소장제출법원)(73면) 참조

[서식] 매매대금 반환청구의 소(부동산, 계약무효)

소 장

원 고 주식회사 한강 주택건설
울산시 남구 신정로12길 34- 5
(전화 , 팩스)
대표이사 이 한 강
위 소송대리인 변호사 임 종 호
울산시 남구 신정로 234-11
(전화 , 팩스)

피 고 1. 신 지 수(주민등록번호 -)
(전화 , 팩스 , 휴대폰)
2. 황 순 종(주민등록번호 -)
(전화 , 팩스 , 휴대폰)
3. 방 정 희(주민등록번호 -)
울산시 남구 삼삼로2길 89-11
(전화 , 팩스 , 휴대폰)

부동산 매매대금 반환 청구의 소

청 구 취 지

1. 피고들은 연대하여 원고에게 금61,250,000원 및 이에 대하여 이사건 소장 송달 다음날부터 완제일까지 연12%의 비율에 의한 금원을 지급하라.
2. 소송비용은 피고들의 부담으로 한다.
3. 제1항은 가집행할 수 있다.

라는 판결을 구합니다.

청 구 원 인

1. 울산시 울주구 온양면 대안리 894 답 192제곱미터, 같은리 895 답 1177제곱미터, 같은리 896 답 340 제곱미터(합계 1709 제곱미터, 약 517평)는 등기부상 전소유자 소외 안종국, 민수지, 신동찬, 성두식이고, 각 4분의1 지분씩 공유하고 있었는데, 위 안종국, 민수지는 20○○. 6. 18. 그 소유지분 4분의2를 피고들에게 대금 53,500,000원에 매도하였습니다.

그후 피고들은 위 부동산 4분의2 지분에 대한 소유권 이전등기를 경료하지 않은채 이를 타에 전매하려고 위 4분의2 지분에 대한 근저당권 설정등기만 경료해 놓았는데, 그후 위 3필지 토지가 울산시 울주구 온양면 토지구획 정리 지구에 들어감으로써 환지후 감보율을 공제하면 피고들의 소유는 125평 이었습니다.

2. 그 후 피고들은 20○○. 1. 19. 원고 주식회사 한강주택건설(이하 원고 회사라고만 함)에게 위 3필지 토지의 환지 예정지인 같은리 11브럭 11놋트 250평 중 125평만 피고들의 소유임에도 불구하고 마치 250평 전부가 자신들의 소유인양 원고를 기망하고 위 250평 토지를 평당 730,000원으로 대금 182,500,000원(250평 × 730,000)에 매도하였습니다.

그런데 후에 이를 알게된 원고가 피고들에게 위 125평에 대한 매매 계약을 취소하고 매매대금 91,250,000원(125평 × 730,000원)을 반환해 줄 것을 요구하니 피고들은 원고에게 지금까지 금30,000,000원만을 반환하고 나머지 금 61,250,000원은 아직까지 지급치 않고 있습니다.

3. 그렇다면 피고들은 공동매도인으로서 연대하여 원고에게 금61,250,000원 및 이에 대하여 이사건 소장 송달 다음날부터 완제일까지 소송촉진등에 관한 특례법 소정의 연12%의 비율에 의한 지연손해금을 지급하여야 할 것입니다.

입 증 방 법

1. 부동산 매매계약서 갑제 1호증의 1,2
1. 내용증명 갑제 2호증
1. 토지등기부 등본사본(환지전토지) 갑제 3호증의1 내지 3
1. 토지등기부 등본사본(환지후토지) 갑제 4호증의1 내지 3
1. 기타변론시 적의 제출 하겠음.

첨 부 서 류

1. 위 입증서류 각 1통
1. 소장부본 3통
1. 위임장 1통

20○○. 5. 15.

위 원고 소송대리인
변호사 임 종 호

부산지방법원 울산지원 귀중

소 제기절차와 해설

◆ 소의 제기	소의 제기는 소장을 작성하여 법원에 제출하여야 한다. 소를 제기하려고 하는 사람은 소를 제기하기 전 충분한 사전조사를 할 필요가 있다. 사전조사에는 소를 제기하는 사건에 대한 승소의 가능성, 사실을 증명할 서류의 확보, 공격방법과 피고의 예상되는 방어방법, 보전처분의 필요성, 승소한 경우 강제집행실행의 가능성 등을 조사하여 그에 대처하여야 한다. 소를 제기하려면 적법한 소장의 요건을 갖추어야 하는데, 소장에는 필요적 기재사항 등이 기재되어 있고, 상당한 인지가 첩부되어 있어야 한다. ☞ 2. 소장의 작성요령(34면) 참조
◆ 소가산정	소를 제기할 때에는 소가를 산정하여야 한다. 소가는 사물관할을 정하는 표준이 되는 외에 원고가 소장 등을 제출할 때 납부할 인지액을 정하는 기준이 된다(민사소송등인지법 제2조 내지 제8조). ☞ 3. 소송목적의 값 산정방법(50면) 참조
◆ 인지첩부	제1심 소장에 첩부할 인지는 소송목적의 값에 따라 산출된 인지액을 붙여야 한다(민인법 제2조 제1항). ☞ 4. 첩부인지액의 산출 및 납부방법(71면) 참조
◆ 송 달 료	소장을 제출할 때에는 당사자 수에 따른 계산방식에 의한 송달료를 송달료수납은행에 납부하고 그 은행으로부터 교부받은 송달료납부서를 소장표지 뒷면에 떨어지지 않을 정도로 풀로 붙인다. ☞ 5. 송달료 납부방법(72면) 참조
◆ 관할법원	소는 피고의 보통재판적이 있는 곳의 법원이 관할한다(민소법 제2조). 소장은 피고의 주소지를 관할하는 법원에 제출하는 것이 원칙이나, 소송의 편의를 도모하기 위해 특별한 재판관할이 인정되고 있다. ☞ 6. 관할법원(소장제출법원)(73면) 참조

[서식] 물품대금청구의 소(연마자재)

소 장

원 고 삼일연마공업주식회사
대표이사 이 창 규
서울 강남구 삼성로 123-4
(전화 , 팩스)

피 고 대성공업주식회사
대표이사 이 기 중
서울 서초구 방배로 12-34
(전화 , 팩스)

물품대금청구의 소

청 구 취 지

1. 피고는 원고에게 금13,476,792원 및 이에 대하여 이 소장부본 송달 익일부터 완제일까지 연 12%의 비율에 의한 금원을 지급하라.
2. 소송비용은 피고의 부담으로 한다.
3. 위 제1항은 가집행할 수 있다.

라는 판결은 구합니다.

청 구 원 인

1. 원고는 연마자재판매업을 하는 회사이고 피고는 정밀주조 및 수출수입업을 하는 회사로서 원고는 피고회사에 연마자재를 매월 정기적으로 납품하여 왔는바, 피고는 원고로부터 다음 표시의 기재와 같이 연마자재를 매수하고 동일자 인수하는 방법으로 물품거래가 발생하였습니다.

다 음

(1) 20○○. 1. 28. 공급가액 금2,510,720원 부가가치세 251,072원 합계금 2,761,792원정

(2) 20○○. 2. 1. 공급가액 금2,150,000원 부가가치세 215,000원 합계금 2,365,000원정

(3) 20○○. 2. 1. 공급가액 금2,890,000원 부가가치세 289,000원 합계금 3,179,000원정

(4) 20○○. 4. 4. 공급가액 금3,110,000원 부가가치세 311,000원 합계금 3,421,000원정

(5) 20○○. 5. 4. 공급가액 금2,500,000원 부가가치세 250,000원 합계금 2,750,000원정

2. 원고는 위 총계금 14,476,792원의 판매대금이 있어 피고에게 그 변제를 촉구한 바, 피고는 차일피일 미루어 오다가 20○○. 2. 1. 금1,000,000원만 변제하고 나머시 금13,476,792원을 지급하지 아니하여 그 지급을 받기 위하여 이건 청구를 하기에 이르렀습니다.

입 증 방 법

1. 거래명세표
1. 기타는 변론시 수시제출하겠음

첨 부 서 류

1. 법인등기부등본 1통
2. 세금계산서 1통

20○○. 9. 15.

원 고 삼일연마공업주식회사
대표이사 이 창 규 (인)

서울중앙지방법원 귀중

소 제기절차와 해설

◆ 소의 제기	소의 제기는 소장을 작성하여 법원에 제출하여야 한다. 소를 제기하려고 하는 사람은 소를 제기하기 전 충분한 사전조사를 할 필요가 있다. 사전조사에는 소를 제기하는 사건에 대한 승소의 가능성, 사실을 증명할 서류의 확보, 공격방법과 피고의 예상되는 방어방법, 보전처분의 필요성, 승소한 경우 강제집행실행의 가능성 등을 조사하여 그에 대처하여야 한다. 소를 제기하려면 적법한 소장의 요건을 갖추어야 하는데, 소장에는 필요적 기재사항 등이 기재되어 있고, 상당한 인지가 첩부되어 있어야 한다. ☞ 2. 소장의 작성요령(34면) 참조
◆ 소가산정	소를 제기할 때에는 소가를 산정하여야 한다. 소가는 사물관할을 정하는 표준이 되는 외에 원고가 소장 등을 제출할 때 납부할 인지액을 정하는 기준이 된다(민사소송등인지법 제2조 내지 제8조). ☞ 3. 소송목적의 값 산정방법(50면) 참조
◆ 인지첩부	제1심 소장에 첩부할 인지는 소송목적의 값에 따라 산출된 인지액을 붙여야 한다(민인법 제2조 제1항). ☞ 4. 첩부인지액의 산출 및 납부방법(71면) 참조
◆ 송 달 료	소장을 제출할 때에는 당사자 수에 따른 계산방식에 의한 송달료를 송달료수납은행에 납부하고 그 은행으로부터 교부받은 송달료납부서를 소장표지 뒷면에 떨어지지 않을 정도로 풀로 붙인다. ☞ 5. 송달료 납부방법(72면) 참조
◆ 관할법원	소는 피고의 보통재판적이 있는 곳의 법원이 관할한다(민소법 제2조). 소장은 피고의 주소지를 관할하는 법원에 제출하는 것이 원칙이나, 소송의 편의를 도모하기 위해 특별한 재판관할이 인정되고 있다. ☞ 6. 관할법원(소장제출법원)(73면) 참조

[서식] 보증채무금청구의 소(무자력)

소 장

원 고 백 승 현(주민등록번호 -)
서울 강남구 청담동 12-3
(전화 , 팩스 , 휴대폰)

피 고 이 경 옥(주민등록번호 -)
서울 강남구 청담대로 123-45 나래단란주점내
(전화 , 팩스 , 휴대폰)

보증채무금반환청구의 소

청 구 취 지

1. 피고는 원고에 대하여 금20,000,000원 및 20○○. 12. 4부터 소장부본 송달일까지는 연 3할 6푼, 소장부본 송달 익일부터 완제일까지는 연 1할 2푼의 비율에 의한 금원을 지급하라.
2. 소송비용은 피고의 부담으로 한다.
3. 위 제1항은 가집행할 수 있다.

라는 판결을 구합니다.

청 구 원 인

1. 원고는 20○○. 8. 24. 소외 이승원을 채무자로하여 피고에게 금전대차계약에 의해 금20,000,000원을 대여하면서 이자는 월 3부로 만료일은 20○○. 1. 23로 약정하면서 피고가 지급보증을 하여 동 금원을 대여하여 주었습니다.

2. 피고는 20○○. 11. 까지는 이자를 지급하였으나 그 이후부터는 이자지급은 물론이고 원금의 반환조차 하지 아니하고 이런저런 핑계를 대면서 지금까지 위 대여금을 변제해 주지 않고 있습니다.

3. 차용증서상의 소외 이승원과 보증인인 피고 이재숙은 서로 배우자관계로 소외 이승원과 이혼한 상태로 인해 대여금 회수가 불가능하여 보증인인 피고 이재숙에게 대여금의 반환을 받고자 본소에 이르렀습니다.

입 증 방 법

1. 갑제1호증　　　　차용증서
1. 갑제2호증　　　　통고서

첨 부 서 류

1. 위 입증방법　　　　각1통
1. 소장부본　　　　1통
1. 납부서　　　　1통

20○○. 2. .

원 고 백 승 현 (인)

서울중앙지방법원 귀중

소 제기절차와 해설

◆ 소의 제기	소의 제기는 소장을 작성하여 법원에 제출하여야 한다. 소를 제기하려고 하는 사람은 소를 제기하기 전 충분한 사전조사를 할 필요가 있다. 사전조사에는 소를 제기하는 사건에 대한 승소의 가능성, 사실을 증명할 서류의 확보, 공격방법과 피고의 예상되는 방어방법, 보전처분의 필요성, 승소한 경우 강제집행실행의 가능성 등을 조사하여 그에 대처하여야 한다. 소를 제기하려면 적법한 소장의 요건을 갖추어야 하는데, 소장에는 필요적 기재사항 등이 기재되어 있고, 상당한 인지가 첩부되어 있어야 한다. ☞ 2. 소장의 작성요령(34면) 참조
◆ 소가산정	소를 제기할 때에는 소가를 산정하여야 한다. 소가는 사물관할을 정하는 표준이 되는 외에 원고가 소장 등을 제출할 때 납부할 인지액을 징하는 기준이 된다(민사소송등인지법 제2조 내지 제8조). ☞ 3. 소송목적의 값 산정방법(50면) 참조
◆ 인지첩부	제1심 소장에 첩부할 인지는 소송목적의 값에 따라 산출된 인지액을 붙여야 한다(민인법 제2조 제1항). ☞ 4. 첩부인지액의 산출 및 납부방법(71면) 참조
◆ 송 달 료	소장을 제출할 때에는 당사자 수에 따른 계산방식에 의한 송달료를 송달료수납은행에 납부하고 그 은행으로부터 교부받은 송달료납부서를 소장표지 뒷면에 떨어지지 않을 정도로 풀로 붙인다. ☞ 5. 송달료 납부방법(72면) 참조
◆ 관할법원	소는 피고의 보통재판적이 있는 곳의 법원이 관할한다(민소법 제2조). 소장은 피고의 주소지를 관할하는 법원에 제출하는 것이 원칙이나, 소송의 편의를 도모하기 위해 특별한 재판관할이 인정되고 있다. ☞ 6. 관할법원(소장제출법원)(73면) 참조

[서식] 보험금청구의 소(생명보험금)

소 장

원 고 백 승 옥(주민등록번호 -)
서울 종로구 연지로 123-4
소송대리인 변호사 박 천 호
서울 서초구 서초로 12-34 한국빌딩 201호
(전화 , 팩스)

피 고 한일생명보험주식회사
대표이사 문 찬 수
서울 중구 충무로 1가 12
(전화 , 팩스)

보험금청구의 소

청 구 취 지

1. 피고는 원고에게 금100,000,000원 및 이에 대한 본 소장 부본 송달 다음 날부터 완제일까지 연 12%의 비율에 의한 금원을 지급하라.
2. 소송비용은 피고의 부담으로 한다.
3. 위 제1항은 가집행할 수 있다.

라는 판결을 구합니다.

청 구 원 인

1. 신분관계

소외 이대철(20○○. 4. 15)은 원고의 남편입니다. 원고의 남편 망 이대철(이하 "망인" 이라 함)은 20○○. 3. 15. 피고회사가 판매하는 대형종합보장보험에 가입한 사실이 있습니다.

2. 보험계약관계

위 망인과 피고회사 사이의 보험계약내용은 다음과 같습니다.

다 음

1) 가입보험명 : 대형종합보장보험

2) 계약내용

① 증권번호 : 2142-5763-42② 보험계약자 : 원고

③ 피보험자 : 망 이대철④ 가입액 : 금100,000,000원

⑤ 보험료 : 금 210,000원⑥ 납입방법 : 일시납

⑦ 계약기간 : 20○○. 3. 15 ~20○○. 3. 15.(10년간)

⑧ 보험금 수령인 : 피보험자

⑨ 가입점포명 : 한일생명보험(주)명동지점

⑩ 보험지급사유 : 보험계약기간 동안의 재해사망(1종 법정전염병 포함 또는 질병사망)

⑪ 지급액 : 재해사망시 가입액 100%지급(별첨 : 보험약관 제10조 참조)

3. 보험금지급책임의 발생

위 망인은 가락동 시장안에서 이천쌀(연탄)상회라는 상호로 자영업을 하면서 혹한의 겨울에도 여간해서 감기 한번 걸리지 않는 45세의 신체 건강한 남자였습니다.

그런데 위 대형종합보장보험에 가입한지 3년 1개월이 지난 20○○. 5. 21. 경 위 자영업소에 출근하여 일을 하던중 갑자기 복통을 호소하고 고열이 나는등 신체에 이상증세를 보여 즉시 시내 제오병원에 입원 종합정밀검진을 받아 본 결과 대장암이라는 진단이 나와 그로부터 20○○. 11. 14까지 약 6개월가량 병원에서 입원치료를

받고 퇴원하여 통원치료를 하던중 병세가 악화되어 20○○. 3. 20. 재차입원하여 치료를 받다가 20○○. 4. 15. 10:00경에 사망하였습니다.

4. 결 론

그러므로 원고는 위 망인이 피보험자로 된 대형종합보장보험의 보험금 수익자

로서 피고에게 위 망인이 질병으로 인하여 사망한 사실을 통보하고 그 계약 보험금을 청구하였으나 피고는 정당한 사유없이 이를 지급하지 아니하므로 동 보험금 100,000, 000원 및 이에 대한 소송 촉진등에 관한 특례법 소정의 연 12%의 비율에 의한 지연손해금의 지급을 구하기 위하여 이건 청구에 이르렀습니다.

입 증 방 법

1. 갑 제1호증의 1	제적등본
2	가족관계증명서
1. 갑 제2호증	사체검안서
1. 갑 제3호증	보험증권
1. 갑 제4호증	보험약관
1. 갑제5호증	보험금불입영수증

첨 부 서 류

1. 위 입증방법	각1통
1. 법인등기부초본	1통
1. 위임장	1통
1. 납부서	1통

20○○. 9. .

위 원고 소송대리인
변호사 박 천 호 (인)

서울중앙지방법원 귀중

소 제기절차와 해설

◆ 소의 제기	소의 제기는 소장을 작성하여 법원에 제출하여야 한다. 소를 제기하려고 하는 사람은 소를 제기하기 전 충분한 사전조사를 할 필요가 있다. 사전조사에는 소를 제기하는 사건에 대한 승소의 가능성, 사실을 증명할 서류의 확보, 공격방법과 피고의 예상되는 방어방법, 보전처분의 필요성, 승소한 경우 강제집행실행의 가능성 등을 조사하여 그에 대처하여야 한다. 소를 제기하려면 적법한 소장의 요건을 갖추어야 하는데, 소장에는 필요적 기재사항 등이 기재되어 있고, 상당한 인지가 첩부되어 있어야 한다. ☞ 2. 소장의 작성요령(34면) 참조
◆ 소가산정	소를 제기할 때에는 소가를 산정하여야 한다. 소가는 사물관할을 정하는 표준이 되는 외에 원고가 소장 등을 제출할 때 납부할 인지액을 정하는 기준이 된다(민사소송등인지법 제2조 내지 제8조). ☞ 3. 소송목적의 값 산정방법(50면) 참조
◆ 인지첩부	제1심 소장에 첩부할 인지는 소송목적의 값에 따라 산출된 인지액을 붙여야 한다(민인법 제2조 제1항). ☞ 4. 첩부인지액의 산출 및 납부방법(71면) 참조
◆ 송 달 료	소장을 제출할 때에는 당사자 수에 따른 계산방식에 의한 송달료를 송달료수납은행에 납부하고 그 은행으로부터 교부받은 송달료납부서를 소장표지 뒷면에 떨어지지 않을 정도로 풀로 붙인다. ☞ 5. 송달료 납부방법(72면) 참조
◆ 관할법원	소는 피고의 보통재판적이 있는 곳의 법원이 관할한다(민소법 제2조). 소장은 피고의 주소지를 관할하는 법원에 제출하는 것이 원칙이나, 소송의 편의를 도모하기 위해 특별한 재판관할이 인정되고 있다. ☞ 6. 관할법원(소장제출법원)(73면) 참조

[서식] 부당이득금반환등청구의 소(변제공탁금)

소 장

원 고 윤 진 용(주민등록번호 -)
서울 서초구 방배로 123 공주아파트 4동 101호
소송대리인 변호사 이 대 덕
서울 서초구 서초로 123길 4 정국빌딩 201호
(전화 , 팩스)

피 고 1. 이 광 세(주민등록번호 -)
서울 서초구 방배로 123 공주아파트 1동 101호
(전화 , 팩스 , 휴대폰)
2. 제일상가운영위원회
대표자 회장 이 광 연
서울 서초구 방배로 123 주공단지내
(전화 , 팩스)

부당이득금반환등 청구의 소

청 구 취 지

1. 원고에게
   가) 피고들은 연대하여 돈14,338,032원 및 이에 대한 20○○. 3. 1부터 이 사건 소장송달일까지 연 5푼의, 소장송달 다음 날부터 다 갚을 때까지는 연 1할 2푼의 각 비율에 의한 돈을 지급하라.
   나) 피고 이광세는 돈10,000,000원 및 이에 대한 이 사건 소장송달 다음 날부터 다 갚을 때까지 연 1할 2푼의 비율에 의한 돈을 각 지급하라.
2. 소송비용은 피고들의 부담으로 한다.
3. 제1항은 가집행할 수 있다.

라는 판결을 구합니다.

청 구 원 인

1. 피고 제일상가운영회는 서울 서초구 방배로 123 공주아파트 단지내 소유자 및 입주상인을 회원으로 하여 상가시설의 관리와 상가운영을 목적으로 구성된 비법인 단체입니다(갑제1호증 운영회칙 참조).
2. 원고는 20○○. 10. 2부터 20○○. 12. 1까지 사이에 피고 제일상가운영위원회 회장으로서 동상가 입주상인 114명으로부터 매달 관리비를 징수하여 상가 관리비용등을 지출하는 상가관리업무를 보아 왔습니다.
3. 피고 이광세는 제일상가내 1층 101호에서 덕성부동산이라는 상호로 부동산 중개업에 종사하고 있으면서 20○○. 12. 21경 입주상인의 대표자격으로 원고가 입주상인들로부터 징수한 관리비를 횡령하였다는 사실로 서초경찰서에 원고를 형사고소 하였습니다.
4. 원고는 피고 이광세의 위 형사사고로 구속되어 조사를 받으면서 횡령사실을 부인하였으나 서울지방검찰청에서는 돈14, 338,032원에 대하여는 횡령한 혐의가 인정된다고 하므로 원고는 할 수 없이 위 돈을 피고 이광세앞으로 변제공탁하고 구속취소로 석방되고, 서울지방검찰청에서는 같은 혐의사실로 원고에 대하여 벌금 2,000,000원의 약식기소를 하였습니다.
5. 원고는 위 약식명령에 불복 정식재판을 청구하여 1년 가까이 재판을 받은 결과 검사가 돈88,000원에 대한 횡령 사실만 남겨두고 그 밖의 횡령사실에 대하여는 공소를 취소하여 법원으로부터 20○○. 5. 14. 위 돈88,000원에 대한 횡령사실에 대하여서만 유죄가 인정된다 하여 형의 선고를 유예하는 판결을 선고받았습니다.
6. 원고는 피고 이광세의 고소로 구속되어 구속상태를 모면하고자 횡령한 사실도 없는 돈14,338,032원을 피고 이광세 앞으로 변제공탁하였던 것인데 피고 이광세는 20○○. 2. 28. 위 변제공탁금을 수령하고 나서 원고의 반환요구에 대하여 피고 제일상가운영위원회에 위 돈 14,338,032원을 교부하였다고 주장하고 있는바, 그렇다면 피고들은 연대하여 원인 없이 취득한 위 돈14,338,032원을 반환할 의무가 있다고 할 것입니다.

7. 원고는 피고 이광세의 근거없는 고소로 한달 가까이 구속생활을 하였고 잘못된 고소를 규명하느라고 많은 시간과 경비를 지출하는등 정신적, 물질적 고통을 겪었으므로 피고 이광세는 원고에게 그 위자료로서 돈10,000,000원을 지급함이 상당하다고 할 것입니다.
8. 따라서 원고는 피고들에 대하여 위 부당이득한 돈14,338,032원 및 피고 이광세가 위 돈을 수령한 다음 날부터 다 갚는 날까지 소송촉진등에 관한 특례법 소정의 연 12%의 각 비율에 따른 지연손해금의 연대지급과 아울러 피고 이광세에 대하여 위자료 돈10,000,000원 및 이에 대한 이 사건 소장 송달일부터 다 갚는 날까지 소송촉진등에 관한 특례법 소정의 연 12%의 각 비율에 따른 지연손해금의 지급을 받고자 이 사건 청구에 이르렀습니다.

입 증 방 법

변론시 수시 제출하겠습니다.

첨 부 서 류

1. 소장부본 2통
1. 납부서 1통
1. 위임장 1통

20 . 7. .

위 원고 소송대리인
변호사 이 대 덕 (인)

서울중앙지방법원 귀중

소 제기절차와 해설

◆ 소의 제기	소의 제기는 소장을 작성하여 법원에 제출하여야 한다. 소를 제기하려고 하는 사람은 소를 제기하기 전 충분한 사전조사를 할 필요가 있다. 사전조사에는 소를 제기하는 사건에 대한 승소의 가능성, 사실을 증명할 서류의 확보, 공격방법과 피고의 예상되는 방어방법, 보전처분의 필요성, 승소한 경우 강제집행실행의 가능성 등을 조사하여 그에 대처하여야 한다. 소를 제기하려면 적법한 소장의 요건을 갖추어야 하는데, 소장에는 필요적 기재사항 등이 기재되어 있고, 상당한 인지가 첩부되어 있어야 한다. ☞ 2. 소장의 작성요령(34면) 참조
◆ 소가산정	소를 제기할 때에는 소가를 산정하여야 한다. 소가는 사물관할을 정하는 표준이 되는 외에 원고가 소장 등을 제출할 때 납부할 인지액을 정하는 기준이 된다(민사소송등인지법 제2조 내지 제8조). ☞ 3. 소송목적의 값 산정방법(50면) 참조
◆ 인지첩부	제1심 소장에 첩부할 인지는 소송목적의 값에 따라 산출된 인지액을 붙여야 한다(민인법 제2조 제1항). ☞ 4. 첩부인지액의 산출 및 납부방법(71면) 참조
◆ 송 달 료	소장을 제출할 때에는 당사자 수에 따른 계산방식에 의한 송달료를 송달료수납은행에 납부하고 그 은행으로부터 교부받은 송달료납부서를 소장표지 뒷면에 떨어지지 않을 정도로 풀로 붙인다. ☞ 5. 송달료 납부방법(72면) 참조
◆ 관할법원	소는 피고의 보통재판적이 있는 곳의 법원이 관할한다(민소법 제2조). 소장은 피고의 주소지를 관할하는 법원에 제출하는 것이 원칙이나, 소송의 편의를 도모하기 위해 특별한 재판관할이 인정되고 있다. ☞ 6. 관할법원(소장제출법원)(73면) 참조

[서식] 부당이득금반환청구의 소(지방세관련)

소 장

원 고 주식회사 국제은행(전화 , 팩스)
대표이사 문 철 준
지 배 인 이 정 용
서울 중구 을지로2가 137-45

피 고 1. 대한민국
법률상 대표자 법무부장관 ○ ○ ○
(전화 , 팩스)
2. 서울특별시
시장 ○ ○ ○
(전화 , 팩스)

부당이득금반환청구의 소

청 구 취 지

1. 원고에게
피고 1은 금30,000,000원, 피고 2는 금170,000,000 및 각 이에 대하여 20○○. 3. 1부터 소장 송달일까는 연 5푼의, 그 다음 날부터 완제일까지는 연 1할 2푼의 각 비율에 의한 금원을 지급하라.
2. 소송비용은 피고들의 부담으로 한다.
3. 위 제1항은 가집행할 수 있다.
라는 판결을 구합니다.

청 구 원 인

1. 소외 남규영의 소유었던 별지목록 기재 각 부동산에 관하여 20○○. 11. 14. 채권최고액 금600,000,000원, 채무자 소외 제일공업주식회사(이하, 소외회사라고 함), 근저당권자 원고로 된 근저당권설정등기가, 20○○. 12. 29. 채권최

고액 금2,000,000,000원, 채무자 소외 제일산업주식회사(변경전 상호 동방산업주식회사), 근저당권자 원고로 된 근저당권설정등기가, 같은해 9. 13. 채권최고액 금3,000,000,000원, 채무자 소외회사, 근저당권자 원고로 된 근저당권설정등기가 각 경료된 바 있습니다.

2. 20○○. 10. 21. 이 사건 별지목록기재부동산에 관하여 소외회사 앞으로 소유권이전등기가 경료된 바 있습니다.

3. 원고는 위 각 근저당권을 설정받고 이를 담보로 소외회사에게 금원을 대여하였고, 20○○. 3. 30까지의 위 각 근저당권으로 담보된 원고의 소외회사에 대한 채권은 금20,000,000,000원입니다.

4. 소외 종로구청장은 소외회사에게 20○○. 2월 수시분 등록세 및 가산세 금100,000,000원, 그에 따른 방위세 및 가산세 금20,000,000(납기 20○○. 2. 15부터 같은 달 29), 20○○년도 8월 수시분 취득세 금7,000,000원(납기 20○○. 8. 15부터 같은 달 29), 20○○년도 정기분 재산세 금700,000원, 도시계획세 금500,000원, 소방공동시설세 금700,000원, 교육세 금200,000원(납기 20○○. 5. 15부터 같은 달 29), 20○○년도 정기분 종합토지세 금2,000,000원, 도시계획세 금600,000원, 교육세 금300, 000원(납기 20○○. 9. 15부터 같은달 30)을 각 부과하였고, 소외회사가 위 각 세금을 납부하지 아니하여 20○○년도 2월 수시분 등록세 및 가산세에는 금30,000,000(가산율 2.5%), 방위세 및 가산세에는 금5,000,000(가산율 25%), 20○○년도 8월 수시분 취득세에는 금2,000,000원(가산율 25%), 20○○년도 정기분 재산세에는 금200,000원(가산율 23%), 도시계획세에는 금200,000원(가산율 23%), 소방공동시설세에는 금200,000원(가산율 23%), 교육세에는 금7,000원(가산율 5%), 20○○년도 정기분 종합토지세에는 금200,000원(가산율 15%), 도시계획세에는 금90,000(가산율 15%), 교육세에는 금20,000원(가산율 5%)의 각 가산금 및 중가산금이 가산되었습니다. 위 각 조세 및 가산금을 국세, 서울특별시세, 종로구세로 나누어 보면 다음과 같습니다.

(1) 국　　세 : 방위세, 교육세 및 그 가산금
(2) 서울특별시세 : 등록세, 취득세, 도시계획세, 소방공동시설세 및 그 가산금
(3) 종 로 구 세 : 재산세, 종합토지세 및 그 가산금

5. 원고의 저당권 실행을 위한 경매신청에 의하여 서울중앙지방법원에서 20○○. 10. 30. 이 사건 부동산들에 관하여 경매개시결정을 하여 경매절차가 진행되어 피고는 20○○. 12. 5. 위 경매법원에 별지 배당요구 및 배당내역 기재와 같이 세목별로 배당요구를 하였고, 20○○. 2. 9. 이 사건 부동산들이 금 2,000, 000,000원에 원고에게 경락되었으며, 위 법원은 20○○. 2. 30. 배당기일을 열어 위 경락대금중 집행비용 금20,000,000원을 제외하고 남은 금 1,980,000,000원을 1순위로 소외회사의 근로자인 소외 오경환등에게 합계 금20,000,000원을 배당하고, 소외회사가 체납한 위 각 지방세가 구지방세법(20○○. 12. 14. 법률 제4415호로 개정되기 이전의 법률, 이하 다만 구지방세법이라 함) 제31조 제2항 제3호 단서의 소위 당해세에 해당하는 것으로 보아 2순위로 소외 종로구청장에게 별지 배당요구 및 배당내역 기재와 같은 내역으로 금200,000,000원을 배당한 다음, 3순위로 근저당권자인 원고에게 나머지 금1, 760,000,000원을 배당하였습니다.
6. 그러나 구지방세법 제31조 제2항 제3호의 규정에 따라 지방세에 대하여 우선적으로 보호되는 저당권부채권은 당해 저당권설정 당시의 저당권자와 설정자의 관계를 기본으로 하여 그 설정자(소외 남규영)의 납세의무를 기준으로 하는 것이고, 저당부동산이 저당권설정자로부터 제3자(소회회사)에게 양도되고 위 설정자에게 저당권에 우선하여 징수당할 아무런 조세의 체납이 없었다면 양수인인 위 제3자에 대하여 부과한 지방세를 당해세라 하여 우선배당할 수는 없다 할 것(대법원 1997. 9. 24. 선고 88다카 8385 판결)이므로, 위 경매법원이 원고의 위 각 근저당권설정 이후 이 사건 부동산들을 양수한 소외회사에 대하여 부과된 위 각 조세채권을 우선배당한 것은 아무런 법률상의 근거가 없는 위법한 배당이라 할 것입니다.
7. 다음으로 소외 종로구청장이 배당받은 국세(교육세) 및 가산금과 서울특별시세(등록세, 취득세, 도시계획세, 소방공동시설세) 및 가산금 150,719,830원에 관하여 보면, 위 금액은 비록 위 경매절차에서 소외 종로구청장이 교부받았으나 이는 소외 종로구청장이 대한민국 및 서울특별시의 기관의 지위에서 교육세법 제10조, 구 지방세법 제4조, 서울특별시 조례 제6조 등에 의하여 부과징수사무의 위임을 받아 그 권한을 행사한 것에 불과하여, 위 국세 및 가산금

상당액은 대한민국에게, 위 서울특별시세와 가산금 상당액은 서울특별시에게 각 귀속되고 소외 종로구청장은 위 조례 15조 등에 의하여 징수교부금을 받는데 그쳐 위 금액에 관한 한 피고들은 법률상 원인없이 같은 금액 상당의 이득을 얻고, 원고에게 같은 금액 상당의 손해를 가한 것이 되어 피고들은 원고에게 이를 반환할 의무가 있다 할 것입니다.

8. 그렇다면 피고 1. 대한민국은 원고에게 위 부당이득금 30,000, 000원, 피고 2 서울특별시는 원고에게 위 부당이득금 170, 000,000원 및 각각 이에 대하여 피고들이 위 금원을 교부받은 날의 이후인 20○○. 3. 1부터 소장송달일까지는 민법 소정의 연 5푼의 비율에 의한 법정이자를, 그 다음 날부터 완제일까지는 소송촉진등에 관한 특례법 소정의 연 1할 2푼의 비율에 의한 지연손해금을 각 가산하여 지급할 의무가 있다 할 것입니다.

입 증 방 법

1. 갑제1호증의 1, 2	근저당권설정계약서 사본
1. 갑제2호증의 1, 2	토지, 건물등기부등본
1. 갑제3호증	배당표사본
1. 갑제4호증	종로구청장의 교부청구서 사본
1. 갑제5호증	서울고등법원20○나12345호 판결정본사본

첨 부 서 류

1. 위 입증방법	각1통
1. 등기부초본(원고)	1통
1. 소장부본	2통

20○○. 9. .

위 원고 주식회사 국제은행
대표이사 문 철 준
지 배 인 이 정 용 (인)

서울중앙지방법원 귀중

소 제기절차와 해설

◆ 소의 제기	소의 제기는 소장을 작성하여 법원에 제출하여야 한다. 소를 제기하려고 하는 사람은 소를 제기하기 전 충분한 사전조사를 할 필요가 있다. 사전조사에는 소를 제기하는 사건에 대한 승소의 가능성, 사실을 증명할 서류의 확보, 공격방법과 피고의 예상되는 방어방법, 보전처분의 필요성, 승소한 경우 강제집행실행의 가능성 등을 조사하여 그에 대처하여야 한다. 소를 제기하려면 적법한 소장의 요건을 갖추어야 하는데, 소장에는 필요적 기재사항 등이 기재되어 있고, 상당한 인지가 첩부되어 있어야 한다. ☞ 2. 소장의 작성요령(34면) 참조
◆ 소가산정	소를 제기할 때에는 소가를 산정하여야 한다. 소가는 사물관할을 정하는 표준이 되는 외에 원고가 소장 등을 제출할 때 납부할 인지액을 정하는 기준이 된다(민사소송등인지법 제2조 내지 제8조). ☞ 3. 소송목적의 값 산정방법(50면) 참조
◆ 인지첩부	제1심 소장에 첩부할 인지는 소송목적의 값에 따라 산출된 인지액을 붙여야 한다(민인법 제2조 제1항). ☞ 4. 첩부인지액의 산출 및 납부방법(71면) 참조
◆ 송 달 료	소장을 제출할 때에는 당사자 수에 따른 계산방식에 의한 송달료를 송달료수납은행에 납부하고 그 은행으로부터 교부받은 송달료납부서를 소장표지 뒷면에 떨어지지 않을 정도로 풀로 붙인다. ☞ 5. 송달료 납부방법(72면) 참조
◆ 관할법원	소는 피고의 보통재판적이 있는 곳의 법원이 관할한다(민소법 제2조). 소장은 피고의 주소지를 관할하는 법원에 제출하는 것이 원칙이나, 소송의 편의를 도모하기 위해 특별한 재판관할이 인정되고 있다. ☞ 6. 관할법원(소장제출법원)(73면) 참조

[서식] 부당이득금반환청구의 소(배당에서 제외된 소액임차인)

소 장

원 고 임 장 구(주민등록번호 -)
서울 강남구 신사로 123 본영아파트 1동 101호
송달주소 서울 강남구 신사로 12-3
(전화 , 팩스 , 휴대폰)

피 고 심 정 숙(주민등록번호 -)
서울 강남구 대치로 12 공주아파트 1동 101호
(전화 , 팩스 , 휴대폰)

부당이득금반환청구의 소

청 구 취 지

1. 피고는 원고에게 금7,000,000원 및 이에 대하여 이 사건 소장 송달일로부터 이 사건 판결 선고일까지는 연 5푼의, 그 다음 날부터 완제일까지 연 1할 2푼의 비율에 의한 금원을 지급하라.
2. 소송비용은 피고의 부담으로 한다.
3. 위 제1항은 가집행 할 수 있다.

라는 판결을 구합니다.

청 구 원 인

1. 피고는 원고가 세들어 사는 주택에 대하여 담보권 실현을 위한 경매신청을 하여 20○○. 8. 25. 서울중앙지방법원 2○ 타경 제2233호로 부동산 임의경매개시결정을 받아 동 결정에 기하여 경매신청의 기입등기가 20○○. 8. 27자로 경료되었습니다.
2. 원고는 별첨 부동산 임대차계약서와 같이 주택소유자 소외 배현숙의 방1칸에

대하여 20○○. 11. 26. 보증금 10,000,000원으로 하여 임대차계약을 체결하고 20○○. 1. 5. 주민등록 전입신고를 필하였습니다. 그후 경매절차의 진행으로 소외 배현숙의 소유주택이 경락되었으며 배당절차가 진행되어 20○○. 4. 23. 실제 배당할 금액 금150,000,000원중 강남구청장에게 금100,000원 농업협동조합에 금70,000,000원 그리고 피고에게 금79,900,000원이 각 배당된 사실이 있습니다.

3. 그러므로 원고는 20○○. 3. 24. 귀원에 배당요구 신청서를 제출하였음에도 불구하고 신청서가 접수되지 않았다는 이유로 원고에 대하여 배당금 7,000,000원을 배당하지 아니하였습니다.
4. 그러나 원고는 피고에게 한 배당금 79,900,000원중에서 주택임대차 보호법 제8조 제1항 및 동법시행령 제3조 1항에 의하여 다른 담보권자보다 우선하여 전세보증금 10,000,000원중 이건 청구취지 기재금액 7,000,000만원을 보호를 받을 권리가 있는데도 불구하고 피고는 위 배당금 전액을 배당받아 청구취지 금액만큼 부당이득을 취하였으므로 원고는 이를 지급받기 위하여 본소 청구에 이르렀습니다.

입 증 방 법

1. 임대차계약서(갑제1호증)
1. 배당표(갑제2호증)
1. 등기부등본(갑제3호증)
1. 확인서(갑제4호증)

첨 부 서 류

1. 위 입증방법 각1통
1. 소장부본 1통
1. 납부서 1통

20○○. 6. .

원고 임 장 근 (인)

서울중앙지방법원 귀중

소 제기절차와 해설

◆ 소의 제기	소의 제기는 소장을 작성하여 법원에 제출하여야 한다. 소를 제기하려고 하는 사람은 소를 제기하기 전 충분한 사전조사를 할 필요가 있다. 사전조사에는 소를 제기하는 사건에 대한 승소의 가능성, 사실을 증명할 서류의 확보, 공격방법과 피고의 예상되는 방어방법, 보전처분의 필요성, 승소한 경우 강제집행실행의 가능성 등을 조사하여 그에 대처하여야 한다. 소를 제기하려면 적법한 소장의 요건을 갖추어야 하는데, 소장에는 필요적 기재사항 등이 기재되어 있고, 상당한 인지가 첨부되어 있어야 한다. ☞ 2. 소장의 작성요령(34면) 참조
◆ 소가산정	소를 제기할 때에는 소가를 산정하여야 한다. 소가는 사물관할을 정하는 표준이 되는 외에 원고가 소장 등을 제출할 때 납부할 인지액을 정하는 기준이 된다(민사소송등인지법 제2조 내지 제8조). ☞ 3. 소송목적의 값 산정방법(50면) 참조
◆ 인지첩부	제1심 소장에 첩부할 인지는 소송목적의 값에 따라 산출된 인지액을 붙여야 한다(민인법 제2조 제1항). ☞ 4. 첩부인지액의 산출 및 납부방법(71면) 참조
◆ 송 달 료	소장을 제출할 때에는 당사자 수에 따른 계산방식에 의한 송달료를 송달료수납은행에 납부하고 그 은행으로부터 교부받은 송달료납부서를 소장표지 뒷면에 떨어지지 않을 정도로 풀로 붙인다. ☞ 5. 송달료 납부방법(72면) 참조
◆ 관할법원	소는 피고의 보통재판적이 있는 곳의 법원이 관할한다(민소법 제2조). 소장은 피고의 주소지를 관할하는 법원에 제출하는 것이 원칙이나, 소송의 편의를 도모하기 위해 특별한 재판관할이 인정되고 있다. ☞ 6. 관할법원(소장제출법원)(73면) 참조

[서식] 분양대금반환청구의 소(계약불이행)

소 장

원 고 엄 근 영(주민등록번호 -)
서울 강남구 신사로 123-4
위 원고 소송대리인 변호사 김 철 구
서울 서초구 서초대로 123 서초빌딩 201호
(전화 , 팩스)

피 고 주식회사 대봉건설
대표이사 노 택 수
서울 중구 명동길 125-9
(전화 , 팩스)

분양대금반환청구의 소

청 구 취 지

1. 피고는 원고에게 금150,000,000원 및 이에 대한 이 사건 소장 송달 그 다음 날부터 완제일까지 연 12%의 비율에 의한 돈을 지급하라.
2. 소송비용은 피고의 부담으로 한다.
3. 위 제1항은 가집행할 수 있다.

라는 판결을 구합니다.

청 구 원 인

1. 당사자의 지위

원고는 피고 주식회사대봉건설(이하 피고회사라 함) 소유의 서울 중구 명동길 125-9 소재 경기빌딩내 1층 10호 점포 10.9평을 분양받아 입주한 자이고 피고회사는 이를 분양한 법인입니다.

2. 분양계약체결 및 대금지급에 관하여

원고는 피고회사로부터 위임을 받은 소외 김정우 부동산공인중개사 사무소를 통하여 20○○. 5. 20. 피고회사와의 사이에 분양대금을 금150,000,000원으로 하는 점포 분양계약을 체결(갑제1호증의 1 참조)하였고 20○○. 5. 20. 계약금으로 금20,000,000원 20○○. 6. 20. 1차 중도금으로 금30,000,000원, 20○○. 7. 20. 2차 중도금으로 금30,000,000원 20○○. 8. 20. 3차 중도금으로 금50,000, 000원 20○○. 9. 20. 마지막 잔대금으로 금20,000, 000원을 각 지급함으로써 원고는 이건 점포 분양계약 대금의 전액을 피고회사에 지급하였습니다(갑제2호증의 1 내지 4 참조).

3. 분양계약체결의 경위

이 사건 점포 분양계약은 피고회사에서 기획판매하는 한양갈비라는 한식당업을 경영하기 위한 것이었는데 피고회사는 위 계약체결이 있기 전 일간신문지상의 광고 및 사업설명회 등을 통하여 모든 음식재료들을 피고회사가 원가에 공급하고 계속 신문에 광고하는 등의 홍보를 해준다라는 약속을 하고, 월 평균 금5,000,000원 이상의 순수 고소득을 보장한다고 하였으므로 원고는 이와 같은 피고회사의 약속을 그대로 믿고 위 계약을 하게 되었던 것입니다(갑제1호증의 2 참조).

4. 계약불이행

그런데 20○○. 10. 25. 원고가 위 점포에 입주하여 영업을 시작한 후 피고회사는 몇 개월 동안 위 약속을 이행하더니 20○○. 2. 15. 이후 부터는 특별한 이유없이 지금까지 위 약속을 전연 이행하지 않고 있는 실정입니다. 이에 원고는 피고회사에게 수차에 걸쳐 약속사항을 이행할 것을 통고서까지 발송하는 등의 촉구를 하였으나 피고회사는 이에 응하지 않고 있는 바, 원고는 피고회사의 이와 같은 계약불이행으로 인하여 막대한 재산적 손해를 입기에 이르렀습니다.

5. 결 론

그렇다면 피고회사는 원고에 대하여 손해배상의 책임도 있다 할 것이나 우선 위 점포 분양계약에 관하여 피고회사가 더 이상 계약이행의 의사가 없는 것으로 판단된 점포 분양대금을 피고회사로부터 반환받기 위하여 청구취지와 같은 판결을 구하기까지에 이르러 원고는 이 사건 소장 송달로써 점포 분양계약을 해제하는 바이며, 이미 지급하고자 이건 소에 이른 것입니다.

입 증 방 법

1. 갑제1호증의 1　　점포분양계약청약서
　　2　　계약서
1. 갑제2호증의 1　　영수증
　　2　　영수증
　　3　　영수증
　　4　　영수증
1. 갑제3호증　　신문광고 스크랩
1. 갑제4호증　　통고서

기타는 변론시 수시 제출하겠습니다.

첨 부 서 류

1. 위 입증방법　　각1통
1. 법인등기부등본　　1통
1. 소장부본　　1통
1. 위임장　　1통

20○○. 9. .

위 원고 소송대리인
변호사 김 철 구 (인)

서울중앙지방법원 귀중

소 제기절차와 해설

◆ 소의 제기	소의 제기는 소장을 작성하여 법원에 제출하여야 한다. 소를 제기하려고 하는 사람은 소를 제기하기 전 충분한 사전조사를 할 필요가 있다. 사전조사에는 소를 제기하는 사건에 대한 승소의 가능성, 사실을 증명할 서류의 확보, 공격방법과 피고의 예상되는 방어방법, 보전처분의 필요성, 승소한 경우 강제집행실행의 가능성 등을 조사하여 그에 대처하여야 한다. 소를 제기하려면 적법한 소장의 요건을 갖추어야 하는데, 소장에는 필요적 기재사항 등이 기재되어 있고, 상당한 인지가 첩부되어 있어야 한다. ☞ 2. 소장의 작성요령(34면) 참조
◆ 소가산정	소를 제기할 때에는 소가를 산정하여야 한다. 소가는 사물관할을 정하는 표준이 되는 외에 원고가 소장 등을 제출할 때 납부할 인지액을 정하는 기준이 된다(민사소송등인지법 제2조 내지 제8조). ☞ 3. 소송목적의 값 산정방법(50면) 참조
◆ 인지첩부	제1심 소장에 첩부할 인지는 소송목적의 값에 따라 산출된 인지액을 붙여야 한다(민인법 제2조 제1항). ☞ 4. 첩부인지액의 산출 및 납부방법(71면) 참조
◆ 송 달 료	소장을 제출할 때에는 당사자 수에 따른 계산방식에 의한 송달료를 송달료수납은행에 납부하고 그 은행으로부터 교부받은 송달료납부서를 소장표지 뒷면에 떨어지지 않을 정도로 풀로 붙인다. ☞ 5. 송달료 납부방법(72면) 참조
◆ 관할법원	소는 피고의 보통재판적이 있는 곳의 법원이 관할한다(민소법 제2조). 소장은 피고의 주소지를 관할하는 법원에 제출하는 것이 원칙이나, 소송의 편의를 도모하기 위해 특별한 재판관할이 인정되고 있다. ☞ 6. 관할법원(소장제출법원)(73면) 참조

[서식] 선도금 청구의 소(농수산물)

소 장

원 고 진 수 원(주민등록번호 -)
서울 강남구 논현로 103-1
(전화 , 팩스 , 휴대폰)

피 고 김 송 일(주민등록번호 -)
전남 영광군 군서면 미읍리 13-2
(전화 , 팩스 , 휴대폰)

선도금청구의 소

청 구 취 지

1. 피고는 원고에게 금4,000,000원 및 이에 대한 이 소장부본 송달 다음날 부터 완제일까지 연 12%의 비율에 의한 금원을 지급하라.
2. 소송비용은 피고의 부담으로 한다.
3. 위 제1항은 가집행할 수 있다.

라는 판결을 구합니다.

청 구 원 인

1. 원고는 가락동 농수산물도매센터에서 농수산물 도매업을 하는 자이고 피고는 농사를 업으로 하는 자인 바 원고는 피고에게 양파를 출하시기에 맞춰 서울 송파구 가락동 1501 제일청과주식회사 제일상회 20호로 보내줄 것을 약정하고 그 대금 4,000,000원을 20○○. 2. 20. 금1,000,000원, 동년 3. 9. 금2,000,000원 동년 3. 20. 금1,000,000원을 농협통장 온라인으로 송금한 바 있습니다.

2. 피고는 출하시기가 지나도 양파를 보내주지 아니하여 원고는 그 선도금으로 기 지급한 금4,000,000원을 환불하여 줄 것을 요구하자 피고는 지급을 차일피일 미루고 있어 통고서를 발송한 바도 있으나 계속적으로 불응함으로 부득이 청구취지와 같은 판결을 받고자 본소 청구에 이르렀습니다.

입 증 방 법

1. 갑제1호증 온라인 입금증
1. 갑제2호증 통고서

첨 부 서 류

1. 위 입증방법 각1통
1. 소장부본 1통
1. 납부서 1통

20○○. 8. .

원 고 진 수 원 (인)

서울중앙지방법원 귀중

소 제기절차와 해설

◆ 소의 제기	소의 제기는 소장을 작성하여 법원에 제출하여야 한다. 소를 제기하려고 하는 사람은 소를 제기하기 전 충분한 사전조사를 할 필요가 있다. 사전조사에는 소를 제기하는 사건에 대한 승소의 가능성, 사실을 증명할 서류의 확보, 공격방법과 피고의 예상되는 방어방법, 보전처분의 필요성, 승소한 경우 강제집행실행의 가능성 등을 조사하여 그에 대처하여야 한다. 소를 제기하려면 적법한 소장의 요건을 갖추어야 하는데, 소장에는 필요적 기재사항 등이 기재되어 있고, 상당한 인지가 첩부되어 있어야 한다. ☞ 2. 소장의 작성요령(34면) 참조
◆ 소가산정	소를 제기할 때에는 소가를 산정하여야 한다. 소가는 사물관할을 정하는 표준이 되는 외에 원고가 소장 등을 제출할 때 납부할 인지액을 정하는 기준이 된다(민사소송등인지법 제2조 내지 제8조). ☞ 3. 소송목적의 값 산정방법(50면) 참조
◆ 인지첩부	제1심 소장에 첩부할 인지는 소송목적의 값에 따라 산출된 인지액을 붙여야 한다(민인법 제2조 제1항). ☞ 4. 첩부인지액의 산출 및 납부방법(71면) 참조
◆ 송 달 료	소장을 제출할 때에는 당사자 수에 따른 계산방식에 의한 송달료를 송달료수납은행에 납부하고 그 은행으로부터 교부받은 송달료납부서를 소장표지 뒷면에 떨어지지 않을 정도로 풀로 붙인다. ☞ 5. 송달료 납부방법(72면) 참조
◆ 관할법원	소는 피고의 보통재판적이 있는 곳의 법원이 관할한다(민소법 제2조). 소장은 피고의 주소지를 관할하는 법원에 제출하는 것이 원칙이나, 소송의 편의를 도모하기 위해 특별한 재판관할이 인정되고 있다. ☞ 6. 관할법원(소장제출법원)(73면) 참조

[서식] 소유권이전등기청구의 소(매매를 원인으로 한)

소 장

원 고 김 철 구(주민등록번호 -)
서울 종로구 원남로 123-4
소송대리인 변호사 이 재 훈
서울 종로구 관철로 123-45
(전화 , 팩스)

피 고 대한민국
법률상 대표자 법무부장관 ○ ○ ○

소유권이전등기청구의 소

청 구 취 지

1. 피고는 원고에게 서울 종로구 부암동 산 1423 임야 2,033㎡에 관하여 1971. 1. 22. 매매를 원인으로 한 소유권이전등기 절차를 이행하라.
2. 소송비용은 피고의 부담으로 한다.

라는 판결을 구합니다.

청 구 원 인

1. 청구취지 기재 임야는 해방전 일본인의 소유였다가 1945년 해방 이후 피고 대한민국에 권리 귀속된 재산인데, 원고는 1970. 1. 22. 피고로부터 위 임야를 대금 6,600환에 불하받고 그 후부터 소유의 의사로 점유, 관리해 오고 있으며 1971. 2. 22에는 위 대금을 피고에게 납부완료하였습니다.

2. 따라서 피고는 원고에게 위 임야에 관하여 소유권이전등기를 경료해 줄 의무가 있음에도 이를 지체하므로 그 이행을 구하고자 본소 청구에 이른 것입니다.

입 증 방 법

1. 토지등기부등본 (갑제 1호증)
1. 토지대장등본 (갑제 2호증)
1. 불하계약서 (갑제 3호증)
1. 영수증본 (갑제 4호증)
1. 회의록 사본 (갑제 5호증)
1. 그 외는 변론시 수시 제출코자 합니다.

첨 부 서 류

1. 위 입증방법 각1통
1. 소장부본 1통
1. 위임장 1통

20○○. 3. 5.

위 원고 소송대리인
변 호 사 이 재 훈 (인)

서울중앙지방법원 귀중

소 제기절차와 해설

◈ 소의 제기	소의 제기는 소장을 작성하여 법원에 제출하여야 한다. 소를 제기하려고 하는 사람은 소를 제기하기 전 충분한 사전조사를 할 필요가 있다. 사전조사에는 소를 제기하는 사건에 대한 승소의 가능성, 사실을 증명할 서류의 확보, 공격방법과 피고의 예상되는 방어방법, 보전처분의 필요성, 승소한 경우 강제집행실행의 가능성 등을 조사하여 그에 대처하여야 한다. 소를 제기하려면 적법한 소장의 요건을 갖추어야 하는데, 소장에는 필요적 기재사항 등이 기재되어 있고, 상당한 인지가 첩부되어 있어야 한다. ☞ 2. 소장의 작성요령(34면) 참조
◈ 소가산정	소를 제기할 때에는 소가를 산정하여야 한다. 소가는 사물관할을 정하는 표준이 되는 외에 원고가 소장 등을 제출할 때 납부할 인지액을 정하는 기준이 된다(민사소송등인지법 제2조 내지 제8조). ☞ 3. 소송목적의 값 산정방법(50면) 참조
◈ 인지첩부	제1심 소장에 첩부할 인지는 소송목적의 값에 따라 산출된 인지액을 붙여야 한다(민인법 제2조 제1항). ☞ 4. 첩부인지액의 산출 및 납부방법(71면) 참조
◈ 송 달 료	소장을 제출할 때에는 당사자 수에 따른 계산방식에 의한 송달료를 송달료수납은행에 납부하고 그 은행으로부터 교부받은 송달료납부서를 소장표지 뒷면에 떨어지지 않을 정도로 풀로 붙인다. ☞ 5. 송달료 납부방법(72면) 참조
◈ 관할법원	소는 피고의 보통재판적이 있는 곳의 법원이 관할한다(민소법 제2조). 소장은 피고의 주소지를 관할하는 법원에 제출하는 것이 원칙이나, 소송의 편의를 도모하기 위해 특별한 재판관할이 인정되고 있다. ☞ 6. 관할법원(소장제출법원)(73면) 참조

[서식] 소유권이전등기청구의 소(재건축관련)

소 장

원 고 무지개아파트 재건축조합
서울 마포구 아현로2길 205(우:)
대표자 조합장 성 민 수 (전화:)
소송대리인 변호사 이 태 호
서울 서초구 서초대로 1562의 3 삼성빌딩 302호(우:)
(전화 , 팩스)

피 고 1. 김 종 성 (주민등록번호 -)
서울 마포구 아현로2길 273 무지개아파트 7동 205호(우:)
(전화 , 팩스 , 휴대폰)

2. 박 민 호(주민등록번호 -)
서울 마포구 아현로2길 273 무지개아파트 7동 302호(우:)
(전화 , 팩스 , 휴대폰)

소유권이전등기의 소

청 구 취 지

1. 원고에게, 피고 김종성은 별지제7목록 기재 부동산에 관하여 20○○. 8. 28. 신탁(수탁자 원고. 등록번호 2238-11823)을 원인으로 한, 피고 박민호는 별지제2목록 기재 부동산에 관하여 20○○. 8. 26. 신탁(수탁자 원고, 등록번호 2238-11823)을 원인으로 한 각 소유권이전등기절차를 이행하라.
2. 소송비용은 피고들의 부담으로 한다

라는 재판을 구합니다.

청 구 원 인

1. 원고 조합은 20○○.경부터 서울 마포구 아현로2길 273의 57 필지 지상에 건립된 무지개APT 25개동소 760세대의 소유자들을 조합원으로 하여 기존의 아파트를 철거하고 그 대지위에 새아파트 및 부대시설을 건설하여 조합원의 주거안정을 목적으로 설립되었는데, 조합원늘이 참석한 총회에서 재건축 사업의 시행규모와 추진방법 등을 규정한 조합정관을 승인하고 임원을 선출한 다음 재건축 사업을 결의하였고, 20○○. 5. 4. 마포구청장으로부터 주택건설촉진법 제33조 및 동법시행령 제32조의 규정에 의하여 주택건설사업계획승인을 받았습니다.

2. 한편, 원고 조합은 20○○. 2. 소외 극동건설(주)를 시공회사로 선정한 후 이에 기하여 20○○. 7. 24. 위 회사와 사이에 이사건 재건축에 관한 공사도급계약을 체결하였고, 같은해 6. 4. 조합원들에게 같은달 5.부터 20○○. 1. 15.까지 6개월간을 이 주기간으로 정하여 위 기간동안 이주해 줄 것을 공고함에 따라 조합원들 중 679세대는 위 이주기간 동안 원고 조합의 보증아래 위 회사로부터 무이자로 금 45,700,000원. 이자 연13%로 금15,000,000일 등 합계 금 60,000,000원의 이주비를 지급받은 후 이주하였습니다.

3. 피고 김종성은 별지 제1목록기재 부동산을 소유하고 있으면서 20○○. 8. 28. 원고조합의 조합원으로 가입하였고, 피고 박민호는 같은 제2목록 기재 부동산을 소유하고 있으면서 20○○. 8. 26. 원고 조합의 조합원으로 가입하였는데, 원고 조합에 대하여 주택건설촉진법과 관련 법령에 의하여 재건축산업을 시행함에 있어 사업의 취지와 계획에 이의없이 동의하고 그 소유 별지목록기재 부동산을 출자하기 위하여 원고를 수탁자로 하는 소유권이전등기를 경료하여 주기로 하였습니다.

원고 조합 조합정관 제5조에는 원고 조합이 사업시행구역내의 아파트에 대한 권한을 위임받아 토지 및 건물을 현물로 출자하도록 되어 있고, 제8조에는 조합원은 기타 법령, 규정 및 정관과 총회의 의결사항을 준수할 의무가 있다고 되어 있으며, 부칙은 정관은 20○○. 11. 5. 임시총회에서 통과된 즉시 시행한다고 되어 있으므로 임시총회로 그 효력이 발생하였습니다.

4. 원고 조합은 조합원을 이주시키고 사업시행을 수행하고 있던 중, 피고들이 별지목록기재 부동산을 원고조합에 명도하지 아니하고 점유하고 있으므로 피고 김종성에 대하여 귀원 20 가합 4954 소유권이전등기 소송을, 피고 박민호에 대하여 귀원 20 가합5339 소유권이전등기 소송을 각 제기하여 승소판결을 받았는바, 피고들은 원고 조합에 신탁을 원인으로 한 소유권이전등기를 경료하지 않고 있으므로, 그 소유권이전등기를 구하고자 이사건 소에 이르렀습니다

입 증 방 법

1. 갑 제1호증 1내지2	각 등기부등본
1. 갑 제2호증	기타단체등록증명서
1. 갑 제3호증	정 관
1. 갑 제4호증	변경인가필증
1. 갑 제5호증	사업계획승인
1. 갑 제6호증의 1내지2	판 결
1. 갑 제7호증의 1,2	주민등록등본

20○○. 5. .

원고 무지개아파트 재건축조합의 소송대리인
변 호 사 박 종 규(인)

서울서부지방법원 귀중

소 제기절차와 해설

◆ 소의 제기	소의 제기는 소장을 작성하여 법원에 제출하여야 한다. 소를 제기하려고 하는 사람은 소를 제기하기 전 충분한 사전조사를 할 필요가 있다. 사전조사에는 소를 제기하는 사건에 대한 승소의 가능성, 사실을 증명할 서류의 확보, 공격방법과 피고의 예상되는 방어방법, 보전처분의 필요성, 승소한 경우 강제집행실행의 가능성 등을 조사하여 그에 대처하여야 한다. 소를 제기하려면 적법한 소장의 요건을 갖추어야 하는데, 소장에는 필요적 기재사항 등이 기재되어 있고, 상당한 인지가 첩부되어 있어야 한다. ☞ 2. 소장의 작성요령(34면) 참조
◆ 소가산정	소를 제기할 때에는 소가를 산정하여야 한다. 소가는 사물관할을 정하는 표준이 되는 외에 원고가 소장 등을 제출할 때 납부할 인지액을 정하는 기준이 된다(민사소송등인지법 제2조 내지 제8조). ☞ 3. 소송목적의 값 산정방법(50면) 참조
◆ 인지첩부	제1심 소장에 첩부할 인지는 소송목적의 값에 따라 산출된 인지액을 붙여야 한다(민인법 제2조 제1항). ☞ 4. 첩부인지액의 산출 및 납부방법(71면) 참조
◆ 송 달 료	소장을 제출할 때에는 당사자 수에 따른 계산방식에 의한 송달료를 송달료수납은행에 납부하고 그 은행으로부터 교부받은 송달료납부서를 소장표지 뒷면에 떨어지지 않을 정도로 풀로 붙인다. ☞ 5. 송달료 납부방법(72면) 참조
◆ 관할법원	소는 피고의 보통재판적이 있는 곳의 법원이 관할한다(민소법 제2조). 소장은 피고의 주소지를 관할하는 법원에 제출하는 것이 원칙이나, 소송의 편의를 도모하기 위해 특별한 재판관할이 인정되고 있다. ☞ 6. 관할법원(소장제출법원)(73면) 참조

[서식] 소유권이전등기절차이행청구의 소(취득시효완성을 원인으로 한)

소 장

원 고 고 유 한(주민등록번호 -)
○○ ○○구 ○○로 306
소송대리인 변호사 김 ○ ○
○○ ○○구 ○○로 29의6
(전화 , 팩스)

피 고 1. 정 수 상(주민등록번호 -)
○○ ○○구 ○○로 307
(전화 , 팩스 , 휴대폰)
2. 정 남 장(주민등록번호 -)
○○ ○○구 ○○로 257의4
(전화 , 팩스 , 휴대폰)

소유권이전등기절차이행청구의 소

청 구 취 지

1. 피고들은 원고에게 ○○시 ○○구 ○○로 307 대 65평 중 별지 도면표시 ㄱ, ㄴ,ㄷ,ㄹ,ㅁ,ㄱ, 의 각점을 순차로 연결한 선내 (가)부분 38평에 대한 각 2분의 1지분에 관하여 20○○. 4. 11. 취득시효 완성을 원인으로 한 소유권 이전등기 절차를 이행하라.
2. 소송비용은 피고들의 부담으로 한다.

라는 판결을 구합니다.

청 구 원 인

1. ○○시 ○○구 ○○로 307 대 65평은 전소유자가 소외 정군진이었는데, 위

정군진은 일자 미상경 소외 도남희(都○○)에게 위 대지 중 별지 도면표시 ㄱ,ㄴ,ㄷ,ㄹ,ㅁ,ㄱ의 각점을 순차로 연결한 선내 (가)부분 38평(이하 이 사건 대지라 줄여 씀)을 매도 하였고,

이를 인도 받은 위 도남희는 19○○. 4. 11. 그 소유권 이전등기를 경료하지 않은 채 원고의 부(夫)인 소외 망 길동무(1987. 9. 17. 사망)에게 대금000원에 매도하여 위 망 길동무가 이를 인도 받아 위 (가)부분 대지와 이에 인접한 위 같은 동 306 대지 양 필지상에 본래 있던 초가즙 주택 2동을 헐어버리고 이곳에 브룩크조 스래트즙 주택 1동을 지어 살다가 1987. 초경 원고에게 증여하였고,

이를 인도 받은 원고는 오늘에 이르기까지 이 사건 대지를 점유사용해 오고 있습니다.

2. 한편, 위 정군진은 20○○. 2. 2. 사망하여 피고들이 이 사건 대지를 협의 분할에 인한 재산 상속으로 피고들 명의로 각 2분의1지분씩 소유권이전등기를 경료하였습니다.

   따라서 이 사건 대지에 관하여는 위 망 길동무가 위 도남희로부터 매수하여 점유를 시작한 19○○. 4. 11.을 점유의 기산점으로 하여 1987. 초경 원고가 위 망인의 점유를 승계하여 20년이 지난 20○○. 4. 11.로서 취득시효가 완성되었다 할 것입니다.

3. 그렇다면 피고들은 원고에게 ○○시 ○○구 ○○로 307 대 65평 중 별지 도면표시 ㄱ,ㄴ,ㄷ,ㄹ,ㅁ,ㄱ의 각 점을 순차로 연결한 선내 (가)부분 38평에 대한 각 2분의1지분에 관하여 20○○. 4. 11. 취득시효 완성을 원인으로 한 소유권이전등기 절차를 이행하여야 할 것입니다.

입 증 방 법

갑제 1호증	대지매도 계약증서
갑제 2호증	등기부등본
갑제 3호증의1, 2	제적등본, 가족관계증명서

갑제 5호증의1, 2	토지대장등본, 개별공시지가 확인원
갑제 6호증	토지이이용계획 확인서
갑제 7호증	주민등록 등본

기타 변론시 필요에 따라 수시 제출 하겠음

`첨 부 서 류

1. 위 입증서류	각 1통
1. 소장부본	2통
1. 소송 위임장	1통

20○○. 6.

원고소송대리인

변호사 김 ○ ○

○○지방법원 귀중

소 제기절차와 해설

◆ 소의 제기	소의 제기는 소장을 작성하여 법원에 제출하여야 한다. 소를 제기하려고 하는 사람은 소를 제기하기 전 충분한 사전조사를 할 필요가 있다. 사전조사에는 소를 제기하는 사건에 대한 승소의 가능성, 사실을 증명할 서류의 확보, 공격방법과 피고의 예상되는 방어방법, 보전처분의 필요성, 승소한 경우 강제집행실행의 가능성 등을 조사하여 그에 대처하여야 한다. 소를 제기하려면 적법한 소장의 요건을 갖추어야 하는데, 소장에는 필요적 기재사항 등이 기재되어 있고, 상당한 인지가 첩부되어 있어야 한다. ☞ 2. 소장의 작성요령(34면) 참조
◆ 소가산정	소를 제기할 때에는 소가를 산정하여야 한다. 소가는 사물관할을 정하는 표준이 되는 외에 원고가 소장 등을 제출할 때 납부할 인지액을 정하는 기준이 된다(민사소송등인지법 제2조 내지 제8조). ☞ 3. 소송목적의 값 산정방법(50면) 참조
◆ 인지첩부	제1심 소장에 첩부할 인지는 소송목적의 값에 따라 산출된 인지액을 붙여야 한다(민인법 제2조 제1항). ☞ 4. 첩부인지액의 산출 및 납부방법(71면) 참조
◆ 송 달 료	소장을 제출할 때에는 당사자 수에 따른 계산방식에 의한 송달료를 송달료수납은행에 납부하고 그 은행으로부터 교부받은 송달료납부서를 소장표지 뒷면에 떨어지지 않을 정도로 풀로 붙인다. ☞ 5. 송달료 납부방법(72면) 참조
◆ 관할법원	소는 피고의 보통재판적이 있는 곳의 법원이 관할한다(민소법 제2조). 소장은 피고의 주소지를 관할하는 법원에 제출하는 것이 원칙이나, 소송의 편의를 도모하기 위해 특별한 재판관할이 인정되고 있다. ☞ 6. 관할법원(소장제출법원)(73면) 참조

[서식] 소유권이전등기절차이행등 청구의 소(대위에 의한 신탁관계 해지)

소 장

원 고 임 종 구(주민등록번호 -)
○○시 ○○구 ○○로 123-4
(전화 , 팩스)

피 고 1. 이 정 구(주민등록번호 -)
○○시 ○○구 ○○로 234-5
(전화 , 팩스 , 휴대전화)
2. 이 정 수(주민등록번호 -)
○○시 ○○구 ○○로 234-5
(전화 , 팩스 , 휴대전화)

소유권 이전등기 절차이행등 청구의 소

청 구 취 지

1. 피고 이정구는 같은 이정수에게 별지목록기재 부동산에 관하여 이사건 소장부존 송달일 신탁해지를 원인으로 한 소유권이전등기절차를 이행하라.
2. 피고 이정수는 원고에게 금2,437,189원 및 이에 대하여 이사건 소장 송달일부터 판결선고일까지는 연5푼, 그 다음날부터 완제일까지는 연 1할2푼의 비율에 의한 금원을 지급하라.
3. 소송비용은 피고들이 부담으로 한다.
4. 제2항은 가집행 할 수 있다.

라는 판결을 구합니다.

청 구 원 인

1. 원고는 20○○. 4. 1. 피고 이정수가 소외 ○○협동조합중앙회 ○○지점으로부터 가계대출로 금2,115,616원을 차용함에 있어 이에 대한 연대보증인이 되었습니다. 그 후 피고 이정수는 위 지점에 위 차용금에 대한 원리금을 변제하지 못하자 부득이 원고가 20○○. 11. 20. 위 지점에 원리금 2,437,189원을 대위변제하였습니다.
따라서 피고 이정수는 원고에게 위 대위변제금을 마땅히 지급하여야 할 것입니다.

2. 한편, 피고 이정수는 위 무렵 ○○시 ○○구 ○○로 123의4 대 311제곱미터 및 위지상 시멘트 스레트 지붕 단층 42.75제곱미터 주택1동을 소유하고 있었는데 20○○. 12. 21. 이를 소외 김철수에게 매도처분하고 동매도대금으로 별지목록 기재 부동산을 매수하였습니다.

3. 그런데 위 이정수는 위와 같이 위 부동산을 매수한 후 그 이전등기를 할 때 타에지고 있는 채무관계로 자신명의로 소유권이전등기를 하지 않고 그의 실제(實弟)인 피고 이정구 명의로 등기함으로써 명의신탁하였습니다.
따라서 원고는 무자격상태인 피고 이정수를 대위하여 이사건 소장부본 송달로써 피고들간의 위 명의신탁관계를 해지하는 바입니다.

4. 그렇다면, 피고 이정구는 같은 이정수에게 별지목록기재 부동산에 관하여 신탁해지를 원인으로 한 소유권이전등기절차를 이행하고, 피고 이정수는 원고에게 금2,437,189원 및 이에 대하여 이사건 소장부본 송달일부터 판결선고일까지는 민법소정의 연5푼, 그 다음날부터 완제일까지는 소송촉진등에 관한 특례법 소정의 연 1할2푼의 이율에 의한 지연손해금을 지급하여야 할 것입니다.

입 증 방 법

1. 대위변제확인서	갑제 1호증
1. 각 서	갑제 2호증

1. 사서증서인증서 갑제 3호증
1. 토지, 건물등기부등본 갑제 4호증의 1,2
1. 가족관계증명서 갑제 5호증
1. 토지, 건물등기부등본 갑제 6호증의 1,2
1. 토지대장등본 및 건축물관리대장등본 갑제 7호증의 1,2
1. 기타 변론시 적의 제출하겠음.

첨 부 서 류

1. 위 입증서류 각 1통
1. 소장부본 2통
1. 소송위임장 1통

20○○. 5. 11.

원고소송대리인 변호사 이 준

○○지방법원 귀중

소 제기절차와 해설

◆ 소의 제기	소의 제기는 소장을 작성하여 법원에 제출하여야 한다. 소를 제기하려고 하는 사람은 소를 제기하기 전 충분한 사전조사를 할 필요가 있다. 사전조사에는 소를 제기하는 사건에 대한 승소의 가능성, 사실을 증명할 서류의 확보, 공격방법과 피고의 예상되는 방어방법, 보전처분의 필요성, 승소한 경우 강제집행실행의 가능성 등을 조사하여 그에 대처하여야 한다. 소를 제기하려면 적법한 소장의 요건을 갖추어야 하는데, 소장에는 필요적 기재사항 등이 기재되어 있고, 상당한 인지가 첩부되어 있어야 한다. ☞ 2. 소장의 작성요령(34면) 참조
◆ 소가산정	소를 제기할 때에는 소가를 산정하여야 한다. 소가는 사물관할을 정하는 표준이 되는 외에 원고가 소장 등을 제출할 때 납부할 인지액을 정하는 기준이 된다(민사소송등인지법 제2조 내지 제8조). ☞ 3. 소송목적의 값 산정방법(50면) 참조
◆ 인지첩부	제1심 소장에 첩부할 인지는 소송목적의 값에 따라 산출된 인지액을 붙여야 한다(민인법 제2조 제1항). ☞ 4. 첩부인지액의 산출 및 납부방법(71면) 참조
◆ 송 달 료	소장을 제출할 때에는 당사자 수에 따른 계산방식에 의한 송달료를 송달료수납은행에 납부하고 그 은행으로부터 교부받은 송달료납부서를 소장표지 뒷면에 떨어지지 않을 정도로 풀로 붙인다. ☞ 5. 송달료 납부방법(72면) 참조
◆ 관할법원	소는 피고의 보통재판적이 있는 곳의 법원이 관할한다(민소법 제2조). 소장은 피고의 주소지를 관할하는 법원에 제출하는 것이 원칙이나, 소송의 편의를 도모하기 위해 특별한 재판관할이 인정되고 있다. ☞ 6. 관할법원(소장제출법원)(73면) 참조

[서식] 소유권이전등기말소등기청구의 소(부부재산-신탁해지, 원인무효)

소 장

원 고 김 혜 진(주민등록번호 -)
안양시 비산로2길 미산빌라 3동 205호 (우:)
원고 소송 대리인 변호사 최 종 호
서울 서초구 서초대로 1548 동광빌딩 305호 (우:)
(전화 , 팩스)

피 고 1) 주식회사 대신주택건설 대표이사 이 정 길
문경시 홍덕대로 237-3(우:)
(전화 , 팩스)
2) 주식회사 삼환토건설 대표이사 민수호
대구시 남구 봉덕3길 581-7(우:)
(전화 , 팩스)
3) 봉덕 2동 지역주택 합 수습대책 위원회
대구 남구 봉덕3길 697의 3(우:)
(전화 , 팩스)
4) 주식회사 서울세크
서울 강남구 삼성로1길 59-2 다산빌딩 303호
(전화 , 팩스)

부동산소유권 이전등기 말소등기 청구의소

청 구 취 지

1. 원고에게
별지목록 기재 1.2.3.4.5. 부동산에 관하여
1) 피고 주식회사 대신주택건설은 대구지방법원 19○○. 4. 29. 접수 제

22124호로 경료한 소유권이전 등기에 대하여 이건 소장부본 송달 다음날 명의신탁해지를 원인으로 한 소유권 이전등기의 말소등기 절차를 이행하고,

2) 피고 주식회사 삼환토건설은 대구지방법원 20○○. 6. 4. 접수 제23960호로 경료한 소유권 이전등기의 말소등기 절차를,

3) 피고 봉덕3동 지역 주택조합 수습대책위원회는 대구지방법원 20○○. 10. 28. 접수 제32965호로 경료한 소유권이전 등기의 말소등기절차를,

4) 피고 주식회사 서울테크는 대구지방법원 20○○. 6. 2. 접수 제28289호로 경료한 소유권 이전 등기의 말소등기 절차를 각 이행하라.

2. 소송비용은 피고의 부담으로 한다.

라는 판결을 구합니다 .

청 구 원 인

1. 별지 목록 기재 부동산(이하 이사건 부동산이라 함)은 19○○. 9. 6. 원고가 매수한 원고 소유의 부동산입니다.
2. 원고는 19○○. 3. 24. 이사건 부동산을 포함한 원고 소유의 문경시 흥덕동 소재 총25필지의 토지상에 상가 아파트 건축허가를 문경시청으로부터 얻은 후, 주택 자금을 융자받기 위해 이사건 부동산을 원고의 남편인 소외 장영신이 대표이사로 있는 주식회사 대신주택건설에 매도하는 형식을 빌어 명의신탁해 두었습니다.(갑 2호증 부동산소유권 명의 위탁약정서)
3. 그 후 이 사건 부동산은 위 장영신의 무지를 기화로 위 회사를 대표할 아무런 권한이 없는 소외 이경준의 사술에 의해 20○○. 6. 2. 매매를 원인으로 하여 피고 주식회사 삼환토건설 앞으로 원인 무효인 소유권이전등기가 경료되었던 것입니다. (갑 3호증의 1,2 판결문사본)
4. 이에 원고는 피고 주식회사 대신주택건설의 대표이사 직무대행자로 신청외 조민기에게 위임하여 피고 주식회사 삼환토건설을 피고로 한 이 사건 부동산을 포함한 총25필지의 부동산에 대하여 소유권 이전등기말소 청구의 소를 제기한 바,
5. 위 등기가 원인 무효라는 이유로 대구지방법원에서 승소한 후 20○○. 5. 14. 대구고등법원에서도 역시 같은 이유로 승소하였습니다.

그런데 위 소송 도중 피고 삼환토건설은 이 사건 부동산을 포함한 위 25필지의 부동산에 대하여 피고 봉덕3동 지역주택조합 수습대책위원회 앞으로, 또한 피고 봉덕3동 지역주택조합 수습대책위원회는 다시 피고 주식회사 서울테크 앞으로 각 소유권 이전등기를 경료하였던 것입니다.

6. 따라서 이사건 부동산을 포함한 원고 소유의 총 25필지 부동산에 대하여, 피고 주식회사 대신주택건설은 이사건 소장부본 송달 다음날 명의신탁해지를 원인으로 하여 소유권 이전등기 말소등기 절차의 이행을,
피고 주식회사 삼환토건설, 동 봉덕3동 지역주택조합 수습대책위원회, 동 주식회사 서울테크 명의로 경료된 각 소유권 이전 등기는 원인무효의 등기로 동 피고들은 원고에게 위 각 등기의 말소등기 절차를 이행할 의무가 있는바, 원고는 우선 이 사건 부동산에 대하여만 청구취지와 같은 판결을 구하고자 이 건 청구에 이른 것입니다.

입 증 방 법

1. 등기부등본　　갑 제1호증의 1,2,3,4,5
2. 부동산소유권명의위탁약정서　　갑 제2호증
3. 판결문사본　　갑 제3호증의 1,2
4. 건축허가신청서 및 허가서　　갑 제4호증

첨 부 서 류

1. 소송위임장
1. 토지대장

20○○.　1.

원고 소송대리인 변호사 최 종 호(인)

대구지방법원　귀중

소 제기절차와 해설

◆ 소의 제기	소의 제기는 소장을 작성하여 법원에 제출하여야 한다. 소를 제기하려고 하는 사람은 소를 제기하기 전 충분한 사전조사를 할 필요가 있다. 사전조사에는 소를 제기하는 사건에 대한 승소의 가능성, 사실을 증명할 서류의 확보, 공격방법과 피고의 예상되는 방어방법, 보전처분의 필요성, 승소한 경우 강제집행실행의 가능성 등을 조사하여 그에 대처하여야 한다. 소를 제기하려면 적법한 소장의 요건을 갖추어야 하는데, 소장에는 필요적 기재사항 등이 기재되어 있고, 상당한 인지가 첩부되어 있어야 한다. ☞ 2. 소장의 작성요령(34면) 참조
◆ 소가산정	소를 제기할 때에는 소가를 산정하여야 한다. 소가는 사물관할을 정하는 표준이 되는 외에 원고가 소장 등을 제출할 때 납부할 인지액을 정하는 기준이 된다(민사소송등인지법 제2조 내지 제8조). ☞ 3. 소송목적의 값 산정방법(50면) 참조
◆ 인지첩부	제1심 소장에 첩부할 인지는 소송목적의 값에 따라 산출된 인지액을 붙여야 한다(민인법 제2조 제1항). ☞ 4. 첩부인지액의 산출 및 납부방법(71면) 참조
◆ 송 달 료	소장을 제출할 때에는 당사자 수에 따른 계산방식에 의한 송달료를 송달료수납은행에 납부하고 그 은행으로부터 교부받은 송달료납부서를 소장표지 뒷면에 떨어지지 않을 정도로 풀로 붙인다. ☞ 5. 송달료 납부방법(72면) 참조
◆ 관할법원	소는 피고의 보통재판적이 있는 곳의 법원이 관할한다(민소법 제2조). 소장은 피고의 주소지를 관할하는 법원에 제출하는 것이 원칙이나, 소송의 편의를 도모하기 위해 특별한 재판관할이 인정되고 있다. ☞ 6. 관할법원(소장제출법원)(73면) 참조

[서식] 소유권이전등기말소청구의 소(사해행위 취소)

소 장

원 고 (주) 복남주택건설
대표이사 김 ○ ○
○○시 ○○구 ○○로 29-1
위 원고 소송대리인 변호사 김 ○ ○
○○시 ○○구 ○○로 18-1
(전화 , 팩스)

피 고 조 지 훈(주민등록번호 -)
○○ ○○구 ○○로 ○○길 4-6
(전화 , 팩스 , 휴대폰)

사해행위 취소, 소유권이전등기말소등기절차이행청구의 소

청 구 취 지

1. 피고가 20○○. 7. 6. 매매에 의하여 소외 (주) 동구건설로부터 별지 목록기재의 부동산을 양수한 행위는 이를 취소한다.
2. 피고는 원고에 대하여 위 부동산에 관하여 ○○지방법원 중부등기소 20○○. 7. 5. 접수 제400호로서 경료한 20○○. 7. 6.자 매매에 의한 소유권 이전등기의 말소등기절차를 이행하라.
3. 소송비용은 피고의 부담으로 한다.

라는 판결을 구합니다.

청 구 원 인

1. 원고의 채권

가) 원고는 주택건설업등을 영위하는 회사이고, 피고는 그의 형제인 소외 조무

훈, 조주훈등과 20○○. 3. 23. 주택건설업등을 영위하는 소외 (주) 동구건설을 설립하여 이사 및 대표이사직을 수행해 왔던 사람이며, 소외 하지만은 위 (주) 동구건설에 고용되어 현재 대표이사직을 맡고 있는 사람입니다.

나) 원고회사는 위 (주) 동구건설이 ○○시 ○○읍 ○○길 소재 ○○비치타워를 건립하면서 주택사업공제조합으로부터 돈 000원을 융자받을시 연대보증을 한 사실이 있는바, 위 (주) 동구건설이 위 융자금을 변제하지 않은 채 20○○. 8. 9.경 부도를 내므로 주택사업공제조합에서는 연대보증인인 원고회사에 거래중지의 통보를 했으며, 원고회사의 소유재산인 ○○시 ○○구 ○○로 ○○길 91-2 소재 부동산에 대하여 가압류(○○지방법원 2○카합 128호)를 하게 되어 원고회사는 재산권 행사를 하지 못함은 물론 위 융자금을 변제해야 할 처지에 있습니다.

다) 따라서 원고회사는 (주) 동구건설을 대위하여 위 융자금을 변제해야 하고 (주) 동구건설은 위 융자금 상당의 부당이득을 취하게 될 것인바, 원고회사는 (주) 동구건설에 대하여 위 융자금 상당의 구상금 혹은 부당이득금 반환의 채권을 가지고 있다 할 것입니다.

2. 피고등의 사해행위

가) 피고와 위 조무훈, 조주훈, 하지만 등은 (주) 동구건설의 이사 혹은 대표이사직을 이용하여 교묘한 방법으로 위 회사의 재산을 은닉 또는 처분해 왔으며, (주) 동구건설이 주택사업공제조합으로부터 융자받은 돈은 주택보급책의 일환으로 당해 사업장 (위 ○○비치타워)에 투자하고 그 사업이 종료된 때(준공시) 변제 상환되어야 함에도 위 아파트를 준공한 후에도 위 융자금을 변제하지 않던 중 부도일을 전후하여 (주) 동구건설 소유로 등기가 되어 있던 위 아파트 12세대분을 타에 소유권이전등기를 마쳤으며, 피고는 (주) 동구건설 소유의 별지 목록기재 부동산에 대하여 20○○. 8. 6. ○○지방법원 중부등기소 접수 제400호로서 매매를 원인으로 한 소유권이전등기를 마쳤습니다.

나) 피고는 형세인 위 조무훈, 조주훈 등과 함께 사실상의 (주) 동구건설의 사

주일뿐 아니라 위 회사의 이사 혹은 대표이사직을 수행해 오던 사람으로, 위 회사에서 주택사업공제조합으로 부터 융자받은 돈에 대한 내역이나 원고가 위 융자금에 대한 연대보증을 하므로 위 회사에서 위 융자금을 변제하지 않을 시 원고가 이를 변제해야 된다는 내용을 잘 알면서도 (주) 동구건설의 대표이사인 하지만과 공모하여 채권을 면탈할 목적으로 위 회사 부도일 무렵에 별지 목록기재 부동산을 양수한 악의의수익자 입니다.

3. 그러므로 사해행위 취소권에 기하여, 원고와 피고간에 있어서, 위 (주) 동구건설과 피고간의 별지 목록기재 부동산에 대한 매매의 취소및 피고에 대하여 위 소유권이전등기의 말소를 구하고자 이건 청구에 이른 것입니다.

입 증 방 법

1. 갑제1호증의1, 2	법인등기부등본
1. 갑제2호증의1, 2	주택사업공제조합 공문
1. 갑제3호증의1의12	한도거래보증채무약정서 및 대출보증신청서
1. 갑제4호증	진정서
1. 갑제5호증	등기부등본(원고소유 부동산 가압류)
1. 갑제6호증의1의13	등기부등본((주) 동구건설이 부도무렵 타에 양도한 부동산 내역)
1. 갑제7호증의1의4	등기부등본(별지 목록기재 부동산)

첨 부 서 류

1. 위 입증서류	각1통
1. 토지대장등본	4통

20○○. 12. .

위 원고 소송대리인 변호사 김 ○ ○

○○지방법원 귀중

<별 지>

부동산의 목록

1. ○○ ○○구 ○○로 455의15
   대 162.5㎡중
   공유자 지분 2/3(조지훈지분)

2. ○○시 ○○구 ○○로 455의20
   대 156.7㎡중
   공유자지분 2/3(조지훈 지분)

3. ○○ ○○구 ○○로 455의22
   대 155.9㎡중
   공유자지분 2/3(조지훈 지분)

4. ○○ ○○구 ○○로 455의23
   대 162.2㎡중
   공유자지분 2/3(조지훈 지분)

– 이상 –

소 제기절차와 해설

◆ 소의 제기	소의 제기는 소장을 작성하여 법원에 제출하여야 한다. 소를 제기하려고 하는 사람은 소를 제기하기 전 충분한 사전조사를 할 필요가 있다. 사전조사에는 소를 제기하는 사건에 대한 승소의 가능성, 사실을 증명할 서류의 확보, 공격방법과 피고의 예상되는 방어방법, 보전처분의 필요성, 승소한 경우 강제집행실행의 가능성 등을 조사하여 그에 대처하여야 한다. 소를 제기하려면 적법한 소장의 요건을 갖추어야 하는데, 소장에는 필요적 기재사항 등이 기재되어 있고, 상당한 인지가 첩부되어 있어야 한다. ☞ 2. 소장의 작성요령(34면) 참조
◆ 소가산정	소를 제기할 때에는 소가를 산정하여야 한다. 소가는 사물관할을 정하는 표준이 되는 외에 원고가 소장 등을 제출할 때 납부할 인지액을 정하는 기준이 된다(민사소송등인지법 제2조 내지 제8조). ☞ 3. 소송목적의 값 산정방법(50면) 참조
◆ 인지첩부	제1심 소장에 첩부할 인지는 소송목적의 값에 따라 산출된 인지액을 붙여야 한다(민인법 제2조 제1항). ☞ 4. 첩부인지액의 산출 및 납부방법(71면) 참조
◆ 송 달 료	소장을 제출할 때에는 당사자 수에 따른 계산방식에 의한 송달료를 송달료수납은행에 납부하고 그 은행으로부터 교부받은 송달료납부서를 소장표지 뒷면에 떨어지지 않을 정도로 풀로 붙인다. ☞ 5. 송달료 납부방법(72면) 참조
◆ 관할법원	소는 피고의 보통재판적이 있는 곳의 법원이 관할한다(민소법 제2조). 소장은 피고의 주소지를 관할하는 법원에 제출하는 것이 원칙이나, 소송의 편의를 도모하기 위해 특별한 재판관할이 인정되고 있다. ☞ 6. 관할법원(소장제출법원)(73면) 참조

[서식] 소유권이전등기말소청구의 소(매매원인)

소 장

원 고 강 선 중(주민등록번호 -)
서울 마포구 염리로 41-2
소송대리인 변호사 박 문 수
서울 서초구 서초대로 24 서울빌딩 201호
(전화 , 팩스)

피 고 오 창 섭(주민등록번호 -)
서울 중랑구 면목로 474-21
(전화 , 팩스 , 휴대폰)

소유권이전등기말소청구의 소

청 구 취 지

1. 피고는 원고에 대하여 별지목록 기재 부동산에 대한 대전지방법원 20○○. 7. 9. 접수 제17482호 매매를 원인으로 한 소유권이전등기의 말소등기절차를 이행하라.
2. 소송비용은 피고의 부담으로 한다.

라는 판결을 구합니다.

청 구 원 인

1. 원고는 20○○. 10. 6. 소외 박두성에게 별지목록 기재 부동산을 매도하면서 계약금은 위 부동산에 기 설정되어 있던 안두호 명의의 소유권이전 청구권 보전의 가등기의 말소비용으로 하고 잔금은 450,000,000으로 하여 소유권이전등기를 경료한 후 5개월내에 위 잔금을 지급하되 이를 이행하지 못할 시엔 위 계약을 무효로 하기로 약정하였습니다.

2. 그러나 위 박두성을 위 매수자금을 마련하지 못하여 소외 성찬균의 임야 및 소외 신명수 소유의 가옥을 담보로 대출하여 위 가등기를 정리하려고 하였으나 위 임야나 가옥은 담보가치가 부족하여 대출이 어려워지자 위 박두성이 원고에게 우선등기 이전을 해주면 곧 매매대금 전액을 지급하겠다고 하여 같은 해 12. 23. 본건 부동산에 대하여 가등기권자인 안두호의 협조를 얻어 직접 박두성에게 소유권이전등기를 하도록 해 주었던바 이때 박두성은 원고에게 위 소외 성찬균과 같은 신명수가 담보를 제공하는 댓가로 동인들을 공유자로 등재시키겠다고 하여 원고는 이 박두성의 요구대로 매수자금의 융통편의를 위하여 위 성찬균과 신명수를 포함하여 4인 명의로 공유등기를 경료하여 주었고 원고는 원래 박두성에게 이전등기를 해준 후 잔금 수령시까지 원고 명의로 가등기를 해 놓으려고 하였으나 등기의 편의상 원고를 포함하여 공유지분 등기를 하였던 것입니다.

3. 위와 같이 4인 명의로 공유등기를 경료한 직후 본건 부동산을 담보로 소외 최일섭, 임이문, 임삼주등으로부터 총 금250,000,000원을 차용하여 그중 금185,000,000원을 위 안두호에게 지급하고 나머지는 등기비용등으로 사용하였던 것이나 그후 박두성은 약속된 5개월이 지나도록 잔금을 지급치 아니하고 계속하여 지연함으로 원고는 20○○. 6. 3과 같은달 21. 2회에 걸쳐서 박두성에게 계약불이행을 고지하고 위 성찬균 및 신명수 명의의 등기의말소를 이행할 것을 통보하였던바,

4. 위 신명수는 명의신탁해지를 인정하였으나 성찬균이 이에 응하지 않고 자신의 임야를 담보로 돈을 투자하였다며 등기말소에 협조하지 아니하자 박두성은 같은해 7. 8. 소외 홍삼원이 소개한 피고로부터 금700,000,000원을 차용하기로 했으니 위 차용금으로 원고에게 잔금을 즉시 지불하겠다고 사정하여 원고는 다시 한번 이를 믿고 기다렸던 바 위 박두성은 피고에게 자신과 신명수의 지분을 합한 전체의 2분지 1을 피고에게 매도하는 형식으로 등기이전을 하여 주고 금700,000,000원을 차용하기로 하였으나 피고는 1차로 금500,000,000원을 지급하고 즉시 2차로 금200,000,000원을 지급하겠다고 하여 우선 금500,000,000원만 받기로 하였습니다.

5. 그러나 피고는 2차분으로 지급하기로 했던 금200,000,000원을 지급하지 아니하였고 또한 1차 지급하기로 했던 금500,000,000원에 대하여도 2개월분 선이자로 금30,000,000원, 등기비용으로 40,000,000원, 대출소개자 홍삼원에 대한 커미션으로 금130,000,000원등 총 금200,000,000원을 부당하게 공제하고 실제로는 나머지 금300,000,000원만을 지급하였습니다.
그러면서 피고는 위 박두성에게 이에 대한 일체의 이의제기를 하지 않는다는 계약서를 작성하여 공증하도록 강요하여 위 박두성은 자신이 처해 있던 궁박한 처지때문에 아무런 대항을 하지 못하고 그에 응해 주었던 것입니다. 더구나 박두성은 위와 같이 차용한 돈을 다른 사람에 대한 채무 변제에 전액을 사용하고 믿고 기다리고 있던 원고에게는 약속한 잔금을 전혀 지급하지 아니하였습니다.

6. 그러므로 원고와 위 박두성간에 체결된 매매계약은 위 박두성 자신의 위약으로 당초의 약정에 따라 무효입니다. 따라서 이를 기초로 한 피고명의의 소유권이전등기 또한 당연무효라고 하지 않을 수 없습니다.
아울러 위 박두성과 피고간의 금전소비대차계약과 이에 대한 대출금상환계약은 위 박두성의 궁박한 상태로 인하여 현저하게 공정을 잃은 불공정한 법률행위로써 무효임으로 이에 터 잡아 피고명의의 본건 부동산에 대한 소유권이전등기의 말소를 구하고저 이건 청구를 하오니 청구취지와 같은 판결을 하여 주시기 바랍니다.

소 명 방 법

1. 갑제1호증 건물등기부등본
1. 갑제2호증 대출금 상환 계약공정증서
1. 갑제3호증 사실확인서
1. 기타 변론시 수시 제출하겠음.

첨 부 서 류

1. 위 입증방법 각1통
1. 소장부본 1통

1. 납부서 1통

20○○. 12. .

위 원고 소송대리인

변호사 박 문 수 (인)

서울중앙지방법원 귀중

<별지목록>

목 록

대전시 유성구 가정로2길 289-4

위 지상

철근콘크리트조 슬래브지붕 5층 보이라실, 주차장, 식당, 시장, 미용실, 아파트

지하실 1725.0제곱미터 1층 1755.0제곱미터

2층 1755.0제곱미터 3층 1242.4제곱미터

4층 1242.4제곱미터 5층 1242.4제곱미터중

지하실(주차장 및 식당) 1620.0제곱미터

(내역 : 주차장 1458.75제곱미터 식당 162.25제곱미터

1층 1호(시장) 396.80제곱미터 2호 109.51제곱미터

3호 45.99제곱미터 4호 117.48제곱미터

5호 48.78제곱미터 6호 77.69제곱미터

7호 72.42제곱미터 8호 109.52제곱미터

9호 99.47제곱미터 10호 92.73제곱미터

11호 134.90제곱미터 12호 90.52제곱미터

13호 82.24제곱미터 14호 56.53제곱미터

15호 60.63제곱미터 16호 80.10제곱미터

17호 79.69제곱미터

1층·2층(미용실 및 시장) 각 1755.0제곱미터

중 3510제곱미터 중 4분지 2 오창섭 지분 끝.

소 제기절차와 해설

◆ 소의 제기	소의 제기는 소장을 작성하여 법원에 제출하여야 한다. 소를 제기하려고 하는 사람은 소를 제기하기 전 충분한 사전조사를 할 필요가 있다. 사전조사에는 소를 제기하는 사건에 대한 승소의 가능성, 사실을 증명할 서류의 확보, 공격방법과 피고의 예상되는 방어방법, 보전처분의 필요성, 승소한 경우 강제집행실행의 가능성 등을 조사하여 그에 대처하여야 한다. 소를 제기하려면 적법한 소장의 요건을 갖추어야 하는데, 소장에는 필요적 기재사항 등이 기재되어 있고, 상당한 인지가 첩부되어 있어야 한다. ☞ 2. 소장의 작성요령(34면) 참조
◆ 소가산정	소를 제기할 때에는 소가를 산정하여야 한다. 소가는 사물관할을 정하는 표준이 되는 외에 원고가 소장 등을 제출할 때 납부할 인지액을 정하는 기준이 된다(민사소송등인지법 제2조 내지 제8조). ☞ 3. 소송목적의 값 산정방법(50면) 참조
◆ 인지첩부	제1심 소장에 첩부할 인지는 소송목적의 값에 따라 산출된 인지액을 붙여야 한다(민인법 제2조 제1항). ☞ 4. 첩부인지액의 산출 및 납부방법(71면) 참조
◆ 송 달 료	소장을 제출할 때에는 당사자 수에 따른 계산방식에 의한 송달료를 송달료수납은행에 납부하고 그 은행으로부터 교부받은 송달료납부서를 소장표지 뒷면에 떨어지지 않을 정도로 풀로 붙인다. ☞ 5. 송달료 납부방법(72면) 참조
◆ 관할법원	소는 피고의 보통재판적이 있는 곳의 법원이 관할한다(민소법 제2조). 소장은 피고의 주소지를 관할하는 법원에 제출하는 것이 원칙이나, 소송의 편의를 도모하기 위해 특별한 재판관할이 인정되고 있다. ☞ 6. 관할법원(소장제출법원)(73면) 참조

[서식] 소유권이전청구권보전가등기말소청구의 소(매매예약)

소 장

원 고 유 재 선(주민등록번호 -)
서울 강남구 삼성로 12 태양빌라 201호
공부상 주소 서울 강남구 수서로 321-20
소송대리인 변호사 이 수 복
서울 서초구 서초대로 12-30(우편번호 13770)
(전화 , 팩스 ,휴대폰)

피 고 이 충 식(주민등록번호 -)
서울 강남구 포이로 123-45(우편번호 13560)
공부상주소 서울 강남구 수서로 123-40
(전화 , 팩스 , 휴대폰)

소유권이전의 청구권보전가등기말소등기이행청구의 소

청 구 취 지

1. 피고는 원고에게 별지목록 기재의 묘지에 대하여 서울중앙지방법원 20○○. 6. 11. 접수 제1234호로서 한 20○○. 7. 12. 매매예약에 인한 소유권이전의 청구권보전 가등기의 말소등기절차를 이행하라.
2. 소송비용은 피고의 부담으로 한다.

라는 판결을 구합니다.

청 구 원 인

1. 피고는 별지목록 기재의 묘지에 대하여 원, 피고간 20○○. 7. 12. 매매예약에 인한 소유권이전의 청구권보전가등기를 서울중앙지방법원 20○○. 7. 15. 접수 제1234 호로서 필하였습니다.

2. 그러나 원고는 피고와의 사이에 본건 묘지에 대하여 매매예약을 체결한 사실이 없습니다.

3. 따라서 위 가등기는 등기원인을 결한 무효의 등기이므로 이의 말소등기절차를 구하기 위하여 본소 청구에 이른 것입니다.

입 증 방 법

1. 등기부등본 (갑제 1호증)
1. 토지대장등본 (갑제 2호증)
1. 그 외는 변론시 수시 제출코자 합니다.

첨 부 서 류

1. 위 입증방법 각1통
1. 위임장 1통
1. 납부서 1통

20○○. 3. 7.

위 원고 소송대리인
변호사 이 수 복 (인)

서울중앙지방법원 귀중

소 제기절차와 해설

◆ 소의 제기	소의 제기는 소장을 작성하여 법원에 제출하여야 한다. 소를 제기하려고 하는 사람은 소를 제기하기 전 충분한 사전조사를 할 필요가 있다. 사전조사에는 소를 제기하는 사건에 대한 승소의 가능성, 사실을 증명할 서류의 확보, 공격방법과 피고의 예상되는 방어방법, 보전처분의 필요성, 승소한 경우 강제집행실행의 가능성 등을 조사하여 그에 대처하여야 한다. 소를 제기하려면 적법한 소장의 요건을 갖추어야 하는데, 소장에는 필요적 기재사항 등이 기재되어 있고, 상당한 인지가 첩부되어 있어야 한다. ☞ 2. 소장의 작성요령(34면) 참조
◆ 소가산정	소를 제기할 때에는 소가를 산정하여야 한다. 소가는 사물관할을 정하는 표준이 되는 외에 원고가 소장 등을 제출할 때 납부할 인지액을 정하는 기준이 된다(민사소송등인지법 제2조 내지 제8조). ☞ 3. 소송목적의 값 산정방법(50면) 참조
◆ 인지첩부	제1심 소장에 첩부할 인지는 소송목적의 값에 따라 산출된 인지액을 붙여야 한다(민인법 제2조 제1항). ☞ 4. 첩부인지액의 산출 및 납부방법(71면) 참조
◆ 송 달 료	소장을 제출할 때에는 당사자 수에 따른 계산방식에 의한 송달료를 송달료수납은행에 납부하고 그 은행으로부터 교부받은 송달료납부서를 소장표지 뒷면에 떨어지지 않을 정도로 풀로 붙인다. ☞ 5. 송달료 납부방법(72면) 참조
◆ 관할법원	소는 피고의 보통재판적이 있는 곳의 법원이 관할한다(민소법 제2조). 소장은 피고의 주소지를 관할하는 법원에 제출하는 것이 원칙이나, 소송의 편의를 도모하기 위해 특별한 재판관할이 인정되고 있다. ☞ 6. 관할법원(소장제출법원)(73면) 참조

[서식] 손해배상청구의 소(무면허운전사고)

소 장

원 고 1. 이 싱 민 (주민등록번호 -)
2. 김 명 순(주민등록번호 -)
3. 이 정 수(주민등록번호 -)
4. 이 문 수(주민등록번호 -)
5. 이 혜 라(주민등록번호 -)
원고들 주소 서울 서초구 서초대로 253
원고 4.5는 미성년자이므로
법정 대리인 친권자 부 이 성 만
모 김 명 순
소송 대리인 변호사 이 정 문
서울 서초구 서초대로 정국빌딩 201호
(전화 , 팩스 , 휴대폰)

피 고 1. 정 두 칠(주민등록번호 -)
서울 도봉구 상계로 123
(전화 , 팩스 , 휴대폰)
2. 유 명 득(주민등록번호 -)
서울 강남구 신사로 123
(전화 , 팩스 , 휴대폰)
3. 주 성 진(주민등록번호 -)
서울 서초구 서초대로 321
(전화 , 팩스 , 휴대폰)

손해배상(자)청구의 소

청 구 취 지

1. 피고들은 연대하여

원고 이 성 만 에게 금119,588,320원

원고 김 명 순 에게 금117,588,320원

원고 이 정 수 에게 금 1,000,000원

원고 이 문 수 에게 금 1,000,000원

원고 이 혜 라 에게 금 1,000,000원

및 위 각 금원에 대하여 20○○. 2. 28부터 판결선고시 까지는 연 5푼 그 다음날부터 완제일까지 연 1할 2푼의 비율에 의한 금원을 지급하라.

2. 소송비용은 피고들의 부담으로 한다.

3. 제1항은 가집행할 수 있다.

라는 판결을 구합니다.

청 구 원 인

1. 원고들의 신분관계

원고 이성만은 이사건 교통사고로 사망한 소외 망 이동수의 아버지, 원고 김명순은 망인의 어머니, 같은 이정수, 같은 이문순, 같은 이혜라는 망인의 형제자매들입니다.

2. 손해배상책임의 발생

가. 피고 유명득은 서울 1마 1234호 포터 1톤 화물차의 운전수이며, 피고 주성진은 위 차량의 소유자로서 식당에 식품재료를 공급하는 일을 영업으로 하고 있으며 위 유명득을 직원으로 고용하고 있는 고용주이다.

나. 피고 유명득이 20○○. 2. 28. 15 : 00경 위 차량을 운전하고 서울 서초구 서초대로 소재 기사식당 앞길에 이르러 위 차량에 차량열쇠를 꽂은 채로 정차하여 놓고 기사식당에 공급할 식품을 갖다 주러 식당 안으로 들어간 사이에 식당 종업원인 피고 정두철은 호기심에 자동차 운전 면허도 없이 위 차량을 운전하게 되었습니다.

다. 그리하여 피고 정두철은 그 시간 서울 서초구 양재동 소재 교육회관 앞길에서 위 자동차를 운전하여 양재동 방면에서 우체국 방면으로 후진하게 되었는 바, 이러한 경우 피고 정두철로서는 제동장치 및 조향장치를 정확히 조작하여 잘살펴 안전을 확인하고 후진하는등 사고발생을 미연에 방지 하여야 할 업무상 주의의무가 있음에도 불구하고 이를 게을리 한채 후진한 과실로 위 교육회관 앞길을 지나넌 피해자 이동수를 화물차 적재함 뒷부분으로 충격 노면에 넘어뜨려 심 정지 등으로 즉사케 하였습니다.

라. 화물차 운전수인 피고 유명득으로서는 차량을 정차하고 차량에서 떠나는 경우 차량열쇠를 스스로 보관하는등으로 차량관리에 만전을 기하여야 함에도 위 차량에 열쇠를 꽂아둔 채 차량을 떠난 과실로 이 사건 사고가 발생하게 된 것입니다.

마. 그렇다면 피고 정두철, 같은 유명득은 불법행위자로서 피고 주성진은 피고 유명득의 사용자로서 이동수 및 원고들에게 가한 재산적 정신적 손해를 배상할 책임이 있습니다.

3. 손해배상의 범위

가. 일실 수익

(1) 소외 망 이동수는 19○○. 7. 26생으로 이 사건 사고 당시 24세 7개월 남짓한 신체건강한 남자였으며 그 나이의 우리나라 남자의 평균여명은 47. 64년 입니다.

(2) 망 이동수는 20○○. 3. 강남고등학교를 졸업하고 가수가 되기 위해 음악수업을 받아 오다가 20○○. 6. 9. 사단법인 한국연예협회가 주관하고 메아리레코드사에서 협찬하는 신인가수선발대회에서 가수가 되었고 20○○. 6월경부터 사고일 무렵까지 시내 신세대스텐드바등에 가수로 출연하여 왔으며 위 신인가수선발대회협찬처인 메아리레코드사에서 20○○. 3월경 망인의 노래를 음반 제작 하기로 하였으므로 망인은 이를 위해 나홀로, 기러기, 풀꽃, 나그네 등의 노래를 녹음한 상태에서 이 사건 사고로 사망하였습니다. 망인의 사망 후 위 노래가 수록된 이동수 독집 추모 테이프가 제작되어 발매되고 있습니다. 한편 망인은 사고전 20○○. 2. 2. 병무청으로 부터 소집 면제 처분을 받은 바 있습니다.

(3) 따라서 망 이동수는 이 사건 사고가 없었더라면 최소한 직종별 임금실태조사보고서상의 남자연예인으로서 매월 금1,407,354원 {월급여총액 987,911원 + 연간특별급여액 5, 033,320원 ÷ 12 원 미만은 버림 이하같음} 의 소득중 자신의 생계비를 공제한 금938,236원(1,407,354원 × 2/3)의 소득을 사고일로부터 평균여명 가동연한인 60세가 될 때까지 (460개월 남짓함) 월차적으로 얻지 못하는 손해를 입었는 바, 이 사건 사고일을 기준으로 일시에 지급받고자 하므로 월 5/12푼의 비율에 의한 중간이자를 공제하는 호프만식 계산법에 따라 사고 당시의 현가를 산정하면 금225, 176,640원(938,236 × 단리연금현가율 240)이 되므로 이 금원의 지급을 구합니다.

나 장례비

망인의 아버지인 원고 이성만은 망인의 장례비로 금2,000,000원을 지출하였습니다.

다. 위 자 료

망인이 촉망받는 가수로서 주위의 기대도 매우 컸는 바, 이 사건 사고로 망인 및 원고들이 크나큰 고통을 받았으므로 피고들은 이를 금전으로 위자할 의무가 있는 바, 위자료로 망인에게 금10,000,000원 부모인 원고 이성만, 원고 김명순에게 각 5,000,000원, 형제자매들인 원고 이정수, 같은 이성수, 같은 이혜라에게 각 금1,000,000원을 지급함이 상당합니다.

라. 상속관계

망인의 일실소득금 225,176,640원 위자료 금10,000,000원 합계 235,176,640원은 망인의 사망으로 부모인 원고 이성만, 같은 김명순이 법정 상속분에 따라 각117,588,320원씩 승계취득 하였습니다.

4. 결 론

그렇다면 피고들은 연대하여 원고 이성만에게 금119,588,320원, 원고 김명순에게 금117,588,320원, 원고 이정수, 같은 이문수, 같은 이혜라에게 각금 1,000,000원 및 각 이에 대한 이 사건 사고일인 20○○. 2. 28부터 판결선고일까지는 연 5푼 그 다음 날부터 완제일까지 연 1할2푼의 비율에 의한 금원을 지급할 의무가 있으므로 청구취지와 같은 판결을 구합니다.

입 증 방 법

갑제 1 호증	가족관계증명서
갑제 2 호증	자동차등록원부
갑제 3 호증의 1	표준생명표 표지
〃 2	위 내용
갑제 4 호증의 1	직종별임금실태조사보고서 표지
〃 2	위 내용
갑제 5 호증	병적증명(조회)원서
갑제 6 호증	확 인 시
갑제 7 호증	상 장
갑제 8 호증	증명서
갑제 9 호증	각 서

첨 부 서 류

1. 위 각 입증방법	각1통
1. 소송대리 위임장	1통
1. 소장부본	3통

200 . 4. .

원고들 소송 대리인
변호사 이 정 문 (인)

서울중앙지방법원 귀중

소 제기절차와 해설

◈ 소의 제기	소의 제기는 소장을 작성하여 법원에 제출하여야 한다. 소를 제기하려고 하는 사람은 소를 제기하기 전 충분한 사전조사를 할 필요가 있다. 사전조사에는 소를 제기하는 사건에 대한 승소의 가능성, 사실을 증명할 서류의 확보, 공격방법과 피고의 예상되는 방어방법, 보전처분의 필요성, 승소한 경우 강제집행실행의 가능성 등을 조사하여 그에 대처하여야 한다. 소를 제기하려면 적법한 소장의 요건을 갖추어야 하는데, 소장에는 필요적 기재사항 등이 기재되어 있고, 상당한 인지가 첩부되어 있어야 한다. ☞ 2. 소장의 작성요령(34면) 참조
◈ 소가산정	소를 제기할 때에는 소가를 산정하여야 한다. 소가는 사물관할을 정하는 표준이 되는 외에 원고가 소장 등을 제출할 때 납부할 인지액을 정하는 기준이 된다(민사소송등인지법 제2조 내지 제8조). ☞ 3. 소송목적의 값 산정방법(50면) 참조
◈ 인지첩부	제1심 소장에 첩부할 인지는 소송목적의 값에 따라 산출된 인지액을 붙여야 한다(민인법 제2조 제1항). ☞ 4. 첩부인지액의 산출 및 납부방법(71면) 참조
◈ 송 달 료	소장을 제출할 때에는 당사자 수에 따른 계산방식에 의한 송달료를 송달료수납은행에 납부하고 그 은행으로부터 교부받은 송달료납부서를 소장표지 뒷면에 떨어지지 않을 정도로 풀로 붙인다. ☞ 5. 송달료 납부방법(72면) 참조
◈ 관할법원	소는 피고의 보통재판적이 있는 곳의 법원이 관할한다(민소법 제2조). 소장은 피고의 주소지를 관할하는 법원에 제출하는 것이 원칙이나, 소송의 편의를 도모하기 위해 특별한 재판관할이 인정되고 있다. ☞ 6. 관할법원(소장제출법원)(73면) 참조

[서식] 손해배상청구의 소(교통사고 가해자와 보험회사를 연대로 한 청구)

소 장

원 고 1. 김 선 일(주민등록번호 -)
2. 김 병 선(주민등록번호 -)
3. 김 미 숙(주민등록번호 -)
4. 김 문 희(주민등록번호 -)
원고들 주소 서울 서초구 방배로 123
공주아파트 101동 101호 (우편번호 13760)
5. 김 찬 순(주민등록번호 -)
서울 중랑구 면목로 724 경일아파트 3동 201호
(우편번호 13100)
6. 김 정 희(주민등록번호 -)
같은 곳
위 원고 1, 4는 미성년자이므로 법정대리인
친 권 자 부 김 병 선
모 장 미 숙
소송대리인 변호사 이 상 진
서울 서초구 서초대로 123(우편번호 13170)
(전화 , 팩스)

피 고 1. 박 재 석(주민등록번호 -)
서울 강남구 논현로 10 서진아파트가-504 (우편번호 13510)
2. 동일화재해상보험주식회사
대표이사 박 진 형
서울 중구 필동 158-3 (우편번호 10510)
(전화 , 팩스)

손해배상청구의 소

청 구 취 지

1. 피고들은 연대하여

원고 김 선 일	에게	금18,000,000원
원고 김 병 선	에게	금 4,000,000원
원고 장 미 숙	에게	금 4,000,000원
원고 김 문 희	에게	금 1,000,000원
원고 김 정 희	에게	금 1,000,000원
원고 김 찬 순	에게	금 1,000,000원

및 각 이에 대하여 20○○. 9. 16부터 이 사건 판결선고일 까지는 연 5푼의, 그 다음 날부터 완제일까지는 연 1할 2푼의 각 비율에 의한 금원을 지급하라.

2. 소송비용은 피고들의 부담으로 한다.

3. 제1항은 가집행할 수 있다.

라는 판결을 구합니다.

청 구 원 인

1. 원·피고들의 관계

원고 김선일은 이 사건 교통사고 피해자, 원고 김병선, 같은 장미숙은 원고 김선일의 부모, 같은 김찬순, 같은 김문희, 같은 김정희는 원고 김선일의 누나들이고,

피고 박재석은 서울 1마 1234호 르망 승용차 소유자겸 운전자, 피고 동일화재해상보험주식회사는 각종보험 및 재보험의 계약체결과 그 계약에 의한 보험료 징수와 보험금의 지급 및 그와 관련된 부대사업을 목적으로 한 회사로서 피고 박재석의 소유인 위 르망 승용차에 대하여 자동차 종합보험을 체결한 회사입니다.

2. 손해배상 책임의 발생

피고 박재석은 서울 1마 1234호 르망 승용차 소유자겸 운전자로 20○○. 9. 16. 16 : 00경 서울 서초구 방빼로 서문여고 앞 약 50미터 떨어진 지점을 위 차

량을 운전하여 사당동 쪽에서 동작동 방면으로 1차선을 이용 시속 약 50키로미터 진행중전방좌우를 잘살펴 진로의 안전을 확인하여야 할 주의 의무가 있음에도 이를 게을리 한채 운전한 과실로 때마침 진행 방향 좌측에서 우측으로 횡단하는 원고 김선일을 발견하고 제동을 가하였으나 이에 미치지 못하고 위 차량 좌측 백밀러로 피해자 김선일을 충격, 지상에 전도시켜 원고 김선일로 하여금 우경골 원위부 분쇄골절, 자폐증, 피부결손등의 상해를 입게 한 것입니다.

따라서 피고 박 재석은 불법행위자 및 차량소유자, 피고 동일화재해상보험주식회사는 피고 박 재석의 르망 승용차에 대하여 자동차 종합보험계약을 체결한 보험회사로서 원고들에게 가한 정신적 손해를 연대하여 배상할 책임이 있습니다.

3. 손해배상 범위

가. 일실 수익

원고 김선일은 19○○. 2. 25생으로 이사건 사고당시 16세 9개월 남짓한 신체건강한 남자였고, 그 나이 우리나라 남자의 평균여명은 52.38년으로 사고 당시인 20○○. 11월경 도시일용노동에 종사하는 남자 1일 임금은 금21,200원이므로 추후 감정결과에 따른 노동능력 감퇴율에 따라 산출된 일실소득중 우선 금 10,000,000원의 지급을 구합니다.

나. 향후치료비 및 보조구비

감정결과에 따라 추후 청구하겠습니다.

다. 개 호 비

감정결과에 따라 추후 청구하겠습니다.

라. 위 자 료

원고 김선일은 이 사건 사고로 인하여 우경골 원위부 분쇄골절, 자폐증, 피부결손, 골수염등의 상해를 입어 장애가 예상되는 바, 평생동안 신체장애로 생활하는데 불편을 가져올 것이며 원고들의 정신적 고통은 또한 클 것임은 경험칙상 명백하므로 피고들은 이를 금전으로나마 위자할 의무가 있으므로 원고들의 나이, 가족관계, 사고경위 및 결과등을 참작하여 위자료로 원고 김선일에게 금8,000,000원, 같은 김병선, 같은 장미숙에게 각 금4,000,000원씩, 같은 김찬순, 같은 김정희, 같은 김문희에게 각금 1,000,000원씩 지급함이 상당합니다.

4. 결 론

그렇다면 피고들은 연대하여 원고 김선일에게 금18,000,000원(일실수익 10,000,000+위자료 8,000,000원) 같은 김병선, 같은 장미숙에게 각 금 4,000,000원(위자료)씩, 같은 김찬순, 같은 김문희, 같은 김정희에게 각금 1,000,000원(위자료)씩 및 이에 대하여 20○○. 9. 16부터 이사건 판결 선고일까지는 연 5푼의, 그 다음 날부터 완제일까지 소송촉진등에 관한 특례법 소정의 연 1할 2푼의 각 비율에 의한 금원을 지급할 의무가 있으므로 그 의무이행을 구하기 위하여 이건 청구에 이른것입니다.

입 증 방 법

갑 제1호증	가족관계증명서
갑 제2호증 1	주민등록등본
2	〃
갑 제3호증	자동차등록 원부
갑 제4호증	법인등기부 등본
갑 제5호증의 1	진 단 서
2	진 단 서
갑 제6호증의 1	한국인의 표준생명표 표지
2	위 내용
갑 제7호증의 1	월간거래 가격 표지
2	위 내용
갑 제8호증의 1	입원치료 확인서
2	입원치료 확인서

3 치료사실 확인서(입원)

첨 부 서 류

1. 위 각 입증방법 각1통
1. 위 임 장 1통
1. 소장부본 2통

20○○. 8. .

원고들 소송 대리인
변 호 사 이 상 진 (인)

서울중앙지방법원 귀중

소 제기절차와 해설

◆ 소의 제기	소의 제기는 소장을 작성하여 법원에 제출하여야 한다. 소를 제기하려고 하는 사람은 소를 제기하기 전 충분한 사전조사를 할 필요가 있다. 사전조사에는 소를 제기하는 사건에 대한 승소의 가능성, 사실을 증명할 서류의 확보, 공격방법과 피고의 예상되는 방어방법, 보전처분의 필요성, 승소한 경우 강제집행실행의 가능성 등을 조사하여 그에 대처하여야 한다. 소를 제기하려면 적법한 소장의 요건을 갖추어야 하는데, 소장에는 필요적 기재사항 등이 기재되어 있고, 상당한 인지가 첩부되어 있어야 한다. ☞ 2. 소장의 작성요령(34면) 참조
◆ 소가산정	소를 제기할 때에는 소가를 산정하여야 한다. 소가는 사물관할을 정하는 표준이 되는 외에 원고가 소장 등을 제출할 때 납부할 인지액을 정하는 기준이 된다(민사소송등인지법 제2조 내지 제8조). ☞ 3. 소송목적의 값 산정방법(50면) 참조
◆ 인지첩부	제1심 소장에 첩부할 인지는 소송목적의 값에 따라 산출된 인지액을 붙여야 한다(민인법 제2조 제1항). ☞ 4. 첩부인지액의 산출 및 납부방법(71면) 참조
◆ 송 달 료	소장을 제출할 때에는 당사자 수에 따른 계산방식에 의한 송달료를 송달료수납은행에 납부하고 그 은행으로부터 교부받은 송달료납부서를 소장표지 뒷면에 떨어지지 않을 정도로 풀로 붙인다. ☞ 5. 송달료 납부방법(72면) 참조
◆ 관할법원	소는 피고의 보통재판적이 있는 곳의 법원이 관할한다(민소법 제2조). 소장은 피고의 주소지를 관할하는 법원에 제출하는 것이 원칙이나, 소송의 편의를 도모하기 위해 특별한 재판관할이 인정되고 있다. ☞ 6. 관할법원(소장제출법원)(73면) 참조

[서식] 손해배상 청구의 소(운전기사 및 재정보증인을 상대로 한 청구)

소 장

원 고 1. 명성전자주식회사
(전화 , 팩스)
서울 서초구 방배로 1-23(우편번호 13060)
대표이사 양 상 기
2. 양 상 기(주민등록번호 -)
서울 서초구 우면로 23 현대빌라 101호 (우편번호 13740)
3. 김 영 자
같은 곳
4. 양 은 경
같은 곳
5. 양 은 강
같은 곳
6. 양 은 진
같은 곳
원고 4, 5, 6는 미성년자이므로
법정 대리인 친권자 부 양 상 기
모 김 영 자
소송대리인 변호사 한 정 국
서울 서초구 서초대로 13 정국빌딩 3층 102호
(전화 , 팩스)

피 고 1. 강 정 관(주민등록번호 -)
서울 서초구 잠원로 1 (우편번호 13030)
(전화 , 팩스 , 휴대폰)

2. 김 무 상(주민등록번호 -)
서울 영등포구 도림로 23 (우편번호 15080)
(전화 , 팩스 , 휴대폰)

손해배상청구의 소

청 구 취 지

1. 피고들은 연대하여
원 고 1 명성전자주식회사 에게 금10,000,000원
2 양 상 기 에게 금37,132,940원
3 김 영 자 에게 금 5,000,000원
4 양 은 경 에게 금 1,000,000원
5 양 명 강 에게 금 1,000,000원
6 양 은 진 에게 금 1,000,000원
및 각 이에 대한 20○○. 7. 24부터 이사건 판결 선고일까지는 연 5푼, 그 다음날부터 완제일까지는 연 1할 2푼의 각 비율에 의한 금원을 지급하라.
2. 소송비용은 피고들의 부담으로 한다.
3. 제1항은 가집행 할 수 있다.
라는 판결을 구합니다.

청 구 원 인

1. 원고들의 신분관계
원고 명성전자주식회사는 이사건 피해차량 소유자겸 원고 양상기가 대표이사로 근무하는 회사이며, 원고 양상기는 이사건 교통사고 피해자, 원고 김영자는 원고 양상기의 처이고, 원고 양은경, 같은 양명강, 같은 양은진은 원고 양상기의 자녀들입니다.

2. 손해배상책임의 발생
피고 강정관은 원고 명성전자주식회사 소유인 서울 20○○호 그랜져 승용차를

운전하는 자인바, 20○○. 7. 24. 14:50경 서울 구로구 시흥대로 로타리지점 도로상을 위 승용차를 운전하여 시흥동 방면에서 소하리 방면으로 시속 약 50킬로미터로 진행하게 되었는바, 피고 강정관으로서는 그곳 전방에 있는 철도 건널목에 이르러 일단정지하여 열차가 진행하여 오는지 여부를 확인한후 안전하게 건널목을 통과하여야 할 업무상의 주의의무가 있음에도 불구하고 이를 게을리하여 일단정지를 하지 않은채 계속 같은 속도로 진행한 과실로 때마침 서울에서 부산으로 가던 제2323호 새마을호 열차에 위 승용차의 뒤트렁크 부분이 충격되게 하여 동 승용차에 승차한 원고 양 상기에게 좌측 경골 근위부 및 외과골절, 좌측 비골두 골절, 좌측 전경골근 파열등의 상해를 입게한 것입니다.
따라서 피고 강정관은 불법행위자로서 피고 김무상은 강정관이 원고 명성전자주식회사 입사 당시 신원 및 재정연대보증인으로서 원고들에게 가한 재산적 정신적 손해를 연대하여 배상할 책임이 있습니다.

3. 손해배상의 범위

가. 일실수익

원고 양상기는 1965. 11. 5생으로 이 사건 사고당시 44년 8개월 남짓한 신체건강한 남자이고, 그 나이 우리나라 남자의 평균여명은 29.47년인 바, 원고 양상기는 이 사건 사고당시 서울 서초구 방배로 1-23 소재 명성전자주식회사에서 대표이사로 근무하여 월 2,245,000원 {(20○○년 3월분 2,245,000원+같은해 4월분 2,245,000원+같은해 5월분 2,245,000원)×1/3)}의 소득을 얻고 있었는데 이 사건 사고로 인하여 사고일인 20○○. 7. 24부터 같은해 9. 12까지 서울 종로구 원남로 소재 제일대학교 부속병원에서 입원치료 받는 동안 위 소득전부를 상실 하였고, 그 이후부터 평균여명 가동연한인 60세가 될 때까지 추후 감정결과에 따른 노동능력감퇴비율에 따라 산출될 일실소득을 상실하였으므로 우선 금 15,000,000원의 지급을 구합니다.

나. 치 료 비

원고 양상기는 앞서본 바와 같은 상해를 입고 서울 종로구 원남로 소재 제일대학교 부속병원에서 입원치료 하년서 20○○. 7. 24. 진찰료, 방사선료로 금

160,000원을, 같은해 8. 4. 입원료, 주사료, 마취료, 수술료, 방사선료 등으로 금 1,130,000원을, 같은해 8. 9. 금5,000원을, 같은해 8. 13. 입원료, 주사료, 마취료, 수술료, 검사료, 방사선료등으로 금3,361,130원을, 같은해 8. 27. 입원료, 주사료, 마취료, 수술료, 검사료, 방사선료등으로 금2,000, 100원을, 같은해 9. 18. 입원료, 주사료, 마취료, 수술료, 검사료, 방사선료등으로 금 383,800원을, 같은 날 입원료, 처치료등으로 금1,284,910원 총 합계금 8,332,940원을 치료비로 지급 하였는 바, 위 금원을 지급을 구합니다.

다. 물적피해 (시계, 골프용품)

원고 양상기는 이 사건 사고로 본인이 차고 있던 시계(스위스산)를 분실하였으며, 골프용품 셋트가 파손되어 사용할 수 없게 되었는 바, 앞으로 위 손해액은 금6,800,000원(보움 메리시 리베라 콤비 시계 2,500,000원+골프용품 셋트 4,300,000원)이 되므로 이 금원의 지급을 구합니다.

라. 향후치료비 및 보조기구비

감정결과에 따라 추후 청구하겠습니다.

마. 개 호 비

감정결과에 따라 추후 청구 하겠습니다.

바. 위 자 료

원고 양상기는 이 사건 사고무렵 서울 서초구 방배로 1-23 소재 명성전자주식회사에서 대표이사로 근무하면서 처, 자식들을 부양하던 중 이 사고로 인하여 좌측 경골 근위부 및 외과골절, 좌측비골두 골절, 좌측 전경골조 파열등의 상해를 입어 장애가 예상 되는 바, 생활하는데 불편을 느낄 것이고 원고들의 정신적 고통 또한 클 것임은 경험칙상 명백하므로 피고들은 이를 금전으로 나마 위자할 의무가 있으므로 원고들의 나이, 가족관계, 직위, 사고경위 및 결과등을 참작하여 위자료로 피고들은 원고 양상기에게 금7,000,000원, 같은 김영자에게 금 5,000,000원, 같은 양은경, 같은 양명강, 같은 양은진에게 각 금1,000,000원 씩을 지급함이 상당합니다.

사. 원고 명성전자 주식회사 피해액

원고 명성전자주식회사는 대표이사인 원고 양상기가 이 사건 교통사고로 인하여 병원에 입원함으로써 주요업무에 참석하여 결재와 수주계약 및 공급을 원활하게 하지 못함으로 인하여 입은 손해액 금10,000,000원의 지급을 구합니다.

4. 결 론

그렇다면 피고들은 연대하여 원고 명성전기주식회사에게 금10,000,000원, 원고 양상기에게 금37,132,940원 (일실수익 15,000, 000원+치료비 8,332,940원+물적피해 (시계, 골프용품) 6,800, 000원+위자료 7,000,000원), 같은 김영자에게 금5,000,000원(위자료), 같은 양은경, 같은 양명강, 같은 양현진에게 각 금1,000, 000원(위자료)씩을 및 각 이에 대한 20○○. 7. 24부터 이 사건 판결선고일 까지는 연 5푼, 그 다음 날부터 완제일 까지는 소송 촉진등에 관한 특례법 소정의 연 1할 2푼의 각 비율에 의한 금원을 지급할 의무가 있으므로 그 의무이행을 구하기 위하여 이건 청구에 이른 것입니다.

입 증 방 법

갑 제1호증	가족관계증명서
갑 제2호증	자동차등록원부
갑 제3호증	진 단 서
갑 제4호증의 1	한국인의 표준 생명표 표지
2	위 내용
갑 제5호증	재직 증명서
갑 제6호증의 1	급료대장
2	급료대장
3	급료대장
갑 제3호증	입원확인서
갑 제8호증의 1	외래 진료비영수증
2	외래 진료비 영수증

3	입원 진료비 영수증
4	입원 진료비 청구서
5	입원 진료비 청구서
6	입원 진료비 청구서
7	입원 진료비 청구서
갑 제9호증의 1	간이세금계산서
2	간이세금계산서

첨 부 서 류

1. 위 각 입증방법	각1통
1. 법인등기부등본	1통
1. 위임장	1통
1. 소장부본	2통

20○○. 10. .

원고들 소송대리인
변호사 한 정 국 (인)

서울중앙지방법원 귀중

소 제기절차와 해설

◆ 소의 제기	소의 제기는 소장을 작성하여 법원에 제출하여야 한다. 소를 제기하려고 하는 사람은 소를 제기하기 전 충분한 사전조사를 할 필요가 있다. 사전조사에는 소를 제기하는 사건에 대한 승소의 가능성, 사실을 증명할 서류의 확보, 공격방법과 피고의 예상되는 방어방법, 보전처분의 필요성, 승소한 경우 강제집행실행의 가능성 등을 조사하여 그에 대처하여야 한다. 소를 제기하려면 적법한 소장의 요건을 갖추어야 하는데, 소장에는 필요적 기재사항 등이 기재되어 있고, 상당한 인지가 첩부되어 있어야 한다. ☞ 2. 소장의 작성요령(34면) 참조
◆ 소가산정	소를 제기할 때에는 소가를 산정하여야 한다. 소가는 사물관할을 정하는 표준이 되는 외에 원고가 소장 등을 제출할 때 납부할 인지액을 정하는 기준이 된다(민사소송등인지법 제2조 내지 제8조). ☞ 3. 소송목적의 값 산정방법(50면) 참조
◆ 인지첩부	제1심 소장에 첩부할 인지는 소송목적의 값에 따라 산출된 인지액을 붙여야 한다(민인법 제2조 제1항). ☞ 4. 첩부인지액의 산출 및 납부방법(71면) 참조
◆ 송 달 료	소장을 제출할 때에는 당사자 수에 따른 계산방식에 의한 송달료를 송달료수납은행에 납부하고 그 은행으로부터 교부받은 송달료납부서를 소장표지 뒷면에 떨어지지 않을 정도로 풀로 붙인다. ☞ 5. 송달료 납부방법(72면) 참조
◆ 관할법원	소는 피고의 보통재판적이 있는 곳의 법원이 관할한다(민소법 제2조). 소장은 피고의 주소지를 관할하는 법원에 제출하는 것이 원칙이나, 소송의 편의를 도모하기 위해 특별한 재판관할이 인정되고 있다. ☞ 6. 관할법원(소장제출법원)(73면) 참조

[서식] 손해배상청구의 소(산재와 의료사고)

소 장

원 고 원 영 훈(주민등록번호 -)
서울 강남구 일원로 123-4
위 원고 소송대리인 변호사 이 호 진
서울 서초구 서초로 123길 40
(전화 , 팩스)

피 고 1. 주식회사 태일건설
대표이사 임 춘 규
서울 강남구 삼성대로 123-50
(전화 , 팩스)
2. 의료법인 동산병원
대표자 이사장 금 동 환
서울 강남구 신사로 123-4
(전화 , 팩스)

손해배상청구의 소(의)

청 구 취 지

1. 피고들은 연대하여 원고 원영훈에게 금40,000,000원 및 이에 대하여 20○○. 6. 15부터 이 사건 판결 선고일까지는 연 5푼의 그 다음 날부터 완제일까지는 연 1할2푼의 비율에 의한 금원을 지급하라.
2. 소송비용은 피고의 부담으로 한다.
3. 위 제1항은 가집행할 수 있다.

라는 판결을 구합니다.

청 구 원 인

1. 당사자들의 신분관계

가. 원 고

원고 원영훈은 이건 산업재해사고로 인하여 신체에 상해를 입은 피해자입니다.

나. 피고들

(1) 피고 주식회사 태일건설(이하 피고회사라 한다)은 토목, 건축업등을 경영하는 회사로서 이건 산업재해사고 피해자인 원고 원영훈의 사용자이고,

(2) 피고 의료법인 동산병원은 산업제해사고 피해자인 원고 원영훈에 대한 이건 의료과오를 일으킨 정형외과 전문의 소외 강은구의 사용자입니다.

2. 손해배상책임의 발생

가. 사고경위

(1) 산업재해사고

원고 원영훈은 20○○. 4. 11. 10:00경 피고회사 건축공사장인 강남오피스텔 전기파이프 배관작업장에서 작업감독자의 지시에 의하여 모타 밸브 파이프 배관연결작업을 하기 위하여 높이 3.5m의 각 육교 작업대 위에 임시 깔아놓은 발판(공사용 아나방 : 둥근 구멍이 많이 뚫린 공사용 철제깔판)에 서서 같음 작업자 이홍수 등으로부터 길이 3m의 스틸파이프(steel pipe)를 받아 전선관을 설치중 가설한 발판(아나방)이 미끄러져 전선관 및 발판과 함께 가설작업대 위에서 3.5m 높이의 지상으로 추락하여 우측 슬관절 전방십자인데 결손등의 중상을 입게 하였습니다.

(2) 의료과오

피고병원의 피용자인 정형외과 전문의 소외 강은구는 20○○. 6. 14. 11:00경 위 병원 정형외과 수술실에서 위 원고에 대한우측 슬관절 전방십자인대수술을 시행하게 되었는 바, 척수신경근을 압박하여 신경장애를 일으키는 질병이므로 이러한 경우 정형외과 의사로서는 이를 제거하는 수술을 하기 위하여 원고를 전신 마취시켜 반듯이 눕히고 전면척수동맥, 신경근공맥, 요추신경 등을 과다하게 압박하거나 절단 등의 손상을 입게 하지 말아야 할 주의 의무가 있음에도 불구하고 이를 게을리 한 과실로 인하여 척수혈류장애 및 척수신경손상을 가하여 위 원고로 하어금 대소변 감가을 상실시키는 등 요통, 요추부, 흉부요추부운동장해, 하지

방사통 등 치료기간 불상의 상해를 입게 한 것입니다.

나. 피고의 귀책사유

(1) 피고회사

위 사고는 첫째, 임시 작업대인 공사용 가설 육교 위에 깔아놓은 발판(아나방)을 움직이지 않도록 고정시키지 않고 임시로 그대로 깔아 놓았기 때문에 작업발판이 흔들려 작업대에서 미끄러져 내린 것이며,

둘째, 작업 감독자는 높은 작업대 위에서 무거운 파이프 등을 들고 작업중에는 작업발판이 움직이지 않도록 고정시키거나 다른 작업자로 하여금 움직이지 않도록 붙잡게 하는 등으로 작업중 추락사고가 나지 않도록 감독지시 해야 하고 기타 안전장치를 설치해야 됨에도 이를 소홀히 하였고, 작업능률만을 독촉하고 안전대책 강구나 안전교육을 시키지 아니한 작업지시 감독상의 과실등에 기하여 발생한 것입니다.

그러므로 피고는 위 작업대의 소유자겸 점유자로서 공작물인 작업대(가설육교)의 설치, 보존, 관리상의 하자와 작업감독자의 사용으로서 피용자의 작업지시 감독상의 과실이 경합하여 발생한 이건 사고로 인하여 원고들에게 입힌 재삼손해를 배상할 책임이 있다 할 것입니다.

(2) 피고병원

피고는 원고를 성실히 치료하여야 할 주의의무가 있음에도 불구하고 이를 이행치 않았으므로 이에 대하여 채무불이행 책임을 져야 할 것입니다.

또한 피고의 피용자인 정형외과 전문의 위 강은구는 위와 같은 주의의무가 있음에도 불구하고 이를 게을리 한 과실로 위 원고에 대한 우측슬관관절전방십자인대수술 후 발이 마비가 되는 등 상태를 더욱 악화시켰으므로 피고는 위 강은구의 사용자로서의 책임을 져야 할 것입니다.

뿐만 아니라 원고의 가족들에게 원고의 상태와 수술방법 등을 설명해 주고 자의에 의하여 시술을 받아야 하는 데도, 이에 대하여 아무런 동의없이 의료행위를 하였으므로 설명의무위반으로 인한 손해배상책임도 있다할 것입니다.

3. 손해배상의 범위

가. 연령, 성별, 기대여명

원고는 1969. 11. 9. 생으로 이건 사고 당시인 20○○. 6. 14. 현재 43년 6개월 된 신체 건강한 남자로서 그 또래 우리나라 남자의 평균 기대여명은 33.18년이므로 특별한 사정이 없는 한 77세까지는 생존이 가능하다 하겠습니다.

나. 직업 및 수입관계

원고는 가정주부로서 가사에 보탬이 되는 일을 하기 위하여 1.피고회사에서 근로자로서 성실히 근무해 오면서 월평균 금 1,200,000원(금40,000원×30일)을 받아 왔었습니다.

다. 가동연한 및 일실수익 손해금

원고는 이건 사고로 부상당하지 않았더라면 경험칙상 최소한 60세가 다할 때까지 가동할 수가 있다할 것이므로 이건 사고당시를 기준으로 앞으로 위 원고는 16년 17월 즉 월로 환산하면 200개월 동안 위 직종에 종사하여 위와 같이 월평균 수익금 이상의 소득을 올릴 수가 있었을 것이므로 이를 상실하게 되었는 바 위와 같은 사실을 기초로 하여 월 5/12푼의 법정 중간이자를 공제하는 호프만식 계산법에 따라 일시에 그 현가를 구하면 금190,000,000원(월평균 금 950,000×200개월 호프만수치 150.8579원미만 버림)의 수익상실이 예상되나 앞으로 실시할 원고에 대한 신체감정 결과에 따라 확장 청구키로 하고 우선 금 10,000,000원을 청구합니다.

라. 개호비 등

개호비 및 향후치료비는 추후 청구합니다.

4. 위 자 료

이건 사고로 인하여 원고는 평생 불구의 몸이 되어 그 정신적, 육체적 고통은 이루 다 헤아릴 수가 없다 할 것이므로 피고들은 연대하여 원고에게 금 30,000,000원을 지급함이 상당하다 할 것입니다.

5. 결 론

피고들은 연대하여 원고에게 금40,000,000원(재산상 손해금 10, 000,000원+위자료 금30,000,000원)및 이에 대하여 이 사건 발생 다음 날인 20○○. 6. 15부터 이건 판결 선고일까지는 민법 소정의 연 5푼의 지연이자를 그 다음날 완제일까지는 소송촉진 등에 관한 특례법 소정의 연 1할 2푼의 비율에 의한 지연손해금을 지급받고저 본소 청구에 이른 것입니다.

입 증 방 법

1. 갑제1호증	가족관계증명서
1. 갑제2호증	주민등록등본
1. 갑제3호증의 1, 2	각 진단서
1. 갑제4호증의 1, 2	한국인의 표준생명표지, 내용
1. 갑제 5호증의 1, 2	급여결정명세서

첨 부 서 류

1. 위 입증서류	각1통
1. 등기부등본	2통
1. 소송위임장	1통
1. 소장부본	2통

20○○. 8. .

위 원고 소송대리인
변호사 이 호 진 (인)

서울중앙지방법원 귀중

소 제기절차와 해설

◆ 소의 제기	소의 제기는 소장을 작성하여 법원에 제출하여야 한다. 소를 제기하려고 하는 사람은 소를 제기하기 전 충분한 사전조사를 할 필요가 있다. 사전조사에는 소를 제기하는 사건에 대한 승소의 가능성, 사실을 증명할 서류의 확보, 공격방법과 피고의 예상되는 방어방법, 보전처분의 필요성, 승소한 경우 강제집행실행의 가능성 등을 조사하여 그에 대처하여야 한다. 소를 제기하려면 적법한 소장의 요건을 갖추어야 하는데, 소장에는 필요적 기재사항 등이 기재되어 있고, 상당한 인지가 첩부되어 있어야 한다. ☞ 2. 소장의 작성요령(34면) 참조
◆ 소가산정	소를 제기할 때에는 소가를 산정하여야 한다. 소가는 사물관할을 정하는 표준이 되는 외에 원고가 소장 등을 제출할 때 납부할 인지액을 정하는 기준이 된다(민사소송등인지법 제2조 내지 제8조). ☞ 3. 소송목적의 값 산정방법(50면) 참조
◆ 인지첩부	제1심 소장에 첩부할 인지는 소송목적의 값에 따라 산출된 인지액을 붙여야 한다(민인법 제2조 제1항). ☞ 4. 첩부인지액의 산출 및 납부방법(71면) 참조
◆ 송 달 료	소장을 제출할 때에는 당사자 수에 따른 계산방식에 의한 송달료를 송달료수납은행에 납부하고 그 은행으로부터 교부받은 송달료납부서를 소장표지 뒷면에 떨어지지 않을 정도로 풀로 붙인다. ☞ 5. 송달료 납부방법(72면) 참조
◆ 관할법원	소는 피고의 보통재판적이 있는 곳의 법원이 관할한다(민소법 제2조). 소장은 피고의 주소지를 관할하는 법원에 제출하는 것이 원칙이나, 소송의 편의를 도모하기 위해 특별한 재판관할이 인정되고 있다. ☞ 6. 관할법원(소장제출법원)(73면) 참조

[서식] 손해배상청구의 소(산재사고)

소 장

원 고 1. 장 성 남(주민등록번호 -)
2. 장 종 수(주민등록번호 -)
3. 안 금 순(주민등록번호 -)
원고들 주소 : 서울 서초구 우면로 12(우편번호 13140)
소송대리인 변호사 박 석 진
서울 서초구 서초대로 21
(전화 , 팩스 , 휴대폰)

피 고 주식회사 창영실업(전화 , 팩스)
대표이사 이 관 수
서울시 서초구 방배로 63 (우편번호 12470)
(전화 , 팩스 , 휴대폰)

손해배상청구의 소

청 구 취 지

1. 피고는
원 고 장 성 남 에게 금10,000,000원
원 고 장 종 수 에게 금 2,000,000원
원 고 안 금 순 에게 금 2,800,000원
및 위 각 금원에 대한 20○○. 4. 21부터 이 사건 판결 선고일 까지는 연 5푼의, 그 다음날 부터 완제일까지는 연 1할 2푼의 각 비율에 의한 금원을 지급하라.
2. 소송비용은 피고의 부담으로 한다.
3. 제1항은 가집행할 수 있다.
라는 판결을 구합니다.

청 구 원 인

1. 원·피고의 신분관계

원고 장성남은 산업재해사고의 피해자이며, 같은 장종수, 같은 안금순은 원고 장성남의 부모이고, 피고는 원고 장성남이 근무하던 회사입니다.

2. 손해배상 책임의 발생

가. 피고회사는 서울시 서초구 방배로 63에서 신발류 및 부품제조등을 하는 회사입니다.

원고 장성남은 20○○. 4. 15. 피고회사 생산부에 입사하여 프레스기로 인솔드(운동화 바닥부분에 붙이는 발바닥 모양의 고무)를 찍어 내는 작업을 하여 왔습니다.

나. 프레스기는 유압 4단으로서 1대당 4단의 형틀이 있어 한단에 1장씩 고무판을 넣고 프레스기 작동 스위치를 누르면 프레스기 아래쪽 형틀부터 차례로 4개의 형틀이 올라가면서 인솔드 4장을 찍어 냅니다. 프레스 작업은 2인이 1조가 되어 1조당 프레스기 7대를 작업하는데 그중 1인은 프레스기 형틀에 한장씩 고무판 4장을 각 형틀에 넣고 프레스기 스위치를 작동시키고 다른 한사람은 고무판에 운동화의 발바닥 형태가 찍혀지면 이것을 프레스기에서 꺼내어 상자에 담는 작업을 합니다.

다. 원고 장성남은 20○○. 4. 20. 21:00경 부터 피고회사 직원 소외인과 한조를 이루어 작업을 하였는데 같은달 21. 03:15 소외인이 고무판을 프레스기 형틀에 넣었으나, 고무판이 형틀위에 똑바로 놓여 있지 않아 이를 본 원고 장성남은 이를 똑바로 맞추기 위해 두손으로 고무판을 형틀에 맞추는 작업을 하였는데 소외인이 원고 장성남의 작업이 종료된것을 확인하지도 않고 프레스기 스위치를 작동시켜 갑자기 프레스기 형틀이 올라와 원고 장성남의 왼손에 충격을 가하는 바람에 좌 전완부 이하 압궤 마멸창 등 중증의 상해를 입었습니다.

라. 이러한 경우 피고회사 직원인 소외인은 원고가 형틀에 고무판을 맞추고 손을 빼냈는지를 확인하고 안전하게 프레스기 스위치를 작동하여야 하는데도 이를 게을리한 잘못으로 이사건 사고가 발생하였는 바, 피고 회사는 직원인 소외인의 사용자로서 원고들에게 가한 육체적, 정신적 손해를 배상할 책임이 있습니다.

3. 손해배상 범위

가. 일실수익

원고 장성남은 1995. 1생으로 이 사건 사고당시 19년 3개월 남짓한 신체 건강한 남자이고, 그 나이의 우리나라 남자의 평균여명은 49.52년입니다. 원고 장성남은 이 사건 사고로 좌 전완부 이하 압궤 마멸창등의 상해를 입었으므로 추후 감정결과에 따른 노동능력 감퇴비율에따라 산출될 일실소득중 우선 금5,000,000원의 지급을 구합니다.

나. 향후 치료비

감정결과에 따라 추후 청구 하겠습니다.

다. 개 호 비

원고 안금순은 원고 장성남의 어머니로서 원고 장성남의 수술 및 입원치료 기간중 원고 장성남의 보행, 배변, 배뇨, 식사등을 위하여 20○○. 4. 22부터 같은해 11. 27까지 41일간, 같은해 11. 15부터 같은해 11. 30까지의 16일간, 20○○. 5. 28부터 같은해 6. 12까지 15일간, 같은해 11. 27부터 같은해 12. 6까지의 10일간 서울시 서초구 방빼로 2345 소재 삼일병원에서 개호 하였는 바, 20○○. 4경 도시일용노동에 종사하는 여자의 1일 임금은 금16,100원 이므로 개호비중 우선 금800,000원의 개호비의 지급을 구합니다.

라. 위 자 료

원고 장성남은 이사건 사고로 좌 전완부 이하 압궤마멸창등의 상해를 입고 정신적, 육체적 고통이 클 것임은 경험칙상 명백하고 원고 장성남의 부모인 장종수, 안금순 또한 정신적 고통이 클 것인 바, 원고들의 나이, 가족관계, 사고경위 및 결과등을 참작하여 원고 장성남에게 금5,000,000원, 원고 장종수, 같은 안금자에게 각 금2,000,000원씩 지급함이 상당합니다.

4. 결 론

그렇다면 피고는 원고 장성남에게 금10,000,000원, (일실수익 5,000,000원 +위자료 5,000,000원), 원고 장종수에게 금2,000,000원(위자료), 원고 안금순에게 금2,800,000원(개호비 800,000+위자료 2,000,000) 및 위각 금원에 대한 20○○. 4. 21부터 이 사건 판결 선고일 까지는 연 5푼의, 그 다음날 부터 완제일 까지는 소송촉진등에 과한 특례법 소정의 연 1할 2푼의 각 비율에 의한 금원을 지급할 의무가 있으므로 그 의무이행을 구하기 위하여 본소 청구에 이른 것입니다.

입 증 방 법

갑 제1호증	가족관계증명서
갑 제2호증	주민등록등본
갑 제3호증	경력 증명서
갑 제4호증	진 단 서
갑 제5호증	확 인 서
갑 제6호증의 1	한국인의 표준 생명
2	위 내용
갑 제7호증의 1	월간거래가격표지
2	위 내용

첨 부 서 류

1. 위 각 입증방법	각1통
1. 법인 등기부등본	1통
1. 위 임 장	1통
1. 소장부본	1통

20○○. 9. .

원고들 소송대리인
변호사 박 석 진 (인)

서울중앙지방법원 귀중

소 제기절차와 해설

◆ 소의 제기	소의 제기는 소장을 작성하여 법원에 제출하여야 한다. 소를 제기하려고 하는 사람은 소를 제기하기 전 충분한 사전조사를 할 필요가 있다. 사전조사에는 소를 제기하는 사건에 대한 승소의 가능성, 사실을 증명할 서류의 확보, 공격방법과 피고의 예상되는 방어방법, 보전처분의 필요성, 승소한 경우 강제집행실행의 가능성 등을 조사하여 그에 대처하여야 한다. 소를 제기하려면 적법한 소장의 요건을 갖추어야 하는데, 소장에는 필요적 기재사항 등이 기재되어 있고, 상당한 인지가 첩부되어 있어야 한다. ☞ 2. 소장의 작성요령(34면) 참조
◆ 소가산정	소를 제기할 때에는 소가를 산정하여야 한다. 소가는 사물관할을 정하는 표준이 되는 외에 원고가 소장 등을 제출할 때 납부할 인지액을 정하는 기준이 된다(민사소송등인지법 제2조 내지 제8조). ☞ 3. 소송목적의 값 산정방법(50면) 참조
◆ 인지첩부	제1심 소장에 첩부할 인지는 소송목적의 값에 따라 산출된 인지액을 붙여야 한다(민인법 제2조 제1항). ☞ 4. 첩부인지액의 산출 및 납부방법(71면) 참조
◆ 송 달 료	소장을 제출할 때에는 당사자 수에 따른 계산방식에 의한 송달료를 송달료수납은행에 납부하고 그 은행으로부터 교부받은 송달료납부서를 소장표지 뒷면에 떨어지지 않을 정도로 풀로 붙인다. ☞ 5. 송달료 납부방법(72면) 참조
◆ 관할법원	소는 피고의 보통재판적이 있는 곳의 법원이 관할한다(민소법 제2조). 소장은 피고의 주소지를 관할하는 법원에 제출하는 것이 원칙이나, 소송의 편의를 도모하기 위해 특별한 재판관할이 인정되고 있다. ☞ 6. 관할법원(소장제출법원)(73면) 참조

[서식] 손해배상청구의 소(의료)

소 장

원 고 1. 장 명 희(주민등록번호 -)
2. 이 준 일(주민등록번호 -)
3. 이 종 하(주민등록번호 -)
4. 이 종 애(주민등록번호 -)
위 원고들의 주소 서울 종로구 수송로 12-3
소송대리인 변호사 김 성 채
서울 서초구 서초로 123길 40 서초빌딩 201호
(전화 , 팩스 , 휴대폰)

피 고 1. 이 명 국(주민등록번호 -)
서울 서초구 신원로 123-4
(전화 , 팩스 , 휴대폰)
2. 의료법인 제오병원
대표자 원장 조 광 호
서울 서초구 잠원로 123-50
(전화 , 팩스 , 휴대폰)

손해배상청구의 소(의)

청 구 취 지

1. 피고들은 각자 원고 장명희에게 금60,000,000원, 원고 이준일에게 금11,000,000원, 원고 이종하, 원고 이종애에게 각 금4, 000,000원 및 이에 대하여 20○○. 4. 20부터 이 사건 소장이 송달된 날까지는 연 5푼, 그 다음 날부터 다 갚는 날까지는 연 1할 2푼의 각 비율에 의한 금원을 지급하라.
2. 소송비용은 피고의 부담으로 한다.
3. 위 제1항은 가집행할 수 있다.

라는 판결을 구합니다.

청 구 원 인

1. 당사자의 관계

피고 이명국은 피고 의료법인 제오병원(이하, '피고법인' 이라 함)의 정형외과 전문의로 근무하는 자이고, 원고는 어깨부상으로 피고 이명국으로부터 20○○. 3. 25경 어깨관절수술과 20○○. 4. 20경 인공관절교환수술등 2차례의 수술을 받은 자입니다. 그리고, 원고 이준일은 원고 장명희의 남편이고, 나머지 원고들은 그 자녀들입니다.

2. 사건개요

가. 원고 장명희의 어깨골절

원고 장명희는 20○○. 3. 16. 12:00경 집앞에서 넘어져 오른쪽어깨에 통증을 느끼고 서울 서초구 방빼로 소재 일심병원에 입원하여 치료를 받고 있던 중 같은달 3. 20경 이웃에 살고 있는 소외 정오현이 병문안차 찾아와서 자신이 잘 아는 피고법인의 제오병원에 유명한 전문의가 있다고 하여 같은달 21일경 피고법인의 제오병원에 입원하였습니다.

나. 1차 수술

20○○. 3. 25경 피고 이명국이 집도하여 다리뼈를 깎아내어 이식하는 1차 수술을 하였던 바, 수술후 원고 장명희는 팔이 아프지 않고 수술한 오른쪽 팔을 상하좌우로 마음대로 움직일 수 있었습니다. 또한 원고 장명희의 남편인 원고 이준일은 당시 고혈압으로 쓰러져 거동이 불편하여 옆에서 식사 및 외출을 도와 주어야 하고, 원고 장명희의 딸인 원고 이종애가 대학입시준비 중에 있어 소홀히 할 수 없어서 원고 장명희는 피고 이명국에게 하루라도 빨리 퇴원시켜 달라고 부탁하였습니다.

다. 피고 이명국의 인공관절수술

그러나, 피고 이명국은 20○○. 4. 4 "X-ray 판독결과 근육이 약해져서 뼈를 받혀 주지 못하기 때문에 어깨뼈가 내려오므로 재수술을 하여야 한다. 그냥 두면 팔이 빠져 움직일 수 없다. 수술도 지금 급히 해야 한다. 그렇지 않으면 1차 수술한 뼈가 굳어 버리면 수술이 어렵게 된다. 지금은 어깨쪽 뼈만 살짝 들어내서 그 자리에 인공뼈를 집어넣으면 되므로 이 수술은 간단하고 후유증은 만 명에 한 명 생길까 말까하니 걱정하지 말라. 내가 대한민국에서 인공관절수술은 제1인자다. 인공관절은 평생 보상한다.

수술후 빠르면 7일만에 퇴원시켜 주겠다" 등등의 말로 약 20일간에 걸쳐서 원고 장명희의 퇴원요구를 묵살한 체 인공관절수술을 강요했던 것입니다.

라. 원고의 퇴원요구

당시 원고는 퇴원하고자 동 병원 정형외과 수련의들인 소외 이성용에게 말해 보았으나 헛일이었고 동 병원의 간호사 소외 박경숙에게도 퇴원을 요청하였으나 퇴원할 길이 없었습니다. 당시 원고의 가족들도 피고 이명국에게 퇴원을 요청하였으나 위와 같이 집요하게 인공관절수술을 강요하였습니다. 이에 원고 장명희는 어쩔 수 없이 백지로 된 수술동의서에 지장을 찍어 주었습니다. 그러나, 원고는 20○○. 4. 20. 수술직전까지도 수술을 하지 않겠다. 오직 한가지 퇴원시켜 달라고 피고 이명국에게 애원하였으나, 아무런 소용없이 인공관절수술을 받게되었습니다.

마. 인공관절수술 결과

그러나, 간단한 수술이라던 인공관절수술 후 통증이 심함은 물론 진통제를 먹어도 잠들 수 없었고, 7일만에 퇴원시켜 주겠다던 말은 거짓이었고 약 한달간을 더 입원해야 했습니다. 원고 장명희는 퇴원한 지금도 통증을 견디지 못해 이병원 저병원을 찾아가서인공관절수술직전 X-ray 사진을 보여주며 진찰을 받아본 결과 칼슘 부족현상으로 어깨에서 팔굽까지 뼈가 삭아서 엄청난 대수술은 물론 수술 후에도 완치된다는 보장이 없다는 말이었습니다. 또한 평생 보장한다던 인공관절도 수년을 넘기기가 어렵다는 것이었으며, 인공관절수술은 엄청난 후유증에 시달릴 수 밖에 없다는 것이었습니다. 그동안의 치료도 보람도 없이 원고 장명희는 지금도 수술에 따른 통증과 정신적 고통에 시달리고 있습니다.

3. 손해배상책임

위에서 본 바와 같이 20○○. 4. 20경 위 제오병원에서의 인공관절수술은 다음과 같은 위법사유가 있습니다.

가. 인공관절수술의 불필요성

당시 1차 수술은 성공적이었고, 수술경과도 매우 좋았으므로, 또 다시 인공관절수술을 할 필요가 없었다고 하는 점입니다.

나. 기망에 의한 수술동의

피고 이명국은 인공관절수술에 대한 설명의무를 다하지 않은 것은 물론이고 온갖 감언이설로 원고의 퇴원요청도 묵살하고 기망에 빠진 원고로부터 수술동의서를 받아내어, 원고가 수술을 바라지도않았음에도 불구하고 인공관절수술을 강행하였다는 점입니다.

다. 수술상의 과실

위에서 본 바와 같이 인공관절수술이 잘못되어 원고는 수술후부터 지금까지 극심한 고통에 시달려 왔고, 또한 새로이 인공관절을 제거해야 하는 처지에 있다는 점입니다.

이 사건은 단순히 수술상의 과실만이 문제가 아니고 온갖 감언이설로 원고의 퇴원요청을 묵살해가며 원고로부터 강요된 수술동의서를 받아내어 인공관절수술을 강행하였던 사건입니다. 이는 단순한 업무상 과실만이 아니라 사기 및 고의적인 상해도 인정되는 사안이 아닐 수 없습니다.

따라서, 피고 이명국은 행위자로서, 피고 의료법인 제오병원은 그 사용자로서 이러한 위법행위로 인한 원고들의 고통과 그에 따른 손해에 대하여 배상할 책임이 있다할 것입니다.

4. 손해배상의 범위

가. 지출한 치료비

필요하지도 않은 인공관절수술을 행함으로써 원고는 수술비용을 지출하였고,

퇴원 후에도 계속되는 통증을 견딜 수 없어서 여러 병원을 찾아 다니며 진료를 받게 되어 추가비용을 지출하였던 바, 이는 피고들의 위법행위에 따른 것으로 배상되어야 마땅할 것이므로 그 구체적 금액은 추후 제출하겠습니다.

나. 향후치료비

피고 이명국이 규격이 맞지 않은 인공관절을 삽입하는 바람에 원고 장명희는 극심한 고통에 시달려 왔고, 어쩔 수 없이 다시 인공관절을 제거해야 하는 등의 치료를 계속 받아야 할 것입니다. 이에 소요되는 치료비 역시 배상되어야 할 것입니다. 그 구체적 비용 역시 귀원의 신체감정결과에 따라 추후 제출하고자 합니다.

다. 위 자 료

인공관절수술을 할 필요가 없었음에도 불구하고 피고 이명국의 감언이설과 강요에 못이겨 수술을 받았다는 것에 대하여 원고들은 분노와 극심한 정신적 충격을 받았고, 또 수술 후에도 심한 통증에 시달리면서 여러 병원을 옮겨 다니면서 치료를 받았으나 아무런 효과도 보지 못하고 '다시 인공관절을 빼어내어야 하며 더구나 완치는 불가능하다는 말만을 들었을 뿐입니다. 따라서, 원고 장명희는 물론 원고 장명희와 가족관계에 있는 나머지 원고들 또한 상당한 정신적 고통을 받았을 것임은 경험칙상 명백하다 할 것이므로 피고들은 이를 금전적으로나마 위자하여야 할 것인 바, 그 금액은 이 사건 인공관절수술결과, 상해부위, 불구의 정도, 그동안의 치료노력과 기간, 계속되는 통증, 재수술의 문제 등 모든 사정을 종합하여 볼 때 피고들은 원고 장명희에게 금60,000,000원, 원고 이준일에게 금11,000,000원, 원고 이종하, 원고 이종애에게 각 금4,000,000원을 지급함이 상당하다 할 것입니다.

5. 결 론

그렇다면, 피고들은 원고 장명희에게 금60,000,000원, 원고 이준일 금11,000,000원, 원고 이종하, 원고 이종애에게 각 금4, 000,000원 및 이에 대하여 20○○. 4. 20부터 이 사건 소장부본이 송달된 날까지는 민법 소정의 연 5푼,

그 다음 날부터 다 갚는 날까지는 소송촉진등에 관한 특례법 소정 연 1할 2푼의 각 비율에 의한 지연손해금을 지급할 의무가 있다 할 것이므로, 이를 구하고자 이 사건 청구에 이른 것입니다.

입 증 방 법

1. 갑제1호증	가족관계증명서
1. 갑제2호증의 1, 2	퇴원 및 진료계산서
1. 갑제3호증의 1	진단서
2	진료의뢰서
3	소견서
4	진단서
1. 갑제4호증의 1 내지 5	각 대한정형외과 회보
1. 갑제4호증의 6	대한골절 협회보
1. 갑제5호증	녹취서

1. 기타 입증방법은 추후 소송의 진행에 따라 수시로 제출하고자 합니다.

첨 부 서 류

1. 위 입증방법	각1통
1. 법인등기부등본	1통
1. 소장부본	2부
1. 위임장	1부

20○○. 9. .

위 원고들 소송대리인

변호사 김 성 채 (인)

서울중앙지방법원 귀중

소 제기절차와 해설

◆ 소의 제기	소의 제기는 소장을 작성하여 법원에 제출하여야 한다. 소를 제기하려고 하는 사람은 소를 제기하기 전 충분한 사전조사를 할 필요가 있다. 사전조사에는 소를 제기하는 사건에 대한 승소의 가능성, 사실을 증명할 서류의 확보, 공격방법과 피고의 예상되는 방어방법, 보전처분의 필요성, 승소한 경우 강제집행실행의 가능성 등을 조사하여 그에 대처하여야 한다. 소를 제기하려면 적법한 소장의 요건을 갖추어야 하는데, 소장에는 필요적 기재사항 등이 기재되어 있고, 상당한 인지가 첩부되어 있어야 한다. ☞ 2. 소장의 작성요령(34면) 참조
◆ 소가산정	소를 제기할 때에는 소가를 산정하여야 한다. 소가는 사물관할을 정하는 표준이 되는 외에 원고가 소장 등을 제출할 때 납부할 인지액을 정하는 기준이 된다(민사소송등인지법 제2조 내지 제8조). ☞ 3. 소송목적의 값 산정방법(50면) 참조
◆ 인지첩부	제1심 소장에 첩부할 인지는 소송목적의 값에 따라 산출된 인지액을 붙여야 한다(민인법 제2조 제1항). ☞ 4. 첩부인지액의 산출 및 납부방법(71면) 참조
◆ 송 달 료	소장을 제출할 때에는 당사자 수에 따른 계산방식에 의한 송달료를 송달료수납은행에 납부하고 그 은행으로부터 교부받은 송달료납부서를 소장표지 뒷면에 떨어지지 않을 정도로 풀로 붙인다. ☞ 5. 송달료 납부방법(72면) 참조
◆ 관할법원	소는 피고의 보통재판적이 있는 곳의 법원이 관할한다(민소법 제2조). 소장은 피고의 주소지를 관할하는 법원에 제출하는 것이 원칙이나, 소송의 편의를 도모하기 위해 특별한 재판관할이 인정되고 있다. ☞ 6. 관할법원(소장제출법원)(73면) 참조

[서식] 손해배상청구의 소(공작물설치하자)

소 장

원 고 1. 김 성 식(주민등록번호 -)
2. 장 민 숙(주민등록번호 -)
3. 김 상 한(주민등록번호 -)
위 원고들의 주소 서울 강남구 학2로 135-2
4. 김 상 수(주민등록번호 -)
5. 황 미 라(주민등록번호 -)
위 원고들의 주소 서울 강남구 수서로 135-220
위 원고들의 소송대리인 변호사 한 석 민
서울 서초구 서초대로 137
(전화 , 팩스 , 휴대폰)

피 고 (주)대양건설
대표이사 정 상 문
서울 강남구 일원로 1-23
(전화 , 팩스 , 휴대폰)

손해배상청구의 소

청 구 취 지

1. 피고는 원고 김성식에게 금9,000,000원을 동 장민숙에게 금2,000,000원을 동 김상수, 동 김상한에게 각금 700,000원을, 동 황미라에게 금500,000원 및 동 금원에 대하여 20○○. 9. 3부터 이 소장 송달일까지는 연 5푼의, 이 소장 송달익일부터 완제일까지는 연 1할 2푼의 각 비율에 의한 금원을 지급하라.
2. 소송비용은 피고의 부담으로 한다.
3. 위 제1항은 가집행할 수 있다.

라는 판결을 구합니다.

청 구 원 인

1. 신분관계

원고 김성식은 이건 사고의 피해자이고, 동 장민숙은 처이며, 동 김상한, 동 김상수는 자이고, 동 황미라는 자부이며, 피고는 토목건축청부업 등을 목적으로 설립된 법인입니다.

2. 손해배상책임의 발생

피고가 건설부 산하 서울지방국토관리청으로부터 공사 도급받은 강남구 세곡동과 수서동 도로확장포장공사장 배수관설치 공사장에서 20○○. 9. 2. 10:00경 소외 피고의 현장 소장 강금철의 감독하에 목수 소외 정봉익과 원고 김성식외 목수 5명과 잡부3명이 폭3미터 높이 3미터 길이 30미터의 배수관을 설치하기 위하여 바닥기초공사중 양옆에 철근을 세우고 그 안쪽으로 세치 각목을 가로·세로로설치한 후 양쪽에 설치된 거푸십이 안으로 넘어가지 아니하도록 각목을 설치한 후 거푸집이 일직선이 되도록 바로 잡는 작업을 하게 되었는데 이런 경우 자재를 제공하고 현장감독으로서는 당시 양쪽 거푸집을 연결하는 각목을 세치이상 되는 것으로 사용하여 강풍이 불더라도 그 각목이 부러지지 아니하도록 하여야 함에도 불구하고 한치 각목을 사용하여 30미터 배수관 양쪽에 설치한 공작물의 설치하자로 인하여 강풍이 불어 각목이 부러지면서 하천쪽 거푸집이 도로쪽으로 넘어지면서 그 안에서 거푸집 정리작업을 하고 있던 원고 김성식을 충격하여 우측상박골두골절 좌 제3척추 횡돌기골절상등을 입게 하였으므로 피고는 공작물 설치하자로 인하여 원고 김성식이 입은 모든 손해에 대하여 배상해야 할 책임이 있습니다.

3. 물질적 손해

가. 예상치료비

원고 김성식은 서울 강남구 세곡동에 있는 상지병원에서 입원치료를 하다가 20○○. 5. 22. 퇴원하였으나 완치가 되지 않고, 현제도 통증이 있으므로 향후 예상치료비로서 우선 금2,000,000원을 청구하고 신체감정후 정산청구 하겠습니다.

나. 노동능력상실에 의한 수입상실

원고 김성식은 피고가 청부한 도로 확장공사장에서 목공으로 취업하여 근무중 본건 사고가 발생하였고 동 김성식은 1971. 6. 13. 생으로 본건 사고당시 46년 8개월된 신체 건강한 남자로서 한국인 생명표에 의하면 기대여명이 24.5 세로 70세까지는 생존이 가능한바 동인은 60세를 마치는 때까지 목공으로 종사할 수 있을 것이고, 이건 사고로 동인은 노동능력을 상실하고 있으나, 그 정도를 정확히 알 수 없으므로 우선 금6,000,000원을 청구하고 신체감정후에 정산 청구하기로 하겠습니다.

4. 정신적 손해

원고 김성식은 고등학교를 졸업하고 목공기술을 습득하여 처자를 거느린 가장으로서 이건 사고로 인해 불구자가 되어 목공으로 종사할 수조차 없게 되어 그 정신적 고통이 클 것이라는 것을 쉽게 알 수 있고 원고 장민숙 또한 가정주부로서 남편이 이건 사고로 불구자가 되어 심적고통이 크리라는 것을 알 수 있고, 원고 김상수, 동 김상한은 원고 김성식의 아들로서 본건 사고로 인하여 입은 정신적 충격이 크며 원고 황미라는 원고 김성식의 자부로서 본건 사고로 인한 정신적 충격이 크리라는 것은 우리의 경험측으로 보아 인정되는 바이므로 그 정신적고통을 조금이라도 위자하기 위하여 원고 김성식에게 금3,000,000원, 동 장민숙에게 금 2,000,000원, 동 김상한, 동 김상수에게 각금 700,000원, 동 황미라에게 금 500,000원의 위자료 지급을 구합니다.

입 증 방 법

1. 갑제1호증 가족관계증명서
1. 갑제2호증 진단서

기타는 구두변론시 수시 제출하겠음

첨 부 서 류

1. 위입증방법 각1통

1. 소장부본 1통
1. 법인등기부등본 1통
1. 위임장 1통

20○○. 8. .

위 원고들의 소송대리인
변호사 한 석 민 (인)

서울중앙지방법원 귀중

소 제기절차와 해설

◈ 소의 제기	소의 제기는 소장을 작성하여 법원에 제출하여야 한다. 소를 제기하려고 하는 사람은 소를 제기하기 전 충분한 사전조사를 할 필요가 있다. 사전조사에는 소를 제기하는 사건에 대한 승소의 가능성, 사실을 증명할 서류의 확보, 공격방법과 피고의 예상되는 방어방법, 보전처분의 필요성, 승소한 경우 강제집행실행의 가능성 등을 조사하여 그에 대처하여야 한다. 소를 제기하려면 적법한 소장의 요건을 갖추어야 하는데, 소장에는 필요적 기재사항 등이 기재되어 있고, 상당한 인지가 첩부되어 있어야 한다. ☞ 2. 소장의 작성요령(34면) 참조
◈ 소가산정	소를 제기할 때에는 소가를 산정하여야 한다. 소가는 사물관할을 정하는 표준이 되는 외에 원고가 소장 등을 제출할 때 납부할 인지액을 정하는 기준이 된다(민사소송등인지법 제2조 내지 제8조). ☞ 3. 소송목적의 값 산정방법(50면) 참조
◈ 인지첩부	제1심 소장에 첩부할 인지는 소송목적의 값에 따라 산출된 인지액을 붙여야 한다(민인법 제2조 제1항). ☞ 4. 첩부인지액의 산출 및 납부방법(71면) 참조
◈ 송 달 료	소장을 제출할 때에는 당사자 수에 따른 계산방식에 의한 송달료를 송달료수납은행에 납부하고 그 은행으로부터 교부받은 송달료납부서를 소장표지 뒷면에 떨어지지 않을 정도로 풀로 붙인다. ☞ 5. 송달료 납부방법(72면) 참조
◈ 관할법원	소는 피고의 보통재판적이 있는 곳의 법원이 관할한다(민소법 제2조). 소장은 피고의 주소지를 관할하는 법원에 제출하는 것이 원칙이나, 소송의 편의를 도모하기 위해 특별한 재판관할이 인정되고 있다. ☞ 6. 관할법원(소장제출법원)(73면) 참조

[서식] 손해배상청구의 소(주차중인 자동차 파손)

소 장

원 고 박 철 환(주민등록번호 -)
서울 중구 서소문로 123-45
소송대리인 변호사 박 정 식
서울 서초구 서초로 123길 45
(전화 , 팩스 , 휴대폰)

피 고 (1) 김 병 진(주민등록번호 -)
경기 가평군 설악로 123 4
(전화 , 팩스 , 휴대폰)
(2) 서울건물관리주식회사
대표이사 오 호 택
서울 서초구 서초로 123길 4
(전화 , 팩스 , 휴대폰)

손해배상(기) 청구의 소

청 구 취 지

1. 원고에게 피고들은 연대하여 금11,500,000원 및 이에 대한 20○○. 3. 12부터 이건 소장 송달일까지는 연 5푼의, 그 다음 날부터 그 완제일까지는 연 1할 2푼의 각 비율에 의한 금원을 지급하라.
2. 소송비용은 피고들의 부담으로 한다.
3. 위 제1항은 가집행할 수 있다.

라는 판결을 구합니다.

청 구 원 인

1. 20○○. 3. 11. 15 : 00경 서울 서초구 서초로 123길 4번지 소재 제일빌딩 지하주차장에서 제일무역회사 10층 사무실에 거래처 영업차 온, 피고 김 병진이 자신이 주차해 둔 동인 소유의 차 경기3가 4321 소나타승용차를 빼려고 지하주차장 주차장치(기계)를 잘못 작동하여 위 지하층에 주차해 놓은 원고 소유의 서울 1가 2468 그랜저 승용차 뒷부분을 파손했습니다.

2. 이 주차장은 피고 서울건물관리주식회사(이하 (2) 피고회사라 함)가 관리하는 주차장으로 항상 위 (2) 피고회사 주차요원이 주차증을 배부하고 주차요금을 징수하는 유료주차시설이라 평소 주차장치(기계)를 작동하는 주차요원이 1명 배치되어 있었습니다. 그런데 피고 김병진은 주차요원이 아닌 자기가 직접 여러번 주차장치를 작동시켜 보았다고 부주의한 행동으로 주차장치를 작동하여 원고의 위 서울 1가 2468 승용차를 파손시켰고 주차장치관리 등 유료주차장 관리책임이 있는 (2) 피고회사는 주차장 관리를 소홀히 하고 이건 사고 당시 주차요원을 배치하지 않은 과실이 있습니다.

3. 이건 사고당시 주차요원도 없었고 아무런 경보음도 울리지 않았습니다. 소외 김상곤(원고의 차 운전기사)이 위 서울 1가 2468 차량을 위 주차장 한 곳이 비어 있어서 주차를 했었습니다. 김상곤이 자리를 비웠다가 돌아오니 (2) 피고회사 주차요원 한명이 원고의 위 서울 1가 2468 차량의 운전기사석쪽 창으로 쇠막대기를 집어넣고 문을 열려고 하고 있었습니다. 그래서 김상곤이 주차요원에게 왜 그러냐고 물어보니 차를 빼놓기 위해서 그랬다는 것이었습니다. 이건 사고전에도 이런 경우가 몇차례 있었다는 주차요원의 말이었습니다. 그렇다면 (2) 피고회사는 주차요원을 주차장에 배치하고 주차장치를 철저히 관리하여 아무나 주차장치를 작동하지 못하게 하여야 하는 등의 주의의무가 있는데 이를 게을리한 과실이 있습니다. 그리고 이건 사고에 대한 피고 김병진의 위 과실과 (2) 피고회사의 위 과실이 있어서 피고들은 공동불법행위자로서 원고에게 가한 손해를 연대하여 배상할 책임이 있다고 할 것입니다.

4. 손해배상액

원고는 위 사고로 인하여 위 서울 1가2468 차량의 뒤휀더 판금, 뒤도어 필리 판금, 뒤사이드 후레인 판금, 트렁크 바닥 판넬 판금, 도장, 연료탱크 교환 및 부착, 뒤 컴비네이션 램프 교환, 뒤밤바 교환, 트렁크 교환, 뒤판넬 교환 등 금 3,500,000원의 수리비가 들었습니다.

5. 원고의 위 승용차는 20○○. 12. 28. 등록된 그랜저 3.0 오토매틱 승용차로서 위 사고당시 출고된지 2개월 밖에 되지 않은 새차였는데 위 사고로 인해 위 차량의 뒤휀더 판금, 뒤사이드 후레임 판금, 뒤도어 필리 판금, 트렁크 바닥 판넬 판금, 도장, 트렁크 교환, 뒤밤바 교환, 뒤판넬 교환, 연료탱크 교환 등 수리부위가 많고 수리액수가 금3,500,000원이나 된다는 점에 비추어 보면 파손부위를 수리한다고 하여도 그 교환가치의 감소가 있을 것으로 통상 예견할 수 있으며 (대법원 1993. 3. 10. 선고 91 다 42883 판결, 참고자료 1참조) 위 차량을 완전수리하여도 주행시 차체의 진동이 생겨 위험부담이 있는 등 위 사고 수리후의 위 차량의 교환가치는 8,000,000원정도 감가되었다고 하겠습니다. 따라서 원고의 위 사고로 인한 손해는 금11,500,000원 (3,500,000원+8,000,000원) 이라고 하겠습니다. 그리고 원고는 위 차량 수리기간 중 동차를 사용할 수 없습니다.

6. 그러므로 피고들은 원고에게 위 금11,500,000원 및 이에 대한 위 사고일 다음 날인 20○○. 3. 12부터 이건 소장송달일 까지는 민법 소정의 연 5푼의, 그 다음 날부터 그 완제일까지는 소송촉진등에 관한 특례법 소정의 연 1할 2푼의 각 비율에 의한 금원을 지급할 의무가 있다고 할 것이므로 그 이행을 구하기 위하여 이건 제소에 이르른 것입니다.

입증방법 및 첨부서류

1. 갑 제1호증	자동차등록원부등본1부
2. 갑 제2호증	수리비 명세표1부
3. 갑 제3호증	인 증 서1부

4. 갑 제4호증 사 진 1부
5. 갑 제5호증 감 정 서1부
6. 갑 제6호증 자동차등록증1부
7. 갑 제7호증 자동차운전면허증1부
8. 갑 제8호증 주 차 표1부
9. 갑 제9호증 등기부등본1부
10. 참고자료 1 대법원 1992.3.10. 선고 91다42883 판결
11. 위 임 장 1부
12. 소장부본 1부

20○○. 4. 18.

위 원고 소송대리인
변호사 박 정 식 (인)

서울중앙지방법원 귀중

소 제기절차와 해설

◆ 소의 제기	소의 제기는 소장을 작성하여 법원에 제출하여야 한다. 소를 제기하려고 하는 사람은 소를 제기하기 전 충분한 사전조사를 할 필요가 있다. 사전조사에는 소를 제기하는 사건에 대한 승소의 가능성, 사실을 증명할 서류의 확보, 공격방법과 피고의 예상되는 방어방법, 보전처분의 필요성, 승소한 경우 강제집행실행의 가능성 등을 조사하여 그에 대처하여야 한다. 소를 제기하려면 적법한 소장의 요건을 갖추어야 하는데, 소장에는 필요적 기재사항 등이 기재되어 있고, 상당한 인지가 첩부되어 있어야 한다. ☞ 2. 소장의 작성요령(34면) 참조
◆ 소가산정	소를 제기할 때에는 소가를 산정하여야 한다. 소가는 사물관할을 정하는 표준이 되는 외에 원고가 소장 등을 제출할 때 납부할 인지액을 정하는 기준이 된다(민사소송등인지법 제2조 내지 제8조). ☞ 3. 소송목적의 값 산정방법(50면) 참조
◆ 인지첩부	제1심 소장에 첩부할 인지는 소송목적의 값에 따라 산출된 인지액을 붙여야 한다(민인법 제2조 제1항). ☞ 4. 첩부인지액의 산출 및 납부방법(71면) 참조
◆ 송 달 료	소장을 제출할 때에는 당사자 수에 따른 계산방식에 의한 송달료를 송달료수납은행에 납부하고 그 은행으로부터 교부받은 송달료납부서를 소장표지 뒷면에 떨어지지 않을 정도로 풀로 붙인다. ☞ 5. 송달료 납부방법(72면) 참조
◆ 관할법원	소는 피고의 보통재판적이 있는 곳의 법원이 관할한다(민소법 제2조). 소장은 피고의 주소지를 관할하는 법원에 제출하는 것이 원칙이나, 소송의 편의를 도모하기 위해 특별한 재판관할이 인정되고 있다. ☞ 6. 관할법원(소장제출법원)(73면) 참조

[서식] 손해배상청구의 소(증권거래법 위반)

소 장

원 고 이 유 경(주민등록번호 -)
서울 강북구 수유로12 제일빌라 201호
(전화 , 팩스 , 휴대폰)
피 고 남 상 국(주민등록번호 -)
한미증권 종로지점
서울 종로구 종로5가로 13-1
(전화 , 팩스 , 휴대폰)

손해배상(기)청구의 소

청 구 취 지

1. 피고는 원고에 대하여 금8,721,618원 및 이 소장부본 송달익일부터 완제일까지 연 12%의 비율에 의한 금원을 지급하라.
2. 소송비용은 피고의 부담으로 한다.
3. 위 제1항은 가집행할 수 있다.

라는 판결을 구합니다.

청 구 원 인

1. 피고는 한미증권 종로지점에서 영업부 과장으로 재직하는 자이고 원고는 위 지점에 일반구좌를 개설하여 거래하던 자인 바, 20○○. 1. 8. 원고의 구좌에 잔액금 12,244원부터 시작하여 동년 2. 28. 신용보증금 100만원, 동일자 금 1,500만원, 20○○. 2. 5. 금500만원, 동년 3. 13. 금 500만원, 동년 4. 9. 금100만원 합계금 27,012,244원을 입금하였습니다.
2. 그리고 원고는 20○○. 3. 20. 금500만원, 동년 4. 5. 금8,410,000원, 동년 5. 10. 금4,155,815, 동년 6. 20. 금100만원 합계 18, 565,815원을 출금하

여 차감잔액이 금 8,446,429원이 남아있습니다.

3. 원고는 20○○. 2. 9. (주)한미증권 주식을 신용으로 매수하면서 피고와는 처음으로 거래를 하여 서로 알게 되었습니다. 그런데 피고는 원고의 승락도 없이 신용으로 매수한 (주)한미주식을 피고는 임의로 매도하고 그 매도한 주식대금으로 다른 주식을 피고 임의대로 매수하고 또는 매도하는 등 증권거래법을 위반하여 부당한 매매로 인하여 원고의 구좌에 들어있는 돈을 전부 소비하여 원고에게 막대한 손해를 끼쳤으며 원고가 동일금속 및 제일산업주식을 매입하여 처분함으로 얻은 수익금 125,189원 및 이사건 녹취록 작성비 금150,000원 합계금 8,721,618원 및 소송촉진법상 지연손해금을 구하기 위하여 이건 청구를 하오니 청구취지와 같은 판결을 하여 주시기 바랍니다.

입 증 방 법

1. 갑제1호증 종합원장
1. 갑제2호증 출금확인서
1. 갑제3호증 녹취록
1. 갑제4호증 고소장
1. 갑제5호증 사건처분결과통지
1. 기타는 변론시 수시 제출하겠습니다.

첨 부 서 류

1. 위 입증방법 각1통
1. 소장부본 1통
1. 납부서 1통

20○○. 8. .

원 고 이 유 경 (인)

서울중앙지방법원 귀중

소 제기절차와 해설

◆ 소의 제기	소의 제기는 소장을 작성하여 법원에 제출하여야 한다. 소를 제기하려고 하는 사람은 소를 제기하기 전 충분한 사전조사를 할 필요가 있다. 사전조사에는 소를 제기하는 사건에 대한 승소의 가능성, 사실을 증명할 서류의 확보, 공격방법과 피고의 예상되는 방어방법, 보전처분의 필요성, 승소한 경우 강제집행실행의 가능성 등을 조사하여 그에 대처하여야 한다. 소를 제기하려면 적법한 소장의 요건을 갖추어야 하는데, 소장에는 필요적 기재사항 등이 기재되어 있고, 상당한 인지가 첩부되어 있어야 한다. ☞ 2. 소장의 작성요령(34면) 참조
◆ 소가산정	소를 제기할 때에는 소가를 산정하여야 한다. 소가는 사물관할을 정하는 표준이 되는 외에 원고가 소장 등을 제출할 때 납부할 인지액을 정하는 기준이 된다(민사소송등인지법 제2조 내지 제8조). ☞ 3. 소송목적의 값 산정방법(50면) 참조
◆ 인지첩부	제1심 소장에 첩부할 인지는 소송목적의 값에 따라 산출된 인지액을 붙여야 한다(민인법 제2조 제1항). ☞ 4. 첩부인지액의 산출 및 납부방법(71면) 참조
◆ 송 달 료	소장을 제출할 때에는 당사자 수에 따른 계산방식에 의한 송달료를 송달료수납은행에 납부하고 그 은행으로부터 교부받은 송달료납부서를 소장표지 뒷면에 떨어지지 않을 정도로 풀로 붙인다. ☞ 5. 송달료 납부방법(72면) 참조
◆ 관할법원	소는 피고의 보통재판적이 있는 곳의 법원이 관할한다(민소법 제2조). 소장은 피고의 주소지를 관할하는 법원에 제출하는 것이 원칙이나, 소송의 편의를 도모하기 위해 특별한 재판관할이 인정되고 있다. ☞ 6. 관할법원(소장제출법원)(73면) 참조

[서식] 손해배상청구의 소(공동불법행위, 전세계약사건)

소 장

원 고 김 광 남(주민등록번호 -)
서울 성북구 장위로 123-45
(전화 , 팩스 , 휴대폰)

피 고 1. 이 향 규(주민등록번호 -)
서울 성북구 장위로 123-45
(전화 , 팩스 , 휴대폰)

2. 노 창 섭(주민등록번호 -)
서울 성북구 장위로 123-46 서울사 부동산
(전화 , 팩스 , 휴대폰)

손해배상청구의 소

청 구 취 지

1. 피고들은 연대하여 원고에게 금5,000,000원을 지급하라.
2. 소송비용은 피고들의 부담으로 한다.
3. 위 제1항은 가집행할 수 있다.

라는 판결을 구합니다.

청 구 원 인

피고 이향규는 원고의 주택에 살고있는 전세권자이고 노창섭은 서울사라는 상호로 부동산 소개업을 하는 자인바,

1. 원고는 20○○. 8. 중순경 본인소유인 방1칸을 주소지 근처에 있는 서울사 부동산에 전세계약을 하여줄것을 의뢰하였는데 동년 8. 20.자 피고가 경영하는

부동산에서 위 피고 이향규를 소개하여 원고가 의뢰하였던 서울사 부동산에서 원고와 피고 이향규, 양방 소개인이 동석하여 전세권자는 피고 이향규의 딸 명의인 소외 이귀자로 하여 전세보증금은 금30,000,000원으로 전세계약을 체결하면서 계약서 단서 조항에

(1) 공부상 하자가 있을 때는 계약을 해제한다.

(2) 전세보증금 30,000,000원으로 하되 그중에서 금5,000,000원은 1년후에 지불하기로 한다.

(3) 씽크대, 찬장, 도배는 집주인이 하여준다.

라는 조항을 서울사 부동산에서 소개인이 작성하였으며 각자 서명날인 하였습니다.

2. 그런데 동년 12월 중순경 피고 이향규 처 소외 박현순이 원고의 처에게 전에 작성한 계약서를 보여달라고 하여 내어주었더니 확인하고 돌려주겠다하고 가지고 간 사실이 있으며 몇일후인 동년 12월 중순경 소외 박현순이 피고 노창섭이 경영하는 서울사 부동산에서 연락이 와서 원고의 처가 그 장소에 참석한 사실이 있는데 위 박현순은 전세계약자 명의를 자기남편인 피고 이향규로 계약서를 재작성하여 줄것을 간청하므로 의심없이 영문도 모르고 도장을 주었던바 전세계약서와 파란종이에 각 날인을 하는 것만을 확인하고 도장을 돌려받았습니다.

3. 그런데 후에 알고보니 본계약서 단서조항이 제거되고 위 파란종이는 원고가 전세금 전액을 수령하였다는 영수증이었습니다.
아울러 피고들은 얼마후에 같은 부동산에서 계약명의를 또다시 피고 이향규의 처 박현순 명의로 변경하여 줄 것을 간청하여 원고의 처는 도장을 주었으며 위와 같은 방법으로 3회에 걸쳐 계약서가 작성되었습니다.

4. 그러나 피고들의 행위에 영문도 모르고 의심한 바도 없는 원고는 처음에 약정한대로 1년후인 20○○. 8. 20. 위 박현순에게 전에 미지급하였던 금 5,000,000원을 지급하여 줄것을 요구하였으나 적반하장으로 전세계약서를 보

이면서 동문서답을 하고 지급거절을 하므로 계약서를 확인한 바 약정사항이 빠져있습니다. 그러나 원고의 기억이 뚜렸하고 처음 계약서를 작성한 서울사 부동산에서 소개한 증인도 건재함으로 증거도 확보되어 있습니다.

5. 따라서 피고들의 소행으로 볼때 상호 공모하여 고의적으로 금5,000, 000원을 편취할 목적이 분명하므로 피고들은 공동불법행위가 될 것이므로 이건 청구를 합니다.

소 명 방 법

변론시 수시 제출하겠음.

첨 부 서 류

1. 계약시 1통

20○○. 3. .

원 고 김 광 남 (인)

서울북부지방법원 귀중

소 제기절차와 해설

◆ 소의 제기	소의 제기는 소장을 작성하여 법원에 제출하여야 한다. 소를 제기하려고 하는 사람은 소를 제기하기 전 충분한 사전조사를 할 필요가 있다. 사전조사에는 소를 제기하는 사건에 대한 승소의 가능성, 사실을 증명할 서류의 확보, 공격방법과 피고의 예상되는 방어방법, 보전처분의 필요성, 승소한 경우 강제집행실행의 가능성 등을 조사하여 그에 대처하여야 한다. 소를 제기하려면 적법한 소장의 요건을 갖추어야 하는데, 소장에는 필요적 기재사항 등이 기재되어 있고, 상당한 인지가 첩부되어 있어야 한다. ☞ 2. 소장의 작성요령(34면) 참조
◆ 소가산정	소를 제기할 때에는 소가를 산정하여야 한다. 소가는 사물관할을 정하는 표준이 되는 외에 원고가 소장 등을 제출할 때 납부할 인지액을 정하는 기준이 된다(민사소송등인지법 제2조 내지 제8조). ☞ 3. 소송목적의 값 산정방법(50면) 참조
◆ 인지첩부	제1심 소장에 첩부할 인지는 소송목적의 값에 따라 산출된 인지액을 붙여야 한다(민인법 제2조 제1항). ☞ 4. 첩부인지액의 산출 및 납부방법(71면) 참조
◆ 송 달 료	소장을 제출할 때에는 당사자 수에 따른 계산방식에 의한 송달료를 송달료수납은행에 납부하고 그 은행으로부터 교부받은 송달료납부서를 소장표지 뒷면에 떨어지지 않을 정도로 풀로 붙인다. ☞ 5. 송달료 납부방법(72면) 참조
◆ 관할법원	소는 피고의 보통재판적이 있는 곳의 법원이 관할한다(민소법 제2조). 소장은 피고의 주소지를 관할하는 법원에 제출하는 것이 원칙이나, 소송의 편의를 도모하기 위해 특별한 재판관할이 인정되고 있다. ☞ 6. 관할법원(소장제출법원)(73면) 참조

[서식] 수표금청구의 소

소 장

원 고 주식회사 한 밭
대표이사 이 호 근
서울시 서초구 서초로 123길 4 (우편번호 00350)
(전화 , 팩스 , 휴대폰)

피 고 송 기 범(주민등록번호 -)
서울시 서초구 서초대로 123 (우편번호 00240)
(전화 , 팩스 , 휴대폰)

수표금청구의 소

청 구 취 지

1. 피고는 원고에게 금10,000,000원 및 이에 대한 이 사건 소장부본 송달받은 다음 날부터 완제에 이르기까지 연 12%의 비율에 의한 금원을 지급하라.
2. 소송비용은 피고의 부담으로 한다.
3. 위 제1항은 가집행할 수 있다.

라는 판결을 구합니다.

청 구 원 인

1. 피고는 20○○. 4. 29. 아래의 수표를 발행한 사실이 있습니다.

아 래

금 액 : 금10,000,000 원
번 호 : 사가 01234567
지 급 지 : 서울특별시

발 행 지 : 서울특별시

지급장소 : 주식회사 제삼은행 서초동지점

2. 원고는 위 수표를 소외 (주)국제산업으로 부터 물품대금조로 수령하여 적법한 수취인으로서 지급장소에 제시하였으나 지급거절된 바 있어 이 뜻을 발행인인 피고에게 전하고 이건 수표금을 지급하여 줄 것을 요구하였으나 이에 불응하므로 원고는 피고로부터 금10,000,000원과 이에 대한 이 건 소장부본 송달받은 다음날부터 완제일까지 소송촉진등에 관한 특례법 소정의 연 12%의 비율에 의한 지연손해금을 지급받고자 이 소에 의한 청구에 이른 것입니다.

입 증 방 법

1. 갑 제1호증 수표사본 1통

첨 부 서 류

1. 위 갑호증 1통
1. 소장부본 1통
1. 위임장 1통

20○○. 8. .

위 원고 주식회사 한 밭

대표이사 이 호 근 (인)

서울중앙지방법원 귀중

소 제기절차와 해설

◆ 소의 제기	소의 제기는 소장을 작성하여 법원에 제출하여야 한다. 소를 제기하려고 하는 사람은 소를 제기하기 전 충분한 사전조사를 할 필요가 있다. 사전조사에는 소를 제기하는 사건에 대한 승소의 가능성, 사실을 증명할 서류의 확보, 공격방법과 피고의 예상되는 방어방법, 보전처분의 필요성, 승소한 경우 강제집행실행의 가능성 등을 조사하여 그에 대처하여야 한다. 소를 제기하려면 적법한 소장의 요건을 갖추어야 하는데, 소장에는 필요적 기재사항 등이 기재되어 있고, 상당한 인지가 첩부되어 있어야 한다. ☞ 2. 소장의 작성요령(34면) 참조
◆ 소가산정	소를 제기할 때에는 소가를 산정하여야 한다. 소가는 사물관할을 정하는 표준이 되는 외에 원고가 소장 등을 제출할 때 납부할 인지액을 정하는 기준이 된다(민사소송등인지법 제2조 내지 제8조). ☞ 3. 소송목적의 값 산정방법(50면) 참조
◆ 인지첩부	제1심 소장에 첩부할 인지는 소송목적의 값에 따라 산출된 인지액을 붙여야 한다(민인법 제2조 제1항). ☞ 4. 첩부인지액의 산출 및 납부방법(71면) 참조
◆ 송 달 료	소장을 제출할 때에는 당사자 수에 따른 계산방식에 의한 송달료를 송달료수납은행에 납부하고 그 은행으로부터 교부받은 송달료납부서를 소장표지 뒷면에 떨어지지 않을 정도로 풀로 붙인다. ☞ 5. 송달료 납부방법(72면) 참조
◆ 관할법원	소는 피고의 보통재판적이 있는 곳의 법원이 관할한다(민소법 제2조). 소장은 피고의 주소지를 관할하는 법원에 제출하는 것이 원칙이나, 소송의 편의를 도모하기 위해 특별한 재판관할이 인정되고 있다. ☞ 6. 관할법원(소장제출법원)(73면) 참조

[서식] 약속어음금청구의 소(제1배서인을 상대로 한 청구)

소 장

원 고 김 두 성(주민등록번호 -)
서울 종로구 명륜로 441-2
소송대리인 변호사 최 용 진
서울 서초구 서초대로 214-1 정국빌딩 201호
(전화 , 팩스 , 휴대폰)

피 고 한 대 수(주민등록번호 -)
서울 강남구 대치로 31 대도빌라 207호
(전화 , 팩스 , 휴대폰)

약속어음금청구의 소

청 구 취 지

1. 피고는 원고에게 금50,000,000원 및 이에 대하여 이 소장 부본 송달 익일부터 완제일까지 연 12%의 비율에 의한 금원을 지급하라.
2. 소송비용은 피고의 부담으로 한다.
3. 위 제1항에 대하여 가집행을 할 수 있다.

라는 판결을 구합니다.

청 구 원 인

1. 소외 (주) 경기강철 대표 민성규는 액면금 50,000,000원정 지급기일 20○○. 1. 26. 지급지 서울특별시 지급장소 제삼은행 을지로지점으로 된 약속어음 1매를 발행하여 피고에게 교부하였습니다.

2. 피고는 소외 정태만에게 동 약속어음을 배서양도하고 소외 정태만은 동 오한수에게 동 오한수는 권 정자에게 동 권정자는 (주)한국금속 대표이사 주종식에게 동 주종식은 원고에게 배서양도하여 원고는 위 약속어음금의 최후소지인이 되었습니다.

3. 원고는 지급일에 지급장소에 임하여 동 어음의 지급을 구하였으나 무거래라는 이유로 지급이 거절되어 원고는 부득이 제1배서인인 피고를 상대로 청구취지와 같은 판결을 구하고저 본소에 이르렀습니다.

입 증 방 법

1. 갑제1호증 약속어음사본

첨 부 서 류

1. 위갑호증 사본 1매
1. 소장부본 1통
1. 위임장 1통
1. 납부서 1통

20○○. 5. .

위 원고 소송대리인
변호사 김 두 성 (인)

서울중앙지방법원 귀중

소 제기절차와 해설

◈ 소의 제기	소의 제기는 소장을 작성하여 법원에 제출하여야 한다. 소를 제기하려고 하는 사람은 소를 제기하기 전 충분한 사전조사를 할 필요가 있다. 사전조사에는 소를 제기하는 사건에 대한 승소의 가능성, 사실을 증명할 서류의 확보, 공격방법과 피고의 예상되는 방어방법, 보전처분의 필요성, 승소한 경우 강제집행실행의 가능성 등을 조사하여 그에 대처하여야 한다. 소를 제기하려면 적법한 소장의 요건을 갖추어야 하는데, 소장에는 필요적 기재사항 등이 기재되어 있고, 상당한 인지가 첩부되어 있어야 한다. ☞ 2. 소장의 작성요령(34면) 참조
◈ 소가산정	소를 제기할 때에는 소가를 산정하여야 한다. 소가는 사물관할을 정하는 표준이 되는 외에 원고가 소장 등을 제출할 때 납부할 인지액을 정하는 기준이 된다(민사소송등인지법 제2조 내지 제8조). ☞ 3. 소송목적의 값 산정방법(50면) 참조
◈ 인지첩부	제1심 소장에 첩부할 인지는 소송목적의 값에 따라 산출된 인지액을 붙여야 한다(민인법 제2조 제1항). ☞ 4. 첩부인지액의 산출 및 납부방법(71면) 참조
◈ 송 달 료	소장을 제출할 때에는 당사자 수에 따른 계산방식에 의한 송달료를 송달료수납은행에 납부하고 그 은행으로부터 교부받은 송달료납부서를 소장표지 뒷면에 떨어지지 않을 정도로 풀로 붙인다. ☞ 5. 송달료 납부방법(72면) 참조
◈ 관할법원	소는 피고의 보통재판적이 있는 곳의 법원이 관할한다(민소법 제2조). 소장은 피고의 주소지를 관할하는 법원에 제출하는 것이 원칙이나, 소송의 편의를 도모하기 위해 특별한 재판관할이 인정되고 있다. ☞ 6. 관할법원(소장제출법원)(73면) 참조

[서식] 약속어음금청구의 소(발행인을 상대로 한 청구)

소 장

원 고 이 정 우(주민등록번호 -)
서울 종로구 혜화로 2길 123의 4
(전화 , 팩스 , 휴대폰)

피 고 1. 김 인 봉(주민등록번호 -)
(전화 , 팩스 , 휴대폰)
2. 한 은 희(주민등록번호 -)
(전화 , 팩스 , 휴대폰)
위 피고들의 주소 서울 강남구 논현로 123-4

약속어음금청구의 소

청 구 취 지

1. 피고들은 연대하여 원고에게 금10,000,000원 및 이에 대한 소장 익일부터 완제일까지 연 12%의 비율에 의한 금원을 지급하라.
2. 소송비용은 피고들의 부담으로 한다.
3. 위 제1항은 가집행할 수 있다.

라는 판결을 구합니다.

청 구 원 인

1. 피고 김인봉은 20○○. 1. 18. 액면금 10,000,000원 지급기일 20○○. 1. 30. 지불지 서울특별시로된 약속어음 1매를 발행하여 같은 날 피고 한은희에게 교부하고 동 한은희는 같은 날 원고에게 양도하여 원고는 동 약속어음금의 최후 소지인이 된 것입니다.

2. 피고들은 부부지간으로 원고는 위 지급기일에 위 금원의 지급을 받고자 피고들에게 제시하였던 바 피고들은 이를 이행치 않고 차일피일 지연만 하고 있습니다.

3. 원고는 더 이상 지체할 수가 없으므로 청구취지와 같은 판결을 구하고자 본소 청구를 하기에 이르렀습니다.

입 증 방 법

1. 갑제1호증 약속어음사본
1. 갑제2호증 주민등록등본

첨 부 서 류

1. 위입증방법 1매
1. 소장부본 2통
1. 납부서 1통

20○○. 2. .

위 원고 이 정 우 (인)

서울중앙지방법원 귀중

소 제기절차와 해설

◆ 소의 제기	소의 제기는 소장을 작성하여 법원에 제출하여야 한다. 소를 제기하려고 하는 사람은 소를 제기하기 전 충분한 사전조사를 할 필요가 있다. 사전조사에는 소를 제기하는 사건에 대한 승소의 가능성, 사실을 증명할 서류의 확보, 공격방법과 피고의 예상되는 방어방법, 보전처분의 필요성, 승소한 경우 강제집행실행의 가능성 등을 조사하여 그에 대처하여야 한다. 소를 제기하려면 적법한 소장의 요건을 갖추어야 하는데, 소장에는 필요적 기재사항 등이 기재되어 있고, 상당한 인지가 첩부되어 있어야 한다. ☞ 2. 소장의 작성요령(34면) 참조
◆ 소가산정	소를 제기할 때에는 소가를 산정하여야 한다. 소가는 사물관할을 정하는 표준이 되는 외에 원고가 소장 등을 제출할 때 납부할 인지액을 정하는 기준이 된다(민사소송등인지법 제2조 내지 제8조). ☞ 3. 소송목적의 값 산정방법(50면) 참조
◆ 인지첩부	제1심 소장에 첩부할 인지는 소송목적의 값에 따라 산출된 인지액을 붙여야 한다(민인법 제2조 제1항). ☞ 4. 첩부인지액의 산출 및 납부방법(71면) 참조
◆ 송 달 료	소장을 제출할 때에는 당사자 수에 따른 계산방식에 의한 송달료를 송달료수납은행에 납부하고 그 은행으로부터 교부받은 송달료납부서를 소장표지 뒷면에 떨어지지 않을 정도로 풀로 붙인다. ☞ 5. 송달료 납부방법(72면) 참조
◆ 관할법원	소는 피고의 보통재판적이 있는 곳의 법원이 관할한다(민소법 제2조). 소장은 피고의 주소지를 관할하는 법원에 제출하는 것이 원칙이나, 소송의 편의를 도모하기 위해 특별한 재판관할이 인정되고 있다. ☞ 6. 관할법원(소장제출법원)(73면) 참조

[서식] 이득상환금청구의 소(배서양도받은 약속어음금)

소 장

원 고 주식회사 동 일
대표이사 김 동 서
서울 종로구 종로2가로 113
(전화 , 팩스 , 휴대폰)

피 고 제 삼 은 행
은행장 김 성 훈
(소관 : 명동지점)
서울 중구 무교로 320
(전화 , 팩스 , 휴대폰)

이득상환금청구의 소

청 구 취 지

1. 피고는 원고에게 금30,000,000원을 지급하라.
2. 소송비용은 피고의 부담으로 한다.
3. 제1항에 대하여 가집행할 수 있다.

라는 판결을 구합니다.

청 구 원 인

1. 피고는 20○○. 2. 20에 소외 최동팔에게 액면금 10,000,000원권 발행지, 지급지 공히 제삼은행 명동 지점으로된 자기앞 수표 3매를 발행하였습니다.

2. 원고는 소외 최동팔로부터 배서양도 받은 선의 적법한 소지인으로서 20○○. 3. 1에 지급장소에 제시하였으나 사고계신고로 지급거절되었습니다.

3. 원고는 동 수표가 발행일로부터 10일이 경과되어 제시하였으므로 인하여 소멸된 수표상의 피고가 받은 이익의 한도내에서 상환할 의무가 있으므로 원고는 정당한 선의의 소지인으로서 이득상환을 청구하고자 본 소에 이른 것입니다.

입 증 방 법

1. 갑 제1호증의 1, 2, 3(자기앞수표)

첨 부 서 류

1. 위 입증방법	1통
2. 소송대리허가신청	1통
3. 법인 등기부등본	1통
4. 소장부본	1통

20○○. 3. .

위 원고 주식회사 동 일

대표이사 김 동 서 (인)

서울중앙지방법원 귀중

소 제기절차와 해설

◆ 소의 제기	소의 제기는 소장을 작성하여 법원에 제출하여야 한다. 소를 제기하려고 하는 사람은 소를 제기하기 전 충분한 사전조사를 할 필요가 있다. 사전조사에는 소를 제기하는 사건에 대한 승소의 가능성, 사실을 증명할 서류의 확보, 공격방법과 피고의 예상되는 방어방법, 보전처분의 필요성, 승소한 경우 강제집행실행의 가능성 등을 조사하여 그에 대처하여야 한다. 소를 제기하려면 적법한 소장의 요건을 갖추어야 하는데, 소장에는 필요적 기재사항 등이 기재되어 있고, 상당한 인지가 첩부되어 있어야 한다. ☞ 2. 소장의 작성요령(34면) 참조
◆ 소가산정	소를 제기할 때에는 소가를 산정하여야 한다. 소가는 사물관할을 정하는 표준이 되는 외에 원고가 소장 등을 제출할 때 납부할 인지액을 정하는 기준이 된다(민사소송등인지법 제2조 내지 제8조). ☞ 3. 소송목적의 값 산정방법(50면) 참조
◆ 인지첩부	제1심 소장에 첩부할 인지는 소송목적의 값에 따라 산출된 인지액을 붙여야 한다(민인법 제2조 제1항). ☞ 4. 첩부인지액의 산출 및 납부방법(71면) 참조
◆ 송 달 료	소장을 제출할 때에는 당사자 수에 따른 계산방식에 의한 송달료를 송달료수납은행에 납부하고 그 은행으로부터 교부받은 송달료납부서를 소장표지 뒷면에 떨어지지 않을 정도로 풀로 붙인다. ☞ 5. 송달료 납부방법(72면) 참조
◆ 관할법원	소는 피고의 보통재판적이 있는 곳의 법원이 관할한다(민소법 제2조). 소장은 피고의 주소지를 관할하는 법원에 제출하는 것이 원칙이나, 소송의 편의를 도모하기 위해 특별한 재판관할이 인정되고 있다. ☞ 6. 관할법원(소장제출법원)(73면) 참조

[서식] 약정금청구의 소(부동산 매매계약관련)

소 장

원 고 최 기 순(주민등록번호 -)
서울 종로구 평창로 123 일양아파트 8동 802호
(전화 , 팩스 , 휴대폰)

피 고 김 민 용(주민등록번호 -)
서울 종로구 평창로 321 삼일아파트 1동 201호
(전화 , 팩스 , 휴대폰)

약정금청구의 소

청 구 취 지

1. 피고는 원고에게 금47,500,000원 및 이에 대한 20○○. 6. 3부터 소장부본 송달일까지는 연 3할6푼, 소장부본 송달익일부터 완제일까지는 연 1할 2푼의 비율에 의한 금원을 지급하라.
2. 소송비용은 피고의 부담으로 한다.
3. 위 제1항은 가집행할 수 있다.

라는 판결을 구합니다.

청 구 원 인

1. 피고는 일광부동산이라는 상호로 부동산 소개업을 하는 자인 바 원고는 20○○. 4. 14. 서울 노원구 하계로 재개발아파트 입주대상지역에 소재한 같은동 214-4 소재 무허가 건물 약20평에 대하여 피고의 소유임에도 소유자를 소외 김철안 명의로 신탁하여 매매대금 50,000,000원으로 계약당일 계약금으로 금5,000,000원을 지불하고 동년 5. 14. 잔금으로 금45,000,000원을 소외 김철안을 대리하여 피고가 수령하였습니다(별첨 부동산 매매계약서 참조).

2. 그러나 위 소외인은 동년 5. 16. 고양시 동양아파트에 당첨되어 하계로 재개발아파트 입주대상에서 제외되므로 이건을 소개하였던 광덕부동산 대표 원명석은 20○○. 3. 28. 잘못을 인정하고 소개료로 받았던 금400,000원을 원고에게 반환한 바 있습니다.
3. 따라서 피고는 이 건 매매대금 5,000만원과 그동안 이자금 2,000,000원으로 정하여 매매해약금으로 금5,200,000원을 동년 4. 15까지 지불하기로 하고 20○○. 2. 7. 현금 지불증을 작성하였습니다(별첨 현금지불증 참조).
4. 그러나 피고는 위 금원을 지급기일까지 지급하지 아니하고 동년 5. 10. 약정을 하여 동년 5. 31까지 금10,000,000원을 지불하고 나머지 42,000,000원에 대하여는 월 3부 이자로 지급하기로 약정하였습니다(별첨 약정서 참조).
5. 따라서 피고는 20○○. 6. 5. 금4,500,000원만을 지급하고 나머지 금원은 연체하고 있으므로 원고가 피고에게 받을 돈은 금47,500,000원 입니다.
아울러 지연이자 부분은 동년 5. 31부터 월 3부로 지급하기로 약정하였으므로 소장부본 송달일까지는 이자금 연 3할 6푼으로 구하고 소장부본 송달 익일부터 완제일까지는 법정이자금 연 12%의 지연손해금을 지급받기 위하여 이건 청구를 하오니 청구취지와 같은 판결을 하여 주시기 바랍니다.

소 명 및 첨 부 서 류

1. 부동산 매매계약서 1통
2. 소유권확인원 1통
3. 현금지불증 1통
4. 약정서 1통

20○○. 8. 7.

원 고 최 기 순 (인)

서울중앙지방법원 귀중

소 제기절차와 해설

◆ 소의 제기	소의 제기는 소장을 작성하여 법원에 제출하여야 한다. 소를 제기하려고 하는 사람은 소를 제기하기 전 충분한 사전조사를 할 필요가 있다. 사전조사에는 소를 제기하는 사건에 대한 승소의 가능성, 사실을 증명할 서류의 확보, 공격방법과 피고의 예상되는 방어방법, 보전처분의 필요성, 승소한 경우 강제집행실행의 가능성 등을 조사하여 그에 대처하여야 한다. 소를 제기하려면 적법한 소장의 요건을 갖추어야 하는데, 소장에는 필요적 기재사항 등이 기재되어 있고, 상당한 인지가 첩부되어 있어야 한다. ☞ 2. 소장의 작성요령(34면) 참조
◆ 소가산정	소를 제기할 때에는 소가를 산정하여야 한다. 소가는 사물관할을 정하는 표준이 되는 외에 원고가 소장 등을 제출할 때 납부할 인지액을 성하는 기순이 된다(민사소송등인지법 제2조 내지 제8조). ☞ 3. 소송목적의 값 산정방법(50면) 참조
◆ 인지첩부	제1심 소장에 첩부할 인지는 소송목적의 값에 따라 산출된 인지액을 붙여야 한다(민인법 제2조 제1항). ☞ 4. 첩부인지액의 산출 및 납부방법(71면) 참조
◆ 송 달 료	소장을 제출할 때에는 당사자 수에 따른 계산방식에 의한 송달료를 송달료수납은행에 납부하고 그 은행으로부터 교부받은 송달료납부서를 소장표지 뒷면에 떨어지지 않을 정도로 풀로 붙인다. ☞ 5. 송달료 납부방법(72면) 참조
◆ 관할법원	소는 피고의 보통재판적이 있는 곳의 법원이 관할한다(민소법 제2조). 소장은 피고의 주소지를 관할하는 법원에 제출하는 것이 원칙이나, 소송의 편의를 도모하기 위해 특별한 재판관할이 인정되고 있다. ☞ 6. 관할법원(소장제출법원)(73면) 참조

[서식] 양수금청구의 소(사무실보증금반환)

소 장

원 고 배 준 호(주민등록번호 -)
서울 종로구 명륜로 123 선일빌라 가동 103호
(전화 , 팩스 , 휴대폰)

피 고 명 한 섭(주민등록번호 -)
서울 종로구 명륜로 123
(전화 , 팩스 , 휴대폰)

양수금청구의 소

청 구 취 지

1. 피고는 원고에게 금30,000,000원 및 이에 대한 이 소장부본 송달 익일부터 완제일까지 연 12%의 비율에 의한 금원을 지급하라.
2. 소송비용은 피고의 부담으로 한다.
3. 위 제1항은 가집행할 수 있다.

라는 판결을 구합니다.

청 구 원 인

1. 피고는 소외 주식회사 삼두(이하 소외회사라 함)에 대하여 20○○. 11. 15. 서울 종로구 명륜로 123 소재 지상건물 2층 사무실 157.14 제곱미터를 보증금 30,000,000원 월임대료 금1,100,000원으로 하여 임대기간은 동년 12. 2부터 12개월로 약정하여 임대하였던 사실이 있고(갑제1호증 월세계약서 참조)

2. 원고는 위 소외 회사로부터 20○○. 8. 26. 위 금30,000,000원의 보증금 반환채권을 양도받았으며(갑제2호증 임대차 보증금 양도증서) 위 소외 회사는

양수인인 원고와 채무자인 피고의 삼면계약으로 증서를 작성하고 이건 채권양도에 피고가 승인을 하고 날인하였으므로 이 보증금 채권은 원고에게 양도되었습니다(갑제2호증 임대차 보증금 양도증서 참조).

3. 한편 위 임대차 계약은 20○○. 11. 31. 종료하였으며 위 소외회사는 사업부진으로 회사가 부도되어 기한전에 피고에게 사무실을 명도하였던 바 이에 원고는 피고 에게 위 보증금의 반환을 구하였으나 피고가 불응함으로 위 보증금 및 이에 대한 소송촉진등에 관한 특례법 소정의 지연손해금의 지급을 구하기 위하여 이건 청구에 이르렀습니다.

입 증 방 법

1. 갑제1호증 월세계약서
1. 갑제2호증 임대차보증금 양도증서
1. 기타는 변론시 제출하겠습니다.

첨 부 서 류

1. 위 입증방법 각1통
1. 소장부본 1통
1. 납부서 1통

20○○. 10. .

원 고 배 준 호 (인)

서울중앙지방법원 귀중

소 제기절차와 해설

◆ 소의 제기	소의 제기는 소장을 작성하여 법원에 제출하여야 한다. 소를 제기하려고 하는 사람은 소를 제기하기 전 충분한 사전조사를 할 필요가 있다. 사전조사에는 소를 제기하는 사건에 대한 승소의 가능성, 사실을 증명할 서류의 확보, 공격방법과 피고의 예상되는 방어방법, 보전처분의 필요성, 승소한 경우 강제집행실행의 가능성 등을 조사하여 그에 대처하여야 한다. 소를 제기하려면 적법한 소장의 요건을 갖추어야 하는데, 소장에는 필요적 기재사항 등이 기재되어 있고, 상당한 인지가 첩부되어 있어야 한다. ☞ 2. 소장의 작성요령(34면) 참조
◆ 소가산정	소를 제기할 때에는 소가를 산정하여야 한다. 소가는 사물관할을 정하는 표준이 되는 외에 원고가 소장 등을 제출할 때 납부할 인지액을 정하는 기준이 된다(민사소송등인지법 제2조 내지 제8조). ☞ 3. 소송목적의 값 산정방법(50면) 참조
◆ 인지첩부	제1심 소장에 첩부할 인지는 소송목적의 값에 따라 산출된 인지액을 붙여야 한다(민인법 제2조 제1항). ☞ 4. 첩부인지액의 산출 및 납부방법(71면) 참조
◆ 송 달 료	소장을 제출할 때에는 당사자 수에 따른 계산방식에 의한 송달료를 송달료수납은행에 납부하고 그 은행으로부터 교부받은 송달료납부서를 소장표지 뒷면에 떨어지지 않을 정도로 풀로 붙인다. ☞ 5. 송달료 납부방법(72면) 참조
◆ 관할법원	소는 피고의 보통재판적이 있는 곳의 법원이 관할한다(민소법 제2조). 소장은 피고의 주소지를 관할하는 법원에 제출하는 것이 원칙이나, 소송의 편의를 도모하기 위해 특별한 재판관할이 인정되고 있다. ☞ 6. 관할법원(소장제출법원)(73면) 참조

[서식] 영업금지등청구의 소(동일업종)

소 장

원 고 박 상 원(주민등록번호 -)
서울 서초구 우면로 731-14
원고 소송대리인 변호사 현 기 섭, 최 상 준
서울 서초구 서초대로 137 인화빌딩 903호
(전화 , 팩스)

피 고 1. 서 기 남(주민등록번호 -)
서울 강남구 일원로 135 원일빌라 101호
(전화 , 팩스 , 휴대폰)
2. 오 덕 철(주민등록번호 -)
(전화 , 팩스 , 휴대폰)
3. 심 혜 정(주민등록번호 -)
(전화 , 팩스 , 휴대폰)
2, 3의 피고들 주소
서울 서초구 방배로 371 동백상가 2층 40호

영업금지등 청구의 소

청 구 취 지

1. 피고 오덕철, 피고 심혜정은 별지목록 기재 부동산에서 경영하는 "동백" 화장품 영업행위를 하여서는 아니된다.
2. 피고 서기남은 원고에게 금40,000,000원을 지급하라.
3. 소송비용은 피고들의 부담으로 한다.
4. 제2항은 가집행할 수 있다.

라는 판결을 구합니다.

청 구 원 인

1. 원고는 20○○. 5. 22. 서울 서초구 방배로 371 동백상가내 2층 16호 7.85㎡를 소외 (주)동방체인으로부터 분양받아 분양대금을 모두 납입한 후 20○○. 1. 23. 소유권이전등기를 마쳐 현재까지 소유하고 있고, 피고 서기남은 20○○. 5. 22. 별지목록기재부동산을 분양받아 20○○. 11. 30. 그 명의로 소유권이전등기를 받아 소유하고 있고, 피고 오덕철, 피고 심혜정은 일자불상경 피고 서기남으로부터 별지목록 기재 부동산을 임차하여 점유하고 있습니다.
2. 원고나 피고 서기남은 20○○. 5. 22. (주)동방체인과 각 분양계약을 체결하면서 상가 분양을 받은 매수자 상호간의 공동이익을 위하여 각 점포별로 개설업종을 특정하고 다른 점포에서는 동일 유사한 점포를 개설할 수 없도록 약정하였으며(갑 제2호증의 2 분양계약서 제5조), 만약 위 업종선택위배로 인하여 피해를 보는 기존의 동일 유사한 점포의 매수자는 위배자에게 영업금지를 청구할 수 있고, 점포의 평수와 업종선택 위배기간에 비례하여 1일 1평당 분양가격의 0.5%로 계산한 금원을 손해배상금으로 지급하기로 약정하였습니다(위 분양계약서 제16조).
3. 그런데 원고는 원고 소유의 동백상가 2층 16호에서 화장품업을 영위해 왔는바, 피고 서기남은 그 소유의 위 상가 2층 40호에서 부동산 중개업을 해오다 20○○. 11월경부터는 피고 오덕철, 피고 심혜정에게 위 점포를 임대하여 주어서 원고와 동일업종인 화장품 영업을 하도록 하였던 것입니다.
4. 이에 원고는 피고들에게 즉시 원고와 동일한 업종의 영업행위를 하지 말아줄 것을 강력 항의하였던 바, 피고 서기남은 20○○. 12. 14. 피고 오덕철, 피고 심혜정의 임대차기간이 만료되는 20○○. 10. 31까지만 영업하고 이후에는 타 업종으로 전업할 것을 약속하므로, 원고는 이를 믿고 피고들이 자진 이행해 줄 것을 기대하였으나 약속을 이행하지 아니하므로, 피고 오덕철, 피고 심혜정에 대하여는 원고와 동종 업종인 화장품 영업행위의 금지를 구하기 위하여 피고 서기남에 대하여는 위 화장품 영업행위 중지일까지 손해배상액의 예정인 1평당 분양가격의 0.5%로 계산한 1일 금686,940원(32,100,000원×0.5%×4.28평)의 비율에 의한 금원중 일부금으로 우선 약2개월에 해당하는 금40,000,000원을 지급받기 위하여 이건 청구에 이른 것입니다.

입 증 방 법

갑제1호증의 1, 2	각 등기부등본
갑제2호증의 1	등기권리증
2	분양계약서
갑제3호증	가서
갑제4호증	통고서

기타 입증방법은 변론시 수시 제출하겠습니다.

첨 부 서 류

1. 소장부본	3통
1. 위 입증방법	각1통
1. 위임장	1통
1. 납부서	1통

20○○. 12. .

위 원고 소송대리인 변호사 현 기 섭

변호사 최 상 준

서울중앙지방법원 귀중

소 제기절차와 해설

◆ 소의 제기	소의 제기는 소장을 작성하여 법원에 제출하여야 한다. 소를 제기하려고 하는 사람은 소를 제기하기 전 충분한 사전조사를 할 필요가 있다. 사전조사에는 소를 제기하는 사건에 대한 승소의 가능성, 사실을 증명할 서류의 확보, 공격방법과 피고의 예상되는 방어방법, 보전처분의 필요성, 승소한 경우 강제집행실행의 가능성 등을 조사하여 그에 대처하여야 한다. 소를 제기하려면 적법한 소장의 요건을 갖추어야 하는데, 소장에는 필요적 기재사항 등이 기재되어 있고, 상당한 인지가 첩부되어 있어야 한다. ☞ 2. 소장의 작성요령(34면) 참조
◆ 소가산정	소를 제기할 때에는 소가를 산정하여야 한다. 소가는 사물관할을 정하는 표준이 되는 외에 원고가 소장 등을 제출할 때 납부할 인지액을 정하는 기준이 된다(민사소송등인지법 제2조 내지 제8조). ☞ 3. 소송목적의 값 산정방법(50면) 참조
◆ 인지첩부	제1심 소장에 첩부할 인지는 소송목적의 값에 따라 산출된 인지액을 붙여야 한다(민인법 제2조 제1항). ☞ 4. 첩부인지액의 산출 및 납부방법(71면) 참조
◆ 송 달 료	소장을 제출할 때에는 당사자 수에 따른 계산방식에 의한 송달료를 송달료수납은행에 납부하고 그 은행으로부터 교부받은 송달료납부서를 소장표지 뒷면에 떨어지지 않을 정도로 풀로 붙인다. ☞ 5. 송달료 납부방법(72면) 참조
◆ 관할법원	소는 피고의 보통재판적이 있는 곳의 법원이 관할한다(민소법 제2조). 소장은 피고의 주소지를 관할하는 법원에 제출하는 것이 원칙이나, 소송의 편의를 도모하기 위해 특별한 재판관할이 인정되고 있다. ☞ 6. 관할법원(소장제출법원)(73면) 참조

[서식] 운반대금청구의 소

소 장

원 고 홍길운송주식회사
대표이사 김 명 복
서울 강남구 방배로 12-34
(전화 , 팩스 , 휴대폰)

피 고 주식회사 이인제약
대표이사 오 호 택
서울 서초구 서초대로 12
(전화 , 팩스 , 휴대폰)

운반대금 청구의 소

청 구 취 지

1. 피고는 원고에 대하여 금3,000,000원 및 이에 대한 20○○. 5. 9부터 본 판결 선고일까지는 연 6푼의 그 다음 날부터 완제일까지는 연 1할 2푼의 비율에 의한 금원을 지급하라.
2. 소송비용은 피고의 부담으로 한다.
3. 위 제1항은 가집행할 수 있다.

라는 판결을 구합니다.

청 구 원 인

1. 원·피고회사

원고는 위 주소지에서 운송업을 경영하는 법인이고 피고회사는 의약품 등의 제조 및 판매를 경영하는 법인입니다.

2. 운 송

원고는 20○○. 5. 3. 피고의 의뢰에 의하여 별지목록 기재의 원재료를 부산 해운대구 초량동 12 소재의 소외 주식회사 부일창고로부터 서울 서초구 서초대로 123 소재의 피고회사 물류센타까지 아래와 같은 계약내용으로 운송계약을 체결하여 약정대로 운송하였습니다.

(1) 운송대금은 합계 금3,000,000원으로 한다.

(2) 위 대금의 지급기일은 20○○. 5. 8. 로 한다.

(3) 운송은 20○○. 5. 3. 부터 동년 5. 8. 까지 사이에 한다.

3. 미 불

그런데 피고는 위 지급기일이 경과한 금일까지도 위 운송대금의 지급을 하지 않고 있으므로 위 대금 및 이에 대한 위 지급기일 다음 날부터 본 판결 선고일까지는 상법 소정의 연 6푼의 그 다음 날부터 완제일까지는 소송촉진등에 관한 특례법 소정의 연 12%의 비율에 의한 지연손해금의 지급을 구하기 위하여 본소에 이른바 입니다.

입 증 방 법

변론시 제출하겠습니다.

첨 부 서 류

1. 법인등기부등본 1통
1. 소장부본 1통

20○○. 7. 12.

위 원고 홍길운송주식회사
대표이사 김 명 복 (인)

서울중앙지방법원 귀중

소 제기절차와 해설

◆ 소의 제기	소의 제기는 소장을 작성하여 법원에 제출하여야 한다. 소를 제기하려고 하는 사람은 소를 제기하기 전 충분한 사전조사를 할 필요가 있다. 사전조사에는 소를 제기하는 사건에 대한 승소의 가능성, 사실을 증명할 서류의 확보, 공격방법과 피고의 예상되는 방어방법, 보전처분의 필요성, 승소한 경우 강제집행실행의 가능성 등을 조사하여 그에 대처하여야 한다. 소를 제기하려면 적법한 소장의 요건을 갖추어야 하는데, 소장에는 필요적 기재사항 등이 기재되어 있고, 상당한 인지가 첩부되어 있어야 한다. ☞ 2. 소장의 작성요령(34면) 참조
◆ 소가산정	소를 제기할 때에는 소가를 산정하여야 한다. 소가는 사물관할을 정하는 표준이 되는 외에 원고가 소장 등을 제출할 때 납부할 인지액을 정하는 기준이 된다(민사소송등인지법 제2조 내지 제8조). ☞ 3. 소송목적의 값 산정방법(50면) 참조
◆ 인지첩부	제1심 소장에 첩부할 인지는 소송목적의 값에 따라 산출된 인지액을 붙여야 한다(민인법 제2조 제1항). ☞ 4. 첩부인지액의 산출 및 납부방법(71면) 참조
◆ 송 달 료	소장을 제출할 때에는 당사자 수에 따른 계산방식에 의한 송달료를 송달료수납은행에 납부하고 그 은행으로부터 교부받은 송달료납부서를 소장표지 뒷면에 떨어지지 않을 정도로 풀로 붙인다. ☞ 5. 송달료 납부방법(72면) 참조
◆ 관할법원	소는 피고의 보통재판적이 있는 곳의 법원이 관할한다(민소법 제2조). 소장은 피고의 주소지를 관할하는 법원에 제출하는 것이 원칙이나, 소송의 편의를 도모하기 위해 특별한 재판관할이 인정되고 있다. ☞ 6. 관할법원(소장제출법원)(73면) 참조

[서식] 유류분반환청구의 소

소 장

원 고 임 상 희(주민등록번호 -)
서울 강남구 논현로 123-4
(전화 , 팩스 , 휴대전화)

피 고 장 순 영(주민등록번호 -)
서울 강남구 논현로 123-4
(전화 , 팩스 , 휴대전화)

유류분 반환 청구의 소

청 구 취 지

1. 피고는 원고에게,
   가. 별지목록기재 부동산 4분의1 지분에 관하여 이사건 소장 송달일 유류분 반환을 원인으로 한 소유권 이전등기 절차를 이행하고,
   나. 금19,778,420원 및 이에대한 이 사건 소장 송달 다음날부터 완제일까지 연연 12%의 비율에 의한 금원을 지급하라.
2. 소송비용은 피고의 부담으로 한다.
3. 위 제1항 '나' 부분에 대하여는 가집행 할 수 있다.

라는 판결을 구합니다.

청 구 원 인

1. 원고는 소외 망 임봉철(20○○. 3. 19. 사망)과 성명미상 위 망인의 처 사이에서 태어난 딸이고, 피고는 위 망 임봉철과 1990. 10. 18. 혼인신고를 필한 법률상 부부였는데, 20○○. 12. 5. 위 망인과 협의이혼을 하였습니다.

2. 피고는 위 망인과 협의이혼 하기전인 20○○. 11.경 위 망인이 간종양등으로 신병이 악화되자 별지목록기재 부동산(이하 이사건 부동산이라 함)을 위 망인으로부터 증여받아 20○○. 11. 20. 피고 앞으로 소유권 이전등기를 경료하였습니다.

위와 같이 피고가 위 망인의 부동산을 자신 앞으로 소유권 이전등기를 경료한 것은 원고가 전처 소생의 딸이라고 재산을 주지 않으려고 한 것이었고, 위 망인은 20○○. 3. 19. 사망하기 직전 원고에게 피고가 계모란 사실을 뒤늦게 가르쳐 주었으며, 사망당시 망인의 재산이라고는 이사건 부동산이 유일한 바, 원고는 위 망인의 직계비속으로서 그 법적상속분 2분의1에 해당하는 유류분을 갖고 있고 그 유류분은 $\frac{1}{4}(\frac{1}{2}\times\frac{1}{2})$. 지분이라 할 것입니다.

따라서 위 망인의 유일한 재산인 위 부동산이 피고에게 증여됨으로써 원고에게 위 유류분 부족이 생겼다 할 것입니다.

3. 한편, 위 망인은 생존시 1988.경부터 20여년동안 소외 서울정밀화학 주식에 근무하다가 20○○. 10.경 간종양으로 신병이 악화되어 퇴직하였고, 원고는 20○○. 11. 25.부터 서울시 종로구 종로3가 소재 소외 한강산업(주)에 입사하여 근무하다가 20○○. 12. 11. 퇴직 하였는데, 원고는 피고의 친딸인줄 알고 위 한강산업 근무시 수령한 월급료와 상여금, 퇴직금 전부를 원고의 시집갈 때 혼례비용으로 피고에게 맡겼고, 원고의 그동안 교육비 생계비 등 일체는 전부 부(父)인 위 망 정한철이 부담하였습니다.

가. 급여 및 상여금 총액

(1) 20○○년 급여액 금4,873,200원 + 상여금 730,400원 - 소득세 금 52,560원- 주민세 금4,020원 = 금 5,547,020원

(2) 20○○년 급여액 금5,584,930원 + 상여금 749,630원 - 소득세 금 79,950원 - 주민세 금5,990원 = 금6,248,620원

(3) 20○○년 급여액 금5,206,300원 + 상여금 1,049,470원 - 소득세 금 102,900원 - 주민세 금7,650원 = 금6,145,220원

나. 퇴 직 금

입사년월일 : 20○○. 11. 25.

퇴사년월일 : 20○○. 12. 1.
퇴직소득 수입금액 금1,837,560원

** 계 산

금 5,547,020원 + 금6,248,620원 + 금6,145,220 + 금1,837,560 = 금 19,778,420원

따라서 피고는 원고가 맡긴 혼례비용 금19,778,420원을 반환하여야 할 것입니다.

4. 그렇다면 피고는 원고에게, 별지목록기재 부동산중 4분의1지분에 관하여 이 사건 소장 송달일 유류분 반환을 원인으로한 소유권 이전등기 절차를 이행하고, 금19,778,420원 및 이에 대한 이사건 소장 송달 다음날부터 완제일까지 소송촉진등에 관한 특례법 소정의 연연 12%의 비율에 의한 지연손해금을 지급하여야 할 것입니다.

입 증 방 법

1. 토지건물 등기부등본 갑제 1호증의 1,2
1. 가족관계증명서, 제적등본 갑제 2호증의 1, 2
1. 사망진단서 갑제 3호증

첨 부 서 류

1. 위 입증서류 각 1통
1. 소장부본 1통
1. 납부서 1통

20○○. 5.

위원고 임 상 희

서울중앙지방법원 귀중

소 제기절차와 해설

◆ 소의 제기	소의 제기는 소장을 작성하여 법원에 제출하여야 한다. 소를 제기하려고 하는 사람은 소를 제기하기 전 충분한 사전조사를 할 필요가 있다. 사전조사에는 소를 제기하는 사건에 대한 승소의 가능성, 사실을 증명할 서류의 확보, 공격방법과 피고의 예상되는 방어방법, 보전처분의 필요성, 승소한 경우 강제집행실행의 가능성 등을 조사하여 그에 대처하여야 한다. 소를 제기하려면 적법한 소장의 요건을 갖추어야 하는데, 소장에는 필요적 기재사항 등이 기재되어 있고, 상당한 인지가 첨부되어 있어야 한다. ☞ 2. 소장의 작성요령(34면) 참조
◆ 소가산정	소를 제기할 때에는 소가를 산정하여야 한다. 소가는 사물관할을 정하는 표준이 되는 외에 원고가 소장 등을 제출할 때 납부할 인지액을 정하는 기준이 된다(민사소송등인지법 제2조 내지 제8조). ☞ 3. 소송목적의 값 산정방법(50면) 참조
◆ 인지첩부	제1심 소장에 첩부할 인지는 소송목적의 값에 따라 산출된 인지액을 붙여야 한다(민인법 제2조 제1항). ☞ 4. 첩부인지액의 산출 및 납부방법(71면) 참조
◆ 송 달 료	소장을 제출할 때에는 당사자 수에 따른 계산방식에 의한 송달료를 송달료수납은행에 납부하고 그 은행으로부터 교부받은 송달료납부서를 소장표지 뒷면에 떨어지지 않을 정도로 풀로 붙인다. ☞ 5. 송달료 납부방법(72면) 참조
◆ 관할법원	소는 피고의 보통재판적이 있는 곳의 법원이 관할한다(민소법 제2조). 소장은 피고의 주소지를 관할하는 법원에 제출하는 것이 원칙이나, 소송의 편의를 도모하기 위해 특별한 재판관할이 인정되고 있다. ☞ 6. 관할법원(소장제출법원)(73면) 참조

[서식] 유족급여등청구의 소

소 장

원 고 조 수 영(주민등록번호 -)
서울 종로구 창신로 123-45
위 원고 소송대리인 변호사 김 진 호
서울 종로구 종로12길 894-4 종로빌딩 3층
(전화 , 팩스 , 휴대폰)

피 고 ○○○산업공단
대표 이사장 조 형 성
서울 종로구 인사로 123
(전화 , 팩스 , 휴대폰)

유족급여등청구의 소

청 구 취 지

1. 원고에게
피고는 금137,160,000원 및 이에 대한 20○○. 8. 17부터 이 소장부본 송달일까지는 연 5푼의 그 다음 날부터 완제일까지는 연 1할 2푼의 각 비율에 의한 돈을 지급하라.
2. 소송비용은 피고의 부담으로 한다.
3. 위 제1항은 가집행할 수 있다.

라는 판결을 구합니다.

청 구 원 인

1. 원고의 신분관계
원고는 소외 망 김근섭(이하 망인이라 칭함)의 법률상 배우자입니다.

2. 유족급여청구권의 발생

위 망인은 19○○. 3. 10. 국가공무원으로 임명된 이래 수원시청, 광명시청등의 근무지를 거쳐 인천시청의 총무계장으로 재직하고 20○○. 8. 7. 08 : 30경 위 근무지로 출근하던 중 경인고속도로 하행선 부평인터체인지 부근 300m 지점에서 교통사고를 당하여 사망하였습니다(갑제 1호증, 2호증 참조). 따라서 피고는 공무원 연금법 및 동법 시행령의 규정에 의하여 단기급여 및 장기급여를 위 망인의 유족인 원고에게 지급할 의무가 있습니다.

3. 급여수급권자

위 망인의 사망당시 그에 의하여 부양되고 있던 유족으로는 배우자인 원고와 그 자녀인 김순덕 김순길이 있는 바 공무원연금법에서는 공무원이 사망한 경우 그 배우자에게 단기급여(제34조)로서 사망조위금(제34조 제4호, 제41조의 2 제2항)을 그 유족등에게 장기급여(제42조)로서 유족급여 및 퇴직수당(제61조의 2)을 각 지급하도록 규정하고 있고, 또한 동법에서는 유족에 관하여 공무원 또는 공무원이었던 자의 사망 당시 그에 의하여 부양되고 있던 배우자, 자녀, 부모, 손자녀 및 조부모(제3조 제1항 제2호)를 유족으로 정의하고, 위 자녀 및 손자녀에 관하여는 18세 미만인 자(제3조 제2항 제1호) 또는 18세이상인 자로서 대통령이 정하는 정도의 폐질상태에 있는 자(제3조 제2항 제2호)로서 폐질상태는 동법 시행령 제45조의 규정에 의한 폐질등급 제1급 내지 7급에 해당하는 자(동법 시행령 제3조 제2항)에 한하고 이 경우 손자녀는 그 의부가 없거나 그 의부가 위와 같은 정도의 폐질상태에 있는 경우에 한하여 유족으로 정의하고 있으며 급여를 받을 유족의 우선순위는 재산상속의 순위(제28조)에 의한다고 규정하고 있으므로, 이 사건의 경우 위 망인의 유족중 자인 김순덕, 김순길은 망인의 사망당시 모두 18세 이상이었고 또 위와같은 폐질상태도 있지 아니하므로 공무원 연금법 소정의 단기 및 장기급여를 받을 유족은 원고입니다(갑제3호증 참조).

4. 급여 및 금액

가) 단기급여(사망조위금)

공무원연금법은 공무원이 사망한 때에 그 배우자에게 사망조위금을 지급하되 당해 공무원의 보수월액의 3배에 상당하는 금액으로 지급할 것을 규정(제41조의 2, 제2항, 제3장)하고 있는바, 위 망인의 사망 당시 보수월액은 금1,500,000원 이므로,

금4,500,000 = 1,500,000×3

따라서 원고가 피고로부터 지급받을 사망조위금의 금액은 금4,500,000원이 됩니다.

그러므로 피고는 위 망인의 유족인 원고에게 위법 소정의 사망조위금을 지급할 의무가 있습니다.

나) 장기급여(유족급여)

(1) 유족연금일시금

원고는 이 사건에서 유족연금일시금의 지급을 구하고 있는 바 공무원연금법은 퇴직연금을 받을 권리가 있는 자가 재직중 사망한 때(제56조 제1항 제1호)에는 유족연금 외에 유족연금부가금을 따로 지급하며(제56조 제1항 단서) 이 경우 유족이 원하는 때에는 유족연금과 유족연금부가금에 갈음하여 유족연금일시금을 지급할 것을 규정하고(제56조 제2항) 유족연금일시금의 금액에 관하여 제46조 제3항의 규정을 준용한다(제57조 제4항) 하였으므로 피고는 원고에게 퇴직급여로서 퇴직연금일시금을 지급할 의무가 있습니다.

(2) 퇴직연금일시금(제46조 제3항)

퇴직연금일시금의 금액은 퇴직한 날이 속하는 달의 보수월액에 재직년수를 곱한 금액의 100분의 150에 상당하는 금액에다 재잭년수에서 5년을 공제한 년수의 매1년에 대하여 퇴직한 날이 속하는 달의 보수월액에 재직년수를 곱한 금액의 100분의 1에 상당하는 금액을 가산한 금액으로 한다고 규정하였으므로,

금57,960,000원=1,500,000원×23(1976.3.10 ~ 20○○. 8. 17.의 재직년수)×150/100+23-5×금1,500,000원×23×1/100

따라서 원고가 피고로부터 지급받을 퇴직연금일시금은 금57,960,000원이 됩니다.

그러므로 피고는 위 망인의 유족인 원고에게 위법 소정의 유족연금일시금을 지급할 의무가 있습니다.

(3) 유족보상금(제61조)

공무원연금법은 공무원이 공무상 질병 또는 부상으로 인하여 재직중 사망한 때에는 그 유족에 유족보상금을 지급하고 유족보상금의 금액은 공무원 또는 공무원이었던 자의 보수월액의 36배에 상당하는 금액으로 할 것을 규정하고 있는 바 위 망인의 경우 근무지인 인천시청으로 출근하던 중 교통사고를 당하여 사망하였는바 출근행위는 공무라 할 것이고 따라서 망인은 공무상 부상으로 사망하였다 할 것이므로,

금54,000,000=1,500,000원×36

따라시 원고가 피고로부터 지급받을 유속보상금의 금액은 금54,000,000원이 됩니다.

그러므로 피고는 위 망인의 유족인 원고에게 위법 소정의 유족보상금을 지급할 의무가 있습니다.

(3) 퇴직수당(제61조의 2, 동법 시행령 제52조의 3)

공무원 연금법 및 동법시행령은 공무원이 1년이상 재직하고 퇴직 또는 사망한 때에는 퇴직수당을 지급하고 퇴직수당의 금액은 재직기간 매 1년에 대하여 보수월액에 대통령이 정하는 비율을 곱한 금액으로 할 것을 규정하고 있는 바

이 사건의 경우 위 망인의 재직년수는 23년(19○○. 3. 10.~20○○. 8. 17.)이므로 위법 시행령 제52조의 3 제4호의 규정에 의한 비율을 곱하면 되므로 금 20,700,000원=1,500,000원×23×60/ 100

따라서 원고가 피고로부터 지급받을 퇴직수당의 금액은 금20,700,000원이 됩니다.

그러므로 피고는 위 망인의 유족인 원고에게 위법 소정의 퇴직수당을 지급할 의무가 있습니다.

다) 결 론

그렇다면 피고는 위 망인의 유족인 원고에게 금137,160,000원{금4,500,000원(사망조위금) + 금57,960,000원(유족연금일시금) + 금54,000,000(유족보상금) + 금20,700,000원(퇴직수당)}을 지급할 의무가 있습니다.

따라서 금137,160,000원 및 이에 대한 20○○. 8. 17부터 이 사건 소장 부본 송달일까지는 민법 소정의 연 5푼의, 그 다음 날부터 완제일까지는 소송촉진 등에 관한 특례법 소정의 연 1할 2푼의 비율에 의한 지연소해금을 지급받기 위하여 청구취지와 같은 판결을 구하고자 이건 청구에 이르른 것입니다.

입 증 방 법

1. 갑제1호증 제적등본
1. 갑제2호증 가족관계증명서
1. 갑제3호증 공무원인사기록카드
1. 갑제4호증 연금내역서
1. 기타는 변론시 제출하겠음.

첨 부 서 류

1. 위 입증방법 각1통
1. 소장부본 1통
1. 위임장 1통
1. 납부서 1통

20 . 5. 20.

위 원고 소송대리인
변호사 김 진 호 (인)

서울중앙지방법원 귀중

소 제기절차와 해설

◆ 소의 제기	소의 제기는 소장을 작성하여 법원에 제출하여야 한다. 소를 제기하려고 하는 사람은 소를 제기하기 전 충분한 사전조사를 할 필요가 있다. 사전조사에는 소를 제기하는 사건에 대한 승소의 가능성, 사실을 증명할 서류의 확보, 공격방법과 피고의 예상되는 방어방법, 보전처분의 필요성, 승소한 경우 강제집행실행의 가능성 등을 조사하여 그에 대처하여야 한다. 소를 제기하려면 적법한 소장의 요건을 갖추어야 하는데, 소장에는 필요적 기재사항 등이 기재되어 있고, 상당한 인지가 첩부되어 있어야 한다. ☞ 2. 소장의 작성요령(34면) 참조
◆ 소가산정	소를 제기할 때에는 소가를 산정하여야 한다. 소가는 사물관할을 정하는 표준이 되는 외에 원고가 소장 등을 제출할 때 납부할 인지액을 성하는 기준이 된다(민사소송등인지법 제2조 내지 제8조). ☞ 3. 소송목적의 값 산정방법(50면) 참조
◆ 인지첩부	제1심 소장에 첩부할 인지는 소송목적의 값에 따라 산출된 인지액을 붙여야 한다(민인법 제2조 제1항). ☞ 4. 첩부인지액의 산출 및 납부방법(71면) 참조
◆ 송 달 료	소장을 제출할 때에는 당사자 수에 따른 계산방식에 의한 송달료를 송달료수납은행에 납부하고 그 은행으로부터 교부받은 송달료납부서를 소장표지 뒷면에 떨어지지 않을 정도로 풀로 붙인다. ☞ 5. 송달료 납부방법(72면) 참조
◆ 관할법원	소는 피고의 보통재판적이 있는 곳의 법원이 관할한다(민소법 제2조). 소장은 피고의 주소지를 관할하는 법원에 제출하는 것이 원칙이나, 소송의 편의를 도모하기 위해 특별한 재판관할이 인정되고 있다. ☞ 6. 관할법원(소장제출법원)(73면) 참조

[서식] 임가공비청구의 소(물품수령등 청구)

소 장

원 고 이 상 욱(주민등록번호 -)
서울 도봉구 창의로 12-34
(전화 , 팩스 , 휴대폰)

피 고 김 인 래(주민등록번호 -)
서울 동대문구 평화로 신평화시장 1층 가동 101호
(전화 , 팩스 , 휴대폰)

임가공비청구의 소

청 구 취 지

1. 피고는 원고에게 금8,000,000원 및 이 소장 부본 송달 다음 날부터 완제일까지 연 12%의 비율에 의한 금원을 지급하라.
2. 소송비용은 피고의 부담으로 한다.
3. 위 제1항은 가집행할 수 있다.

라는 판결을 구합니다.

청 구 원 인

1. 원고는 20○○. 1. 28부터 동년 5. 6까지 피고의 원단으로 메리야스 임가공업을 경 영 하였던 바, 공장 경영상 동년 5. 6자로 공장을 폐업중에 있어 그간 공장직원들에게 급여 및 기타 채무관계를 정리하는 과정에서 원고가 가공한 제품이 공장에 약 600점이 있고 피고가 원고에게 미지불한 임가공비가 8,000,000원이 되어 원고는 피고에게 20○○. 6. 25. 까지 물품을 전량 수령

할 것과 그 임가공비 지급을 구하였으나 피고는 동 기일이 지나도 물품수령은 하지 아니하고 임가공비를 지급치 아니하여 부득이 청구취지와 같은 판결을 받고저 본소 청구에 이르렀습니다.

입 증 방 법

1. 갑제1호증 최고서

첨 부 서 류

1. 위 갑호증 2통
1. 소장부본 1통
1. 납부서 1통

20○○. 7. .

원 고 이 상 욱 (인)

서울북부지방법원 귀중

소 제기절차와 해설

◆ 소의 제기	소의 제기는 소장을 작성하여 법원에 제출하여야 한다. 소를 제기하려고 하는 사람은 소를 제기하기 전 충분한 사전조사를 할 필요가 있다. 사전조사에는 소를 제기하는 사건에 대한 승소의 가능성, 사실을 증명할 서류의 확보, 공격방법과 피고의 예상되는 방어방법, 보전처분의 필요성, 승소한 경우 강제집행실행의 가능성 등을 조사하여 그에 대처하여야 한다. 소를 제기하려면 적법한 소장의 요건을 갖추어야 하는데, 소장에는 필요적 기재사항 등이 기재되어 있고, 상당한 인지가 첩부되어 있어야 한다. ☞ 2. 소장의 작성요령(34면) 참조
◆ 소가산정	소를 제기할 때에는 소가를 산정하여야 한다. 소가는 사물관할을 정하는 표준이 되는 외에 원고가 소장 등을 제출할 때 납부할 인지액을 정하는 기준이 된다(민사소송등인지법 제2조 내지 제8조). ☞ 3. 소송목적의 값 산정방법(50면) 참조
◆ 인지첩부	제1심 소장에 첩부할 인지는 소송목적의 값에 따라 산출된 인지액을 붙여야 한다(민인법 제2조 제1항). ☞ 4. 첩부인지액의 산출 및 납부방법(71면) 참조
◆ 송 달 료	소장을 제출할 때에는 당사자 수에 따른 계산방식에 의한 송달료를 송달료수납은행에 납부하고 그 은행으로부터 교부받은 송달료납부서를 소장표지 뒷면에 떨어지지 않을 정도로 풀로 붙인다. ☞ 5. 송달료 납부방법(72면) 참조
◆ 관할법원	소는 피고의 보통재판적이 있는 곳의 법원이 관할한다(민소법 제2조). 소장은 피고의 주소지를 관할하는 법원에 제출하는 것이 원칙이나, 소송의 편의를 도모하기 위해 특별한 재판관할이 인정되고 있다. ☞ 6. 관할법원(소장제출법원)(73면) 참조

[서식] 입회비반환청구의 소(골프클럽)

소 장

원 고 서 정 권(주민등록번호 -)
서울 서초구 서초대로 245-7
(전화 , 팩스 , 휴대폰)

피 고 김 철 원(주민등록번호 -)
서울 서초구 원지로 123-4
(전화 , 팩스 , 휴대폰)

입회비반환청구의 소

청 구 취 지

1. 원고에 대하여 금5,000,000원 및 이 사건 소장송달 익일부터 완제일까지 연 연 12%의 비율에 의한 금원을 지급하라.
2. 소송비용은 피고의 부담으로 한다.
3. 위 제1항에 한하여 가집행할 수 있다.

라는 판결을 구합니다.

청 구 원 인

원고는 20○○. 6. 17. 피고가 운영하는 골프클럽에 부부회원으로 원고의 처인 소외 안경숙과 함께 가입하면서 보증금 15,000,000원 입회비 5,000,000원 부가세 500,000원등 모두 20,500,000원을 납부하였습니다.

아울러 연회비로 20○○. 10. 30. 2,500,000원, 20○○. 11. 19. 2, 500,000원을 피고에게 납부하고 그 시설을 이용하다가 원고의 사정에 의하여 20○○. 12. 18. 탈퇴하면서 보증금 15,000,000원 99년도 기납부한 연회비 2,500,000원중 기히 사용한 금액을 정산한 잔여액 2,000,000원등 모두 17,000,000원을 반환 받았습니다.

그런데 피고는 입회비 5,500,000원중 부가세를 제외한 5,000, 000원을 반환하여야 함에도 불구하고 이의 반환을 거부하고 있어 청구취지와 같은 판결을 구하고저 부득이 본 소에 이르게 된 것입니다.

입 증 방 법

1. 갑제1호증 신문기사
1. 갑제2호증 연회비 영수증
1. 갑제3호증 정산금 영수증

첨 부 서 류

1. 위 입증방법 각1통
1. 소장부본 1통
1. 납부서 1통

20○○. 9. .

위 원고 서 정 권 (인)

서울중앙지방법원 귀중

소 제기절차와 해설

◆ 소의 제기	소의 제기는 소장을 작성하여 법원에 제출하여야 한다. 소를 제기하려고 하는 사람은 소를 제기하기 전 충분한 사전조사를 할 필요가 있다. 사전조사에는 소를 제기하는 사건에 대한 승소의 가능성, 사실을 증명할 서류의 확보, 공격방법과 피고의 예상되는 방어방법, 보전처분의 필요성, 승소한 경우 강제집행실행의 가능성 등을 조사하여 그에 대처하여야 한다. 소를 제기하려면 적법한 소장의 요건을 갖추어야 하는데, 소장에는 필요적 기재사항 등이 기재되어 있고, 상당한 인지가 첩부되어 있어야 한다. ☞ 2. 소장의 작성요령(34면) 참조
◆ 소가산정	소를 제기할 때에는 소가를 산정하여야 한다. 소가는 사물관할을 정하는 표준이 되는 외에 원고가 소장 등을 제출할 때 납부할 인지액을 정하는 기준이 된다(민사소송등인지법 제2조 내지 제8조). ☞ 3. 소송목적의 값 산정방법(50면) 참조
◆ 인지첩부	제1심 소장에 첩부할 인지는 소송목적의 값에 따라 산출된 인지액을 붙여야 한다(민인법 제2조 제1항). ☞ 4. 첩부인지액의 산출 및 납부방법(71면) 참조
◆ 송 달 료	소장을 제출할 때에는 당사자 수에 따른 계산방식에 의한 송달료를 송달료수납은행에 납부하고 그 은행으로부터 교부받은 송달료납부서를 소장표지 뒷면에 떨어지지 않을 정도로 풀로 붙인다. ☞ 5. 송달료 납부방법(72면) 참조
◆ 관할법원	소는 피고의 보통재판적이 있는 곳의 법원이 관할한다(민소법 제2조). 소장은 피고의 주소지를 관할하는 법원에 제출하는 것이 원칙이나, 소송의 편의를 도모하기 위해 특별한 재판관할이 인정되고 있다. ☞ 6. 관할법원(소장제출법원)(73면) 참조

[서식] 임대료등 청구의 소(사무실)

소 장

원 고 주식회사 ○○일보
대표이사 주 문 현
부산 남구 대연로 123-4
(전화 , 팩스 , 휴대폰)
소송대리인 변호사 우 암 문
울산시 남구 신정로 34 신정빌딩 201호
(전화 , 팩스 , 휴대폰)

피 고 이 상 순(주민등록번호 -)
부산 강서구 가락로 618-31
(전화 , 팩스 , 휴대폰)

임대료등 청구의 소

청 구 취 지

1. 피고는 원고에게 금3,800,000원 및 이에 대하여 이사건 소장 송달 다음날부터 완제일까지 연연 12%의 비율에 의한 금원을 지급하라.
2. 소송비용은 피고의 부담으로 한다.
3. 제1항은 가집행 할 수 있다.

라는 판결을 구합니다.

청 구 원 인

1. 임대차 계약

가. 원고는 20○○. 6. 1. 피고와의 사이에 원고 소유인 울산시 동구 대송동 682-1 ○○일보빌딩 4층건물중 2층 70.61제곱미터에 관하여 임차보증금 10,000,000원, 월임료 금450,000원, 기간은 20○○. 5. 31.까지 1년으로 하는 임대차 계약을 체결하였고, 피고는 위 2층을 '한국문화원' 사무실로 사용하였습니다.

나. 원고는 20○○. 6. 1. 피고와의 사이에 위 건물 중 지하층 67.6제곱미터에 관하여 임차보증금 10,000,000원, 월임료 금500,000원, 기간은 20○○. 5. 31.까지 1년으로 하는 임대차계약을 체결하였고, 피고는 위 지하층을 다방으로 사용하였습니다.

2. 계약해지 및 임료손해금

가. 그 후 원고는 피고와 매년 임차기간이 종료 될 때마다 쌍방협의에 의하여 위 계약을 연장하여 오다가 20○○. 3. 18. 위 지하층 건물과 위 2층 건물에 관하여 임대차 계약을 전부 해지하고 임차보증금 20,000,000원을 피고에게 지급하였습니다.

나. 그런데 피고는 위 계약해지할 당시 위 임차건물들을 명도한다고 해 놓고는 위 임차 건물 내에 있는 비품들을 같은 해 7. 18. 경까지 4개월 동안 치우지 않고 있다가 부도로 인하여 타에 도주해 버렸습니다.

다. 따라서 피고는 원고가 입은 4개월 동안의 임료 금3,800,000원(950,000원 × 4) 상당 손해를 배상할 의무가 있다 할 것입니다.

3. 결 론

그렇다면 피고는 원고에게 금 3,800,000원 및 이에 대하여 이사건 소장 송달 다음날부터 완제일까지 소송촉진등에 관한 특례법 소정의 연연 12%의 비율에 의한 지연손해금을 지급하여야 할 것입니다.

입 증 방 법

1. 임대차 계약서 갑제 1호증의 1,2
1. 영 수 증 갑제 2호증의 1,2
1. 기타변론시 적의 제출하겠음.

첨 부 서 류

1. 위 입증서류 각1통
1. 소장부본 1통
1. 법인등기부 등본 1통
1. 소송 위임장 1통

20○○. 8.

원고 소송대리인 변호사 우 암 문

부산지방법원 울산지원 귀중

소 제기절차와 해설

◆ 소의 제기	소의 제기는 소장을 작성하여 법원에 제출하여야 한다. 소를 제기하려고 하는 사람은 소를 제기하기 전 충분한 사전조사를 할 필요가 있다. 사전조사에는 소를 제기하는 사건에 대한 승소의 가능성, 사실을 증명할 서류의 확보, 공격방법과 피고의 예상되는 방어방법, 보전처분의 필요성, 승소한 경우 강제집행실행의 가능성 등을 조사하여 그에 대처하여야 한다. 소를 제기하려면 적법한 소장의 요건을 갖추어야 하는데, 소장에는 필요적 기재사항 등이 기재되어 있고, 상당한 인지가 첩부되어 있어야 한다. ☞ 2. 소장의 작성요령(34면) 참조
◆ 소가산정	소를 제기할 때에는 소가를 산정하여야 한다. 소가는 사물관할을 정하는 표준이 되는 외에 원고가 소장 등을 제출할 때 납부할 인지액을 정하는 기준이 된다(민사소송등인지법 제2조 내지 제8조). ☞ 3. 소송목적의 값 산정방법(50면) 참조
◆ 인지첩부	제1심 소장에 첩부할 인지는 소송목적의 값에 따라 산출된 인지액을 붙여야 한다(민인법 제2조 제1항). ☞ 4. 첩부인지액의 산출 및 납부방법(71면) 참조
◆ 송 달 료	소장을 제출할 때에는 당사자 수에 따른 계산방식에 의한 송달료를 송달료수납은행에 납부하고 그 은행으로부터 교부받은 송달료납부서를 소장표지 뒷면에 떨어지지 않을 정도로 풀로 붙인다. ☞ 5. 송달료 납부방법(72면) 참조
◆ 관할법원	소는 피고의 보통재판적이 있는 곳의 법원이 관할한다(민소법 제2조). 소장은 피고의 주소지를 관할하는 법원에 제출하는 것이 원칙이나, 소송의 편의를 도모하기 위해 특별한 재판관할이 인정되고 있다. ☞ 6. 관할법원(소장제출법원)(73면) 참조

[서식] 임대보증금반환청구의 소(상가임대료정산후 명도요구)

소 장

원 고 정 동 숙(주민등록번호 -)
서울 강남구 삼성대로 121 공주빌라 201호
(전화 , 팩스 , 휴대폰)

피 고 한 정 훈(주민등록번호 -)
서울 서초구 서초대로 218 서초빌라 202호
(전화 , 팩스 , 휴대폰)

임대보증금반환청구의 소

청 구 취 지

1. 피고는 원고에게 금4,640,000원 및 이에 대하여 이 소장 송달일 익일부터 완제일까지 연 12%의 비율에 의한 지연이자를 지급하라.

2. 소송비용은 피고의 부담으로 한다.
3. 위 제1항은 가집행할 수 있다.
라는 판결을 구합니다.

청 구 원 인

1. 원고는 20○○. 5. 2. 제일건축(주)에서 신축중인 서울 강남구 삼성대로 주공1단지 상가 지하10호와 같은 상가 11호를 보증금 5,000,000원 및 3,000,000원으로 월임대료 금250,000원과 금170,000원씩 임대차계약을 하여 동년 7. 3. 명도받아 사용한 바 있습니다.

2. 그러나 사업부진으로 20○○. 3. 5까지 임대료를 납입하였으나 더 이상 사업을 못하여 임대료도 지급하지 못하였습니다.
아울러 원고는 임대기간이 만료한 동년 5. 8. 피고에게 위 상가를 명도하겠으니 같은 해 9. 8까지 임대료를 정산하고 보증금을 반환하라고 요구하였으나 하등의 이유 없이 그 지급을 거절하므로 원고는 밀린 임대료 금3,360,000원(20○○. 3. 5부터 9. 8까지)을 공제하고 나머지 금4,640,000원을 지급받기 위하여 이 신청을 하오니 청구취지와 같은 판결을 하여 주시기 바랍니다.

입 증 방 법

1. 갑제1호증 월세계약서
1. 갑제2호증 보증금영수증
1. 갑제3호증 내용증명

첨 부 서 류

1. 위 입증방법 각1통
1. 소장부본 1통
1. 납부서 1통

20○○. 9. .

위 원고 정 동 숙 (인)

서울중앙지방법원 귀중

소 제기절차와 해설

◆ 소의 제기	소의 제기는 소장을 작성하여 법원에 제출하여야 한다. 소를 제기하려고 하는 사람은 소를 제기하기 전 충분한 사전조사를 할 필요가 있다. 사전조사에는 소를 제기하는 사건에 대한 승소의 가능성, 사실을 증명할 서류의 확보, 공격방법과 피고의 예상되는 방어방법, 보전처분의 필요성, 승소한 경우 강제집행실행의 가능성 등을 조사하여 그에 대처하여야 한다. 소를 제기하려면 적법한 소장의 요건을 갖추어야 하는데, 소장에는 필요적 기재사항 등이 기재되어 있고, 상당한 인지가 첩부되어 있어야 한다. ☞ 2. 소장의 작성요령(34면) 참조
◆ 소가산정	소를 제기할 때에는 소가를 산정하여야 한다. 소가는 사물관할을 정하는 표준이 되는 외에 원고가 소장 등을 제출할 때 납부할 인지액을 정하는 기준이 된다(민사소송등인지법 제2조 내지 제8조). ☞ 3. 소송목적의 값 산정방법(50면) 참조
◆ 인지첩부	제1심 소장에 첩부할 인지는 소송목적의 값에 따라 산출된 인지액을 붙여야 한다(민인법 제2조 제1항). ☞ 4. 첩부인지액의 산출 및 납부방법(71면) 참조
◆ 송 달 료	소장을 제출할 때에는 당사자 수에 따른 계산방식에 의한 송달료를 송달료수납은행에 납부하고 그 은행으로부터 교부받은 송달료납부서를 소장표지 뒷면에 떨어지지 않을 정도로 풀로 붙인다. ☞ 5. 송달료 납부방법(72면) 참조
◆ 관할법원	소는 피고의 보통재판적이 있는 곳의 법원이 관할한다(민소법 제2조). 소장은 피고의 주소지를 관할하는 법원에 제출하는 것이 원칙이나, 소송의 편의를 도모하기 위해 특별한 재판관할이 인정되고 있다. ☞ 6. 관할법원(소장제출법원)(73면) 참조

[서식] 임대보증금반환청구의 소(건물명도후 보증금청구)

소 장

원 고 최 승 호(주민등록번호 -)
서울 강남구 개포로 12-3
(전화 , 팩스 , 휴대폰)

피 고 우 병 훈(주민등록번호 -)
서울 서초구 도곡로 123-45
(전화 , 팩스 , 휴대폰)

임대보증금반환청구의 소

청 구 취 지

1. 피고는 원고에게 금10,000,000원 및 이에 대한 이 소장송달 다음 날부터 완제일까지 연 12%의 비율에 의한 지연이자를 지급하라.
2. 소송비용은 피고의 부담으로 한다.
3. 위 제1항은 가집행할 수 있다.

라는 판결을 구합니다.

청 구 원 인

1. 원고는 소외 김 택수 와의 사이에 20○○. 1. 3. 소외 김택수의 소유인 서울 서초구양재동 123번지에 소재하는 연와조 스라브 2층 주택 1동 건평 60평을 임대차보증금 10,000,000원 매월 임대료 금1,200,000원씩 매월 말일 익월분을 지급키로 하고 임대차기간의 약정없이 임대차계약을 체결하여, 같은 날 보증금으로 금10,000,000원을 소외 김택수에게 지급하고 그 전세권등기를 필하였습니다.

2. 위 임대차계약에 의하여 원고가 위 건물을 사용중에 20○○. 4. 2. 소외 김택수는 피고에게 위 건물을 매도하고, 피고는 같은 날 피고명의로 소유권이전등기를 필함으로써 임대인의 지위를 승계하였습니다.

3. 피고는 위 건물의 소유권을 취득한 후 원고에게 본건 건물의 명도를 요구하였으므로 원고는 피고와 협의한 끝에 20○○. 4. 2. 위 임대차계약을 합의해제하고 원고는 20○○. 5. 3. 위 건물을 명도하였습니다.

4. 위 임대차계약의 합의해제시에 피고는 원고에게 원고가 건물명도를 완료한 때에는 즉시 보증금 10,000,000원을 반환하겠다고 약속을 하였음에도 불구하고 하등의 이유없이 이행하지 아니하고 있습니다.

5. 그러므로 원고는 청구취지와 같은 판결을 구하기 위하여 부득이 본소에 이르렀습니다.

입 증 방 법

변론시 제출하겠음.

첨 부 서 류

1. 소장부본 1통
2. 납부서 1통

20○○. 5. 10.

위 원고 최 승 호 (인)

서울중앙지방법원 귀중

소 제기절차와 해설

구분	해설
◆ 소의 제기	소의 제기는 소장을 작성하여 법원에 제출하여야 한다. 소를 제기하려고 하는 사람은 소를 제기하기 전 충분한 사전조사를 할 필요가 있다. 사전조사에는 소를 제기하는 사건에 대한 승소의 가능성, 사실을 증명할 서류의 확보, 공격방법과 피고의 예상되는 방어방법, 보전처분의 필요성, 승소한 경우 강제집행실행의 가능성 등을 조사하여 그에 대처하여야 한다. 소를 제기하려면 적법한 소장의 요건을 갖추어야 하는데, 소장에는 필요적 기재사항 등이 기재되어 있고, 상당한 인지가 첩부되어 있어야 한다. ☞ 2. 소장의 작성요령(34면) 참조
◆ 소가산정	소를 제기할 때에는 소가를 산정하여야 한다. 소가는 사물관할을 정하는 표준이 되는 외에 원고가 소장 등을 제출할 때 납부할 인지액을 정하는 기준이 된다(민사소송등인지법 제2조 내지 제8조). ☞ 3. 소송목적의 값 산정방법(50면) 참조
◆ 인지첩부	제1심 소장에 첩부할 인지는 소송목적의 값에 따라 산출된 인지액을 붙여야 한다(민인법 제2조 제1항). ☞ 4. 첩부인지액의 산출 및 납부방법(71면) 참조
◆ 송 달 료	소장을 제출할 때에는 당사자 수에 따른 계산방식에 의한 송달료를 송달료수납은행에 납부하고 그 은행으로부터 교부받은 송달료납부서를 소장표지 뒷면에 떨어지지 않을 정도로 풀로 붙인다. ☞ 5. 송달료 납부방법(72면) 참조
◆ 관할법원	소는 피고의 보통재판적이 있는 곳의 법원이 관할한다(민소법 제2조). 소장은 피고의 주소지를 관할하는 법원에 제출하는 것이 원칙이나, 소송의 편의를 도모하기 위해 특별한 재판관할이 인정되고 있다. ☞ 6. 관할법원(소장제출법원)(73면) 참조

[서식] 임대차보증금등 반환청구의 소(점포명도불이행, 임대차계약 해지)

소 장

원 고 문 수 철(주민등록번호 -)
부산 동래구 명륜로 123-4
소송대리인 변호사 이 찬 형
부산 서구 부민로 345-6
(전화 , 팩스 , 휴대폰)

피 고 윤 지 연(주민등록번호 -)
부산 동래구 명륜로 234-5
(전화 , 팩스 , 휴대폰)

임대차보증금등 반환청구의 소

청 구 취 지

1. 피고는 원고에게 금150,000,000원 및 이에 대하여 이사건 소장 송달 다음날부터 완제일까지 연 12%의 비율에 의한 금원을 지급하라.
2. 소송 비용은 피고의 부담으로 한다.
3. 제1항은 가집행 할 수 있다.

라는 판결을 구합니다.

청 구 원 인

1. 부산 동래구 명륜로 234-5 지상 철근콘크리트조 슬래브지붕 3층 건물은 피고의 소유이고, 소외 박치환은 피고의 아들로서 위 건물을 실제관리하고 있습니다.
2. 원고는 19◯◯. 5. 31. 경 피고를 대리한 소외 박치환과 위 건물중 1층 약 10평을 전세 보증금 100,000,000원에 임대차 계약을 체결하고, 반포 칼라 현상

소를 경영하여 왔는데, 20○○. 9. 초순경 피고가 원고에게 1층 점포를 수리하여 40평으로 확장해 주겠다면서 재계약할 것을 요구하여 같은 달 22. 원고는 피고를 대리한 위 임차보증금 300,000,000원, 월임료 4,000,000원으로 정하여 새로 임대차 계약을 체결하였습니다.

그런데 같은 해 12. 초순경 건물수리가 완공되어 원고가 위 건물중 1층 점포 40평을 인도받아 실내장식 공사를 착수 하던중 피고와 위 박치환이 위 점포에 찾아와 1주일만 공사를 중지 해달라고 사정 하였는바, 그 이유인즉, 위 박치환이 원고가 임차한 위 점포를 피고 모르게 서울 소재 상호불상 회사에게 "에머럴드" 대리점(의류점)으로 2중 임대차 계약을 체결하고 상당한 금액의 임차보증금을 받아 챙긴 사건이 발생하여, 위 회사가 위 박치환에 대하여 법적조치를 취하려는 중이었습니다.

그래서 피고와 위 박치환이 원고에게 수차례 찾아와 계약해지를 요구하고 임차보증금과 권리금 등을 배상해주겠다고 통사정 하므로, 원고는 임차보증금 300,000,000원, 대리점 계약상실 손실금, 내부장식 손실금, 권리금등으로 150,000,000원 합계 금450,000,000원을 배상받기로 하고 위 박치환으로부터 금450,000,000원의 현금 보관증을 받고 난뒤 위 임대차 계약을 해지 하였습니다.

3. 그 후 피고는 금300,000,000원만 변제하고 금150,000,000원을 변제하지 못하자 원고와 위 건물중 1층 약 10평에 관하여 새로운 임대차 계약을 체결하였는바, 그 내용인즉,
   ㉮ 임차보증금 150,000,000원은 위 채무금으로 대체하고,
   ㉯ 임차건물 명도는 20○○. 2. 6.로,
   ㉰ 피고가 위 임차보증금을 20○○. 2. 6.내에 원고에게 지급하면 원고는 이를 조건없이 수령해야하고 임대차 계약은 무효로 한다.

   라는 약정을 하였습니다.

4. 그런데 피고는 원고에게 위 임차건물을 아직까지 명도해 주지 않고 있어 원고는 이 소장 송달로서 위 임대차계약을 해지하는 바입니다.

따라서 피고는 원고에게 마땅히 위 임차보증금을 반환해 주어야 할 것입니다.

5. 그렇다면 피고는 원고에게 금150,000,000원 및 이에 대하여 이사건 소장 송달 다음날부터 완제일까지 소송 촉진등에 관한 특례법 소정의 연 12%의 비율에 의한 금원을 지급하여야 할 것입니다.

입 증 방 법

1. 임대차 계약서 갑제 1호증
1. 현금보관증 갑제 2호증
1. 토지, 건물등기부등본 갑제 3호증의 1, 2
1. 기타변론시 적의 제출하겠음.

첨 부 서 류

1. 위 입증서류 각1통
1. 소장부본 1통
1. 위임장 1통

20○○. 6

위 원고 소송대리인
변호사 이 찬 영 (인)

부산지방법원 귀중

소 제기절차와 해설

◆ 소의 제기	소의 제기는 소장을 작성하여 법원에 제출하여야 한다. 소를 제기하려고 하는 사람은 소를 제기하기 전 충분한 사전조사를 할 필요가 있다. 사전조사에는 소를 제기하는 사건에 대한 승소의 가능성, 사실을 증명할 서류의 확보, 공격방법과 피고의 예상되는 방어방법, 보전처분의 필요성, 승소한 경우 강제집행실행의 가능성 등을 조사하여 그에 대처하여야 한다. 소를 제기하려면 적법한 소장의 요건을 갖추어야 하는데, 소장에는 필요적 기재사항 등이 기재되어 있고, 상당한 인지가 첩부되어 있어야 한다. ☞ 2. 소장의 작성요령(34면) 참조
◆ 소가산정	소를 제기할 때에는 소가를 산정하여야 한다. 소가는 사물관할을 정하는 표준이 되는 외에 원고가 소장 등을 제출할 때 납부할 인지액을 정하는 기준이 된다(민사소송등인지법 제2조 내지 제8조). ☞ 3. 소송목적의 값 산정방법(50면) 참조
◆ 인지첩부	제1심 소장에 첩부할 인지는 소송목적의 값에 따라 산출된 인지액을 붙여야 한다(민인법 제2조 제1항). ☞ 4. 첩부인지액의 산출 및 납부방법(71면) 참조
◆ 송 달 료	소장을 제출할 때에는 당사자 수에 따른 계산방식에 의한 송달료를 송달료수납은행에 납부하고 그 은행으로부터 교부받은 송달료납부서를 소장표지 뒷면에 떨어지지 않을 정도로 풀로 붙인다. ☞ 5. 송달료 납부방법(72면) 참조
◆ 관할법원	소는 피고의 보통재판적이 있는 곳의 법원이 관할한다(민소법 제2조). 소장은 피고의 주소지를 관할하는 법원에 제출하는 것이 원칙이나, 소송의 편의를 도모하기 위해 특별한 재판관할이 인정되고 있다. ☞ 6. 관할법원(소장제출법원)(73면) 참조

[서식] 임차권명의변경절차이행청구의 소(처 명의로 된 경우)

소 장

원 고 양 철 호(주민등록번호 -)
○○시 ○○구 ○○로 78
소송대리인 변호사 최 ○ ○
○○시 ○○구 ○○로 3의1
(전화 , 팩스 , 휴대폰)

피 고 권 국 희(주민등록번호 -)
○○시 ○○구 ○○로 78
송달장소 ○○군 ○○면 ○○길 33-2
(전화 , 팩스 , 휴대폰)

임차권명의변경절차이행청구의 소

청 구 취 지

1. 피고는 원고에게 ○○시 ○○구 ○○로 125 ○○중앙시장 나동 하층 11호 점포 2평에 대한 임차권의 임차인 명의를 이 사건 소장 송달일 신탁해지를 원인으로 한 원고명의로 변경하는 절차를 이행하라.
2. 소송비용은 피고의 부담으로 한다.

라는 판결을 구합니다.

청 구 원 인

1. 원고는 사단법인 ○○중앙시장 번영회(이하 소외 법인이라고 함)로부터 ○○시 ○○구 ○○로 125 ○○중앙시장 나동 하층 11호 점포 2평(이하 이 사건 점포라고 함)을 20○○. 3. 4. 부터 임차하여 "중앙상회"란 상호로 편의점을 경영하면서 사용하여 왔습니다.

2. 원고는 20○○. 9. 14. 전처인 소외 장선화가 사망하여 혼자서 살다가 4년후 인 20○○. 2. 28. 피고와 혼인신고한 법률상 부부사이인바, 원고는 피고와 혼인생활 중 가정불화가 잦아 고심하던 중 피고 앞으로 위 점포 임차권 명의를 피고 앞으로 변경해 주어 명의신탁을 하였던 것입니다. 따라서 이 사건 소장 송달로서 위 명의 신탁을 해지하는 바입니다.

3. 그렇다면, 피고는 원고에게 이 사건 점포에 대한 임차권의 임차인 명의를 이 사건 소장 송달일 신탁해지를 원인으로 한 원고명의로 변경하는 절차를 이행하여야 할 것입니다.

입 증 방 법

1. 갑제1호증　　　　권리증
1. 갑제2호증의1, 2　　　　통지서, 통지문
1. 갑제3호증　　　　세대별주민등록표

첨 부 서 류

1. 위 입증서류　　　　각 1통
1. 소장부본　　　　1통
1. 소송위임장　　　　1통
1. 납부서　　　　1통

20○○. 　11.

원고소송대리인
변호사 최 ○ ○

○○지방법원 귀중

소 제기절차와 해설

◆ 소의 제기	소의 제기는 소장을 작성하여 법원에 제출하여야 한다. 소를 제기하려고 하는 사람은 소를 제기하기 전 충분한 사전조사를 할 필요가 있다. 사전조사에는 소를 제기하는 사건에 대한 승소의 가능성, 사실을 증명할 서류의 확보, 공격방법과 피고의 예상되는 방어방법, 보전처분의 필요성, 승소한 경우 강제집행실행의 가능성 등을 조사하여 그에 대처하여야 한다. 소를 제기하려면 적법한 소장의 요건을 갖추어야 하는데, 소장에는 필요적 기재사항 등이 기재되어 있고, 상당한 인지가 첩부되어 있어야 한다. ☞ 2. 소장의 작성요령(34면) 참조
◆ 소가산정	소를 제기할 때에는 소가를 산정하여야 한다. 소가는 사물관할을 정하는 표준이 되는 외에 원고가 소장 등을 제출할 때 납부할 인지액을 정하는 기준이 된다(민사소송등인지법 제2조 내지 제8조). ☞ 3. 소송목적의 값 산정방법(50면) 참조
◆ 인지첩부	제1심 소장에 첩부할 인지는 소송목적의 값에 따라 산출된 인지액을 붙여야 한다(민인법 제2조 제1항). ☞ 4. 첩부인지액의 산출 및 납부방법(71면) 참조
◆ 송 달 료	소장을 제출할 때에는 당사자 수에 따른 계산방식에 의한 송달료를 송달료수납은행에 납부하고 그 은행으로부터 교부받은 송달료납부서를 소장표지 뒷면에 떨어지지 않을 정도로 풀로 붙인다. ☞ 5. 송달료 납부방법(72면) 참조
◆ 관할법원	소는 피고의 보통재판적이 있는 곳의 법원이 관할한다(민소법 제2조). 소장은 피고의 주소지를 관할하는 법원에 제출하는 것이 원칙이나, 소송의 편의를 도모하기 위해 특별한 재판관할이 인정되고 있다. ☞ 6. 관할법원(소장제출법원)(73면) 참조

[서식] 전세보증금반환청구의 소(주거용)

소 장

원 고 강 학 주(주민등록번호 -)
서울 강남구 수서로 100 수원아파트 1동 101호
소송대리인 변호사 최 우 진, 김 성 덕
서울 서초구 서초대로 139 정국빌딩 201호
(전화 , 팩스 , 휴대폰)

피 고 박 명 섭(주민등록번호 -)
서울 노원구 중계로 100 공주아파트 1동 202호
(전화 , 팩스 , 휴대폰)

전세보증금반환청구의 소

청 구 취 지

1. 피고는 원고로부터 서울 강남구 수서로 100 수원아파트 1동 101호를 명도받음과 동시에 금55,000,000원을 지급하라.
2. 소송비용은 피고의 부담으로 한다.
3. 제1항은 가집행할 수 있다.

라는 판결을 구합니다.

청 구 원 인

1. 원고는 20○○. 4. 14. 피고와의 사이에 서울 강남구 수서로 100 수원아파트 1동 101호를 전세보증금 55,000,000원으로, 전세기간은 20○○. 5. 16부터 1년으로 정하여 전세계약을 체결한 뒤 위 전세보증금 전액을 지불하고, 위 아파트에 입주하였습니다.

2. 그런데 원고가 20○○. 5. 16. 전세기간이 만료됨에 따라 위 아파트를 피고에게 명도하고 전세보증금을 반환받으려 하였으나, 피고가 보증금을 반환하지 않고 있어 다른 곳으로 이사 가기 위하여 새로운 전세계약을 체결한 원고는 현재 이러지도 저러지도 못하고 있습니다.

3. 이에 원고는 전세보증금반환이 이루어지면 언제라도 피고에게 위 명도의무를 이 행할 준비를 갖추어 청구취지 제1항 기재와 같은 상환이행판결을 구하여 이건 청구에 이릅니다.

입 증 방 법

1. 갑제1호증 전세계약서
1. 그 밖의 입증방법은 변론의 진행에 따라 수시로 제출하겠습니다.

첨 부 서 류

1. 소장부본 1통
1. 소송대리위임장 1통
1. 위 입증방법 1통
1. 납부서 1통

20○○. 6. .

원고 소송대리인 변호사 최 우 진 (인)
김 성 덕 (인)

서울북부지방법원 귀중

소 제기절차와 해설

◆ 소의 제기	소의 제기는 소장을 작성하여 법원에 제출하여야 한다. 소를 제기하려고 하는 사람은 소를 제기하기 전 충분한 사전조사를 할 필요가 있다. 사전조사에는 소를 제기하는 사건에 대한 승소의 가능성, 사실을 증명할 서류의 확보, 공격방법과 피고의 예상되는 방어방법, 보전처분의 필요성, 승소한 경우 강제집행실행의 가능성 등을 조사하여 그에 대처하여야 한다. 소를 제기하려면 적법한 소장의 요건을 갖추어야 하는데, 소장에는 필요적 기재사항 등이 기재되어 있고, 상당한 인지가 첩부되어 있어야 한다. ☞ 2. 소장의 작성요령(34면) 참조
◆ 소가산정	소를 제기할 때에는 소가를 산정하여야 한다. 소가는 사물관할을 정하는 표준이 되는 외에 원고가 소장 등을 제출할 때 납부할 인지액을 정하는 기준이 된다(민사소송등인지법 제2조 내지 제8조). ☞ 3. 소송목적의 값 산정방법(50면) 참조
◆ 인지첩부	제1심 소장에 첩부할 인지는 소송목적의 값에 따라 산출된 인지액을 붙여야 한다(민인법 제2조 제1항). ☞ 4. 첩부인지액의 산출 및 납부방법(71면) 참조
◆ 송 달 료	소장을 제출할 때에는 당사자 수에 따른 계산방식에 의한 송달료를 송달료수납은행에 납부하고 그 은행으로부터 교부받은 송달료납부서를 소장표지 뒷면에 떨어지지 않을 정도로 풀로 붙인다. ☞ 5. 송달료 납부방법(72면) 참조
◆ 관할법원	소는 피고의 보통재판적이 있는 곳의 법원이 관할한다(민소법 제2조). 소장은 피고의 주소지를 관할하는 법원에 제출하는 것이 원칙이나, 소송의 편의를 도모하기 위해 특별한 재판관할이 인정되고 있다. ☞ 6. 관할법원(소장제출법원)(73면) 참조

[서식] 전세보증금반환청구의 소

소 장

원 고 박 영 자(주민등록번호 -)
서울 종로구 안국로 123-45
(전화 , 팩스 , 휴대폰)

피 고 장 정 숙(주민등록번호 -)
서울 종로구 안국로 132-45
(전화 , 팩스 , 휴대폰)

전세보증금반환청구의 소

청 구 취 지

1. 피고는 원고에게 금9,500,000원 및 이에 대한 이 사건 소장 부본 송달 익일부터 완제일까지 연 12%의 이자를 지급하라.
2. 소송비용은 피고의 부담으로 한다.
3. 위 제1항은 가집행할 수 있다.

라는 판결을 구합니다.

청 구 원 인

1. 원고는 전부터 잘알고 지내던 친구 소외 양은실로부터 얼마 안있으면 계를 타게 되니 그때 줄 것이니 셋방을 얻어 달라는 부탁을 받고 정상이 딱하여 20○○. 5. 18. 피고의 집 반지하방 1칸을 보증금 10,000, 000원 월임대료 100,000원으로 임대차 계약을 체결한 바 있으나 임차인의 성명을 친구인 소외 양은실로 기재하고 원고의 지장을 찍었습니다. 그리고 계약금 1,000,000만원을 원고가 피고에게 지불하였습니다.

2. 그리고 동년 6. 12자 잔금으로 금9,000,000원 또한 원고가 피고에게 지급하였으며 그 당시 피고가 영수증을 소외인 귀하로하여 원고에게 작성하여 주었으며 이건 임대료 1개월분 금100,000원도 원고가 피고에게 지급함으로써 행위자가 원고임을 피고가 소상히 알고 있습니다.
3. 그런데 방이없어 원고에게 부탁한 소외 양은실이 무슨 연유인지 알 수는 없으나 시골로 내려가 입주를 못하는 바람에 계속방을 비워놓고 있다가 자취하는 친구에게 방이 나갈 때까지 살도록 한바 있으며 20○○. 12. 12. 원고가 피고에게 방을 빼달라고 요구를 하였으며 피고도 방을 비워달라고 하여 당일 원고에게 방을 비워주고 열쇄를 인도하였습니다.
4. 아울러 20○○. 3. 1자 다른 사람과 임대차계약이 체결되어 보증금에서 5개월간 밀린 임대료 금500,000원을 공제하고 잔액금 금9,500,000원을 지불하여 줄 것을 요구하자 적반하장으로 계약서상 명의인인 소외 양은실에게 준다고 지불을 거절하고 있으나 피고가 원고의 돈으로 방을 얻은 사실을 잘알고 있으며 모든 행위를 원고가 하였으므로 이건 청구를 하오니 청구취지와 같은 판결을 하여 주시기 바랍니다.

소 명 방 법

변론시 수시 제출하겠습니다.

첨 부 서 류

1. 월세계약서 1통
2. 영 수 증 1통

20○○. 3. .

원 고 박 영 자 (인)

서울중앙지방법원 귀중

소 제기절차와 해설

◆ 소의 제기	소의 제기는 소장을 작성하여 법원에 제출하여야 한다. 소를 제기하려고 하는 사람은 소를 제기하기 전 충분한 사전조사를 할 필요가 있다. 사전조사에는 소를 제기하는 사건에 대한 승소의 가능성, 사실을 증명할 서류의 확보, 공격방법과 피고의 예상되는 방어방법, 보전처분의 필요성, 승소한 경우 강제집행실행의 가능성 등을 조사하여 그에 대처하여야 한다. 소를 제기하려면 적법한 소장의 요건을 갖추어야 하는데, 소장에는 필요적 기재사항 등이 기재되어 있고, 상당한 인지가 첩부되어 있어야 한다. ☞ 2. 소장의 작성요령(34면) 참조
◆ 소가산정	소를 제기할 때에는 소가를 산정하여야 한다. 소가는 사물관할을 정하는 표준이 되는 외에 원고가 소장 등을 제출할 때 납부할 인지액을 정하는 기준이 된다(민사소송등인지법 제2조 내지 제8조). ☞ 3. 소송목적의 값 산정방법(50면) 참조
◆ 인지첩부	제1심 소장에 첩부할 인지는 소송목적의 값에 따라 산출된 인지액을 붙여야 한다(민인법 제2조 제1항). ☞ 4. 첩부인지액의 산출 및 납부방법(71면) 참조
◆ 송 달 료	소장을 제출할 때에는 당사자 수에 따른 계산방식에 의한 송달료를 송달료수납은행에 납부하고 그 은행으로부터 교부받은 송달료납부서를 소장표지 뒷면에 떨어지지 않을 정도로 풀로 붙인다. ☞ 5. 송달료 납부방법(72면) 참조
◆ 관할법원	소는 피고의 보통재판적이 있는 곳의 법원이 관할한다(민소법 제2조). 소장은 피고의 주소지를 관할하는 법원에 제출하는 것이 원칙이나, 소송의 편의를 도모하기 위해 특별한 재판관할이 인정되고 있다. ☞ 6. 관할법원(소장제출법원)(73면) 참조

[서식] 전부금 청구의 소

소 장

원 고 정 진 홍(주민등록번호 -)
서울시 구로구 본이로 443-2(우:)
(전화 , 팩스 , 휴대폰)
송달주소 위와 같음

피 고 새서울 유통상사 대표 김창호
서울 마포구 망원2로 425-3(우:)
(전화 , 팩스 , 휴대폰)

전부금 청구의 소

청 구 취 지

1. 피고는 원고에게 금 43,999,992원 및 이에 대한 소장 송달 다음날부터 완제일까지 연 12%의 비율에 의한 금원을 지급하라.
2. 소송 비용은 피고의 부담으로 한다.
3. 위 제 1항은 가집행 할 수 있다.

라는 판결을 구합니다.

청 구 원 인

1. 발행인 홍연기(주소 안양시 호계3로 572) 발행인 홍성기(주소 수원시 송죽동 312-4) 액면 금 200,000,000원 발행일 20○○. 9. 1. 지불기일 20○○. 9. 30. 지불지, 지불처 공히 서울특별시, 발행지, 안양시 호계3동 614-3으로된 약속어음을 위 소외 발행인들 합동으로 원고에게 발행 교부하고 위 약속어음금에 대하여 20○○. 9. 6. 공증인가 현대공증인 합동사무소 증서 20○○년 제810호로 공정증서를 작성한 후 원고는 20○○ 10. 6. 집행문 부여를 받았

습니다.

2. 소외 채무자인 홍연기는 별지와 같은 정기예탁금증서의 정기예탁금을 피고 새서울 유통상사 서울사무소에 예치하였고 원고는 위 소외 홍연기의 피고 새서울 유통상사 서울사무소 대하여 가지고 있는 정기예탁금에 대하여 원고가 소외 홍연기에 대한 위 공정증서의 집행력있는 정본에 기한 금200,000,000원의 청구금액으로 위 피고의 제3채무자로 한 압류 및 전부명령 신청을 하고 수원지방법원 98타기 4886,4887호로 채권 압류 및 전부명령 결정을 20○○. 10. 23. 받고 동결정 정본은 20○○. 11. 2.에 송달되었으며 동결정은 확정되었습니다.

3. 그런데 소외 채무자 홍연기가 피고에게 예치한 별지 정기예탁금은 소외 주식회사 삼풍상가가 질권설정을 했다고 하여 위 주식회사 삼풍상가는 새서울 유통상사를 피고로 하여 서울중앙지방법원에 사건 20○○가합 4122 정기예탁금 청구소송을 제기하였고 원고(주)삼풍상가는 금400,000,000원에 대하여 승소판결을 받아 금400,000,000원을 변제받아감으로써 위 원고(주식회사 삼풍상가)와 피고인 새서울 유통상가의 채권채무 관계는 종결되었습니다.

4. 그리고 소외 홍연기가 위 피고인 새서울 유통상가에 정기예탁한 예탁금은 계좌 번호 98-16-167 금액 300,000,000원의 월 이자는 금2,750,000원이고 예탁기간은 20○○. 7. 25.부터 20○○. 7. 25. 까지 1년간이기 때문에 위 기간 동안의 이자는 금 33,000,000원(=2,750,000×12개월)이고 또 계좌번호 97-15-178 금액 100,000,000원은 월 이자가 금916,666원이며 예탁기간은 20○○. 8. 5.부터 20○○. 8. 5. 까지 1년간이어서 위 기간 동안의 이자 총액은 금10,999,992원입니다.

   결국 위 이자 총액은 금 43,999,992원=(33,000,000 + 10,999,992원)인데 위 금 43,999,992원은 피고 새서울 유통상사에 그대로 남아 있습니다.

5. 따라서 원고는 채무자 홍연기, 제3채무자 피고로한 압류 및 전부명령 결정에 의한 전부금 200,000,000원 중 일부금으로 위 금43,999,992원을 지급받고자 이건 소에 의한 청구를 하기에 이른 것입니다.

20○○. 11. .

증 거 방 법

갑제1호증	새서울 유통상사등기부등본
갑제2호증	공정증서
갑제3호증	채권 압류 및 전부명령신청
갑제4호증	결정
갑제5호증	송달증명
갑제6호증	확정증명
갑제7호증의 1	정기예탁금증서
갑제8호증의 2	질권설정 승낙의뢰서
갑제9호증	판 결

기타 증거는 변론시 수시 제출하겠습니다.

첨 부 서 류

1. 위 증거서류 각 1통
1. 납부서 1통

원 고 정 진 홍

서울서부지방법원 귀중

소 제기절차와 해설

◆ 소의 제기	소의 제기는 소장을 작성하여 법원에 제출하여야 한다. 소를 제기하려고 하는 사람은 소를 제기하기 전 충분한 사전조사를 할 필요가 있다. 사전조사에는 소를 제기하는 사건에 대한 승소의 가능성, 사실을 증명할 서류의 확보, 공격방법과 피고의 예상되는 방어방법, 보전처분의 필요성, 승소한 경우 강제집행실행의 가능성 등을 조사하여 그에 대처하여야 한다. 소를 제기하려면 적법한 소장의 요건을 갖추어야 하는데, 소장에는 필요적 기재사항 등이 기재되어 있고, 상당한 인지가 첩부되어 있어야 한다. ☞ 2. 소장의 작성요령(34면) 참조
◆ 소가산정	소를 제기할 때에는 소가를 산정하여야 한다. 소가는 사물관할을 정하는 표준이 되는 외에 원고가 소장 등을 제출할 때 납부할 인지액을 정하는 기준이 된다(민사소송등인지법 제2조 내지 제8조). ☞ 3. 소송목적의 값 산정방법(50면) 참조
◆ 인지첩부	제1심 소장에 첩부할 인지는 소송목적의 값에 따라 산출된 인지액을 붙여야 한다(민인법 제2조 제1항). ☞ 4. 첩부인지액의 산출 및 납부방법(71면) 참조
◆ 송 달 료	소장을 제출할 때에는 당사자 수에 따른 계산방식에 의한 송달료를 송달료수납은행에 납부하고 그 은행으로부터 교부받은 송달료납부서를 소장표지 뒷면에 떨어지지 않을 정도로 풀로 붙인다. ☞ 5. 송달료 납부방법(72면) 참조
◆ 관할법원	소는 피고의 보통재판적이 있는 곳의 법원이 관할한다(민소법 제2조). 소장은 피고의 주소지를 관할하는 법원에 제출하는 것이 원칙이나, 소송의 편의를 도모하기 위해 특별한 재판관할이 인정되고 있다. ☞ 6. 관할법원(소장제출법원)(73면) 참조

[서식] 점검용역비 청구의 소

소 장

원 고 돈암시영아파트 재건축주택조합
조합장 이 명 호(주민등록번호 -)
서울시 성북구 돈암동 616-750(우:)
(전화 , 팩스 , 휴대폰)

피 고 수도건설주식회사
대표이사 김 민 수
서울 중구 을지로3가 97-2 신도빌딩 3층(우:)
(전화 , 팩스 , 휴대폰)

점검용역비 청구의 소

청 구 취 지

1. 피고는 원고에게 금220,000.000원 및 20○○. 9. 20.부터 소장 송달일까지 연 5푼의, 그 다음날부터 다 갚을때까지 연 1할 2푼의 비율에 의한 금원을 지급하라.
2. 소송비용은 피고의 부담으로 한다.
3. 위 제1항에 한하여 가집행할 수 있다.

라는 판결을 구합니다.

청 구 원 인

1. 원고들과 피고들과의 관계
   가. 원고 돈암시영아파트 재건축주택조합(이하 원고조합이라 칭함)은 서울 성북구 돈암동 616-750 및 같은동 616의 982 지상 돈암시영아파트를 재건축하기 위하여 20○○. 1. 16. 조합원 579명이 조합설립총회를 개최하여 조합규약을 채택하고 20○○. 7. 6. 성북구청으로부터 설립인가(갑 제 1호증 인가필증)를

받은 재건축조합이고,

나. 피고 수도건설주식회사(시공회사 선정시의 상호는 서울개발주식회사였으나 그후 상호변경 됨. 이하 피고 회사라 칭함)는 종합건설회사로서 원고 조합의 재건축사업의 시공회사로 참여하고 있고,

2. 기성고확인과 공사감독 거부와 하자 발생

가. 기성고확인 거부

원고 조합은 건설관계법령과 위 참여계약서 제16조 제17조 제21조의 규정에 의하여 피고회사에 대하여 기성고 내역을 건설관계법령이 정하는 바에 따라 관련서류를 첨부하여 상세히 보고해 줄 것을 요구하였고, 동 관련서류가 제출되면 원고 조합은 설계도서와 계약서대로 시공되로 있는가를 확인한 후에 기성고 확인을 해주겠다고 하였으나 피고 회사는 부실공사를 숨기기 위해 원고조합의 요구를 묵살하고 기성고 퍼센트만 기재하고 공사금 지급을 요구해오므로 원고 등은 부실공사를 사전에 방지하기 위하여 건축주의 권리로서 기성고 내역에 관련된 서류를 요구하였으나 피고 회사는 이를 거절하였음.

나. 공사감독 거부

① 피고 회사는 20○○. 6. 5.부터 원고 조합임원과 공사감독원의 부실확인을 위한 현장접근을 일체 금지하고 제한적인 출입만 허용하였습니다.

② 그런던 중 20○○. 3. 8. 공사현장에서 피고 회사의 현장근로자가 (수도건설주식회사는 부실공사를 중단하라)는 피켓을 들고 양심선언을 함으로써 부실공사가 심각함을 인식하고 원고 조합장과 임원진들은 피고 회사에 부실공사부분에 대한 사진을 제시하고, 이를 시정해 줄 것을 요구하였으나 피고 회사는 묵살하고 계속 공사를 진행하므로 원고의 조합의 조합장 및 임원들은 이 사실을 들어 20○○.5.6. 감사원과 건설교통부등에 고발을 하자, 동 고발이 서울시에 이첩되어 서울시 담당공무원이 20○○.7.6. 성북구청에서 양측과 감리를 불러 회합을 가졌는데 조합이 진단기관을 선정하고 그에 따른 제반비용은 피고 회사에서 부담하여 건

축공사 전반에 걸친 구조안전진단 및 점검을 받기로 5자(서울시, 성북구청, 조합대표, 피고 회사, 감리)가 구두합의를 하였습니다(갑제2호증, 갑 제3호증).

위 합의에 의하여 20○○. 9. 7.피고 회사와 원고 조합이 공동 "갑"이 되고 한성 건설연구소가 "을"이 되는 연구용역계약을 체결하여 구조안전진단평가를 받았습니다.

③ 마감재 등에 대한 하자 점검

원고 조합은 위 합의에 따라 마감재에 대한 점검검사를 실시하려고 하였으나 피고 회사는 위 원고 조합이 선정한 점검회사의 출입을 원천봉쇄하므로 원고와 위 조합은 20○○. 10. 24. 서울중앙지방법원에 공사현장출입(점검)방해금지가처분신청을 하여(갑 제4호증) 동 가처분이 받아들여져(갑 제5호증) 20○○. 3. 7. (주)현대종합건축사에 금 220.000.070원에 용역계약을 체결하고(갑 제 호증) 점검을 하였습니다.

3. 원고 조합은 20○○. 9. 20. (주) 동부종합건축사와 대금 금220,000,000원에 용역계약을 체결하고 계약금으로 금110,000,000원을 지급하고, 20○○. 3. 14. 중도금 3,500만원을 지급하였습니다.

4. 20○○. 3. 7.부터 마감재에 대한 점검을 실시하고 있는 소외 동부종합건축사는 나머지 잔금지급을 독촉하므로 원고는 피고 회사에 대하여 구두약정에 따라 위 용역비 금220,000,000원의 지급을 요구하였으나 불응하므로 본소 청구에 이른 것입니다.

입 증 방 법

1. 갑 제 1호증 인가필증
2. 갑 제 2호증 민원사항 처리에 따른 통보
3. 갑 제 3호증 정밀안진진단 요청 회신 통보

4. 갑 제 4호증 공사현장출입 (점검)방해금지가처분 신청서
5. 갑 제 5호증 공사현장출입 (점검)방해금지가처분 결정
6. 갑 제 6호증 시설점검계약서

첨 부 서 류

1. 위 입증방법 각1부
1. 소장부본 1부
1. 위임장 1부

20○○. 3. .

위 원고 소송대리인
변호사 최 승 호(인)

서울중앙지방법원 귀중

소 제기절차와 해설

◆ 소의 제기	소의 제기는 소장을 작성하여 법원에 제출하여야 한다. 소를 제기하려고 하는 사람은 소를 제기하기 전 충분한 사전조사를 할 필요가 있다. 사전조사에는 소를 제기하는 사건에 대한 승소의 가능성, 사실을 증명할 서류의 확보, 공격방법과 피고의 예상되는 방어방법, 보전처분의 필요성, 승소한 경우 강제집행실행의 가능성 등을 조사하여 그에 대처하여야 한다. 소를 제기하려면 적법한 소장의 요건을 갖추어야 하는데, 소장에는 필요적 기재사항 등이 기재되어 있고, 상당한 인지가 첩부되어 있어야 한다. ☞ 2. 소장의 작성요령(34면) 참조
◆ 소가산정	소를 제기할 때에는 소가를 산정하여야 한다. 소가는 사물관할을 정하는 표준이 되는 외에 원고가 소장 등을 제출할 때 납부할 인지액을 정하는 기준이 된다(민사소송등인지법 제2조 내지 제8조). ☞ 3. 소송목적의 값 산정방법(50면) 참조
◆ 인지첩부	제1심 소장에 첩부할 인지는 소송목적의 값에 따라 산출된 인지액을 붙여야 한다(민인법 제2조 제1항). ☞ 4. 첩부인지액의 산출 및 납부방법(71면) 참조
◆ 송 달 료	소장을 제출할 때에는 당사자 수에 따른 계산방식에 의한 송달료를 송달료수납은행에 납부하고 그 은행으로부터 교부받은 송달료납부서를 소장표지 뒷면에 떨어지지 않을 정도로 풀로 붙인다. ☞ 5. 송달료 납부방법(72면) 참조
◆ 관할법원	소는 피고의 보통재판적이 있는 곳의 법원이 관할한다(민소법 제2조). 소장은 피고의 주소지를 관할하는 법원에 제출하는 것이 원칙이나, 소송의 편의를 도모하기 위해 특별한 재판관할이 인정되고 있다. ☞ 6. 관할법원(소장제출법원)(73면) 참조

[서식] 정기예탁금출급청구의 소(금고해산)

소 장

원 고 이 강 학(주민등록번호 -)
서울 강남구 포이로 321
소송대리인 변호사 유 인 근
서울 서초구 서초로 123길 4(우편번호 13270)
(전화 , 팩스 , 휴대폰)

피 고 1. 서초상호신용금고
대표이사 진 기 하
서울 강남구 포이로 123(우편번호 13560)
(전화 , 팩스 , 휴대폰)
2. 한국신용금고중앙회
회 장 이 상 호
서울 강남구 대치로 12-3(우편번호 13512)
(전화 , 팩스 , 휴대폰)

정기예탁금출급청구의 소

청 구 취 지

1. 피고들은 연대하여 원고에게 금130,000,000원 및 이에 대한 20○○. 5. 18부터 소장 송달일에 까지는 연 1할 5푼 그 다음 날부터 완제일까지는 연 1할 2푼의 비율에 의한 금원과 금40,000,000원 및 20○○. 3. 16. 부터 소장 송달일까지는 연 9푼5리 그 다음 날부터 완제일까지는 연 1할 2푼의 비율에 의한 금원을 각 지급하라.
2. 소송비용은 피고들의 부담으로 한다.

3. 제1항은 가집행할 수 있다.

라는 판결을 구합니다.

청 구 원 인

1. 원고는 피고 서초상호신용금고에 20○○. 4. 17. 금130,000,000원을 이율 연 1할5푼 만기 지급일은 같은해 10. 17로 정하여 정기예탁을 하였고, 20○○. 5. 17까지 이자를 지급받아 왔습니다.

2. 또한 원고는 20○○. 3. 15. 피고 서초상호신용금고에 금40,000, 000원을 이율 연 9푼 5리 만기지급기일 20○○. 3. 15로 정하여 정기예탁을 하였습니다.

3. 그런데 피고 서초상호신용금고는 상무 김무식 등이 거액의 금고 돈을 횡령하는 바람에 금고의 예탁금의 지급등 정상운영이 불가능하여 20○○. 8. 27. 열린 금고 임시총회에서 금고의 해산을 의결한 바 있고 금고는 파산상태나 다름이 없습니다.

4. 한편 피고 한국상호신용금고중앙회는 금고의 업무를 지도 감독하며 그 공동이익의 증진과 건전한 발전을 도모하기 위하여 금고를 구성원으로 하는 중앙회로서 상호신용금고법 제57조에 의하여 안전기금을 설치, 관리 하는 바, 중앙회는 금고가 예탁금 또는 적금을 지급할 수 없는 경우에 기금관리위원회가 결정하는 바에 따라 당해 금고에 갈음하여 그 금고의 예탁금 또는 적금 채무를 변제하여 할 의무가 있으므로 피고 한국상호신용금고 중앙회는 피고 서초상호신용금고와 연대하여 정기예탁금을 원고에게 지급할 의무가 있습니다.

5. 그렇다면 피고들은 연대하여 원고에게 금130,000,000원 및 이에 대한 20○○. 5. 18부터 이 사건 소장 송달일까지는 연 1할5푼, 그 다음 날부터 완제일까지는 연 1할 2푼의 비율에 의한 금원과 금40,000,000원 및 20○○. 3. 16부터 이 사건 소장 송달일까지는 연 9푼5리 그 다음 날부터 완제일까지는 연 1할 2푼의 비윤에 의한 금원을 각 지급할 의무가 있으므로 이건 청구에 이른

것입니다.

입 증 방 법

갑 제1호증의 1	정기예탁금통장 표지
2	내용
3	이자 지급내역
4	약관
갑 제2호증	입금전표
갑 제3호증	회원가입 및 인감신고서
갑 제4호증의 1	정기예탁금통장 표지
2	내용
3	정기예탁금 약관
갑 제5호증	사실 확인서
갑 제6호증	임시총회 회의자료

첨 부 서 류

1. 위 입증방법	각1통
1. 법인등기부 등본	2통
1. 소송대리 위임장	1통
1. 납 부 서	1통
1. 소장 부본	2통

20○○. 8. .

원고 소송대리인

변호사 유 인 근 (인)

서울중앙지방법원 귀중

소 제기절차와 해설

◆ 소의 제기	소의 제기는 소장을 작성하여 법원에 제출하여야 한다. 소를 제기하려고 하는 사람은 소를 제기하기 전 충분한 사전조사를 할 필요가 있다. 사전조사에는 소를 제기하는 사건에 대한 승소의 가능성, 사실을 증명할 서류의 확보, 공격방법과 피고의 예상되는 방어방법, 보전처분의 필요성, 승소한 경우 강제집행실행의 가능성 등을 조사하여 그에 대처하여야 한다. 소를 제기하려면 적법한 소장의 요건을 갖추어야 하는데, 소장에는 필요적 기재사항 등이 기재되어 있고, 상당한 인지가 첩부되어 있어야 한다. ☞ 2. 소장의 작성요령(34면) 참조
◆ 소가산정	소를 제기할 때에는 소가를 산정하여야 한다. 소가는 사물관할을 정하는 표준이 되는 외에 원고가 소장 등을 제출할 때 납부할 인지액을 정하는 기준이 된다(민사소송등인지법 제2조 내지 제8조). ☞ 3. 소송목적의 값 산정방법(50면) 참조
◆ 인지첩부	제1심 소장에 첩부할 인지는 소송목적의 값에 따라 산출된 인지액을 붙여야 한다(민인법 제2조 제1항). ☞ 4. 첩부인지액의 산출 및 납부방법(71면) 참조
◆ 송 달 료	소장을 제출할 때에는 당사자 수에 따른 계산방식에 의한 송달료를 송달료수납은행에 납부하고 그 은행으로부터 교부받은 송달료납부서를 소장표지 뒷면에 떨어지지 않을 정도로 풀로 붙인다. ☞ 5. 송달료 납부방법(72면) 참조
◆ 관할법원	소는 피고의 보통재판적이 있는 곳의 법원이 관할한다(민소법 제2조). 소장은 피고의 주소지를 관할하는 법원에 제출하는 것이 원칙이나, 소송의 편의를 도모하기 위해 특별한 재판관할이 인정되고 있다. ☞ 6. 관할법원(소장제출법원)(73면) 참조

[서식] 주권인도등청구의 소(매매)

소 장

원 고 1. 박 철 영(주민등록번호 -)
서울 강남구 신사로 123-45
2. 박 철 수(주민등록번호 -)
서울 종로구 가회로 347-9
위 원고 소송대리인 변호사 장 호 철
서울 서초구 서초대로 137-1 정국빌딩 201호
(전화 , 팩스)

피 고 1. 심 우 선(주민등록번호 -)
서울 종로구 인사로 12-34
(전화 , 팩스 , 휴대폰)
2. 조 수 형(주민등록번호 -)
서울 강남구 신사로 34 신사빌라 가동 101호
(전화 , 팩스 , 휴대폰)
3. 방 일 상(주민등록번호 -)
서울 강동구 명일로 897-1
(전화 , 팩스 , 휴대폰)
4. 원 경 재(주민등록번호 -)
서울 구로구 구로역길 337 구로빌라 201호
(전화 , 팩스 , 휴대폰)
5. 강 화 식(주민등록번호 -)
의정부시 가능로 224-37
(전화 , 팩스 , 휴대폰)
6. 김 근 수(주민등록번호 -)
인천 북구 부평로 1345
(전화 , 팩스 , 휴대폰)

주권인도등 청구의 소

청 구 취 지

1. 피고는 원고에게 별지목록 기재 주권을 인도하라.
2. 만일 위 주권의 인도강제집행이 불능되었을 때에는 피고들은 원고들에게 불능된 주권에 대하여 별지목록기재의 단가로서 산출된 금2,988,000,000원을 지급하라.
3. 소송비용은 피고의 부담으로 한다.
4. 위 제1항 및 제2항은 가집행할 수 있다.

라는 판결을 구합니다.

청 구 원 인

1. 주권인도청구권의 발생

원고들은 소외 일동산업개발주식회사(이하 소외 주식회사라 함)의 총발행주식의 주식지분율 8% 해당하는 별지목록기재 주권 15,000주를 각 소유하고 있는 피고들로부터 이들의 주권합계가 소외 주식회사의 총 주식지분율 48%에 이르는 주권 90,000주를 대금 2,500,000,000원에 매수하기로 하는 주식매매계약을 체결하였습니다. 따라서 피고들은 원고에게 별지목록기재의 주권을 인도할 의무가 있다 할 것입니다.

2. 대금지급 및 주권인도의 불능

원고들은 위 계약에 따라 피고들에게 위 계약체결당일인 20○○. 4. 10. 계약금으로 금100,000,000원을 같은해 5. 10. 금500, 000,000원 같은해 6. 10. 금800,000,000원 같은해 7. 10. 금800, 000,000원등 4회에 결쳐서 합계금 2,200,000,000원을 지급하였습니다. 그런데 위 계약 제5조 2항에 따르면 피고들은 원고로부터 대금을 수령한 때에는 그 영수한 대금의 비율에 의한 주권을 원고들에게 인도하기로 되어 있는 바 피고들은 이를 위반하여 정당한 이유 없이 원고에게 그 주권을 인도하지 아니하므로 원고들은 부득이 잔대금 지급 기일인 20○○. 7. 10. 금300,000,000원을 지급할 것을 유보하기에 이르렀고 피고들에게는 그 의무이행을 촉구하는 통고서를 보내는 등 주권인도를 누차

요구하였습니다.

3. 신배당주권의 인수대금납입

그러나 피고들은 이에 불응하고 있던 중 소외 주식회사의 주식 20,000주가 20○○. 11. 20. 유상증자되었고 이에따라 피고들에게도 각 소유지분 비율에 따른 주식 1,600주씩의 합계 9,600주가 배정되었습니다. 그런데 20○○. 12. 15. 피고들은 갑자기 위 배당주에 대한 주식인수대금을 납입할 것을 원고에게 요구하여 왔습니다. 따라서 원고들은 위 주식매매계약에 따라 위 주권의 행사를 위하여 피고들이 소외 주식회사로부터 배정받은 주식의 대금 96,000,000원을 납입하기까지 하였습니다.

4. 결 론

그렇다면 피고들은 원고들에게 그들 각 소유의 별지목록기재 주권 16600주 {15,000(매도주)+1,600주(신배당주)}를 각 인도할 의무가 있는 바 피고들은 정당한 이유없이 위 계약의 실효를 주장하면서 별지목록기재의 주권인도를 거부하고 있음으로 원고들은 피고들에 대하여 위 주권의 인도를 구하고 위 주권 1주의 대가는 별지목록 기재와 같으므로 만일 위 주권인도의 강제집행이 불능되었을 때에는 이행에 대신하여 손해배상으로서 그 불능부분에 대하여 위 대가에 의하여 산출한 금원의 지급을 구하기 위하여 본 소에 이르렀습니다.

입 증 방 법

1. 갑제1호증 주식매매계약서
1. 갑제2호증의 1 내지 4 각 영수증
1. 갑제3호증 통고서

기타는 변론시 제출하겠음

첨 부 서 류

1. 위 입증방법 각1통

20○○. 8. 30.

위 원고 소송대리인 김 호 철 (인)

서울중앙지방법원 귀중

[별지]

일동산업개발주식회사의 주권

1. 1주의 액면금액 : 10,000원
1. 1주의 대가 : 30,000원
1. 매도인별 소유주식의 수량

번호	성 명	매도주	신배당주	주권합계	액면합계액	주권번호
1	심우선	15,000	1600	16,600 나1－나5 다3－다11	166,000,000	가1－가4
2	조수형	15,000	1600	16,600 나3－나10 라3－라6	166,000,000	가1－가7
3	방일상	15,000	1600	16,600 나4－나8 다11－다17	166,000,000	가3－가15
4	원경재	15,000	1600	16,600 다6－다18 라6－라8	166,000,000	나7－나15
5	강화식	15,000	1600	16,600 나11－나17 다14－다18	166,000,000	가11－가17
6	김근수	15,000	1600	16,600 다5－다11 라11－라19	166,000,000	가4－가14

소 제기절차와 해설

◆ 소의 제기	소의 제기는 소장을 작성하여 법원에 제출하여야 한다. 소를 제기하려고 하는 사람은 소를 제기하기 전 충분한 사전조사를 할 필요가 있다. 사전조사에는 소를 제기하는 사건에 대한 승소의 가능성, 사실을 증명할 서류의 확보, 공격방법과 피고의 예상되는 방어방법, 보전처분의 필요성, 승소한 경우 강제집행실행의 가능성 등을 조사하여 그에 대처하여야 한다. 소를 제기하려면 적법한 소장의 요건을 갖추어야 하는데, 소장에는 필요적 기재사항 등이 기재되어 있고, 상당한 인지가 첩부되어 있어야 한다. ☞ 2. 소장의 작성요령(34면) 참조
◆ 소가산정	소를 제기할 때에는 소가를 산정하여야 한다. 소가는 사물관할을 정하는 표준이 되는 외에 원고가 소장 등을 제출할 때 납부할 인지액을 정하는 기준이 된다(민사소송등인지법 제2조 내지 제8조). ☞ 3. 소송목적의 값 산정방법(50면) 참조
◆ 인지첩부	제1심 소장에 첩부할 인지는 소송목적의 값에 따라 산출된 인지액을 붙여야 한다(민인법 제2조 제1항). ☞ 4. 첩부인지액의 산출 및 납부방법(71면) 참조
◆ 송 달 료	소장을 제출할 때에는 당사자 수에 따른 계산방식에 의한 송달료를 송달료수납은행에 납부하고 그 은행으로부터 교부받은 송달료납부서를 소장표지 뒷면에 떨어지지 않을 정도로 풀로 붙인다. ☞ 5. 송달료 납부방법(72면) 참조
◆ 관할법원	소는 피고의 보통재판적이 있는 곳의 법원이 관할한다(민소법 제2조). 소장은 피고의 주소지를 관할하는 법원에 제출하는 것이 원칙이나, 소송의 편의를 도모하기 위해 특별한 재판관할이 인정되고 있다. ☞ 6. 관할법원(소장제출법원)(73면) 참조

[서식] 주권인도청구의 소(명의신탁해지)

소 장

원 고 김 명 준(주민등록번호 -)
서울 강남구 신사로 123-4
위 원고 소송대리인 변호사 유 재 연
서울 서초구 서초대로 1234-5 서초빌딩 201호
(전화 , 팩스 , 휴대폰)

피 고 1. 이 정 만(주민등록번호 -)
서울 종로구 인사로 123-40
(전화 , 팩스 , 휴대폰)
2. 윤 태 수(주민등록번호 -)
서울 종로구 돈의로 123-4
(전화 , 팩스 , 휴대폰)
3. 이 대 용(주민등록번호 -)
서울 종로구 명륜로 123-45
(전화 , 팩스 , 휴대폰)

주권인도청구의 소

청 구 취 지

1. 피고들은 원고에게 명의신탁해지를 원인으로 한 별지목록기재주권을 인도하라.
2. 소송비용은 피고들의 부담으로 한다.
3. 위 제1항은 가집행할 수 있다.
라는 판결을 구합니다.

청 구 원 인

1. 원고는 20○○. 3. 18. (주)태영물산의 별지목록기재 주권의 합계 52,232주를 취득하면서 편의상 피고들에게 명의신탁을 하였고, 피고들은 위 주권을 점유·보관하고 있는 바, 원고는 20○○. 8. 15경 피고들에게 명의신탁한 별지목록기재 주권에 대하여 명의신탁을 해지하고 이를 원고에게 인도할 것을 요구하였으나 이에 불응하므로 원고는 피고들에 대하여 본 소장 부본의 송달로써 위 주권에 대한 명의신탁을 해지하는 바이며 청구취지와 같은 판결을 구하기 위하여 본소 청구에 이르렀습니다.

입 증 방 법

1. 갑제1호증 (주)태영물산의 증권
1. 기타는 변론시 수시제출하겠습니다.

첨 부 서 류

1. 소장부본 3통
1. 위임장 1통
1. 납부서 1통

20○○. 9. 20.

위 원고 소송대리인
변호사 유 재 연 (인)

서울중앙지방법원 귀중

[별 지]

번호	성 명	회수	권 종	매수	주식수	금 액	주권번호
1	이정만	1	1,000	3	3,000	30,000,000	가4-가5
		1	100	3	300	3,000,000	나6-나7
		1	10	6	60	600,000	나8-나12
		2	1,000	2	2,000	20,000,000	다3
		2	100	2	200	2,000,000	가12
		2	10	3	30	300,000	다9-다10
		2	1	6	6	60,000	라13-라17
		3	1,000	2	2,000	20,000,000	가3
		3	100	2	200	2,000,000	나12-나17
		4	10	3	30	300,000	다9-다10
		4	1	6	6	60,000	라10-라18
		소 계		(38)	7,732	78,320,000	
2	윤태수	1	1,000	5	5,000	50,000,000	가6-가9
		2	100	6	600	6,000,000	나8-나12
		2	1,000	3	3,000	30,000,000	나2-나3
		3	100	3	300	3,000,000	나11-나12
		4	10	10	10	1,000,000	다10-다15
		4	1,000	3	3,000	30,000,000	라3-라4
		4	100	3	300	3,000,000	나10-나14
		소 계		60	12,300	23,000,000	
3	이대용	1	1,000	8	8,000	80,000,000	가8-가14
		1	100	11	11,000	10,000,000	나17-나26
		3	1,000	2	2,000	20,000,000	나21-나30
		3	1,000	5	5,000	50,000,000	다6-다9
		4	100	6	600	6,000,000	다15-다19
		4	1,000	5	5,000	50,000,000	라8-라10
		5	100	6	600	6,000,000	라15-라19
		소 계		43	32,200	322,000,000	

소 제기절차와 해설

◆ 소의 제기	소의 제기는 소장을 작성하여 법원에 제출하여야 한다. 소를 제기하려고 하는 사람은 소를 제기하기 전 충분한 사전조사를 할 필요가 있다. 사전조사에는 소를 제기하는 사건에 대한 승소의 가능성, 사실을 증명할 서류의 확보, 공격방법과 피고의 예상되는 방어방법, 보전처분의 필요성, 승소한 경우 강제집행실행의 가능성 등을 조사하여 그에 대처하여야 한다. 소를 제기하려면 적법한 소장의 요건을 갖추어야 하는데, 소장에는 필요적 기재사항 등이 기재되어 있고, 상당한 인지가 첩부되어 있어야 한다. ☞ 2. 소장의 작성요령(34면) 참조
◆ 소가산정	소를 제기할 때에는 소가를 산정하여야 한다. 소가는 사물관할을 정하는 표준이 되는 외에 원고가 소장 등을 제출할 때 납부할 인지액을 정하는 기준이 된다(민사소송등인지법 제2조 내지 제8조). ☞ 3. 소송목적의 값 산정방법(50면) 참조
◆ 인지첩부	제1심 소장에 첩부할 인지는 소송목적의 값에 따라 산출된 인지액을 붙여야 한다(민인법 제2조 제1항). ☞ 4. 첩부인지액의 산출 및 납부방법(71면) 참조
◆ 송 달 료	소장을 제출할 때에는 당사자 수에 따른 계산방식에 의한 송달료를 송달료수납은행에 납부하고 그 은행으로부터 교부받은 송달료납부서를 소장표지 뒷면에 떨어지지 않을 정도로 풀로 붙인다. ☞ 5. 송달료 납부방법(72면) 참조
◆ 관할법원	소는 피고의 보통재판적이 있는 곳의 법원이 관할한다(민소법 제2조). 소장은 피고의 주소지를 관할하는 법원에 제출하는 것이 원칙이나, 소송의 편의를 도모하기 위해 특별한 재판관할이 인정되고 있다. ☞ 6. 관할법원(소장제출법원)(73면) 참조

[서식] 중기임대료등 청구의 소

소 장

원 고 장 태 원(주민등록번호 -)
서울 동대문구 제기로 101-3 경기중기내
(전화 , 팩스 , 휴대폰)

피 고 한 두 일(주민등록번호 -)
서울 동대문구 청량리로 589-21 3/4
(전화 , 팩스 , 휴대폰)

중기임대료등 청구의 소

청 구 취 지

1. 피고는 원고에게 금25,000,000원 및 이에 대한 이 사건 소장부본 송달 익일부터 완제일까지 연 12%의 비율에 의한 금원을 지급하라.
2. 소송비용은 피고의 부담으로 한다.
3. 위 제1항은 가집행할 수 있다.

라는 판결을 구합니다.

청 구 원 인

1. 원고는 중기임대업을 하는 자인바, 원고는 피고에게 20○○. 1. 8부터 20○○. 12. 30까지 약24개월간 별첨 작업내용서와 같이 중기 3대를 임대하여 주고 그 대금이 운전비 24,000,000원, 고장수리비 금1,000,000원 합계 25,000,000원이 되어 피고에게 그 지급을 구하였는 바 차일피일 기일만 지연하고 그 지급을 회피하고 있어 부득이 청구취지와 같은 판결을 받고저 본소에 이르렀습니다.

입 증 방 법

1. 갑제1호증 작업내용
1. 갑제2호증 고장수리비영수증서
1. 갑제3호증 작업일지확인증
1. 갑제4호증 장비가동일보

첨 부 서 류

1. 위 입증방법 각1통
1. 소장부본 1통
1. 납부서 1통

20○○. 8. .

원고 장 태 원 (인)

서울북부지방법원 귀중

소 제기절차와 해설

◆ 소의 제기	소의 제기는 소장을 작성하여 법원에 제출하여야 한다. 소를 제기하려고 하는 사람은 소를 제기하기 전 충분한 사전조사를 할 필요가 있다. 사전조사에는 소를 제기하는 사건에 대한 승소의 가능성, 사실을 증명할 서류의 확보, 공격방법과 피고의 예상되는 방어방법, 보전처분의 필요성, 승소한 경우 강제집행실행의 가능성 등을 조사하여 그에 대처하여야 한다. 소를 제기하려면 적법한 소장의 요건을 갖추어야 하는데, 소장에는 필요적 기재사항 등이 기재되어 있고, 상당한 인지가 첩부되어 있어야 한다. ☞ 2. 소장의 작성요령(34면) 참조
◆ 소가산정	소를 제기할 때에는 소가를 산정하여야 한다. 소가는 사물관할을 정하는 표준이 되는 외에 원고가 소장 등을 제출할 때 납부할 인지액을 정하는 기준이 된다(민사소송등인지법 제2조 내지 제8조). ☞ 3. 소송목적의 값 산정방법(50면) 참조
◆ 인지첩부	제1심 소장에 첩부할 인지는 소송목적의 값에 따라 산출된 인지액을 붙여야 한다(민인법 제2조 제1항). ☞ 4. 첩부인지액의 산출 및 납부방법(71면) 참조
◆ 송 달 료	소장을 제출할 때에는 당사자 수에 따른 계산방식에 의한 송달료를 송달료수납은행에 납부하고 그 은행으로부터 교부받은 송달료납부서를 소장표지 뒷면에 떨어지지 않을 정도로 풀로 붙인다. ☞ 5. 송달료 납부방법(72면) 참조
◆ 관할법원	소는 피고의 보통재판적이 있는 곳의 법원이 관할한다(민소법 제2조). 소장은 피고의 주소지를 관할하는 법원에 제출하는 것이 원칙이나, 소송의 편의를 도모하기 위해 특별한 재판관할이 인정되고 있다. ☞ 6. 관할법원(소장제출법원)(73면) 참조

[서식] 체당금청구의 소(청과물)

소 장

원 고 김 석 기(주민등록번호 -)
서울 서초구 내곡로 123-45
(전화 , 팩스 , 휴대폰)

피 고 이 종 백(주민등록번호 -)
서울 강남구 자곡로 12-3
(전화 , 팩스 , 휴대폰)

체당금청구의 소

청 구 취 지

1. 피고는 원고에 대하여 금5,000,000원 및 이 사건 소장 송달 익일부터 본 판결 선고일 까지는 연 6푼 그 다음 날부터 완제에 이르기까지 연 1할 2푼의 비율에 의한 금원을 지급하라.
2. 소송비용은 피고의 부담으로 한다.
3. 위 제1항은 가집행할 수 있다.

라는 판결을 구합니다.

청 구 원 인

1. 원고는 청과물 도매상을 하고 있으며, 피고와의 사이에 20○○. 11. 3자 사과 매수와 판매위탁계약에 의하여 동년 12. 2부터 20○○. 1. 14까지의 사이에 피고가 대구산 사과 1500상자를 매수할 때에 금60,000,000원을 체당 지급하고 피고는 매수품 전부를 원고가 관리하는 청과물시장에 출하하여 경매에 부치고 그 경매대금에서 정규의 수수료, 운임 등을 공제한 금액을 위 체당금의 변제에 충당하기로 하는 약정을 하였습니다.

2. 그런데 피고는 위 사과 1,000상자만을 출하하고 원고는 경매대금에서 수수료 및 운임을 공제한 잔금 42,000,000원을 위 체당금의 변제에 충당하였는 바 피고는 나머지 500상자를 출하하지 아니하고 원고에게 대하여 위 체당금 잔액금 18, 000,000원을 상환하지 아니하고 있습니다.

3. 그러므로 위 체당금 잔액과 이에 대한 본 소장송달 익일부터 완제에 이르기까지 상법조정의 연 6푼, 소송촉진등에 관한 특례법 소정의 연 1할 2푼의 비율에 의한 지연손해금의 지급을 구하기 위하여 본 소에 이르렀습니다.

입 증 방 법

1. 갑제 1호증 매매 및 판매위탁계약서
1. 갑제 2호증 약정서
1. 기타는 변론시 제출하겠습니다.

첨 부 서 류

1. 위 입증방법 각1통
1. 소장부본 1통
1. 납 부 서 1통

20○○. 2. 18

위 원고 김 석 기 (인)

서울중앙지방법원 귀중

소 제기절차와 해설

◆ 소의 제기	소의 제기는 소장을 작성하여 법원에 제출하여야 한다. 소를 제기하려고 하는 사람은 소를 제기하기 전 충분한 사전조사를 할 필요가 있다. 사전조사에는 소를 제기하는 사건에 대한 승소의 가능성, 사실을 증명할 서류의 확보, 공격방법과 피고의 예상되는 방어방법, 보전처분의 필요성, 승소한 경우 강제집행실행의 가능성 등을 조사하여 그에 대처하여야 한다. 소를 제기하려면 적법한 소장의 요건을 갖추어야 하는데, 소장에는 필요적 기재사항 등이 기재되어 있고, 상당한 인지가 첩부되어 있어야 한다. ☞ 2. 소장의 작성요령(34면) 참조
◆ 소가산정	소를 제기할 때에는 소가를 산정하여야 한다. 소가는 사물관할을 정하는 표준이 되는 외에 원고가 소장 등을 제출할 때 납부할 인지액을 정하는 기준이 된다(민사소송등인지법 제2조 내지 제8조). ☞ 3. 소송목적의 값 산정방법(50면) 참조
◆ 인지첩부	제1심 소장에 첩부할 인지는 소송목적의 값에 따라 산출된 인지액을 붙여야 한다(민인법 제2조 제1항). ☞ 4. 첩부인지액의 산출 및 납부방법(71면) 참조
◆ 송 달 료	소장을 제출할 때에는 당사자 수에 따른 계산방식에 의한 송달료를 송달료수납은행에 납부하고 그 은행으로부터 교부받은 송달료납부서를 소장표지 뒷면에 떨어지지 않을 정도로 풀로 붙인다. ☞ 5. 송달료 납부방법(72면) 참조
◆ 관할법원	소는 피고의 보통재판적이 있는 곳의 법원이 관할한다(민소법 제2조). 소장은 피고의 주소지를 관할하는 법원에 제출하는 것이 원칙이나, 소송의 편의를 도모하기 위해 특별한 재판관할이 인정되고 있다. ☞ 6. 관할법원(소장제출법원)(73면) 참조

[서식] 체불임금청구의 소

소 장

원 고 1. 장 광 수(주민등록번호 -)
경기 화성군 태안읍 이리 15
(전화 , 팩스 , 휴대폰)
2. 김 성 환(주민등록번호 -)
서울 은평구 신사로 117-14 태양빌라 203호
(전화 , 팩스 , 휴대폰)

피 고 주식회사 삼일
대표이사 김 영 식
서울 강남구 신사로 17-9
(전화 , 팩스 , 휴대폰)

체불임금청구의 소

청 구 취 지

1. 피고는 원고들에 대하여 금2,693,560원 및 이에 대한 이 소장부본 송달 익일부터 완제일까지 연 12%의 비율에 의한 금원을 지급하라.
2. 소송비용은 피고의 부담으로 한다.
3. 위 제1항에 대하여 가집행할 수 있다.

라는 판결을 구합니다.

청 구 원 인

1. 피고는 전기제품 제조판매업 등을 경영하는 회사이고 원고들은 피고가 경영하는 회사에 소속한 근로자들입니다.

2. 원고 장광수는 피고회사에서 20○○. 9. 1부터 동년 11. 30까지 92일간의 체불임금이 금1,176,520원이 되고, 원고 김성환은 20○○. 10. 1부터 동년 12. 31까지 91일간의 체불임금이 금1, 517,040원이 되어 합계 2,693,560원이 원고들에게 미지급되어 수차 독촉하였으나 이에 응하지 아니하므로 부득이 청구취지와 같은 판결을 받고저 본 소에 이르렀습니다.

입 증 방 법

1. 체불임금확인원
1. 평균임금산정서
1. 기타는 변론시 제출하겠습니다.

첨 부 서 류

1. 법인등기부등본 1통
1. 소장부본 1통
1. 납부서 1통

20○○. 4. .

원고 장 광 수 (인)
김 성 환 (인)

서울중앙지방법원 귀중

소 제기절차와 해설

◆ 소의 제기	소의 제기는 소장을 작성하여 법원에 제출하여야 한다. 소를 제기하려고 하는 사람은 소를 제기하기 전 충분한 사전조사를 할 필요가 있다. 사전조사에는 소를 제기하는 사건에 대한 승소의 가능성, 사실을 증명할 서류의 확보, 공격방법과 피고의 예상되는 방어방법, 보전처분의 필요성, 승소한 경우 강제집행실행의 가능성 등을 조사하여 그에 대처하여야 한다. 소를 제기하려면 적법한 소장의 요건을 갖추어야 하는데, 소장에는 필요적 기재사항 등이 기재되어 있고, 상당한 인지가 첩부되어 있어야 한다. ☞ 2. 소장의 작성요령(34면) 참조
◆ 소가산정	소를 제기할 때에는 소가를 산정하여야 한다. 소가는 사물관할을 정하는 표준이 되는 외에 원고가 소장 등을 제출할 때 납부할 인지액을 정하는 기준이 된다(민사소송등인지법 제2조 내지 제8조). ☞ 3. 소송목적의 값 산정방법(50면) 참조
◆ 인지첩부	제1심 소장에 첩부할 인지는 소송목적의 값에 따라 산출된 인지액을 붙여야 한다(민인법 제2조 제1항). ☞ 4. 첩부인지액의 산출 및 납부방법(71면) 참조
◆ 송 달 료	소장을 제출할 때에는 당사자 수에 따른 계산방식에 의한 송달료를 송달료수납은행에 납부하고 그 은행으로부터 교부받은 송달료납부서를 소장표지 뒷면에 떨어지지 않을 정도로 풀로 붙인다. ☞ 5. 송달료 납부방법(72면) 참조
◆ 관할법원	소는 피고의 보통재판적이 있는 곳의 법원이 관할한다(민소법 제2조). 소장은 피고의 주소지를 관할하는 법원에 제출하는 것이 원칙이나, 소송의 편의를 도모하기 위해 특별한 재판관할이 인정되고 있다. ☞ 6. 관할법원(소장제출법원)(73면) 참조

[서식] 퇴직금청구의 소

소 장

원 고 1. 백 종 만(주민등록번호 -)
서울 종로구 창신로 224-12
2. 김 남 일(주민등록번호 -)
서울 강남구 신사로 384-52
위 원고들 소송대리인 변호사 박 세 환
서울 서초구 서초로 123길 4 정국빌딩 201호
(전화 , 팩스 , 휴대폰)

피 고 (주) 태양산업
대표이사 유 종 환
서울 종로구 관철로 337
(전화 , 팩스 , 휴대폰)

퇴직금청구의 소

청 구 취 지

1. 피고는 원고들에게
원고 백종만에게 금122,291,666원 및 이에 대하여는 20○○. 5. 20부터 원고 김남일에게 금75,855,000원 및 이에 대하여는 20○○. 6. 30부터 각 이 사건 판결 선고일까지는 연 5푼의, 그 다음 날부터 완제에 이르기 까지는 연 1할 2푼의 비율에 의한 돈을 지급하라.
2. 소송비용은 피고의 부담으로 한다.
3. 위 제1항에 대하여 가집행할 수 있다.
라는 판결을 구합니다.

청 구 원 인

1. 원고들의 신분관계

가) 원고 백종만

원고는 19○○. 3. 20. 주식회사 태양산업(이하 피고회사라 칭함)에 입사하여 본사 총무부에 소속되어 일해 오다가 수원지사, 대전지사, 대구지사, 부산지사등의 근무지를 거쳐 20○○. 5. 19. 본사 전무이사 대우로 명예퇴직하기까지 피고회사에 근속 32년 2개월(월 미만 버림, 이하 같음)을 근무하였고

나) 원고 김남일

원고는 1985. 2. 20. 피고회사에 입사하여 본사 총무부에 소속되어 일해오다가 인천지사, 광주지사, 목포지사 등의 근무지를 거쳐 20○○. 6. 29. 본사 총무부 이사대우로 명예퇴직하기까지 근속 31년 9개월을 근무하였습니다.

2. 원고들이 수령한 퇴직금에 대하여

가) 원고 백종만

피고회사는 원고에 대하여 원고가 피고회사에 입사한 19○○. 3. 20부터 20○○. 5. 19. 퇴직시까지의 근무시간을 19○○. 4. 30을 기준으로 하여 누진 및 비 누진기간으로 양분하여 누진적용기간의 19년 1개월 10일에 해당하는 금액 90,000,000원과 비 누진적용 기간의 13년 19일에 해당하는 금액 50,000,000원의 합계금 140,000,000원을 지급하였고(갑제1호증의 1 참조)

나) 원고 김남일

피고회사는 원고에 대하여 원고가 피고회사에 입사한 1985. 2. 20. 부터 20○○. 6. 19. 퇴직시까지의 근무기간을 원고 백종만과 동일한 기준으로 하여 누진적용기간의 18년 2개월 10일에 해당하는 금액 80,000,000원과 비 누진적용기간의 13년 6개월 18일에 해당하는 금액 40,000,000원의 합계금 120,000,000원을 지급하였습니다(갑제1호증의 2 참조).

3. 퇴직금산정의 부당성

이와 같이 피고회사가 원고들에게 지급한 위 퇴직금은 피고회사가 퇴직금을 산정함에 있어서 20○○. 6. 30. 피고회사 전체 사원 및 근로자가 동의하여 개정한 회사 급여규정에 의한 퇴직금 지급율을 기준으로 산정 지급하여야 함에도 불구하고 피고회사가 일방적으로 근거·규정에도 없는 누진기간, 비 누진기간으로 양분하여 적용하였고 더우기 평균임금을 산정함에 있어서도 연월차수당 및 특별수당 하계휴가비 추석 및 구정특별상여금, 월동보조비, 중식비, 교통비, 상여금 성과금 등을 제외하여 산정하였으므로 부당한 것입니다.

4. 피고회사가 원고들에게 실제로 지급하여야 할 퇴직금의 계산

가) 원고 백종만

퇴직금 합계 금262,291,666원

(1) 32년 (금261,900,000원)

본봉 600,000원+직무수당 600,000원+시간외수당 600,000원+특별수당 200,000원+장기근속수당 100,000원+상여금 250,000원+연월차수당 100,000원+구정특별상여금 30,000원+추석특별상여금 30,000원+월동보조비 30,000원+하계휴가비 50,000원+중식비 20,000+교통비 200,000원+성과금 100,000(7,200,000+7,200, 000+7,200,000+2,400,000+1,200,000+3,000,000+1,200,000+360,000+360,000+360,000+600,000+240,000+2,400,000+1,200,000)÷12개월×90(퇴직금 누진율) (원미만 버림, 이하같음)

(2) 2개월(금391,666원)

(평균임금 2,350,000원×2개월)÷12개월

따라서 금261,900,000원+금391,666원=262,291,666원

(3) 그러므로 원고 백종만이 피고회사로부터 퇴직금으로 금140,000, 000원을 받았으므로 이를 공제하면,

금122,291,666원(262,291,666원－140,000,000원)이 되고,

나) 원고 김남일

퇴직금 합계 금195,855,000원

(1) 31년(금194,400,000원)

본봉 500,000원+직무수당 500,000원+시간외수당 500,000원+특별수당 150,000원+장기근속수당 90,000원+상여금 200,000원+연월차수당 90,000원+구정특별상여금 30,000원+추석특 별상여금 30,000원+월동보조비 30,000원+하계휴가비40,000원(6,000,000+6,000,000+6,000,000+1,800,000+1,080,000+2,400,000+1,080,000+360,000+360,000+360,000+480,000)÷12개월×90(퇴직금누진율)

(2) 9개월(금1,455,000원)

(평균임금 1,940,000원×9개월)÷12개월

따라서 금194,400,000원+금1,455,000원=195,855,000원

(3) 그러므로 원고 김남일이 피고회사로부터 퇴직금으로 금120,000, 000원을 지급받았으므로 이를 공제하면,

금75,855,000원(195,855,000원-120,000,000원)이 됩니다.

5. 결 론

그렇다면 피고는

원고 백종만에게 금122,291,666원 및 이에 대하여는 20○○. 5. 20부터 원고 김남일에게 금75,855,000원 및 이에 대하여는 20○○. 6. 30부터 각 이 사건 판결선고일까지는 민법소정의 연 5푼의, 그 다음 날부터 완제에 이르기까지는 연 1할 2푼의 비율에 의한 지연손해금을 지급할 의무가 있으므로 이건 청구취지와 같은 판결을 구하고자 본소에 이르른 것입니다.

입 증 방 법

1. 갑제1호증의 1	퇴직금지급계산명세서(백종남)
〃 2	퇴직금지급계산명세서(김남일)
1. 갑제2호증 1, 2	각 사원기록부(백종남, 김남일)
1. 갑제3호증 1, 2	각 급여지급명세서(백종남, 김남일)
1. 갑제4호증	급여규정

1. 기타는 변론시 제출하겠음.

첨 부 서 류

1. 위 입증방법 각1통
1. 법인등기부초본 1통
1. 소장부본 1통
1. 위임장 1통
1. 납부서 1통

20○○ 9. .

위 원고들 대리인
변호사 박 세 환 (인)

서울중앙지방법원 귀중

소 제기절차와 해설

◆ 소의 제기	소의 제기는 소장을 작성하여 법원에 제출하여야 한다. 소를 제기하려고 하는 사람은 소를 제기하기 전 충분한 사전조사를 할 필요가 있다. 사전조사에는 소를 제기하는 사건에 대한 승소의 가능성, 사실을 증명할 서류의 확보, 공격방법과 피고의 예상되는 방어방법, 보전처분의 필요성, 승소한 경우 강제집행실행의 가능성 등을 조사하여 그에 대처하여야 한다. 소를 제기하려면 적법한 소장의 요건을 갖추어야 하는데, 소장에는 필요적 기재사항 등이 기재되어 있고, 상당한 인지가 첩부되어 있어야 한다. ☞ 2. 소장의 작성요령(34면) 참조
◆ 소가산정	소를 제기할 때에는 소가를 산정하여야 한다. 소가는 사물관할을 정하는 표준이 되는 외에 원고가 소장 등을 제출할 때 납부할 인지액을 정하는 기준이 된다(민사소송등인지법 제2조 내시 세8조). ☞ 3. 소송목적의 값 산정방법(50면) 참조
◆ 인지첩부	제1심 소장에 첩부할 인지는 소송목적의 값에 따라 산출된 인지액을 붙여야 한다(민인법 제2조 제1항). ☞ 4. 첩부인지액의 산출 및 납부방법(71면) 참조
◆ 송 달 료	소장을 제출할 때에는 당사자 수에 따른 계산방식에 의한 송달료를 송달료수납은행에 납부하고 그 은행으로부터 교부받은 송달료납부서를 소장표지 뒷면에 떨어지지 않을 정도로 풀로 붙인다. ☞ 5. 송달료 납부방법(72면) 참조
◆ 관할법원	소는 피고의 보통재판적이 있는 곳의 법원이 관할한다(민소법 제2조). 소장은 피고의 주소지를 관할하는 법원에 제출하는 것이 원칙이나, 소송의 편의를 도모하기 위해 특별한 재판관할이 인정되고 있다. ☞ 6. 관할법원(소장제출법원)(73면) 참조

[서식] 합의금청구의 소(피해보상금)

소 장

원 고 석 지 현(주민등록번호 -)
서울 중랑구 공릉로 321(우편번호)
(전화 , 팩스 , 휴대폰)

피 고 양 헌 석(주민등록번호 -)
충남 아산군 안중산길 123(우편번호)
(전화 , 팩스 , 휴대폰)

합의금 청구의 소

청 구 취 지

1. 피고는 원고에 대하여 금15,000,000원 및 이에 대한 이 사건 소장부본 송달익일 부터 완제일까지 연 12%의 비율에 의한 금원을 지급하라.
2. 소송비용은 피고의 부담으로 한다.
3. 위 제1항은 가집행할 수 있다.

라는 판결을 구합니다.

청 구 원 인

피고는 20○○. 11. 26. 원고의 자식의 피해보상금으로 약정한 금원중 금 15,000,000만원을 동년 12. 6까지 변제하기로 약정하였으나 변제하지 아니하여 수차에 결쳐서 이행을 촉구한 바 있으나 이를 변제하지 아니하고 있으므로 원고는 부득이 이건 청구에 이르렀습니다.

입 증 방 법

1. 갑제1호증 현금보관증
1. 갑제2호증 최고서

첨 부 서 류

1. 위 입증방법 각1통
1. 소장부본 1통
1. 납부서 1통

200 . 8. .

원고 석 지 현 (인)

서울북부지방법원 귀중

소 제기절차와 해설

◆ 소의 제기	소의 제기는 소장을 작성하여 법원에 제출하여야 한다. 소를 제기하려고 하는 사람은 소를 제기하기 전 충분한 사전조사를 할 필요가 있다. 사전조사에는 소를 제기하는 사건에 대한 승소의 가능성, 사실을 증명할 서류의 확보, 공격방법과 피고의 예상되는 방어방법, 보전처분의 필요성, 승소한 경우 강제집행실행의 가능성 등을 조사하여 그에 대처하여야 한다. 소를 제기하려면 적법한 소장의 요건을 갖추어야 하는데, 소장에는 필요적 기재사항 등이 기재되어 있고, 상당한 인지가 첩부되어 있어야 한다. ☞ 2. 소장의 작성요령(34면) 참조
◆ 소가산정	소를 제기할 때에는 소가를 산정하여야 한다. 소가는 사물관할을 정하는 표준이 되는 외에 원고가 소장 등을 제출할 때 납부할 인지액을 정하는 기준이 된다(민사소송등인지법 제2조 내지 제8조). ☞ 3. 소송목적의 값 산정방법(50면) 참조
◆ 인지첩부	제1심 소장에 첩부할 인지는 소송목적의 값에 따라 산출된 인지액을 붙여야 한다(민인법 제2조 제1항). ☞ 4. 첩부인지액의 산출 및 납부방법(71면) 참조
◆ 송 달 료	소장을 제출할 때에는 당사자 수에 따른 계산방식에 의한 송달료를 송달료수납은행에 납부하고 그 은행으로부터 교부받은 송달료납부서를 소장표지 뒷면에 떨어지지 않을 정도로 풀로 붙인다. ☞ 5. 송달료 납부방법(72면) 참조
◆ 관할법원	소는 피고의 보통재판적이 있는 곳의 법원이 관할한다(민소법 제2조). 소장은 피고의 주소지를 관할하는 법원에 제출하는 것이 원칙이나, 소송의 편의를 도모하기 위해 특별한 재판관할이 인정되고 있다. ☞ 6. 관할법원(소장제출법원)(73면) 참조

[서식] 현금보관금등청구의 소

소 장

원 고 유 동 현(주민등록번호 -)
경기 고양시 구산로 13 구산아파트 1동 101호
(전화 , 팩스 , 휴대폰)

피 고 장 태 봉(주민등록번호 -)
서울 종로구 평창로 23 보람아파트 가동 201호
(전화 , 팩스 , 휴대폰)

현금보관금등청구의 소

청 구 취 지

1. 피고는 원고에 대하여 금45,000,000원 및 그중 금30,000,000원에 대하여는 이 소장 송달일 다음 날부터 이 사건 판결 선고일까지는 연 5푼의 그 다음 날부터 완제일까지는 연 1할 2푼의 비율에 의한 금원과 금15,000,000원에 대하여는 20○○. 7. 15부터 완제일까지는 연 6푼의 비율에 의한 금원을 각 지급하라.
2. 소송비용은 피고의 부담으로 한다.
3. 위 제1항은 가집행할 수 있다.

라는 판결을 구합니다.

청 구 원 인

피고는 원고로부터 20○○. 4. 6. 금30,000,000원을 3개월 후 변제하기로 약정하여 차용하면서 그 지급담보로 별첨과 같은 현금보관증을 원고 앞으로 이를 발행하여 원고가 소지하고 있으며 또한 피고는 20○○. 6. 21. 원고로부터 금15,000,000원을 차용하고 이의 지급담보로 별첨과 같은 액면금15,000,000원 지급기일 20○○. 7. 14. 지급지 지급처소 다 같이 서울특별시 발행지 서울시 종로구 평창로 보람아파트 가동201호로된 약속어음을 발행하여 이를 원고가 소지하고 있는 바, 원고는 위 현금보관금 및 약속어음금의 각 지급기일에 지급장소에 임하여 지급제시를 하였으나 모두 지급이 거절되었으므로 원고는 피고에 대하여 수차 채무이행을 독촉하였으나 하등의 아무런 반응이 없으므로 부득이 청구취지와 같은 판결을 구하기 위하여 본소에 이른 것입니다.

입 증 방 법

1. 현금보관증(갑제1호증)
1. 약속어음(갑제2호증)
1. 통고서(갑제3호증)

첨 부 서 류

1. 위 입증방법 각1통
1. 소장부본 1통
1. 납부서 1통

20○○ 8. .

원 고 유 동 현 (인)

서울중앙지방법원 귀중

소 제기절차와 해설

◆ 소의 제기	소의 제기는 소장을 작성하여 법원에 제출하여야 한다. 소를 제기하려고 하는 사람은 소를 제기하기 전 충분한 사전조사를 할 필요가 있다. 사전조사에는 소를 제기하는 사건에 대한 승소의 가능성, 사실을 증명할 서류의 확보, 공격방법과 피고의 예상되는 방어방법, 보전처분의 필요성, 승소한 경우 강제집행실행의 가능성 등을 조사하여 그에 대처하여야 한다. 소를 제기하려면 적법한 소장의 요건을 갖추어야 하는데, 소장에는 필요적 기재사항 등이 기재되어 있고, 상당한 인지가 첩부되어 있어야 한다. ☞ 2. 소장의 작성요령(34면) 참조
◆ 소가산정	소를 제기할 때에는 소가를 산정하여야 한다. 소가는 사물관할을 정하는 표준이 되는 외에 원고가 소장 등을 제출할 때 납부할 인지액을 정하는 기준이 된다(민사소송등인지법 제2조 내지 제8조). ☞ 3. 소송목적의 값 산정방법(50면) 참조
◆ 인지첩부	제1심 소장에 첩부할 인지는 소송목적의 값에 따라 산출된 인지액을 붙여야 한다(민인법 제2조 제1항). ☞ 4. 첩부인지액의 산출 및 납부방법(71면) 참조
◆ 송 달 료	소장을 제출할 때에는 당사자 수에 따른 계산방식에 의한 송달료를 송달료수납은행에 납부하고 그 은행으로부터 교부받은 송달료납부서를 소장표지 뒷면에 떨어지지 않을 정도로 풀로 붙인다. ☞ 5. 송달료 납부방법(72면) 참조
◆ 관할법원	소는 피고의 보통재판적이 있는 곳의 법원이 관할한다(민소법 제2조). 소장은 피고의 주소지를 관할하는 법원에 제출하는 것이 원칙이나, 소송의 편의를 도모하기 위해 특별한 재판관할이 인정되고 있다. ☞ 6. 관할법원(소장제출법원)(73면) 참조

제4절 형성의 소(소장)

[서식] 공유물분할청구의 소

소 장

원 고 안 숙 자(주민등록번호 -)
공부상주소 ○○ ○○구 ○○로 249-12
(전화 , 팩스)

피 고 1. 안 명 숙(주민등록번호 -)
○○시 ○○구 ○○로 27 ○○아파트 9동303호
2. 안 정 숙(주민등록번호 -)
○○시 ○○구 ○○로 36 ○○아파트 1동 503호
(전화 , 팩스 , 휴대폰)

공유물분할청구의 소

청 구 취 지

1. 별지 목록기재 부동산을 경매하고 그 대금에서 경매비용을 공제한 나머지 금액을 원고에게 17분의11, 피고들에게 각 17분의3 비율로 배당한다.
2. 소송비용은 피고들의 부담으로 한다.

라는 판결을 구합니다.

청 구 원 인

1. 원고는 별지 목록기재 토지의17분의11 지분을 소유하고 있고, 피고들은 위 토지의 각17분의3 지분을 소유하고 있습니다.
2. 원고는 형제간인 종전 공유자 소외 망 안동선(20○○. 5. 28. 사망)이 사망한 후 수차례에 걸쳐 재산상속인인 피고들에 대하여 공유물의 분할을 요구하였으나, 피고들은 인접한 국도변에 자신들의 토지를 소유하고 있음을 기화로 분할에 응하지 않아 원고가 도로변에 위치한 앞면 부분 토지를 피고들에게 양보하고 가치면에서 손해를 보는 뒷면 부분 주택지 밖에 될 수 없는 토지를 소유하겠다고 하여도 분할에 응하지 않고 있습니다. 위와 같이 원고와 피고들 사이에 공유물 분할에 관한 합의가 이루어지지 않으므로 위 토지를 경매하여 그 대금을 원·피고들의 공유지분 비율에 따라 분할하는 것이 최선의 방법이라 할 것입니다.
3. 이에 원고는 피고들이 원고의 요구에 응하지 않으므로 부득이 재판상의 분할청구를 구하기 위하여 본 소에 이르렀습니다.

입 증 방 법

갑제1호증	부동산 등기부등본
갑제2호증의 1, 2	토지대장등본, 개별공시지가확인서
갑제3호증	지적도 등본

기타는 변론시 수시 제출하겠습니다.

첨 부 서 류

1. 위 입증서류	각1통
2. 소장부본	2통
3. 소송 위임장	1통

20○○. 4. .

원 고 안 숙 자 (인)

○○지방법원 귀중

소 제기절차와 해설

◆ 소의 제기	소의 제기는 소장을 작성하여 법원에 제출하여야 한다. 소를 제기하려고 하는 사람은 소를 제기하기 전 충분한 사전조사를 할 필요가 있다. 사전조사에는 소를 제기하는 사건에 대한 승소의 가능성, 사실을 증명할 서류의 확보, 공격방법과 피고의 예상되는 방어방법, 보전처분의 필요성, 승소한 경우 강제집행실행의 가능성 등을 조사하여 그에 대처하여야 한다. 소를 제기하려면 적법한 소장의 요건을 갖추어야 하는데, 소장에는 필요적 기재사항 등이 기재되어 있고, 상당한 인지가 첩부되어 있어야 한다. ☞ 2. 소장의 작성요령(34면) 참조
◆ 소가산정	소를 제기할 때에는 소가를 산정하여야 한다. 소가는 사물관할을 정하는 표준이 되는 외에 원고가 소장 등을 제출할 때 납부할 인지액을 정하는 기준이 된다(민사소송등인지법 제2조 내지 제8조). ☞ 3. 소송목적의 값 산정방법(50면) 참조
◆ 인지첩부	제1심 소장에 첩부할 인지는 소송목적의 값에 따라 산출된 인지액을 붙여야 한다(민인법 제2조 제1항). ☞ 4. 첩부인지액의 산출 및 납부방법(71면) 참조
◆ 송 달 료	소장을 제출할 때에는 당사자 수에 따른 계산방식에 의한 송달료를 송달료수납은행에 납부하고 그 은행으로부터 교부받은 송달료납부서를 소장표지 뒷면에 떨어지지 않을 정도로 풀로 붙인다. ☞ 5. 송달료 납부방법(72면) 참조
◆ 관할법원	소는 피고의 보통재판적이 있는 곳의 법원이 관할한다(민소법 제2조). 소장은 피고의 주소지를 관할하는 법원에 제출하는 것이 원칙이나, 소송의 편의를 도모하기 위해 특별한 재판관할이 인정되고 있다. ☞ 6. 관할법원(소장제출법원)(73면) 참조

[서식] 공유물분할등 청구의 소

소 장

원 고 (1) 이 정 호(주민등록번호 -)
서울시 마포구 동교로 174-14 교성빌라 2-102(우:)
(2) 심 혜 사(주민등록번호 -)
서울시 마포구 동교로 328-1 교성빌라 22-202(우:)
(3) 최 미 희(주민등록번호 -)
서울시 마포구 동교로 193-5 (우:)
위 원고들 소송대리인 변호사 김 대 호
서울 서초구 서초대로 1456-00 (우:13867)
(전화 , 팩스 , 휴대폰)

피 고 (1) 정 재 홍(주민등록번호 -)
서울시 서대문구 연희로 78(우: 12024)
(전화 , 팩스 , 휴대폰)
(2) 최 재 서 (주민등록번호 -)
서울시 서대문구 연희로 79(우: 12024)
(전화 , 팩스 , 휴대폰)

공유물분할 등 청구의 소

청 구 취 지

1. 원고들 및 피고들이 공유하고 있는 서울시 서대문구 연희동 78 대 608.4㎡를 별지 도면 표시와 같이 분할하라.
2. 피고 정재홍은 원고들에게 별지 도면 가, 나, 다, 라, 가를 순차로 연결하는 부분 20㎡를 명도하고, 금 10,000,000원 및 이에 대한 20○○. 5. 9.부터 소장 부본 송달일까지 연 5푼, 그 다음날부터 완제일까지 연 1할 2푼의 비율에 의한 금원을 지급하라.

3. 소송비용은 피고들의 부담으로 한다.
4. 위 제2항은 가집행할 수 있다.

라는 판결을 구합니다.

청 구 원 인

1. 서울시 서대문구 연희동 178 대 608.4㎡(이하 "이건 토지")는 토지구획정리사업법에 의하여 종전 토지들인 피고 (1)정재홍 소유의 동소 78 대 138㎡에, 피고 (2)최재서 소유의 동소 79 대 86평과 원고들 3인 공유의 동소 64 대 47㎡가 환지로 1필로 되었습니다.
   환지후 이건 토지에 대한 원고들의 지분은 608.4분의 304.5의 각 3분의 1씩을, 피고 정재홍은 608.4분의 99.4로, 피고 최재서는 608.4분의 204.5가 되었습니다.

2. 피고 (1)정재홍은 환지전 종전 토지 위에 벽돌조 슬래브지붕 2층 주택 1층 74.38㎡, 2층 44.99㎡를, 피고 (2)최재서는 환지전 종전 토지 위에 연와조 시멘트기와 주택 단층 49.59㎡를 가지고 있었는데, 위 주택들의 지번은 환지로 인하여 이건 토지로 변경되었고, 피고들은 환지 후에도 위 주택들을 종전 위치대로 소유하고 있습니다. 따라서 이건 토지는 환지전 위치대로 지적만 감소된 상태에서 별지 도면 표시와 같이 원고들 및 피고들이 사실상 분할하여 사용하고 있습니다.
   피고들이 주택을 소유하여 점유하고 있는 부분은 도로에 면하여 원고들의 부분보다 시세가 훨씬 높습니다.
   원고들은 피고들이 주택을 소유하고 있는 현실을 인정하여 위치에 따른 시세차이로 인한 손해를 감수하고 별지 도면 표시와 같이 현물분할을 청구합니다.

3. 피고 정재홍은 환지로 인하여 이건 토지에 대한 소유지분이 감축되었는데도 불구하고 위 주택을 소유하는 등으로 원고들의 지분에 속하는 약 20㎡를 침범하여 사용하고 있습니다. 따라서 이건 토지의 분할에 따른 측량시 확정될 위 피고의 부당점유부분에 주택이 있으면 침범부분을 철거한 후 원고들에게 명도

하여야 하고, 위 환지일 이후 위 피고의 지분을 넘어 점유 사용한 부분에 대한 임료는 감정에 따라 확정하기로 하고 우선 금 1,000만원의 지급을 구하는 바입니다.

입 증 방 법

1. 갑 제 1 호증의 1	등기부 등본 (토지)
2	토지대장
2. 갑 제 2 호증의 1	등기부 등본 (주택)
2	건축물관리대장

첨 부 서 류

1. 위 입증서류	각1통
2. 소장부본	2통
3. 소송 위임장	1통

20○○. 11. .

위 원고들 소송대리인

변호사 김 대 호

서울서부지방법원 귀중

소 제기절차와 해설

◆ 소의 제기	소의 제기는 소장을 작성하여 법원에 제출하여야 한다. 소를 제기하려고 하는 사람은 소를 제기하기 전 충분한 사전조사를 할 필요가 있다. 사전조사에는 소를 제기하는 사건에 대한 승소의 가능성, 사실을 증명할 서류의 확보, 공격방법과 피고의 예상되는 방어방법, 보전처분의 필요성, 승소한 경우 강제집행실행의 가능성 등을 조사하여 그에 대처하여야 한다. 소를 제기하려면 적법한 소장의 요건을 갖추어야 하는데, 소장에는 필요적 기재사항 등이 기재되어 있고, 상당한 인지가 첩부되어 있어야 한다. ☞ 2. 소장의 작성요령(34면) 참조
◆ 소가산정	소를 제기할 때에는 소가를 산정하여야 한다. 소가는 사물관할을 정하는 표준이 되는 외에 원고가 소장 등을 제출할 때 납부할 인지액을 정하는 기준이 된다(민사소송등인지법 제2조 내지 제8조). ☞ 3. 소송목적의 값 산정방법(50면) 참조
◆ 인지첩부	제1심 소장에 첩부할 인지는 소송목적의 값에 따라 산출된 인지액을 붙여야 한다(민인법 제2조 제1항). ☞ 4. 첩부인지액의 산출 및 납부방법(71면) 참조
◆ 송 달 료	소장을 제출할 때에는 당사자 수에 따른 계산방식에 의한 송달료를 송달료수납은행에 납부하고 그 은행으로부터 교부받은 송달료납부서를 소장표지 뒷면에 떨어지지 않을 정도로 풀로 붙인다. ☞ 5. 송달료 납부방법(72면) 참조
◆ 관할법원	소는 피고의 보통재판적이 있는 곳의 법원이 관할한다(민소법 제2조). 소장은 피고의 주소지를 관할하는 법원에 제출하는 것이 원칙이나, 소송의 편의를 도모하기 위해 특별한 재판관할이 인정되고 있다. ☞ 6. 관할법원(소장제출법원)(73면) 참조

[서식] 사해행위취소 청구의 소(증여계약)

소 장

원 고 한국보증보험 주식회사
서울 강남구 대치로 903-3(우:)
대표이사 백 문 기(전화: , 휴대전화:)
지 배 인 김 정 수(전화: , 휴대전화:)
원고소송대리인 변호사 고 재 구
서울 서초구 서초대로 1712 대신빌딩 305호
(전화 , 팩스 , 휴대폰)

피 고 장 민 정(주민등록번호 -)
서울 양천구 목동대로 612-8(우:)
(전화 , 팩스 , 휴대폰)

사해행위취소 청구의 소

청 구 취 지

1. 별지목록 부동산에 관한 피고와 소외 정성준 간의 20○○. 8. 16. 증여계약은 이를 취소한다.
2. 피고는 원고에게 위 부동산에 관하여 서울남부지방법원 강서등기소 20○○. 8. 17. 접수 제22583호로 마친 20○○. 8. 16. 증여를 원인으로 한 소유권 이전등기의 말소등기 절차를 이행하라.
3. 소송비용은 피고의 부담으로 한다.

라는 판결을 구합니다.

청 구 원 인

1. 채권의 존재

원고는 소외 정성준에게 다음과 같은 금 1억원의 구상금 채권이 있습니다.

원고는 보험회사로서 20○○. 2. 23. 경 소외 대한유통 주식회사와의 사이에 위 소외 회사가 새서울유통(주)으로부터 단백피등 상품을 외상으로 매수함에 있어 그 외상물품 대금의 이행 담보를 위하여 피보험자를 새서울유통(주), 보험가입금액 1억원으로하는 이행보증보험을 체결했으며 피고는 위 보증보험계약과 관련된 대한유통 주식회사의 채무를 연대보증했습니다.

그 후 소외 대한유통 주식회사가 부도로 외상물품대금 채무를 이행하지 아니하여 피보험자인 새서울유통(주)의 보험금 청구에 따라 원고는 20○○. 9. 11 금 1억원의 보험금을 새서울유통(주)에 지급했습니다.

따라서 원고는 위 금 1억원 및 이에 대한 지연이자에 대하여 소외 정성준에게 구상채권이 있습니다.

2. 사해 행위

主채무자인 대한유통(주)이 부도로 인해 채무를 이행하지 못하고 피보험자가 원고회사에 보험금 청구를 해오자 소외 정성준은 위와 같은 연대보증 채무자로서 이건 부동산 이외에 아무런 자력이 없음에도 채권자인 원고를 해할 것을 알고 20○○. 8. 16. 증여를 원인으로 그의 처인 피고에게 청구취지 기재와 같은 소유권 이전등기를 필하였습니다.

따라서 위와 같은 사해행위로 이루어진 증여의 취소와 소유권 이전등기의 말소를 구하고자 본소 청구에 이르렀습니다.

입 증 방 법

1. 이행(외상판매대금)보증보험 청약서 (갑 제1호증)
2. 이행(상품판매대금)보증보험 약정서 (갑 제2호증)
3. 인감증서 (갑 제3호증)
4. 보험금청구서 (갑 제4호증)

5. 보험금영수증 (갑 제5호증)
6. 등기부등본 (갑 제6호증)
7. 건축물관리대장 (갑 제7호증)
8. 토지대장 (갑 제8호증)
9. 토지가격확인원 (갑 제9호증)

첨 부 서 류

1. 위 입증방법 각1통
2. 소장부본 1통
3. 송달료 납부서 1통
4. 소송위임장 1통

20○○. 9. 30.

위 원고 소송대리인
변호사 고 재 구 (인)

서울남부지방법원 귀중

소 제기절차와 해설

◆ 소의 제기	소의 제기는 소장을 작성하여 법원에 제출하여야 한다. 소를 제기하려고 하는 사람은 소를 제기하기 전 충분한 사전조사를 할 필요가 있다. 사전조사에는 소를 제기하는 사건에 대한 승소의 가능성, 사실을 증명할 서류의 확보, 공격방법과 피고의 예상되는 방어방법, 보전처분의 필요성, 승소한 경우 강제집행실행의 가능성 등을 조사하여 그에 대처하여야 한다. 소를 제기하려면 적법한 소장의 요건을 갖추어야 하는데, 소장에는 필요적 기재사항 등이 기재되어 있고, 상당한 인지가 첩부되어 있어야 한다. ☞ 2. 소장의 작성요령(34면) 참조
◆ 소가산정	소를 제기할 때에는 소가를 산정하여야 한다. 소가는 사물관할을 정하는 표준이 되는 외에 원고가 소장 등을 제출할 때 납부할 인지액을 정하는 기준이 된다(민사소송등인지법 제2조 내지 제8조). ☞ 3. 소송목적의 값 산정방법(50면) 참조
◆ 인지첩부	제1심 소장에 첩부할 인지는 소송목적의 값에 따라 산출된 인지액을 붙여야 한다(민인법 제2조 제1항). ☞ 4. 첩부인지액의 산출 및 납부방법(71면) 참조
◆ 송 달 료	소장을 제출할 때에는 당사자 수에 따른 계산방식에 의한 송달료를 송달료수납은행에 납부하고 그 은행으로부터 교부받은 송달료납부서를 소장표지 뒷면에 떨어지지 않을 정도로 풀로 붙인다. ☞ 5. 송달료 납부방법(72면) 참조
◆ 관할법원	소는 피고의 보통재판적이 있는 곳의 법원이 관할한다(민소법 제2조). 소장은 피고의 주소지를 관할하는 법원에 제출하는 것이 원칙이나, 소송의 편의를 도모하기 위해 특별한 재판관할이 인정되고 있다. ☞ 6. 관할법원(소장제출법원)(73면) 참조

[서식] 주주총회결의취소청구의 소

소 장

원 고 김 한 섭(주민등록번호 -)
서울 성북구 안암로 12-3
(전화 , 팩스 , 휴대폰)

피 고 장일기업주식회사
위 대표이사 장 일 섭
서울 강북구 미아로 3-23
(전화 , 팩스 , 휴대폰)

주주총회결의취소청구의 소

청 구 취 지

1. 20○○. 3. 2. 10:00시 강북구 미아로 3-23 피고회사에서 개최한 피고회사의 임시주주총회에 있어서 이사 김일식를 해임하고 장이화를 이사에 선임한다는 취지의 결의는 이를 취소한다.
2. 소송비용은 피고의 부담으로 한다.

라는 판결을 구합니다.

청 구 원 인

1. 원고는 피고회사의 신주식 10,000주의 주주입니다.

2. 피고회사는 20○○. 2. 28자로 각 주주에 대하여 20○○. 3. 2. 10:00 강북구 미아동 3-23 피고회사에서 임시주주총회를 개최할 취지의 통지서를 발송하였습니다.

3. 그리고 이 주주총회에서 청구취지 기재와 같은 결의를 하였습니다.

4. 그러나 주주총회를 소집함에는 2주일전에 각주주에 대하여 통지서를 발송하여야 되는 것을 상법 제363조에 규정하고 있음에도 불구하고 위 총회소집의 통지는 위와 같이 2. 28. 발송한 것은 적법한 기간을 두었다고 할 수 없습니다.

5. 따라서 원고는 법정기간내인 2개월내에 위 총회결의 취소를 구하기 위하여 본소에 이르렀습니다.

입 증 방 법

변론시 제출하겠음.

첨 부 서 류

1. 주식회사 등기부초본 1통
1. 소장부본 1통
1. 납 부 서 1통

20○○. 3. 4.

위 원고 김 한 섭 (인)

서울북부지방법원 귀중

소 제기절차와 해설

◆ 소의 제기	소의 제기는 소장을 작성하여 법원에 제출하여야 한다. 소를 제기하려고 하는 사람은 소를 제기하기 전 충분한 사전조사를 할 필요가 있다. 사전조사에는 소를 제기하는 사건에 대한 승소의 가능성, 사실을 증명할 서류의 확보, 공격방법과 피고의 예상되는 방어방법, 보전처분의 필요성, 승소한 경우 강제집행실행의 가능성 등을 조사하여 그에 대처하여야 한다. 소를 제기하려면 적법한 소장의 요건을 갖추어야 하는데, 소장에는 필요적 기재사항 등이 기재되어 있고, 상당한 인지가 첩부되어 있어야 한다. ☞ 2. 소장의 작성요령(34면) 참조
◆ 소가산정	소를 제기할 때에는 소가를 산정하여야 한다. 소가는 사물관할을 정하는 표준이 되는 외에 원고가 소장 등을 제출할 때 납부할 인지액을 정하는 기준이 된다(민사소송등인지법 제2조 내지 제8조). ☞ 3. 소송목적의 값 산정방법(50면) 참조
◆ 인지첩부	제1심 소장에 첩부할 인지는 소송목적의 값에 따라 산출된 인지액을 붙여야 한다(민인법 제2조 제1항). ☞ 4. 첩부인지액의 산출 및 납부방법(71면) 참조
◆ 송 달 료	소장을 제출할 때에는 당사자 수에 따른 계산방식에 의한 송달료를 송달료수납은행에 납부하고 그 은행으로부터 교부받은 송달료납부서를 소장표지 뒷면에 떨어지지 않을 정도로 풀로 붙인다. ☞ 5. 송달료 납부방법(72면) 참조
◆ 관할법원	소는 피고의 보통재판적이 있는 곳의 법원이 관할한다(민소법 제2조). 소장은 피고의 주소지를 관할하는 법원에 제출하는 것이 원칙이나, 소송의 편의를 도모하기 위해 특별한 재판관할이 인정되고 있다. ☞ 6. 관할법원(소장제출법원)(73면) 참조

제2장 변론과 그 준비

제1절 변론의 준비절차

1. 의 의

변론의 준비절차라 함은 합의부 사건에 관하여 변론에서의 심리를 효율적으로 운영하기 위하여 수명법관이 행하는 변론의 예행절차를 말한다. 준비절차의 목적은 소송자료의 수집 또는 정돈에 있다. 준비절차는 합의부사건에만 적용되고 단독사건에는 적용되지 아니 할 수 있다(민소법 제272조 2항).

민사소송법은 소송절차의 심리의 촉진과 능률을 기하기 위하여 예외적인 사정이 없는 한 변론기일을 지정하기 전에 사건을 변론준비절차에 부침으로써 서면으로 가능한 소송행위(예컨대, 주장의 제출, 증거신청, 석명처분 등)를 먼저 진행하고, 미진한 부분은 변론준비기일을 열어서 계속 정리하도록 하였다(민소법 제272조 내지 제287조). 따라서 쟁점정리와 신속한 소송 진행을 위하여 소가 제기되면 답변서를 송달한 다음, 재판장은 무변론 판결사항인지 여부를 확인하여 변론준비절차를 거칠 필요가 없다고 인정되는 경우를 제외하고는 사건을 변론준비절차에 회부한다(민소법 제258조). 변론은 집중되어야 하며, 당사자는 변론을 서면으로 준비하여야 한다(민소법 제272조).

2. 서면에 의한 쟁점정리절차

가. 준비서면의 공방

민사소송절차에서는 상호간 2회의 서면 공방과 증인을 제외한 다른 증거를 미리 신청을 하게 한 상태에서 쟁점정리기일을 열어 쟁점을 정리함과 아울러 증인신문을 제외한 나머지 증거방법에 대한 증거조사를 마친 후 집중증거조사 기일을 1, 2회 열어 증인신문을 한 후 곧바로 변론을 종결하는 구조로 소송을 진행한다. 따라서 상대방의 주장이 모두 드러날 때를 기다리며 자기의 주장을 소홀히 하다가는 실기한 공격 방어방법으로 주장이 각하될 염려가 있으므로 서로 간에 정정당당히 신속하게 주장과 입증을 하여야 할 것이다.

쟁점정리절차는 서면에 의한 쟁점정리단계와 쟁점정리기일에서의 쟁점정리단계로 구분된다. 서면에 의한 쟁점정리단계의 절차진행은 참여사무관이 주도적으로 행한다.

(1) 서면공방의 진행

(가) 참여사무관은 실질적으로 다투는 내용의 답변서가 제출되면, 원고에게 발송일로부터 3주 정도로 기한을 정하여 피고의 답변에 대한 반박 준비서면 및 입증자료를 제출하도록 최고 한다. 이 때 소송절차안내서를 함께 보낸다.

(나) 참여사무관은 정해진 기한 내에 반박 준비서면이 제출되지 아니하면 바로 기록을 재판장에게 인계하고, 반박 준비서면이 제출되면 다시 상대방에게 재반박 준비서면을 제출하도록 최고한다.

(다) 준비서면의 제출 최고는 제출기한을 특정한 준비명령을 보내는 방식으로 한다.

(2) 공방의 횟수

준비서면 제출에 관한 공방의 횟수는 원칙적으로 쌍방 2회(피고의 실질적 답변서, 원고의 반박 준비서면, 피고의 재반박 준비서면, 원고의 재재반박 준비서면)로 한다.

(3) 서면 2회 공방 종료 후의 조치

참여사무관은 원고의 재재반박 준비서면이 제출되면 이를 피고에게 송달한 후(다만, 피고에게 다시 반박서면의 제출을 최고하지는 아니한다), 곧바로 기록을 정리하여 재판장에게 인계한다.

(4) 기한 내 준비서면 미제출의 경우

정해진 기한 내에 준비서면을 제출하지 않으면 원칙적으로 더 이상 주장·입증할 사항이 없는 것으로 보아 재판장이 기록을 하게 된다.

(5) 서면공방의 종료

참여사무관은 쌍방 2회의 서면공방절차에서 원고의 마지막 준비서면이 제출되면 피고에게 이를 지체 없이 송달한 후 곧바로 기록을 정리하여 재판부에 인계한다.

재판장은 당사자의 공격방어방법의 요지를 파악하기 어려운 경우에 변론 마감전에 당사자에게 쟁점과 증거의 정리결과를 요약한 준비서면을 제출하도록 할 수 있다(민소법 제278조).

나. 기일 전 증거의 신청 및 제출

(1) 증거의 신청 및 제출 시기

증인신문을 제외한 모든 증거신청 및 증거자료의 현출은 가급적 쟁점정리기일 이전에 완료되도록 한다.

(2) 서증

(가) 서증은 소장, 답변서, 준비서면 등 주장서면에 그 사본을 첨부하여 제출하는 것을 원칙으로 하며, 제출된 서증의 사본은 주장서면과 함께 상대방에게 송부한다.

(나) 법원은 제출된 서증에 대하여 개별적으로 그 입증취지와 문서의 내용을 확인하여야 하며, 필요한 때에는 증거설명서를 제출하도록 한다.

(3) 서증의 신청방법

당사자가 스스로 소지하고 있는 문서는 쟁점정리기일 전에 미리 상대방 당사자 수에 1을 더한 통수의 사본을 제출하고, 쟁점정리기일에 그 원본을 현실적으로 제시한다. 당사자가 소지하고 있지 아니한 문서는 문서제출명령, 문서송부촉탁, 또는 법원 외에서의 서증조사 등을 신청하는 방법으로 한다.

(4) 제출된 서증의 처리

재판부에서는 서증이 제출되면 개별적으로 그 입증취지와 문서의 내용을 확인하게 된다. 만약 서증의 수가 방대하여 개별적으로 입증취지를 확인하기 곤란한 경우, 서증의 내용을 이해하기 어렵거나 그 입증취지가 불명확한 경우 또는 서증의 작성자나 그 작성연월일등이 불명확한 경위 등에는 당사자에게 증거설명서를 제출하도록 한다. 재판부는 쟁점정리기일에 앞서 미리 기록을 검토하여 서증의 채택여부를 사실상 결정하여 두었다가 쟁점정리기일에 채부결정을 하게 된다.

(5) 문서송부촉탁, 검증, 감정, 사실조회 등

① 참여사무관은 전형적으로 증거신청이 필요하다고 판단됨에도 불구하고(예 : 교통사고로 인한 손해배상사건에 있어 신체감정, 건물명도사건에 있어 측량감정, 관련 형사기록이 있는 사건에 있어 문서송부촉탁 등), 당사자가 필요한 증거신청을 하지 않는 때에는, 증거신청에 관한 안내서를 송부하거나, 전화 또는 팩스로 신청을 촉구한다.

② 문서송부촉탁, 검증, 감정, 사실조회 등에 대한 증거신청서가 접수되면, 참여사무관은 기록과 함께 그 증거신청서를 바로 재판장에게 인계한다.

③ 증거신청에 대한 채부결정은 증거신청서 표지의 적당한 부분에 아래와 같은 고무인을 찍고 재판장이 날인하는 방식으로 할 수 있다.

④ 당사자의 참여나 참고자료의 제출이 예상되는 증거방법(예 : 신체감정, 측량감정 등)이 채택된 때에는, 참여사무관은 바로 그 사실을 쌍방 당사자에게 통지 한다. 통지는 채부의 날인이 된 신청서 표지를 팩스로 송달하거나, 전화를 이용하여 구두로 고지한 후 그 사실을 신청서 표면이나 그 밖에 기록의 적당한 곳에 표시하는 방식으로 할 수 있다.

⑤ 실시한 증거조사결과(예 : 송부문서, 사실조회회보서, 감정서 등)가 법원에 도착한 경우 참여사무관은 즉시 그 결과를 쌍방 당사자에게 통지한다.

⑥ 기일 전 증거신청 및 그 채부결정과 실시에 관한 사항은 그 사유가 생길 때마다 바로 증인 등 목록에 기재한다.

(6) 증인의 신청

증인의 신청은 원칙적으로 쟁점정리기일 이전에 필요한 증인 전원을 정형화된 서면으로 신청하도록 한다.

(7) 증거제출기한의 제한

법원은 증거의 적시제출을 위하여 필요한 때에는 증거를 신청할 기간을 제한할 수 있다. 다만, 이때에는 입증자료를 준비·제출하는 데 필요한 기간을 충분히 배려하여야 한다.

(8) 증거조사 절차

증거신청이 채택된 때에는 참여사무관은 바로 촉탁서의 발송 등 증거조사의 실시에 필요한 조치를 취한다.

- 검증기일이 지정된 때 : 쌍방 당사자를 소환한다.
- 신체감정, 측량감정 등 : 쌍방 당사자에게 통지하되, 채부의 날인이 된 신청서 표지를 팩스로 송달하거나, 또는 전화를 이용하여 구두로 통지한다.
- 문서송부촉탁, 사실조회 등 : 결과가 도착하였을 때 즉시 쌍방에게 고지한다.

(9) 증인의 신청

쌍방의 증인은 쟁점정리기일 이전에 서면으로 일괄 신청하는 것이 원칙이다. 재판장은 쟁점정리기일에 들어가기 앞서 기록을 검토하여 필요한 때에는 증인신청을 촉구하는 등 적절한 조치를 취하게 된다. 증인에 대한 채부절차는 쟁점정리기일에 한다.

3. 쟁점정리기일

가. 쟁점정리기일의 운영

(1) 기일의 횟수

쟁점정리기일은 원칙적으로 한 번의 기일로 쟁점정리가 완결되도록 운영한다. 다만, 부득이한 경우에는 기일을 속행할 수 있다.

(2) 기일의 진행

쟁점정리기일에는 당사자 및 대리인에게 소장, 답변서, 준비서면을 진술하게 하고 쟁점을 정리한 다음, 출석한 당사자본인의 진술을 청취하고, 입증계획을 수립 한다.

(3) 운영방식

(가) 장소 : 가급적 법정보다는 준비실, 심문실, 조정실 등을 활용하도록 한다.

(나) 복장 : 법정 이외의 장소에서 진행하는 경우에는 법복을 착용하지 아니할 수 있다.

(다) 소환 : 기일지정은 가능한 한 시간대를 세분하여 시차를 두고 소환하여야 한다.

나. 쟁점정리기일에서의 당사자본인 참여

(1) 당사자본인에 대한 출석통보

참여사무관은 쟁점정리기일 전에 대리인 또는 본인에게 전화 등으로 연락하여 당사자본인이 기일에 출석하도록 통보한다. 다만, 사건의 성질상 당사자본인의 출석이 불필요하거나 출석을 기대하기 어려운 특별한 사정이 있는 경우에는 그러하지 아니하다.

(2) 당사자본인의 진술

재판장은 쟁점정리기일에 당사자본인을 호명하여 그 출석여부를 확인하고, 원·피고의 수가 너무 많은 경우 등 특별한 사정이 없는 한 대리인과 함께 당사자본인석에 있도록 한다. 재판장은 쟁점이 정리된 후 당사자본인에게 사건에 관하여 진술할 기회를 충분히 부여하여야 한다.

(3) 이해관계인의 대동

종전에는 이해관계인이 소송에 참가하지 않는 이상 기일에 참석할 근거가 없으나, 개정법에서는 이를 명문화하여 재판장의 허가를 받은 때에는 당사자가 변론준비기일에 제3자와 함께 출석할 수 있도록 하였다(민소법 제282조 제3항).

4. 쟁점정리기일의 증거조사

가. 증거조사의 범위

(1) 변론기일방식의 쟁점정리기일에는 원칙적으로 증인신문을 제외한 증거방법에 대한 조사를 완료하여야 한다.

(2) 준비절차기일 방식의 쟁점정리기일에는 제출된 증거(사실조회회보, 감정서 등)의 원용, 서증채부 및 인부를 실시한다.

나. 서증의 조사

(1) 다음의 경우에는 서증을 채택하지 아니할 수 있다.

① 서증과 증명할 사실 사이에 관련성이 인정되지 아니하는 경우

② 이미 명백히 증명된 사항에 관한 증거로서 조사할 필요가 없는 경우

③ 국어 아닌 문자 또는 부호로 되어 있는 문서로서 그 번역문을 덧붙이지 아니하거나 번역문 제출명령에 불응한 경우

④ 재판장의 증거설명서 제출명령에 불응한 경우

⑤ 문서의 작성자 또는 그 작성연월일이 분명하지 아니하거나 작성자 등을 밝히도록 한 재판장의 명령에 불응한 경우

(2) 참여사무관은 서증이 기각된 때에는 서증목록의 비고란에 "제○회 기일 기각"이라는 방식으로 기재하여야 한다.

(3) 서증으로 채택하지 않은 문서는 제출자에게 반환하고, 송부된 인증등본과 같이 간인 등으로 일체화된 문서의 일부를 채택하지 않는 때에는 그 부분을 분리하여 신청인에게 반환한다.

(4) 제출자가 반환받기를 거부하는 문서는 서증신청서나 서증의 여백 부분 등 적당한 곳에 그 취지를 간략하게 표시하여 기록에 편철하여 둔다.

다. 증인에 대한 채부 · 조사방식의 고지

(1) 쟁점정리기일에는 신청된 증인에 대한 채부를 일괄하여 결정·고지한다. 준비절차기일 방식으로 진행되는 경우에는 미리 기일 외에서 증거결정을 하는 방식으로 운영한다

(2) 참여사무관은 증인별로 그 조사방식과 증인진술서 또는 증인신문사항의 제출기한을 증인등목록의 비고란에 기재하여야 한다.

라. 증인의 채부결정

신청된 증인에 대한 채부는 재판장이 쟁점정리기일에서 일괄하여 결정·고지하게 된다.

법원은 쟁점정리기일에 구두로 증인을 신청한 경우에는 서면으로 신청한 증인에 준하여 구체적인 입증취지와 당사자와의 관계 등 필요한 사항을 확인하여 채무 및 조사방식을 결정·고지하거나, 쟁점정리기일후 일정시점까지 따로 서면에 의한 증인신청서를 제출하도록 한 후 채부와 조사방식을 결정하는 방법을 적절하게 선택하여 운용하게 된다.

5. 쟁점정리기일 이후의 기일지정

쟁점정리기일을 변론기일방식으로 진행한 경우, 쟁점정리가 완료된 사건은, 증인이 없으면 곧바로 결심하여 선고기일을 지정하고, 증인이 있으면 집중증거조사기일, 즉 증인신문을 위한 변론기일을 지정하게 된다.

반면, 쟁점정리기일을 준비절차기일방식으로 진행한 사건은 쟁점정리가 완료되고 증인이 없더라도 곧바로 결심할 수 없고, 준비절차의 결과 진술을 위하여 제1회 변론기일을 지정하게 된다.

1회의 쟁점정리기일만으로 쟁점정리가 완료되지 않는 특별한 사정이 있는 경우에는 쟁점정리기일을 속행하게 될 것이다.

6. 쟁점정리기일의 속행 및 추후지정

법원은 쟁점정리 과정에서 추가 증거조사의 필요성이 제기되어 감정 등 새로운 증거조사를 시행하게 되는 경우, 감정 등을 위하여 상당한 시간이 소요될 것으로 예상되는 반면, 그 결과가 도착하기 전에 쟁점정리를 완료할 수 없는 사정이 있는 등의 경우 다음 쟁점정리기일을 추후지정으로 한다.

7. 집중증거조사기일

가. 집중증거조사기일의 운영

쟁점정리기일을 마친 후에는 증인 및 당사자신문을 집중하여 실시하게 된다. 이와 같이 증인 및 당사자신문을 집중하여 실시하는 변론기일을 집중증거조사기일이라고 한다.

나. 준비절차결과의 변론상정 및 재판장의 쟁점 설명

쟁점정리를 준비절차기일 방식으로 진행한 사건은, 이 기일이 제1회 변론기일이 되므로 준비절차결과의 변론상정 후에 증인신문을 실시한다. 변론기일 방식으로 쟁점정리기일을 마친 사건에서는 곧바로 증인신문을 실시한다.

증인신문에 앞서 재판장은 이미 정리된 쟁점을 설명하여 확인시키고 증언에 의한 입증 포인트를 압축하는 절차를 선행하게 된다. 다만, 준비절차기일을 거친 사건에서는 이러한 절차가 곧 준비절차결과의 변론상정절차를 겸하는 형태로 이루어지게 된다.

다. 증인의 신청 및 채부의 결정

가급적 쟁점정리기일 이전(늦어도 쟁점정리기일)까지 필요한 증인 전원을 신청하여야 한다.

증인의 신청은 서면에 의하는 것을 원칙으로 하며, 종래와 같이 법정에서 구두로 증인을 신청하는 방식은 원칙적으로 허용되지 아니한다. 증인신청서에는 증인과 원·피고와의 관계, 증인이 당해 사건에 관여하게 된 경위 또는 그 내용을 알게 된 경위 등을 구체적으로 기재하게 하며, 연락 가능한 전화번호 등을 반드시 기재하여야 한다.

쌍방이 필요한 증인을 쟁점정리절차가 끝나기 전까지 일괄하여 신청하여야 한다. 다만, 사건의 성질이나 사안의 내용에 따라서는 일정한 경우에 예외가 인정된다.

라. 증인조사의 방식

(1) 증인진술서 제출이 적합한 유형

법원은 증인을 신청한 당사자의 지배영역 내에 있다고 판단되는 증인(가족, 친지, 회사의 직원 등)에 대하여는 증인진술서 제출을 명하는 것을 원칙으로 한다.

(2) 증인진술서의 작성 및 제출

증인진술서의 제출명령은 원칙적으로 쟁점정리기일에 증거채부의 결정을 고지하면서 함께 이루어진다. 명령의 상대방은 증인이 아니라 증인을 신청한 당사자이다.

동일한 증인을 쌍방이 동시에 신청한 때에는 법원은 증인과 쌍방 당사자 사이의 관계 등을 고려하여 주된 신청인 측에 명령을 부과하되, 만일 중립적 증인으로서 어느 일방에게 증인진술서의 제출을 명하는 것이 상당하지 아니한 때에는 증인신문사항으로 대체한다.

증인진술서 제출명령을 받은 당사자는 법원이 정한 기간 내에 상대방 당사자의 수에 2를 더한 통수의 사본을 원본과 함께 제출하여야 한다.

(3) 증인진술서를 제출한 경우 증인신문사항 제출 여부

증인진술서가 제출된 사건에 관하여는 원칙적으로 증인신문사항의 제출이 면제된다. 다만, 제출된 증인진술서의 내용이 지나치게 장황하거나 구체성이 없는 경우 등으로 효율적인 신문을 위하여 증인신문사항이 필요하다고 인정하는 때에는 다시 증인신문사항을 제출하도록 명할 수 있다.

(4) 증인진술서를 이용한 증인신문의 방법

증인진술서가 제출된 경우에는 법원은 집중증거조사기일에 그 진술서를 서증으로 채택한다. 이 경우 주신문은 핵심 쟁점 사항에 한정하고 경위사실, 정황사실 및 주변사실은 진술서 기재로 대체하며, 상대방의 반대신문을 중심으로 운영된다.

증인이 증인진술서를 제출하고 출석하지 아니하는 때에는, 상대방의 반대신문권의 행사가 봉쇄되는 것을 피하기 위하여, 그 진술서는 서증으로 채택되지 아니하는 경우도 예상된다.

마. 증인신문사항 제출방식

법원은 증인진술서의 제출을 명하지 아니하는 경우에는 원칙적으로 증인신문사항을 제출하도록 명하게 된다.

증인신문사항을 제출할 기간은 상대방에 대한 송달 및 반대신문 준비를 위하여 충분하다고 인정되는 기간으로 정해진다.

바. 서면(공정증서)에 의한 증언방식

(1) 활용범위

공시송달사건, 피고가 형식적인 답변서만 제출하고 출석하지 아니하는 사건 등에서는 공정증서에 의한 증언으로 출석증언에 대체한다.

법원은 변론의 전취지에 의하여 서증의 진정성립이 인정된다고 판단되는 때에는 서증만으로 변론을 종결하고, 공정증서에 의한 증언도 생략할 수 있다.

공정증서에 의한 증언은 증인 채택 단계에서 상대방이 이의하지 않은 경우에 한하여 실시할 수 있다.

(2) 신문절차

증인소환장을 받은 증인은 소환장과 함께 송달받은 신문사항을 가지고 공증인사무소에가서 공증인 앞에서 신문사항에 대한 답변을 하고 그것을 청취한 공증인이 작성한 공정증서의 정본을 교부받아 법원에 제출함으로써 출석·증언에 갈음하게 된다.

현행법상 공정증서에 의한 증언은 절차상 지나치게 번잡한 문제점이 있는바, 사안에 따라서는 상대방의 동의를 받아 실무상 종종 활용되고 있는 인증진술서(서증)로 대체하는 것도 가능하다.

사. 증인의 소환

증인이 채택되면 당사자 또는 증인의 여비 등 비용을 예납하여야 한다. 여비직불, 증인대동 방식은 원칙적으로 허용되지 아니하므로 "여비직불, 증인대동"의 경우에는 여비포기서를 붙이거나 여비를 예납하여야 한다.

증인신청서에는 주소, 이름, 직업 이외에 증인의 전화번호 등을 기재 하여야 한다.

아. 증인신문기일의 운영

(1) 신문의 순서

재판장은 증인신문에 앞서 쟁점정리절차에서 확정된 쟁점에 대한 설명·확인을 마친 후 증인신문을 진행하게 된다.

증인신문의 순서는 원칙적으로 주신문, 반대신문, 재주신문 순으로 진행되며, 그 이후의 신문(재반대신문)부터는 재판장의 허가를 얻은 경우에 한하여 허용된다.

사건에 따라서는 재판장이 증인신문의 모두에 증인에게 증인과 당해사건과의 관계 및 쟁점에 관하여 증인이 알고 있는 사실을 개략적으로 진술하게 한 후, 당사자들에게 신문기회를 부여하는 방식으로 운영될 수도 있다.

(2) 신문의 방법

증인진술서가 제출된 경우 주신문은 핵심 쟁점 사항에 한정하며, 상대방의 반대신문권을 충분히 보장하는 방향으로 운영된다.

(3) 당사자본인신문

당사자본인신문을 적극 활용하며, 사안에 따라서는 증인에 앞서 당사자를 먼저 신문함으로써 쟁점을 보다 명확히 한 후에 증인을 신문하는 방식도 활용한다.

자. 집중증거조사 기일의 속행 등

집중증거조사기일에 속행 등은 가급적 억제되며, 증인의 추가채택은 신중하게 이루어진다. 그리고 집중증거조사절차가 끝나면 그 결과를 바탕으로 조정·화해의 권고가 적극적으로 시도된다.

제285조에서 변론준비기일 제도를 도입함에 따라 그 실효성을 확보하기 위하여 변론준비기일을 거친 사건에 있어서는 변론준비절차의 종료 후에는 원칙적으로 더 이상 새로운 공격방어방법을 제출할 수 없도록 하고 있다. 다만, 예외적으로 소송절차가 현저히 지연되지 않는 경우, 당사자가 중대한 과실 없이 변론준비기일의 종료 전에 제출하지 못하였음을 소명한 경우, 법원의 직권조사사항에 관한 것인 경우에 한하여 새로운 공격방어방법을 제출할 수 있도록 규정하고 있다.

차. 준비절차의 종결과 효과

재판장등은 준비절차에서 변론의 준비가 마쳐진 것으로 인정되는 때에는 준비절차를 종결하며 또한 사건을 변론준비절차에 부친 뒤 6월이 지난 때, 당사자가 제280조 제1항의 규정에 따라 정한 기간 내에 준비서면 등을 제출하지 아니하거나 증거의 신청을 하지 아니한 때, 당사자가 변론준비기일에 출석하지 아니한 때에는 변론준비절차를 종결 한다(민소법 제284조).

변론준비절차를 종결한 후에는 변론준비기일에서 제출하지 아니한 공격방어방법은 다음변론기일에서 이를 주장하지 못한다. 다만 그 제출로 인하여 소송을 현저히 지연시키지 아니하는 때, 중대한 과실 없이 변론준비절차에서 제출하지 못하였다는 것을 소명한 때, 법원이 직권으로 조사할 사항인 때에는 예외로 한다(민소법 제285조 제1항).

위의 규정에서 예외로 변론에 있어서 주장을 허용한 사항이라 할지라도 준비서면으로 상대방에 통지하여 두지 아니한 경우에는 상대방이 출석하지 아니한 때에는 변론에서 이를 주장하지 못한다(민소법 제276조). 그러나 소장 또는 준비절차 전에 제출한 준비서면에 기재한 사항은 조서에 기재되지 아니하여도 변론에서 이를 주장할 수 있다(동조 제3항).

변론준비절차를 종결하는 경우에는 변론기일을 지정한다.

제2절 답 변 서

1. 의 의

답변서라 함은 피고 또는 피상소인이 원고 또는 상소인의 소장·상소장에 대응하여 그 심급에서 처음으로 제출하는 서면을 말한다. 즉 상대방(원고) 신청의 배척을 구하는 준비서면의 성질을 가진 반대신청서이다. 따라서 답변서에 관한 규정은 준비서면에 관한 규정을 준용한다.

2. 요 건

원고가 소를 제기하면 그 부본이 피고에게 송달되는바, 피고는 그 소장을 읽은 다음 응소할 의사가 있으면 소장부본의 송달수령일부터 30일이내에 답변서를 제출하여야 하고, 원고의 청구를 그대로 인정하는 경우에는 답변서를 제출하지 아니하여도 무방하다. 법원은 피고가 답변서를 제출하지 아니한 때, 또는 피고가 원고의 주장사실을 모두 인정하는 취지의 답변서를 제출한 때에는 그것이 직권조사사항이 아닌 한 법원은 변론없이 판결할 수 있다. 이를 무변론 판결제도라 한다(민소법 제257조). 다만, 직권으로 조사할 사항이 있거나 판결이 선고되기까지 피고가 원고의 청구를 다투는 취지의 답변서를 제출한 경우에는 예외다.

이 제도는 무변론판결인 종전의 제205조에 따른 소 각하 판결과 소액사건의 청구기각판결이 소제기에 대하여 변론의 기회도 주지 않고 패소판결을 하고 있는바, 위와 같은 판결형태보다는 피고가 명백히 다투지 아니하는 경우에 변론 없이 원고승소판결을 하는 것이 상대적으로 더욱 타당하다는 고려에서 도입한 것이다. 이에 따라 쟁점정리기일이나 변론기일을 열 필요도 없이 원고승소판결을 할 수 있다면 원고의 기일출석부담을 줄이고 소송의 촉진을 기하는 효과가 있을 것으로 보인다.

그러나 피고가 원고의 청구에 대하여 자백할 의사가 없음에도 법률지식의 부족 등으로 인하여 답변서 제출기간을 넘기는 경우도 예상할 수 있다.

3. 답변서 작성

가. 개 설

답변서에는 원고의 주장에 대한 답변(민소규칙 제65조), 즉 ㉠ 청구의 취지에 대한 답변, ㉡ 청구의 원인에 대한 구체적인 진술 및 공격방어방법을 적고, ㉢ 그에 대한 증거방법과 입증취지도 명시하여야 한다.

답변서는 소장의 청구취지에 대한 답변과 청구원인에 대한 답변으로 구성하는데, 답변서를 제출하더라도 구체적인 내용 없이 단순히 부인한다 또는 모른다고만 기재한 채 변론기일에 출석하지 아니할 때에는 진정으로 원고의 제소를 방어할 의사가 없다고 인정되어 불이익을 받게 될 수도 있다.

답변할 의사가 있는 경우 답변서를 제출할 기한이 촉박한 때에는 구체적인 내용 없이 단순히 "원고의 청구를 부인한다"는 식의 형식적 내용으로 답변서를 작성하여 제출하게 되면 법원사무관 등은 방식에 맞는 답변서를 제출할 것을 촉구하게 되고 이때 구체적인 준비서면을 제출하면 될 것이다.

나. 답변의 내용

(1) 청구의 취지에 대한 답변

관할위반의 경우 소송의 이송을 구하는 주장, 소 각하를 구하는 주장, 청구기각의 주장 또는 포기·인낙, 소송비용부담의 신청, 가집행면제의 선고신청이 있다.

(2) 청구의 원인에 대한 구체적인 진술 및 공격방어방법

원고의 청구원인을 면밀히 분석하여 인정할 부분과 부인할 부분을 구분, 부인할 부분에 대하여 이유를 밝히고, 인정할 부분에 대하여도 항변사유가 있으면 항변과 동시에 이유를 밝혀야 한다.

(가) 자백 : 피고가 원고의 주장사실을 다투지 않고 시인하는 진술이다. 자백한 사실에 대하여는 증거가 필요 없고(민소법 제288조), 법원으로서도 이에 반하여 사실을 인정할 수 없다.

(나) 부인 : 상대방이 주장하는 사실에 대하여 그런 사실이 존재하지 않았다거나 진실에 반하는 것이라고 주장하는 것이다. 원고가 권리 또는 법률관계의 존재를 주장

한 경우 피고가 그 주장 사실을 부인하면 원고가 요건사실을 입증하여야 한다. 실무에서는 「원고 주장 사실을 다툰다(또는 부인한다)」라고 하거나 「원고 주장 사실과 다르다」고 쓴다. 부인을 함에는 상대방이 주장하는 사실이 진실이 아니라고 말하는 것에 그치는 경우(직접부인, 소극부인 또는 단순부인)와, 상대방이 주장하는 사실과 양립할 수 없는 별개의 사실을 주장함으로써 간접적으로 상대방의 주장을 부인하는 경우(간접부인, 적극부인 또는 이유부부인)가 있다.

상대방의 주장에 대하여 단순히 부인할 뿐 적극적으로 진실에 관한 주장을 하지 아니하면 부인에 대한 심증을 약화시킬 수 있으므로, 상대방의 주장이 허위이고 나아가 진실은 무엇이라고 주장을 할 필요가 있다. 이 경우에는 상대방의 주장을 부인하는 기재와 항을 달리하여 진실에 관한 기재를 함으로써 피고의 주장이 항변으로 오해되지 않도록 할 필요가 있으며, 원고가 요건사실에 관한 입증은 하지 아니하고 피고의 주장 사실에 관하여 시비를 할 수도 있으므로 주의하여야 한다.

(다) 부지 : 피고가 원고의 주장 사실이 진실인지 아닌지 모르겠다고 하는 진술은 부인으로 추정된다(민소법 제150조 제2항).

자기가 관여하지 아니한 제3자의 행위에 대하여는 부지라고 진술할 수 있으나, 자기의 행위나 자기 명의의 문서 등에 대하여 부지라고 진술함은 적합하지 않다. 자기의 행위에 대한 것이라고 시일의 경과 등으로 명확히 기억을 할 수 없는 경우가 있는바, 이 경우에는 그 사유를 설명하고 기억할 수 없다 또는 모르겠다고 대답할 수도 있다.

(라) 침묵 : 변론에서 상대방이 주장한 사실을 명백히 다투지 아니한 때에는 변론의 전취지에 의하여 이를 다투는 것으로 인정되지 아니하는 한, 그 사실을 자백한 것으로 보게 되고(민소법 제150조 제1항), 피고가 공시송달에 의하지 아니한 적법한 소환을 받고서도 변론기일에 출석하지 아니하고 답변서 기타 준비서면도 제출하지 아니하여 원고의 주장 사실을 명백히 다투지 아니하면 청구원인 사실 전부를 자백한 것으로 처리된다.

상대방의 주장에 대하여 그 인부를 명백히 하지 아니하는 침묵은 바른 인부 태도가 아니며, 상대방의 새로운 주장이 나오면 이에 대한 인부를 명백히 하여야 할 것이다. 실무상으로는 상대방이 새로운 준비서면을 진술하고 미처 검토할 시간적 여유가 없는 경우에는 종전 주장에 반하는 부분은 부인한다는 취지의 진술을 하여 두는 것이 보통이다.

다. 인부(認否)기재의 방법

(1) 개 설

원고가 청구원인으로 주장한 순서에 따라 「제1항은 인정하고, 제2항은 부인한다」는 식으로 정리하거나, 「제1항 중 …의 사실은 인정하고 그 나머지 사실은 모두 부인한다」고 하거나, 반대로 「…의 사실은 부인하고 그 나머지 사실은 인정한다」는 식으로 쓴다. 청구원인사실 중 인정하는 부분만을 추려서 적시하고 기타의 사실은 부인한다고 하거나 반대로 부인할 부분만을 추려서 적시하고 기타의 사실은 인정한다는 식으로 정리하기도 한다. 어느 경우이든 원고의 청구원인 중 어느 부분과 관련한 내용임을 알 수 있게 함으로써 족하고 원고의 주장을 되풀이하여 기재하는 것은 피한다.

법관이나 상대방이 쟁점을 정리하기 쉽게 쓴다. 따라서 원고주장 사실을 전면적으로 부인하는 것인지 또는 일부는 인정하고 나머지는 부인하는 것인지 아니면 전부 인정하고 항변을 주장하는 것인지를 명백히 알 수 있게 하여야 한다.

(2) 인부에 관하여 유의할 사항

원고의 주장 사실에 대한 인부는 중대한 의미를 가지는 것이므로 신중하게 정리하여야 한다. 일단 자백하였다가 이를 부인으로 바꾸는 것은 자백의 취소가 되어 상대방의 동의가 있거나 또는 그 자백이 진실에 반하고 착오에 기인한 것임을 증명한 때에 한하여 할 수 있고(민소법 제288조), 자백취소의 시기를 놓치면 실기한 공격방어방법이라 하여 각하될 염려가 있으며(민소법 제149조), 일단 부인하였다가 후에 자백하는 것은 어렵지 않으나 법관의 심증형성에 나쁜 영향을 미칠 염려가 있으므로, 처음부터 자백과 부인을 명백히 하는 것이 좋다. 소장의 청구원인에서 요건사실 외에 예상되는 항변에 대한 적극부인이나 항변 사실을 선행 자백하고 재항변 사실이 기재된 경우에는 이러한 사실에 관하여도 인부를 하여야 하고, 특히 선행 자백에 대하여는 이익으로 원용한다는 취지를 명백히 하여 둔다.

4. 피고의 주장(항변 등)

가. 개 설

답변서의 내용은 청구의 취지에 대한 답변과 청구의 원인에 대한 인부에 그치지 아니하고 원고의 청구를 이유 없게 할 모든 사실상 및 법률상의 주장을 포함한다.

원고의 주장 사실과 양립하지 아니하는 사실(적극부인, 예컨대 매매대금청구 사건에서 증여의 주장), 원고의 주장 사실이 존재하는 것을 전제로 하면서 원고의 청구를 배척하기에 족한 사실(항변), 원고의 주장 사실과 양립하면서 원고 주장의 법률요건의 존재를 부정하기에 족한 특별한 사정에 해당하는 사실, 원고의 주장 사실로부터 원고의 주장의 권리가 발생하지 아니하거나 피고 주장 사실로부터 원고의 청구가 배척되어야 한다는 법률적 견해에 관한 주장 등이 포함된다.

나. 항변

어느 사실이 항변에 해당하는지 부인에 해당하는지는 실체법의 해석에 따라 달라질 것이나, ㈀ 법률효과의 발생에 장애가 되는 예외적 사유(행위능력의 흠결, 의사표시의 하자 등), ㈁ 발생한 법률효과를 소멸시키는 사유(변제, 시효소멸, 해제 등), ㈂ 발생한 법률효과의 행사를 저지하는 사유(기한 미도래, 동시이행관계 등)가 항변의 주된 내용이 된다.

다. 항변의 기재방법

항변 사실은 일자를 특정하여 구체적으로 기재하여야 한다. 그러나 증거의 검토나 사실관계의 면밀한 조사의 시간적 여유가 없는 상황에서 입증에 관한 확신이 없는 경우에는 항변의 요지만을 기재하였다가 증거를 확보하거나 증거조사를 마친 후 상세한 내용을 준비서면으로 제출할 것이다.

결론 부분에 있어서는 소장의 결론에 대응하여 「원고의 청구는 이유가 없으므로 기각되어야 할 것입니다」라는 기재를 한다.

라. 유의사항

변제·면제 등과 같이 그 사실의 존재만으로 법률효과가 생기는 경우는 사실의 진술로 족하나, 취소, 해제, 상계 등과 같이 그 권리의 존재뿐 아니라 이를 행사할 것이 요구되는 경우에는 권리의 발생 요건 사실과 아울러 이를 행사한 사실까지 주장 입증하여야 함은 물론이다.

5. 답변서 제출방법

(1) 답변서에는 반드시 사건번호, 당사자, 답변사실을 기재하고, 가급적이면 연락이 가능한 피고의 자택 또는 직장의 전화번호와 팩시밀리 번호를 아울러 기재하여야 한다.

(2) 답변서는 원고 수만큼의 부본을 함께 제출하여야 한다. 다만, 상대방인 원고가 수인이라도 그 대리인이 1인이면 부본이면 1통으로 족하다. 그러나 대리인이 개별적으로 있는 경우에는 당사자수 만큼의 부본을 첨부하여야 한다.

(3) 위임장을 먼저 별도로 제출하지 아니한 경우에는 답변서에 피고의 위임장을 첨부한다. 위임장에는 대리인의 사무소 외에 전화번호와 팩시밀리번호를 표시하여 두는 것이 편리하다. 피고 대리인의 소송위임장에 기재되어야 할 사항은 소장에 첨부하는 원고 대리인의 소송위임장과 같다.

(4) 증거로 제출할 서류는 반드시 원본과 함께 미리 사본(상대방수+1통)을 준비하고, 증인은 그 주소, 성명을 알아두었다가, 가능한 가장 빠른 시기에 필요한 증거를 일괄하여 제출 또는 신청하여야 한다. 실무에서는 원고가 소장 부본에 제출한 서증의 사본을 붙여 보내는 수가 있고 그에 대하여 피고가 그 서증의 인부를 답변서에 기재하는 예가 더러 있다. 그러나 서증의 사본을 소장이나 준비서면에 첨부하였다 해도 그것은 서증의 제출로 볼 수 없고 서증의 원본을 법관에게 제출하는 것이 서증의 제출로 되는 것이므로(민소법 제355조) 아직 그 단계에서는 서증이 제출되었다 할 수 없다. 그리고 서증에 대한 인부를 실수 없이 하려면 서증의 원본을 실제로 보고 필적, 인영, 지질 기타의 정황을 충분히 검토하고 사본이 정확한가의 여부까지 확인한 후에 하는 것이 좋다.

피고가 제출하고자 하는 서증이 준비되었으면 거기에 을호증인으로서의 번호를 붙이고 아래와 같이 답변서 기재내용에 원용한다.

『예』 "원고가 주장하는 토지매매 계약은 ◇월 ◇월 ◇일 쌍방간 합의로 해제되었다(을 제1호증 합의서 참조)."

그리고 답변서의 말미에 을호증의 목록을 기재하고 사본을 첨부한다.

답변서에는 간혹 서증의 목록 이외에 신청할 증인, 검증, 감정 등을 일괄 기재하는 예가 있는데, 이는 피고가 할 증거신청들을 미리 법원에 알려 법원으로 하여금 그 채부의 결정을 용이하게 하는 의미가 있고, 이 경우에도 그러한 증거신청들은 각각 소정의 방식에 따라 신청서를 따로 작성·제출하여야 한다.

(5) 인지는 붙이지 아니한다. 소송의 계속법원에 제출한다.

[별표1] 법원의 제1심 민사(소액제외)소송절차안내서

소송절차안내

1. 소송절차의 진행

원고가 소장을 제출하면, 이후 법원에서는 답변서나 준비서면의 상호교환을 통하여 법정 외에서 미리 사건의 쟁점을 정리하고, 그 다음 가급적 1~2회의 기일에 증인 등 필요한 증거조사를 일괄·집중적으로 시행함으로써 심리를 종결하게 됩니다.

2. 답변서의 제출

(1) 소장을 읽은 다음 응소할 의사가 있으면 소장부본을 받은 날로부터 30일 이내에 답변서를 제출하여야 합니다. 다만, 원고의 청구를 그대로 인정하는 경우에는 답변서를 제출하지 않아도 무방합니다.

(2) 답변서에는 원고가 주장하는 사실 하나하나에 대하여 인정하는지 여부를 밝히고, 인정할 수 없다면 그 사유를 구체적으로 기재하여야 하며, 답변내용을 입증할 수 있는 서증을 함께 제출하여야 합니다.

(3) 답변서 기타 준비서면을 제출하지 아니하고 변론기일에 출석하지도 아니하면 원고의 청구를 모두 인정한 것으로 보게 됩니다(민소법 제150조).

3. 준비서면의 제출

① 법원은 한 쪽 당사자가 답변서 또는 준비서면을 제출하면 이를 상대방에게 송달하면서 그에 대한 반박 준비서면을 언제까지 제출하라고 정하게 됩니다.

② 이 경우 상대방의 주장이나 증거에 관하여 종전에 제출한 내용 이외에 더 이상 반박할 사항이 없으면 그대로 있으면 됩니다. 그러나 상대방의 주장이나 증거에 이의가 있으면 법원이 지정한 기한 내에 자신의 주장을 기재한 준비서면을 제출하여야 합니다.

③ 그 준비서면에는 상대방이 주장하는 사실 중 인정하는 사실과 반박하는 사실을 명확히 구분하여 기재하고 자신의 주장을 뒷받침할 수 있는 증거가 무엇인지를 적은 다음, 상대방의 주장 및 증거자료에 대한 구체적 의견을 밝혀야 합니다.

4. 증거의 사전·일괄제출

필요한 증거는 다음 요령에 따라 법정에서 기일이 열리기 전에 미리 일괄하여 제출·신청하여야 합니다. 증인신청서 등 각종 증거신청서 양식은 대법원 홈페이지

(www.scourt.go.kr)에서 다운받을 수 있습니다.

① 서증 : 사본 및 이에 대한 설명서 제출

② 증인 신청 : 성명 및 입증취지 등을 기재한 증인신청서 제출

③ 검증·감정·사실조회·문서송부촉탁 신청 등 : 입증취지를 구체적으로 기재한 신청서 제출

5. 제출기한의 준수

준비서면의 제출이나 증거신청은 반드시 법원에서 정한 기한 내에 하여야 합니다. 만약 주장과 증거신청을 늦게 하여 소송을 지연시키는 것으로 인정되는 경우에는 각하되는 불이익을 받을 수 있습니다(민소법 제149조 제1항).

6. 기타 유의사항

(1) 준비서면 등 법원에 제출하는 서류에는 반드시 사건번호와 당사자를 표시하고, 일과중 연락가능한 전화번호, 팩스번호, 이메일 주소 등 연락처를 기재하여야 합니다. 소송진행 중 주소나 연락처가 변경된 경우에는 지체없이 법원에 신고하시기 바랍니다.

(2) 답변서나 준비서면을 제출할 때에는 상대방 수만큼의 부본을 원본과 함께 제출하여야 합니다. 서증을 제출할 때에는 상대방의 수에 1을 더한 만큼의 사본을 제출하여야 합니다.

(3) 소송대리인은 변호사만이 될 수 있습니다. 다만 단독사건에서는 당사자와 친족, 고용 기타 특별한 관계가 있는 사람도 법원의 허가를 받아 소송대리인이 될 수 있으며, 이 경우 미리 법원에 소송대리허가 신청서를 제출하여야 합니다.

(4) 기일에는 지정된 시각을 엄격하게 지켜 출석하여야 하고, 만약 질병 등의 사유로 출석하지 못할 경우에는 그 사유를 기재한 기일변경신청서를 미리 제출하시기 바랍니다.

(5) 법원은 당사자 본인이 사건의 내용에 대하여 진술할 수 있는 기회를 최대한 보장할 예정입니다. 따라서 소송대리인이 있더라도 기일에는 가급적 본인도 함께 출석하여 주시기 바랍니다.

주) 법원은 소의 제기가 있는 경우에는 상대방인 피고에게 위와 같은 안내서를 우송한다.

[별표2] 법원의 제1심 소액사건소송절차안내서

소송절차안내

1. 소액사건의 소송절차

(1) 법원은 원고의 소장을 심사한 후 적당하다고 인정하면 먼저 이행권고결정을 하게 됩니다.

(2) 피고가 이행권고결정에 대하여 이의신청을 하지 않으면 법정에 출석하여 하는 재판 없이 사건은 종결되고, 원고가 전부 승소한 것으로 처리됩니다.

(3) 법원이 이행권고결정을 하기에 적당하지 않다고 보아 변론기일을 지정한 경우 또는 이행권고결정을 하였지만 피고가 이의신청을 한 경우에는 법정에서 재판을 열어 심리한 후 판결을 선고하게 됩니다.

2. 이행권고결정

(1) 이행권고결정은 원고가 소장에서 청구한 내용대로 이행할 것을 피고에게 일단 권고하는 것입니다.

(2) 피고는 원고의 청구내용을 인정한다면 다른 조치를 취할 것이 없습니다. 그러나 원고의 청구에 대해서 이의가 있으면 이행권고결정을 송달받은 날로부터 2주일 내에 법원에 이의신청서를 제출하여야 합니다.

(3) 이의신청서를 제출하지 않거나 이의신청기간을 넘겨서 제출하면 이행권고결정이 확정됩니다.

(4) 이행권고결정이 확정되면, 정식 재판절차를 거쳐서 판결을 받아 확정된 것과 동일한 효력이 생깁니다.

3. 답변서 및 준비서면의 제출

(1) 피고의 답변서 제출

* 피고는 원고의 청구에 이의가 있으면 답변서를 제출하여야 합니다. 그러나 원고의 청구를 그대로 인정할 경우에는 답변서를 제출할 필요가 없습니다.

* 이행권고결정을 받고 이의신청서를 제출하였더라도 따로 답변서를 작성하여 제출하여야 합니다.

① 답변서에는 사건번호와 당사자를 표시한 다음 먼저 『청구취지에 대한 답변』을 적어야 합니다.

[예시: "원고의 청구를 기각한다. 소송비용은 원고의 부담으로 한다는 판결을 구합니다."

② 다음 『청구원인에 대한 답변』을 적어야 합니다. 여기에서는 원고가 소장에서 주장하는 주장원인 사실 하나 하나에 대해서 인정하는지 여부를 밝히고, 인정할 수 없다면 그 사유를 구체적으로 기재하여야 합니다.

③ 피고의 주장을 뒷받침하는 서증이 있으면 답변서에 첨부하여야 합니다.

④ 답변서를 제출하지 아니하고 지정된 변론기일에 출석하지도 않으면 원고의 청구를 모두 인정한 것으로 간주합니다(민사소송법 제139조). 따라서 이 경우에는 대개 첫 변론기일에 원고 승소판결이 선고됩니다.

(2) 준비서면의 제출

① 소장과 답변서가 제출된 이후에 원고와 피고 쌍방이 각자의 주장을 적은 서면을 법원에 제출할 때에는 『준비서면』이라는 이름으로 제출하여야 합니다.

② 준비서면에는 사건번호와 당사자를 표시한 다음, 상대방 당사자의 주장에 대한 반박과 자기의 주장을 조목조목 분명하게 기재하여야 하며, 관련된 증거서류가 있으면 그 사본을 첨부하여야 합니다.

4. 증거신청 방법

⑴ 소액사건은 되도록 1회의 변론기일로 심리를 종결하게 됩니다(소액사건심판법 제7조 제1항). 따라서 당사자는 최초의 변론기일에 모든 증거방법을 제출할 수 있도록 준비하여야 합니다.

⑵ 증거서류는 다음 방식으로 제출하시기 바랍니다.

① 소송절차에서 증거서류는 대개 『서증』이라고 부르고, 원고가 제출하는 것은 『갑 제1호증』 『갑 제2호증』 등으로, 피고가 제출하는 것은 『을 제1호증』 등으로 제출자를 구분하는 부호를 붙입니다.

② 서증은 답변서나 준비서면에 그 사본 1통을 첨부하고, 아울러 상대방 수만큼의 사본을 더 제출하여야 합니다. [예: 상대방이 2명이면 서증 사본은 3통을 만들어 1통은 준비서면에 첨부하고, 나머지 2통은 상대방 교부용으로 법원에 제출하여야 합니다.]

⑶ 증인신문을 신청하는 때에는 『증인신청서』를 제출하여야 합니다. 증인신청서 양식은 인터넷을 통하여 대법원 홈페이지에 들어오시면 다운받을 수 있습니다. [www.scourt.go.kr ⇒ 알기 쉬운 소송 ⇒ 증거신청]

① 증인신청서에는 사건번호와 당사자의 성명을 적은 다음, 증인의 성명, 주소 및 전화번호 등 연락처를 기재하여야 합니다.

② 증인이 채택된 때에는 법원이 정한 바에 따라 증인신문기일 전에 미리 증인진술서, 증인신문사항 또는 공정증서를 제출하여야 합니다.

다만 신속한 재판을 위해서는 증인신청시 증인에게 질문할 사항을 정리한 『증인신문사항』을 증인신청서와 함께 제출하는 것이 좋습니다. 『증인신문사항』은 증인이 보고들은 경험사실을 중심으로 명확하게 적어야 하며, 상대방이 1명이면 4통을 제출하여야 합니다(상대방이 2명 이상이면 그 수에 3을 더한 만큼을 제출합니다).

5. 변호사 이외의 소송대리

(1) 당사자의 배우자·직계혈족·형제자매는 법원의 허가 없이 소송대리인이 될 수 있습니다. 다만 ① 당사자 본인 명의로 작성된 『소송대리 위임장』과 ② 가족관계증명서, 주민등록등본 등 신분관계를 증명하는 서류를 법원에 제출하여야 합니다.

(2) 위와 같은 친족관계가 없는 사람은 담당법관으로부터 허가를 받아야만 소송대리를 할 수 있습니다. 이 경우 당사자 본인 명의로 작성된 『소송대리 위임장』을 첨부하여 『소송대리허가신청서』를 제출하여야 하며, 법원은 당사자와 대리인의 관계 등 제반사정을 고려하여 허가 여부를 결정하게 됩니다.

6. 기타 유의사항

(1) 답변서 등 법원에 처음으로 제출하는 서면에는 일과 시간중 통화가 되는 전화번호, 팩스번호, 이메일 주소 등 자신의 연락처를 기재하여야 하고, 소송진행 중 주소나 연락처가 변경되면 곧바로 법원에 신고하여야 합니다. 만약 신고하지 않으면 종전 주소로 우편물을 발송하게 되므로 불이익을 받을 수 있습니다.

(2) 서로 관련 있는 사건이 재판중이거나 또는 종전에 재판을 하였던 사실이 있으면, 답변서나 준비서면 그 관련사건을 담당한 법원 및 사건번호를 기재하시기 바랍니다.

(3) 변론기일에는 지정된 시간을 엄격하게 지켜 출석하여야 하고, 만약 질병 등의 사유로 출석하지 못할 경우에는 그 사유를 기재한 『변론기일변경신청서』를 미리 제출하여야 합니다.

[서식] 답변서(임대차관련 건물명도청구사건)

답 변 서

사 건 20○○ 가단 제2323호 건물명도청구사건
원 고 박 상 란
피 고 유 재 두

위 사건에 관하여 피고는 원고 청구에 대하여 아래와 같이 답변합니다.

청구취지에 대한 답변

1. 원고의 청구를 기각한다.
2. 소송비용은 원고의 부담으로 한다.

라는 판결을 구합니다.

청구원인에 대한 답변

1. 피고 주장에 반하는 원고 주장 사실을 전부 부인합니다.
   피고는 20○○. 4. 26. 소외 서필상과 금25,000,000원에 부동산 임대차계약을 체결하고 같은달 29. 주민등록상 전입신고를 마치고 입주하였습니다.

2. 그 당시 피고는 서울중앙지방법원 등기과에서 이건 건물을 열람하였는바, 20○○. 4. 29. 접수 제2727호 채권최고액 금16,000, 000원으로 제삼생명보험(주)에 근저당권 설정등기가 되어있는 사실을 확인하였으며 그 외 여타 등기가 없고 보편적으로 채무가 없는 사실을 확인하고 전세입주를 하였습니다.

3. 그런데 후에 알고 보니 피고 주민등록상 전입신고일 후인 20○○. 12. 28. 소외 김성길에게 채권최고액 금15,000,000원에 근저당권 설정등기가 되어 있으며 동일자로 같은 사람 명의로 전세권 설정등기가 되어 있습니다.

4. 그리고 위 김성길의 담보권 실행으로 20○○. 7. 29. 93 타경 제1919호로 임의경매가 신청되어 동원에서20○○. 3. 29. 경락허가 결정이 되어 원고는 이 사건의 부동산의 소유자가 되었습니다.

5. 그렇다면 피고의 임대차 계약은 주택임대차 보호법 제3조에 의하여 임대차 계약과 주민등록상 전입신고를 마침으로서 대항력을 취득하였다고 볼 것이므로 원고의 주장과 같이 확정일자 운운하는 것은 피고의 과실로 인하여 우선 변제권을 상실한 점은 피고도 인정합니다.

6. 그러나 위와 같이 피고는 원고에게 대항력이 있으므로 보증금 25,000, 000원을 지급받기 전에는 이건 건물을 명도할 수 없으므로 이에 답변서를 제출합니다.

첨 부 서 류

1. 등기부등본 1통
2. 임대차계약서 1통
3. 주민등록등본 1통

20○○. 9. .

피 고 유 재 두 (인)

서울중앙지방법원 귀중

답변서 제출절차와 해설

◆ 답변서의 제 출	1. 피고는 응소할 의사가 있으면 소장부본을 받은 날로부터 30일 이내에 답변서를 제출하여야 한다. 다만, 원고의 청구를 그대로 인정하는 경우에는 답변서를 제출하지 않아도 무방하다. * 소액사건에서 이행권고결정을 받고 이의신청서를 제출하였더라도 따로 답변서를 작성하여 제출하여야 한다. 2. 답변서 작성방법 : 답변서에는 사건번호와 당사자를 표시한 다음 먼저 "청구취지에 대한 답변"을 적어야 한다.(예시 : "원고의 청구를 기각한다. 소송비용은 원고의 부담으로 한다는 판결을 구합니다.") 다음은 "청구원인에 대한 답변"을 적어야 한다. 여기에서는 원고가 소장에서 주장하는 주장원인 사실 하나 하나에 대해서 인정하는지 여부를 밝히고, 인정할 수 없다면 그 사유를 구체적으로 기재하여야 하며, 답변내용을 입증할 수 있는 서증을 함께 제출하여야 한다. 3. 증거신청 방법 : 소송절차에서 증거서류는 대개 "서증"이라고 부르며, 피고가 제출하는 것은 "을 제1호증", "을 제2호증" 등으로 제출자를 구분하는 부호를 붙인다. 서증은 답변서에 그 사본 1통을 첨부하고, 아울러 상대방 수만큼의 사본을 더 제출하여야 한다. 예컨대, 상대방이 2명이면 서증 사본은 3통을 만들어 1통은 답변서에 첨부하고, 나머지 2통은 상대방 교부용으로 법원에 제출하여야 한다. 4. 답변서 부제출의 효과 : 답변서를 제출하지 아니하고 변론기일에 출석하지도 아니하면 원고의 청구를 모두 인정한 것으로 보게 된다(민소법 제150조). ☞ 제2절 답변서(515면) 참조
◆ 인지 및 송 달 료	인지첩부 및 송달료를 납부하지 아니한다.
◆ 제출부수	답변서 원본 1부 및 상대방 수만큼의 부본을 제출하여야 한다.
◆ 제출법원	본안소송 계속법원에 제출한다.

[서식] 답변서(손해배상(기) 청구 사건)

답 변 서

사 건 20○○가합 21289호 손해배상(기) 청구 사건
원 고 이 순 이
피 고 장 일 남

위 사건에 관하여 피고는 원고 청구에 대하여 아래와 같이 답변 합니다.

청구취지에 대한 답변

1. 원고청구를 기각한다.
2. 소송비용은 원고의 부담으로 한다.

라는 재판을 구합니다.

청구원인에 대한 답변

1. 피고 주장에 반하는 원고의 청구를 전부 부인합니다. 따라서 원고는 의정부시 의정부동 123-4 소재에서 가능상사라는 상호로 건축자재소매업을 하는 자로서 사업자등록상 대표직에 있으며 소외 홍길동은 사실상 사업을 경영하고 있는 원고의 남편입니다.

2. 아울러 피고는 원고와 같은 업종인 건축자재 도·소매업을 하는 자로서 원고에게 건축자재를 납품하고, 매월 말일 대금을 결산하기로 약정하고 수년전부터 계속적으로 물품거래를 한바 있습니다.

3. 따라서 20○○. 8. 27. 까지 피고가 원고에게 납품한 물품대금이 200,000,000원이 되었으며 그동안 원고가 피고에게 지급한 물품대금은 10여회에 걸쳐서 금 100,000,000원이 되었으며 지급하지 못한 체불금이 100,000,000원이 되었습니다.(별첨 물품거래장 사본 참조)

4. 피고는 원고에게 수차에 걸쳐서 체불된 위 물품대금을 지급하여 줄것을 요구하였으나 지급하지 못하고 있던중, 20○○. 7. 5. 원고 소유차량인 경기 1바 0004호 현대 11톤 카고트럭 1대를 대금 30,720,000원 동월 19. 경기 1바 0005호 현대 5톤 트럭 장축 1대를 대금 3,000,000원 합계금 33,720,000원으로 하여, 위 물품대금의 일부금의 대물변제금소로 피고에세 인감증명을 첨부하여 소유권 이전등록 신청서류를 구비하여 자동차 매매계약서를 작성하고, 동 차량을 피고에게 인도하였으며 잔액금 15,264,630원에 대하여는 그동안 이자금조로 금1,735,370원을 포함하여 합계금 17,000,000원으로 하여, 원고의 남편 소외 홍길동이 피고와 같이 공증인가 법무법인 통일합동사무소에 직접 출석하여 증서 20○○년 제1234호로 공증담당 변호사 한국민의 면전에서 공정증서를 작성한 사실도 있으며, 또한 원고의 남편 소외 홍길동은 20○○. 6. 2. 본인이 잘못을 사과하는 자필서면을 작성하여 피고에게 교부한 사실로 보더라도 원고가 피고의 주장사실을 인정하고 있는것이 분명합니다. (별첨 공정증서 및 소외 홍길동 작성 서면 참조)

5. 피고는 원고로부터 매수한 차량을 수리하기 위하여 공장에 입고하였는데 수리하는 도중에 공장에서 위 차량이 없어져 탐문한 결과 원고의 남편 소외 홍길동이 임의로 가져간 사실이 발각되었으며, 원고는 20○○. 11. 29. 위 소외 홍길동을 추궁한 끝에 위 소의인은 잘못을 사과하고 동년 11. 30까지 본인이 가져간 차량 2대를 피고에게 인도하고, 이로 인한 차량수리비 증가분으로 금 1,000,000원을 지급할 것을 각서 (현금수령증)한바 있습니다. (별첨 현금수령증 참조)

그러나 원고는 경기 1바 0004호 차량 1대만을 피고에게 인도한 채, 경기 1바 0005호 차량은 인도하지 아니하고 있습니다.

6. 피고는 위 자동차에 대하여 소유권이전 등록을 신청한 바 있으나, 동차량 2대 전부가 압류등록이 선행되어 있어 현재까지 이전등록을 하지 못하고 미루고 있으며, 약속어음 액면금 17,000,000원건에 대한 공정증서에 대하여 강

제집행을 준비중에 있으나 원고의 처지가 가상하여 보류하고 있는데, 원고는 설상가상으로 터무니없이 원인을 조작하여 자동차 사용 손해배상을 청구하다가 소장을 변경하여 임대료 청구로서 허위 주장하고 있으나, 이는 전후 모순된 청구가 명약관화 합니다.

7. 그러므로 원고의 이건 청구는 마땅히 기각되어야 할 것이므로, 답변취지와 같은 판결을 하여 주시기 바랍니다.

첨 부 서 류

1. 물품거래장 사본 1통
2. 공정증서 및 소외 홍길동 작성 서면 1통
3. 현금 수령증 1통

20○○. . .

피 고 장 일 남 (인)

서울중앙지방법원 귀중

답변서 제출절차와 해설

◆ 답변서의 제 출	1. 피고는 응소할 의사가 있으면 소장부본을 받은 날로부터 30일 이내에 답변서를 제출하여야 한다. 다만, 원고의 청구를 그대로 인정하는 경우에는 답변서를 제출하지 않아도 무방하다. * 소액사건에서 이행권고결정을 받고 이의신청서를 제출하였더라도 따로 답변서를 작성하여 제출하여야 한다. 2. 답변서 작성방법 : 답변서에는 사건번호와 당사자를 표시한 다음 먼저 "청구취지에 대한 답변"을 적어야 한다.(예시 : "원고의 청구를 기각한다. 소송비용은 원고의 부담으로 한다는 판결을 구합니다.") 다음은 "청구원인에 대한 답변"을 적어야 한다. 여기에서는 원고가 소장에서 주장하는 주장원인 사실 하나 하나에 대해서 인정하는지 여부를 밝히고, 인정할 수 없다면 그 사유를 구체적으로 기재하여야 하며, 답변내용을 입증할 수 있는 서증을 함께 제출하여야 한다. 3. 증거신청 방법 : 소송절차에서 증거서류는 대개 "서증"이라고 부르며, 피고가 제출하는 것은 "을 제1호증", "을 제2호증" 등으로 제출자를 구분하는 부호를 붙인다. 서증은 답변서에 그 사본 1통을 첨부하고, 아울러 상대방 수만큼의 사본을 더 제출하여야 한다. 예컨대, 상대방이 2명이면 서증 사본은 3통을 만들어 1통은 답변서에 첨부하고, 나머지 2통은 상대방 교부용으로 법원에 제출하여야 한다. 4. 답변서 부제출의 효과 : 답변서를 제출하지 아니하고 변론기일에 출석하지도 아니하면 원고의 청구를 모두 인정한 것으로 보게 된다(민소법 제150조). ☞ 제2절 답변서(515면) 참조
◆ 인지 및 송 달 료	인지첩부 및 송달료를 납부하지 아니한다.
◆ 제출부수	답변서 원본 1부 및 상대방 수만큼의 부본을 제출하여야 한다.
◆ 제출법원	본안소송 계속법원에 제출한다.

[서식] 답변서(대여금청구에 대한)

답 변 서

사 건 20○○가단1234 대여금청구

원 고 강 준 호

피 고 이 준 배

위 사건에 관하여 피고는 다음과 같이 답변합니다.

다 음

1. 기초적인 사실관계
   가. 원고는 20○○. ○. ○. 피고에게 금 30,000,000원을 대여하였다고 주장하며 그 돈의 지급을 구하고 있으나 이는 사실과 다릅니다.
   나. 원고와 피고는 평소 잘 알고 지내던 사이로서 소외 이창수는 피고의 매형입니다. 소외 이창수는 20○○. ○.경 사업문제로 인하여 급전이 필요하다고 하여 피고에게 돈을 빌릴 만한 사람이 없느냐고 물어왔고 피고는 잘 알고 있던 원고에게 혹시 여유 있는 돈이 있느냐고 물었더니 가능하다고 하여 피고는 원고를 소외 이창수에게 소개하여 주었던 것입니다.
   다. 그 뒤 소외 이창수가 위 가항 일시에 원고로부터 금 30,000,000원을 차용한 것은 사실입니다.

2. 피고의 책임

비록 원고가 피고의 소개로 인하여 소외 이창수를 알게 되어 소외 이창수에게 돈을 대여하였다고는 하나 이는 피고와는 직접적인 관련은 없는 것으로서 피고가 위 대여금의 지급을 보증한 적은 없습니다.

원고는 피고가 위 대여일시에 동석하였다는 이유만으로 피고가 책임을 져야 한다는 취지로 주장하나 이는 타당하다고 볼 수 없으며, 어떠한 형태로든 피고가 위 지급의 보증의사를 표시한 적이 없으므로 피고가 이를 책임질 이유는 없다 할 것입니다.

3. 결론

원고는 소외 이창수로부터 대여금을 지급 받지 못하자 피고에게 소를 제기한 것으로서 위와 같이 원고의 청구는 타당하지 않으므로 이를 기각하여 주시기 바랍니다.

20○○. ○. ○.

위 피고 이 준 배 (서명 또는 날인)

서울중앙지방법원 귀중

답변서 제출절차와 해설

◆ 답변서의 제 출	1. 피고는 응소할 의사가 있으면 소장부본을 받은 날로부터 30일 이내에 답변서를 제출하여야 한다. 다만, 원고의 청구를 그대로 인정하는 경우에는 답변서를 제출하지 않아도 무방하다. * 소액사건에서 이행권고결정을 받고 이의신청서를 제출하였더라도 따로 답변서를 작성하여 제출하여야 한다. 2. 답변서 작성방법 : 답변서에는 사건번호와 당사자를 표시한 다음 먼저 "청구취지에 대한 답변"을 적어야 한다.(예시 : "원고의 청구를 기각한다. 소송비용은 원고의 부담으로 한다는 판결을 구합니다.") 다음은 "청구원인에 대한 답변"을 적어야 한다. 여기에서는 원고가 소장에서 주장하는 주장원인 사실 하나 하나에 대해서 인정하는지 여부를 밝히고, 인정할 수 없다면 그 사유를 구체적으로 기재하여야 하며, 답변내용을 입증할 수 있는 서증을 함께 제출하여야 한다. 3. 증거신청 방법 : 소송절차에서 증거서류는 대개 "서증"이라고 부르며, 피고가 제출하는 것은 "을 제1호증", "을 제2호증" 등으로 제출자를 구분하는 부호를 붙인다. 서증은 답변서에 그 사본 1통을 첨부하고, 아울러 상대방 수만큼의 사본을 더 제출하여야 한다. 예컨대, 상대방이 2명이면 서증 사본은 3통을 만들어 1통은 답변서에 첨부하고, 나머지 2통은 상대방 교부용으로 법원에 제출하여야 한다. 4. 답변서 부제출의 효과 : 답변서를 제출하지 아니하고 변론기일에 출석하지도 아니하면 원고의 청구를 모두 인정한 것으로 보게 된다(민소법 제150조). ☞ 제2절 답변서(515면) 참조
◆ 인지 및 송 달 료	인지첩부 및 송달료를 납부하지 아니한다.
◆ 제출부수	답변서 원본 1부 및 상대방 수만큼의 부본을 제출하여야 한다.
◆ 제출법원	본안소송 계속법원에 제출한다.

[서식] 답변서(대여금청구에 대한)

답 변 서

사 건 20○○가합1234 소유권이전등기청구

원 고 김 상 규

피 고 이 준 배

위 사건에 관하여 피고는 다음과 같이 답변합니다.

청구취지에 대한 답변

1. 원고의 청구를 기각한다.
2. 소송비용은 원고의 부담으로 한다.

라는 판결을 구합니다.

청구원인에 대한 답변

1. 원고와 피고가 20○○. ○. ○. 이 사건 부동산에 대한 매매계약을 체결한 사실만 인정하고 나머지 사실관계는 모두 부인합니다.
2. 원고는 이 사건 부동산의 매매대금 중 계약금 20,000,000원만 피고에게 지급한 뒤 중도금 및 잔금을 그 지급기한인 20○○. ○. ○○.을 넘은 시점인 현재까지 지급하지 않고 있습니다.
3. 원고가 중도금 및 잔금에 대해 채무를 이행하지 않는 이상 피고가 원고에게 이 사건 부동산에 대한 이전등기절차를 이행할 아무런 이유가 없는 것입니다. 따라서 원고의 청구를 기각하고 소송비용은 원고의 부담으로 하는 판결을 내려주시기 바랍니다.

20○○. ○. ○.

위 피고 이 준 배 (서명 또는 날인)

서울중앙지방법원 귀중

답변서 제출절차와 해설

◆ 답변서의 제 출	1. 피고는 응소할 의사가 있으면 소장부본을 받은 날로부터 30일 이내에 답변서를 제출하여야 한다. 다만, 원고의 청구를 그대로 인정하는 경우에는 답변서를 제출하지 않아도 무방하다. * 소액사건에서 이행권고결정을 받고 이의신청서를 제출하였더라도 따로 답변서를 작성하여 제출하여야 한다. 2. 답변서 작성방법 : 답변서에는 사건번호와 당사자를 표시한 다음 먼저 "청구취지에 대한 답변"을 적어야 한다.(예시 : "원고의 청구를 기각한다. 소송비용은 원고의 부담으로 한다는 판결을 구합니다.") 다음은 "청구원인에 대한 답변"을 적어야 한다. 여기에서는 원고가 소장에서 주장하는 주장원인 사실 하나 하나에 대해서 인정하는지 여부를 밝히고, 인정할 수 없다면 그 사유를 구체적으로 기재하여야 하며, 답변내용을 입증할 수 있는 서증을 함께 제출하여야 한다. 3. 증거신청 방법 : 소송절차에서 증거서류는 대개 "서증"이라고 부르며, 피고가 제출하는 것은 "을 제1호증", "을 제2호증" 등으로 제출자를 구분하는 부호를 붙인다. 서증은 답변서에 그 사본 1통을 첨부하고, 아울러 상대방 수만큼의 사본을 더 제출하여야 한다. 예컨대, 상대방이 2명이면 서증 사본은 3통을 만들어 1통은 답변서에 첨부하고, 나머지 2통은 상대방 교부용으로 법원에 제출하여야 한다. 4. 답변서 부제출의 효과 : 답변서를 제출하지 아니하고 변론기일에 출석하지도 아니하면 원고의 청구를 모두 인정한 것으로 보게 된다(민소법 제150조). ☞ 제2절 답변서(515면) 참조
◆ 인지 및 송 달 료	인지첩부 및 송달료를 납부하지 아니한다.
◆ 제출부수	답변서 원본 1부 및 상대방 수만큼의 부본을 제출하여야 한다.
◆ 제출법원	본안소송 계속법원에 제출한다.

[서식] 답변서(소유권이전등기청구에 대한 부인)

답 변 서

사 건 20○○가합 21289호 소유권이전등기청구
원 고 장 일 남
피 고 이 순 이

위 사건에 관하여 피고는 다음과 같이 답변합니다.

청구취지에 대한 답변

1. 원고의 청구를 기각한다.
2. 소송비용은 원고의 부담으로 한다.

라는 판결을 구합니다.

청구원인에 대한 답변

원고 주장사실 중, 피고와 소외 망 이정기는 19○○. ○. ○. 혼인신고를 한 법률상 부부였던 사실, 소외 망 이정기가 20○○. ○. ○. 사망한 뒤 피고는 상속인으로서 이 사건 각 부동산들을 각 3/13지분으로 상속한 사실만 인정하고 나머지 사실은 모두 부인합니다.

20○○. . .

피 고 이 순 이 (인)

서울중앙지방법원 귀중

답변서 제출절차와 해설

◆ 답변서의 제 출	1. 피고는 응소할 의사가 있으면 소장부본을 받은 날로부터 30일 이내에 답변서를 제출하여야 한다. 다만, 원고의 청구를 그대로 인정하는 경우에는 답변서를 제출하지 않아도 무방하다. * 소액사건에서 이행권고결정을 받고 이의신청서를 제출하였더라도 따로 답변서를 작성하여 제출하여야 한다. 2. 답변서 작성방법 : 답변서에는 사건번호와 당사자를 표시한 다음 먼저 "청구취지에 대한 답변"을 적어야 한다.(예시 : "원고의 청구를 기각한다. 소송비용은 원고의 부담으로 한다는 판결을 구합니다.") 다음은 "청구원인에 대한 답변"을 적어야 한다. 여기에서는 원고가 소장에서 주장하는 주장원인 사실 하나 하나에 대해서 인정하는지 여부를 밝히고, 인정할 수 없다면 그 사유를 구체적으로 기재하여야 하며, 답변내용을 입증할 수 있는 서증을 함께 제출하여야 한다. 3. 증거신청 방법 : 소송절차에서 증거서류는 대개 "서증"이라고 부르며, 피고가 제출하는 것은 "을 제1호증", "을 제2호증" 등으로 제출자를 구분하는 부호를 붙인다. 서증은 답변서에 그 사본 1통을 첨부하고, 아울러 상대방 수만큼의 사본을 더 제출하여야 한다. 예컨대, 상대방이 2명이면 서증 사본은 3통을 만들어 1통은 답변서에 첨부하고, 나머지 2통은 상대방 교부용으로 법원에 제출하여야 한다. 4. 답변서 부제출의 효과 : 답변서를 제출하지 아니하고 변론기일에 출석하지도 아니하면 원고의 청구를 모두 인정한 것으로 보게 된다(민소법 제150조). ☞ 제2절 답변서(515면) 참조
◆ 인지 및 송 달 료	인지첩부 및 송달료를 납부하지 아니한다.
◆ 제출부수	답변서 원본 1부 및 상대방 수만큼의 부본을 제출하여야 한다.
◆ 제출법원	본안소송 계속법원에 제출한다.

[서식] 답변서(주택임대승계, 건물명도청구에 대한 항변)

답 변 서

사 건 20○○가단 21289호 건물명도청구
원 고 장 일 남
피 고 이 순 이

위 사건에 관하여 피고는 다음과 같이 답변합니다.

청구취지에 대한 답변

1. 원고의 청구를 기각한다.
2. 소송비용은 원고의 부담으로 한다.

라는 판결을 구합니다.

청구원인에 대한 답변

1. 원고의 주장

원고는 ○○시 ○○구 ○○로 ○○ 지상 주택(다음부터 '이 사건 주택'이라 함)의 소유자로서, 피고가 이 사건 주택 중 2층을 무단점유하고 있으므로 명도 해줄 것을 주장하고 있습니다.

2. 주택임대차계약의 체결

그러나 아래와 같이 피고는 이 사건 주택을 점유할 권원이 있습니다.

즉, 피고는 20○○. ○. ○. 소외 이정기와의 사이에 소외인의 소유인 이 사건 주택 중 2층 전부에 관하여 임차보증금 4,500만원으로, 임차기간은 인도일 로부터 2년으로 하는 주택임대차계약을 체결하고, 20○○. ○. ○○. 보증금 4,500만원을 지급하고 입주하면서 주민등록전입신고를 하고 지금까지 거주하고 있습니다.

3. 임대인 지위 승계

가. 원고는 위 소외인으로부터 이 사건 주택을 매수하여 ○○지방법원 등기과 20○○. ○○. ○. 접수 제12345호 소유권이전등기를 마침으로써 이 사건 주택의 소유권을 취득하였습니다.

나. 피고는 위 제1항의 기재와 같이 주택임대차보호법 제3조 제1항 소정의 대항력을 취득한 주택임차인이고 원고는 같은 법 제3조 제2항 소정의 임차주택 양수인으로 위 소외인이 가지는 임대인의 지위를 승계한 자입니다.

4. 따라서 피고는 임대차기간 만료일까지는 적법한 임차인으로서 이 사건 주택 2층을 점유할 수 있으므로 무단점유임을 전제로 한 원고의 이 사건 청구는 기각되어야 할 것입니다.

20○○. . .

위 피고 이순이 (인)

서울중앙지방법원 귀중

답변서 제출절차와 해설

◈ 답변서의 제 출	1. 피고는 응소할 의사가 있으면 소장부본을 받은 날로부터 30일 이내에 답변서를 제출하여야 한다. 다만, 원고의 청구를 그대로 인정하는 경우에는 답변서를 제출하지 않아도 무방하다. * 소액사건에서 이행권고결정을 받고 이의신청서를 제출하였더라도 따로 답변서를 작성하여 제출하여야 한다. 2. 답변서 작성방법 : 답변서에는 사건번호와 당사자를 표시한 다음 먼저 "청구취지에 대한 답변"을 적어야 한다.(예시 : "원고의 청구를 기각한다. 소송비용은 원고의 부담으로 한다는 판결을 구합니다.") 다음은 "청구원인에 대한 답변"을 적어야 한다. 여기에서는 원고가 소장에서 주장하는 주장원인 사실 하나 하나에 대해서 인정하는지 여부를 밝히고, 인정할 수 없다면 그 사유를 구체적으로 기재하여야 하며, 답변내용을 입증할 수 있는 서증을 함께 제출하여야 한다. 3. 증거신청 방법 : 소송절차에서 증거서류는 대개 "서증"이라고 부르며, 피고가 제출하는 것은 "을 제1호증", "을 제2호증" 등으로 제출자를 구분하는 부호를 붙인다. 서증은 답변서에 그 사본 1통을 첨부하고, 아울러 상대방 수만큼의 사본을 더 제출하여야 한다. 예컨대, 상대방이 2명이면 서증 사본은 3통을 만들어 1통은 답변서에 첨부하고, 나머지 2통은 상대방 교부용으로 법원에 제출하여야 한다. 4. 답변서 부제출의 효과 : 답변서를 제출하지 아니하고 변론기일에 출석하지도 아니하면 원고의 청구를 모두 인정한 것으로 보게 된다(민소법 제150조). ☞ 제2절 답변서(515면) 참조
◈ 인지 및 송 달 료	인지첩부 및 송달료를 납부하지 아니한다.
◈ 제출부수	답변서 원본 1부 및 상대방 수만큼의 부본을 제출하여야 한다.
◈ 제출법원	본안소송 계속법원에 제출한다.

[서식] 답변서(양수금청구에 대한 부인)

답 변 서

사 건 20○○가단1234 양수금청구
원 고 강 준 호
피 고 이 준 배

위 사건에 관하여 피고는 다음과 같이 답변합니다.

답 변 취 지

1. 원고의 청구를 기각한다.
2. 소송비용은 전부 원고의 부담으로 한다.

라는 판결을 구합니다.

답 변 원 인

1. 원고는 소외 이창수로부터 소외 이창수가 피고에 대해 가지고 있던 임차보증금반환청구채권을 20○○. ○. ○.자로 양수 받았다고 주장하면서 이 사건 소송을 제기하였으나, 피고는 원고와 소외 이창수간에 이루어진 채권양도양수계약에 대해 아는 바 없으며 채권양도사실을 통지 받은 적도 없어 위 임대차계약의 종료와 더불어 임차인인 소외 이창수에게 임차보증금 전액을 반환하였습니다.

2. 민법 제450조에서 지명채권의 양도는 양도인이 채무자에게 통지하거나 채무자가 승낙하지 아니하면 채무자 기타 제3자에게 대항하지 못한다고 규정하였는바, 원고가 주장하는 채권의 양도양수는 위 요건을 충족하지 못하였으므로 채권양도양수의 효력이 피고에게 미치지 않는다고 할 것입니다.

3. 위와 같이 소외 이창수가 채권양도사실을 통지하지 아니한 원고와 소외 이창수간에 이루어진 채권양도양수계약의 유효를 주장하며 제기한 이 사건 원고의 청구는 부당하므로 기각되어야 마땅할 것입니다.

입 증 방 법

1. 을 제1호증 영수증

첨 부 서 류

1. 위 입증방법 1통
1. 답변서부본 1통

20○○. ○. ○.

위 피고 이 준 배 (서명 또는 날인)

서울중앙지방법원 귀중

답변서 제출절차와 해설

◆ 답변서의 제　　출	1. 피고는 응소할 의사가 있으면 소장부본을 받은 날로부터 30일 이내에 답변서를 제출하여야 한다. 다만, 원고의 청구를 그대로 인정하는 경우에는 답변서를 제출하지 않아도 무방하다. * 소액사건에서 이행권고결정을 받고 이의신청서를 제출하였더라도 따로 답변서를 작성하여 제출하여야 한다. 2. 답변서 작성방법 : 답변서에는 사건번호와 당사자를 표시한 다음 먼저 "청구취지에 대한 답변"을 적어야 한다.(예시 : "원고의 청구를 기각한다. 소송비용은 원고의 부담으로 한다는 판결을 구합니다.") 다음은 "청구원인에 대한 답변"을 적어야 한다. 여기에서는 원고가 소장에서 주장하는 주장원인 사실 하나 하나에 대해서 인정하는지 여부를 밝히고, 인정할 수 없다면 그 사유를 구체적으로 기재하여야 하며, 답변내용을 입증할 수 있는 서증을 함께 제출하여야 한다. 3. 증거신청 방법 : 소송절차에서 증거서류는 대개 "서증"이라고 부르며, 피고가 제출하는 것은 "을 제1호증", "을 제2호증" 등으로 제출자를 구분하는 부호를 붙인다. 서증은 답변서에 그 사본 1통을 첨부하고, 아울러 상대방 수만큼의 사본을 더 제출하여야 한다. 예컨대, 상대방이 2명이면 서증 사본은 3통을 만들어 1통은 답변서에 첨부하고, 나머지 2통은 상대방 교부용으로 법원에 제출하여야 한다. 4. 답변서 부제출의 효과 : 답변서를 제출하지 아니하고 변론기일에 출석하지도 아니하면 원고의 청구를 모두 인정한 것으로 보게 된다(민소법 제150조). ☞ 제2절 답변서(515면) 참조
◆ 인지 및 송 달 료	인지첩부 및 송달료를 납부하지 아니한다.
◆ 제출부수	답변서 원본 1부 및 상대방 수만큼의 부본을 제출하여야 한다.
◆ 제출법원	본안소송 계속법원에 제출한다.

[서식] 답변서(추심금청구에 대한 항변)

답 변 서

사 건 20○○가합1234 추심금청구
원 고 강 준 호
피 고 이 준 배

위 사건에 관하여 피고는 다음과 같이 답변합니다.

청구취지에 대한 답변

1. 원고의 청구를 기각한다.
2. 소송비용은 원고의 부담으로 한다.

라는 판결을 구합니다.

청구원인에 대한 답변

1. 피고와 소외 김명기는 20○○. ○. ○. 피고 소유의 ○○시 ○○구 ○○로 ○○ 소재 건물 1층을 임차보증금 30,000,000원, 월세 금 300,000원, 임차기간 1년으로 정하여 임대차계약을 체결하고 그 뒤 매년 갱신하여 오던 중 소외 김명기는 20○○. ○.경 피고에게 임대차계약서상의 명의를 소외 김명기의 채권자인 소외 이창수의 명의로 변경하여 줄 것을 요구하여 피고는 이를 변경하여 준 사실이 있습니다. 그 뒤 소외 김명기가 20○○. ○. ○. 갑자기 잠적하자 소외 이창수는 소외 김명기로부터 채권회수가 어렵게 되자 위 임대차계약서를 근거로 서울중앙지방법원 20○○가합12456호로서 임차보증금반환청구의 소를 제기하여 위 소송에 원고도 보조참가하여 20○○. ○. ○. 소외 이창수의 일부승소판결이 선고되고 위 소송은 소외 이창수가 판결에 불복 항소하여 현재 항소심 계속 중에 있습니다.

2. 한편, 20○○. ○. ○. 원고는 소외 김명기를 채무자로 하여 임차보증금반환 채권을 가압류하였고, 20○○. ○. ○. 소외 유장영도 소외 김명기를 채무자로 하여 위 채권을 가압류하였고, 그 뒤 20○○. ○. ○. 원고가 채권압류 및 추심명령을, 같은 해 ○. ○. 소외 유장영도 채권압류 및 전부명령을 받아 각 명령이 순차적으로 피고에게 송달이 되어 압류의 경합이 발생하였습니다.
3. 따라서 소외 이창수가 임차인으로서의 권리를 주장하며 소송 중에 있고, 그 뒤 원고와 소외 유장여과의 사이에는 압류의 경합과 추심명령에 의한 추심신고 전에 발한 전부명령에 의하여 배당요구의 법적 효력이 발생하였으므로, 이 사건 원고의 추심금청구는 부당하며 이 사건은 소외 이창수와의 소송결과에 따라 피고가 임차보증금을 집행공탁 하여야 할 사안입니다.
4. 그러므로 이 사건 원고의 추심금청구의 소송은 소외 이창수와 피고와의 소송이 종결되는 시점까지 연기되거나 압류경합의 사유로 원고의 청구가 기각되어야 것입니다.

입 증 방 법

1. 을 제1호증의 1, 2 각 부동산임대차계약서
1. 을 제2호증의 1, 2 각 채권가압류결정문
1. 을 제3호 채권압류 및 전부명령
1. 을 제4호증 판결문
1. 을 제5호증 항소장

첨 부 서 류

1. 위 입증방법 각 1통

20○○. ○. ○.

위 피고 이 준 배 (서명 또는 날인)

서울중앙지방법원 귀중

답변서 제출절차와 해설

◆ 답변서의 제 출	1. 피고는 응소할 의사가 있으면 소장부본을 받은 날로부터 30일 이내에 답변서를 제출하여야 한다. 다만, 원고의 청구를 그대로 인정하는 경우에는 답변서를 제출하지 않아도 무방하다. * 소액사건에서 이행권고결정을 받고 이의신청서를 제출하였더라도 따로 답변서를 작성하여 제출하여야 한다. 2. 답변서 작성방법 : 답변서에는 사건번호와 당사자를 표시한 다음 먼저 "청구취지에 대한 답변"을 적어야 한다.(예시 : "원고의 청구를 기각한다. 소송비용은 원고의 부담으로 한다는 판결을 구합니다.") 다음은 "청구원인에 대한 답변"을 적어야 한다. 여기에서는 원고가 소장에서 주장하는 주장원인 사실 하나 하나에 대해서 인정하는지 여부를 밝히고, 인정할 수 없다면 그 사유를 구체적으로 기재하여야 하며, 답변내용을 입증할 수 있는 서증을 함께 제출하여야 한다. 3. 증거신청 방법 : 소송절차에서 증거서류는 대개 "서증"이라고 부르며, 피고가 제출하는 것은 "을 제1호증", "을 제2호증" 등으로 제출자를 구분하는 부호를 붙인다. 서증은 답변서에 그 사본 1통을 첨부하고, 아울러 상대방 수만큼의 사본을 더 제출하여야 한다. 예컨대, 상대방이 2명이면 서증 사본은 3통을 만들어 1통은 답변서에 첨부하고, 나머지 2통은 상대방 교부용으로 법원에 제출하여야 한다. 4. 답변서 부제출의 효과 : 답변서를 제출하지 아니하고 변론기일에 출석하지도 아니하면 원고의 청구를 모두 인정한 것으로 보게 된다(민소법 제150조). ☞ 제2절 답변서(515면) 참조
◆ 인지 및 송 달 료	인지첩부 및 송달료를 납부하지 아니한다.
◆ 제출부수	답변서 원본 1부 및 상대방 수만큼의 부본을 제출하여야 한다.
◆ 제출법원	본안소송 계속법원에 제출한다.

[서식] 답변서(수표금청구에 대한)

답 변 서

사 건 20○○가소1234 수표금청구
원 고 강 준 호
피 고 이 준 배

위 사건에 관하여 피고는 아래와 같이 답변합니다.

청구취지에 대한 답변

1. 원고의 청구를 기각한다.
2. 소송비용은 원고의 부담으로 한다.

라는 판결을 구합니다.

청구원인에 대한 답변

1. 원고는 피고가 위 수표를 원고로부터 냉장고를 구입하고 그 대금으로 교부하였다고 주장하나 원고는 피고에게 냉장고를 구입한 사실도 없으며, 원고에게 위 수표를 교부한 사실도 없습니다.

2. 원고가 주장하는 위 냉장고는 피고가 구입한 것이 아니고 소외 양명수가 구입한 것이고, 피고는 소외 양명수의 부탁에 의하여 원고가 운영하는 가게에 함께 동행한 것에 불과하며, 이 사건 수표의 배서도 소외 양명수가 한 것입니다.

3. 그럼에도 불구하고 이를 피고에게 청구하는 것은 부당하다고 할 것이며, 설령 피고가 위 수표를 교부하였다고 하여도 위 냉장고를 구입한 것은 20○○. ○. ○.이고 위 수표의 지급기일은 20○○. ○. ○.이므로 법률상 이미 그 소멸시효가 완성되어 피고가 이를 지급할 의무가 없다 할 것입니다.

입 증 방 법

1. 을 제1호증 물품계약서

첨 부 서 류

1. 위 입증방법 1통

20○○. ○. ○.

위 피고 이 준 배 (서명 또는 날인)

서울중앙지방법원 귀중

답변서 제출절차와 해설

◆ 답변서의 제 출	1. 피고는 응소할 의사가 있으면 소장부본을 받은 날로부터 30일 이내에 답변서를 제출하여야 한다. 다만, 원고의 청구를 그대로 인정하는 경우에는 답변서를 제출하지 않아도 무방하다. * 소액사건에서 이행권고결정을 받고 이의신청서를 제출하였더라도 따로 답변서를 작성하여 제출하여야 한다. 2. 답변서 작성방법 : 답변서에는 사건번호와 당사자를 표시한 다음 먼저 "청구취지에 대한 답변"을 적어야 한다.(예시 : "원고의 청구를 기각한다. 소송비용은 원고의 부담으로 한다는 판결을 구합니다.") 다음은 "청구원인에 대한 답변"을 적어야 한다. 여기에서는 원고가 소장에서 주장하는 주장원인 사실 하나 하나에 대해서 인정하는지 여부를 밝히고, 인정할 수 없다면 그 사유를 구체적으로 기재하여야 하며, 답변내용을 입증할 수 있는 서증을 함께 제출하여야 한다. 3. 증거신청 방법 : 소송절차에서 증거서류는 대개 "서증"이라고 부르며, 피고가 제출하는 것은 "을 제1호증", "을 제2호증" 등으로 제출자를 구분하는 부호를 붙인다. 서증은 답변서에 그 사본 1통을 첨부하고, 아울러 상대방 수만큼의 사본을 더 제출하여야 한다. 예컨대, 상대방이 2명이면 서증 사본은 3통을 만들어 1통은 답변서에 첨부하고, 나머지 2통은 상대방 교부용으로 법원에 제출하여야 한다. 4. 답변서 부제출의 효과 : 답변서를 제출하지 아니하고 변론기일에 출석하지도 아니하면 원고의 청구를 모두 인정한 것으로 보게 된다(민소법 제150조). ☞ 제2절 답변서(515면) 참조
◆ 인지 및 송 달 료	인지첨부 및 송달료를 납부하지 아니한다.
◆ 제출부수	답변서 원본 1부 및 상대방 수만큼의 부본을 제출하여야 한다.
◆ 제출법원	본안소송 계속법원에 제출한다.

[서식] 답변서(대여금에 대한 항변 및 변론재개신청서)

답변서 및 변론재개신청

사 건 20○○가단 제1616호 대여금 청구의 소
원 고 김 미 숙
피 고 안 은 희

위 사건에 관하여 피고는 지방에 출타하여 변론기일소환장을 변론기일 경과 후에 지연 배달된 관계로 변론기일에 출석하지 못하여 변론종결의 불이익을 받고 있으므로 종결된 변론을 재개하여 주시기 바라면서 이에 답변서를 제출합니다.

청구취지에 대한 답변

1. 원고의 청구를 기각한다.
2. 소송비용은 피고의 부담으로 한다.

라는 판결을 구합니다.

청구원인에 대한 답변

1. 피고는 20○○. 4월경 구리시 갈매동에 있는 토지를 소외 백영준과 공동으로 매수하면서, 위 백영준은 금12,500,000원을 피고는 금22,500,000원을 각 투자하여 매수한 사실이 있으며, 2차로 강원도 춘천시 후평동 소재 임야 6필지를 구입한 사실이 있습니다.

2. 그러나 피고는 위 임야가 타에 매도되면 위 백영준이 투자한 금12, 500,000원을 반환하기로 하였으나 매도가 불가능하고, 위 백영준은 미국으로 이민을 가게 되어, 피고는 위 투자금에 이자를 가산하여 권면액 금20,000,000원권의 약속어음을 교부한 바 있습니다.

3. 따라서 위 백영준은 위 약속어음을 원고에게 견질어음으로 보관을 하고 외국으로 이민을 가게되었으며, 원고는 강원도에 있는 임야가 매매되면 위 금원 12,500,000원과 이자를 합산하여 변제하기로 약정하였으며 이건 임야에 대하여 가압류집행을 하였습니다.

4. 그러므로 이건 약속어음금 20,000,000원에는 이자금조로 금7,500,000원이 포함되어 있으므로, 원고 청구의 지연이자 및 소송비용을 청구하는 것은 마땅치 아니할 것으로 생각되어 이건 신청을 하오니 변론을 재개하여 주시고, 이 부분에 대하여 원고의 불공정한 폭리행위를 방지하고 법정화해를 하여 주시기 바랍니다.

20○○. 7. .

피 고 안 은 희 (인)

서울중앙지방법원 4단독 귀중

답변서 제출절차와 해설

◆ 답변서의 제 출	1. 피고는 응소할 의사가 있으면 소장부본을 받은 날로부터 30일 이내에 답변서를 제출하여야 한다. 다만, 원고의 청구를 그대로 인정하는 경우에는 답변서를 제출하지 않아도 무방하다. * 소액사건에서 이행권고결정을 받고 이의신청서를 제출하였더라도 따로 답변서를 작성하여 제출하여야 한다. 2. 답변서 작성방법 : 답변서에는 사건번호와 당사자를 표시한 다음 먼저 "청구취지에 대한 답변"을 적어야 한다.(예시 : "원고의 청구를 기각한다. 소송비용은 원고의 부담으로 한다는 판결을 구합니다.") 다음은 "청구원인에 대한 답변"을 적어야 한다. 여기에서는 원고가 소장에서 주장하는 주장원인 사실 하나 하나에 대해서 인정하는지 여부를 밝히고, 인정할 수 없다면 그 사유를 구체적으로 기재하여야 하며, 답변내용을 입증할 수 있는 서증을 함께 제출하여야 한다. 3. 증거신청 방법 : 소송절차에서 증거서류는 대개 "서증"이라고 부르며, 피고가 제출하는 것은 "을 제1호증", "을 제2호증" 등으로 제출자를 구분하는 부호를 붙인다. 서증은 답변서에 그 사본 1통을 첨부하고, 아울러 상대방 수만큼의 사본을 더 제출하여야 한다. 예컨대, 상대방이 2명이면 서증 사본은 3통을 만들어 1통은 답변서에 첨부하고, 나머지 2통은 상대방 교부용으로 법원에 제출하여야 한다. 4. 답변서 부제출의 효과 : 답변서를 제출하지 아니하고 변론기일에 출석하지도 아니하면 원고의 청구를 모두 인정한 것으로 보게 된다(민소법 제150조). ☞ 제2절 답변서(515면) 참조
◆ 인지 및 송 달 료	인지첩부 및 송달료를 납부하지 아니한다.
◆ 제출부수	답변서 원본 1부 및 상대방 수만큼의 부본을 제출하여야 한다.
◆ 제출법원	본안소송 계속법원에 제출한다.

제3절 준비서면

1. 의 의

준비서면이라 함은 당사자가 변론기일에서 진술하려는 사실을 기재하여 법원에 제출하는 서면을 말한다. 이 제도는 소송의 심리에 있어서 변론의 기본원칙인 구술주의를 적용하여 심리한다면 변론에서 구술로 진술할 경우 그 상대방은 그 진술에 대응하여 응답을 하기 어려울 경우가 있을 것이다. 따라서 이로 인하여 소송관계의 번잡과 소송의 지연을 가져오게 할 염려가 있는 경우 당사자에게 그 공격·방어방법을 서면으로 작성하여 변론기일전 서면에 의한 쟁점정리절차에서 제출케 하여 소송의 촉진과 심리의 적정을 기하기 위함에 있다. 따라서 지방법원합의부와 상급심에서는 반드시 준비서면을 제출하여 변론의 준비를 하여야 한다(민소법 제272조). 지방법원단독부 사건에서는 상대방이 준비를 하지 않으면 진술을 하지 못하리라고 인정되는 사항에 대해서만 준비서면을 제출하게 하고 있다.

민사소송법은 서면에 의한 쟁점정리절차에서 서면의 공방이라 하여 다투는 내용의 답변서가 제출되면, 원고에게 발송일로부터 3주 정도로 기한을 정하여 피고의 답변에 대한 반박 준비서면 및 입증자료를 제출하도록 최고한다. 따라서 정해진 기한 내에 준비서면을 제출하지 않으면 원칙적으로 더 이상 주장·입증할 사항이 없는 것으로 보아 재판장이 기록을 하게 된다.

준비서면 제출에 관한 공방의 횟수는 원칙적으로 쌍방 2회(피고의 실질적 답변서, 원고의 반박 준비서면, 피고의 재반박 준비서면, 원고의 재재반박 준비서면)로 한다.

2. 준비서면의 기재사항

가. 개 설

준비서면에는 아래의 사항을 기재하고 당사자 또는 대리인이 이에 기명날인 또는 서명하여야 한다(민소법 제274조). 기명날인이 없더라도 무효는 아니다.

① 당사자의 성명, 명칭 또는 상호와 주소
② 대리인의 성명과 주소
③ 사건의 표시
④ 공격 또는 방어의 방법
⑤ 상대방의 청구와 공격 또는 방어의 방법에 대한 진술
⑥ 덧붙인 서류의 표시
⑦ 년 월 일
⑧ 법원의 표시
위 ④⑤는 실질적 기재사항이고, 그밖에 것은 형식적 기재사항이다.

나. 공격 또는 방어의 방법

공격 또는 방어방법에 대한 진술은 상대방이 주장하는 개개의 공격 또는 방어방법, 즉 청구를 뒷받침하는 요건사실, 항변·재항변 등으로 주장된 사실에 대한 인정, 부인, 부지의 진술을 말한다. 흔히 "원고(또는 피고)의 종래의 주장에 반하는 사실은 모두 부인한다" 는 진술이 있으나 이러한 진술로는 쟁점의 부각에 도움을 줄 수 없으므로 반드시 개개의 사실마다 명확한 인부를 하여 두어야 한다.

공격방어방법에 관하여 소장이나 답변서 또는 이미 제출한 준비서면에 그 기재가 있다 하더라도 소송의 진행에 따라 입증자료의 부족, 반대 사실의 출현 등에 의하여 처음 예상한 바와 달라지는 경우에는 이에 따라 주장을 보충, 추가 또는 변경할 필요가 있고, 그것이 소송 목적물을 변경하는 경우에는 소 변경신청서로 청구를 변경한다. 청구취지의 변경이 수반되지 아니하는 경우에는 준비서면에서 소 변경의 내용을 기재할 수도 있다. 청구의 변경에 따라 소송물의 가액이 증가되는 경우에는 인지를 더 첩부하여야 함은 물론이다. 이와 같이 주장을 변경함에 있어 종전 주장이 잘못된 것임이 명백한 경우에는 교환적으로 주장을 변경하게 되나, 그렇지 아니한 경우에는 예비적으로 주장을 추가하는 방법을 사용한다.

(1) 사실에 관한 주장

(가) 요건사실과 주장

준비서면에 사실에 관하여 주장을 기재하는 경우에는 될 수 있는 한 청구를 이유

있게 하는 사실, 항변사실, 또는 재항변 사실에 관한 주장과 관련된 사실에 관한 주장을 구분하여 기재하고, 간접사실이나 보조사실에 관하여는 어느 요건사실과 관련된 것인지, 이를 주장하는 목적이 무엇인지를 명확하게 함으로써 법원으로 하여금 주장을 이해 정리하기 쉽게 하여야 한다.

(나) 사실주장의 방법

요건사실의 주장은 구체적으로 어느 정도의 사실을 주장하여야 하는가 하는 것은 일률적으로 말하기 어려우나, 당해 실체법규가 정하는 법률요건을 분석하여 그에 해당하는 사실은 빠짐없이 주장하여야 할 것이다. 사실에 관한 주장을 함에 있어서는 행위의 주체, 일시, 상대방, 행위의 내용을 기재하는 방법으로 이를 묘사하면 되고, 행위의 장소는 사고의 내용, 전후 경위 등을 설명함에 꼭 필요한 경우이거나 준거법의 결정 등의 문제가 되는 경우에만 기재하는 것이 보통이다.

(2) 법률에 관한 주장

소의 요건으로서는 일정한 권리의 주장이 필요하고, 특히 상고, 재항고 등 법률심에 대한 불복신청이거나, 법률적 견해가 대립되어 판례 변경의 필요가 있거나 법률의 적용에 관한 법원의 주의를 환기시킬 필요가 있는 경우에는 법률에 관한 주장도 필요하다.

(3) 증거에 관한 주장

(가) 증거설명서

당사자는 준비서면으로 증거의 신청, 제출된 증거자료에 대한 설명, 상대방 증거의 증명력을 다투는 취지의 진술을 할 수 있다. 특히 서증의 경우에는 증거설명서를 작성하여 문서의 성립에서부터 그 내용에 이르기까지 상세한 설명을 하는 것이 좋고, 증인의 증언도 소송의 결과에 중대한 영향을 미치는 것이므로 증언한 내용을 잘 검토하여 증거설명을 하여야 할 것이다.

증거설명서에는 문서의 제목, 작성연월일, 작성자, 및 입증취지 외에 원본의 소지여부 등을 기재하여야한다. 입증취지는 입증의 대상인 주요사실을 기재하는 외에 사안에 따라서는 작성경위나 당해 서증으로 구체적으로 입증하려는 간접사실을 함께 기재함이 상당하다.

사진 또는 녹음테이프 등의 증거설명서에는 위에 기재한 사항 외에 촬영, 녹음, 녹화 등의 일시·장소 및 그 대상을 기재한다.

[서식] 증거설명서

사건 20○○가합 12345

호증	서 증 명	작성일자	작 성 자	입 증 취 지	비고
갑1	부동산매매계약서	20○○.11.3.	원고 강창수 (피고의 형)	원고와 피고를 대리한 김갑동 사이에 체결된 이사건 토지매매 계약서	
2	토지등기부등본				
3	"			이 사건 인접토지를 피고를 대리한 김갑동이 매도한 적이 있다는 사실	
4-1	영수증	20○○.11.3.	강창수	계약금 지급사실	
4-2	"	20○○.12.3.	"	중도금 지급사실	
4-3	"	20○○. 1. 3.	"	잔금 지급사실	
5	각서	20○○.12.27.	피고	피고가 이사건 계약을 인정한 후, 원고에게 등기를 넘겨주시로 약속한 사실	사본
6	가족관계증명서			피고와 강창수 사이의 신분관계	

(나) 증거항변서

증거 항변은 상대방이 제출한 증거나 자기에게 불리한 증언, 진술 등에 대하여 그 증거능력을 다투거나 증명력을 탄핵하는 것이다. 예컨대, 상대방 제출의 문서가 위조문서라고 주장한다거나 혹은 그 기재된 일자와 다른 날에 작성되었다거나 작성자가 객관적인 사실을 기재할 위치에 있지 않았다는 내용 등을 주장하는 경우이다. 증인의 증언에 관해서도 그것이 사실과 다르다는 것을 다른 증거자료와 대조해 가면서 설명하고, 혹은 그 증언의 내용 자체가 경험칙에 반하고 논리에 맞지 않음을 지적하여 그것을 믿을 수 없다고 주장할 필요가 있다.

[서식] 증거항변서 기재례

증 거 항 변 서

사건 20○○ 가합 12345

호증	서 증 명	작성일자	작 성 자	항변 취 지	비 고
갑1	부동산매매계약서	20○○.11. 3.	원고 이공명		
2	토지등기부등본				
3	"				
4-1	영수증	20○○.11. 3.	이공명		
4-2	"	20○○.12. 3.	"		
4-3	"	20○○. 1. 3.	"		
5	각서	2 0 ○ ○.12.27.	피고		
6	가족관계증명서				

(4) 석명에 관한 준비서면

석명에 관한 준비서면은 법원 또는 상대방의 석명에 대한 답변 또는 상대방에 대하여 요구하는 석명사항을 기재한 준비서면이다.

석명은 소장의 청구취지 또는 청구원인 기타 답변서나 준비서면에 있어서의 당사자의 사실상 또는 법률상의 주장에 관하여 그 취지가 불분명한 것, 모순되는 것에 관하여 이를 지적하고 당사자가 진정으로 주장하고자 하는 진술의 취지를 명확하게 하고 필요한 입증을 촉구하는 것으로 법원의 중요한 직능의 하나이다(민소법 제136조).

당사자도 상대방의 주장에 대하여 만연히 인부의 진술을 할 것이 아니라 그 취지가 분명하지 않은 것에 대하여는 구문권을 행사하여 석명을 구하여야 한다(민소법 제136조 제3항). 만약 상대방이 필요한 석명을 하지 아니하거나 석명을 할 기일에 출석하지 아니하면 그 주장이 각하될 수 있다. 석명에 의하여 상대방의 주장이 분명하게 밝혀진 경우에는 답변의 대상도 한정되므로 반박도 용이하게 될 것이다. 반대로 상대방이 석명을 요구하는 경우에는 석명 사항이 그 소송에서 어떠한 의미를 가지는 것인가를 숙고하여야 하고, 즉흥적인 답변을 하여서는 아니 된다.

3. 준비서면의 제출

가. 개 설

준비서면은 상대방에게 송달할 부본과 함께 원본을 제출하여야 한다. 상대방이 수인 있는 때에는 그 수에 상응하는 수의 부본을 제출하여야 한다. 준비서면은 그 기재한 사항에 대한 상대방의 준비기간을 두고 제출하여야 하며 법원은 이를 상대방에 송달하여야 한다(민소법 제273조).

나. 인지 등

인지는 붙이지 아니한다. 다만 그 준비서면에 신청사항이 포함되어 있으면 민소인지법 제10조에 의하여 인지를 붙인다. 송달료는 소송계속중의 중간적, 부수적 신청에는 따로 납부하지 아니한다.

다. 준비서면에 첨부할 서면

당사자가 소지하는 문서로서 준비서면에 인용한 것은 준비서면에 그 등본 또는 그 사본을 첨부하여야 한다(민소법 제275조 1항). 문서의 일부를 필요로 하는 때에는 그 초본을 첨부하고 문서가 많은 때에는 그 문서를 표시하면 된다(동조 2항). 첨부서류로는 이 등본 외에 위임장, 가족관계증명서, 자격증명서 등이 있다. 상대방은 위 문서를 열람할 권리가 있다(동조 3항). 외국어로 작성된 문서에는 그 번역문을 첨부하여야 한다(민소법 제277조).

라. 준비서면의 제출시기

준비서면은 소송의 정도에 따라 적절한 시기에 제출할 수 있으나(민소법 제146조) 준비서면에 기재한 사항에 대한 상대방의 준비기간을 두고 제출하여야 한다(민소법 제273조). 새로운 민사소송절차에서는 답변서 또는 준비서면을 받은 때로부터 3주일 이내에 제출하도록 하고 있다. 준비서면의 제출기간은 재판장이 정할 수 있으며 그 기간은 재정기간이므로 재판장이 그 기간을 신축할 수 있다. 따라서 위 기간을 도과하여 제출된 준비서면은 부적법한 것은 아니나 그로 인하여 소송이 지연된 때에는 그 비용을 부담시킬 수 있으며(민소법 제100조, 제107조) 또는 실기한 공격·방어방법의 제출로 인정하여 각하될 수 있다(민소법 제149조, 제285조).

마. 부본의 제출

준비서면은 상대방에게 송달할 부본과 원본을 함께 법원에 제출하여야 한다. 상대방이 수인 있는 때에는 그 수에 상응하는 수의 부본을 제출하여야 하나 그 수인이 공동으로 1인의 소송대리인을 선임하였다면 그 소송대리인에게만 송달할 부본 1통만 제출하면 된다(민소규칙 제48조). 한편, 법원은 필요하다고 인정하는 때에는 소송서류를 제출한 사람에게 그 문서의 전자파일(file)을 전자우편이나 그 밖에 적당한 방법으로 법원에 보내도록 요청할 수 있다(민소규칙 제48조 2항).

바. 준비서면의 송달

준비서면의 부본은 상대방에게 송달하여야 하는바, 이 송달은 법원의 사무관 등이 우편에 의하여 송달하거나 변론기일에 상대방에게 직접 교부하는 게 원칙이나 쌍방당사자가 변호사에 의하여 대리되는 경우에는 일방당사자의 소송대리인인 변호사가 상대방변호사에게 준비서면의 부본을 교부할 수 있다(민소규칙 제47조, 이에 대하여는 "변호사 사이의 송달" 란에서 설명하였다).

사. 준비서면에 기재되지 아니한 사실

준비서면에 기재되지 아니한 사실은 상대방이 출석하지 아니한 때에는 변론에서 주장하지 못한다(민소법 제276조 전단). 이는 상대방을 보호하기 위한 제도이다. 준비서면에 기재하지 아니한 사실까지 주장할 수 있게 한다면 상대방은 예상하지 아니한 소송자료에 기하여 판결을 받게 되어 불합리하다. 그러나 상대방이 출석하여 주장할 수 없는 것은 사실에 관한 것에 한하고 단순한 법률상 견해의 진술은 포함되지 아니한다. 증거의 신청도 이에 포함되는가에 관하여는 증거조사 및 그 결과에 대하여 변론하는 것등은 사실인정에 중대한 영향을 미치는 점에서 공격방어방법의 주장과 다를 바 없다 하여 이를 포함한다고 하는 것이 다수설이다(법원실무제요 민사하 93면). 사실의 진술이라 하더라도 상대방의 주장사실에 대한 부인이나 부지의 진술은 상대방이 이를 예기하고 있는 것이므로 이를 준비서면에 기재하지 아니하였더라도 변론에서 진술할 수 있다.

아. 준비서면의 제출 · 부제출의 효과

(1) 개 설

민사소송법은 준비서면에 의한 변론준비를 권장하기 위해 준비서면을 제출하지 아니하거나 주장사실을 준비서면에 기재하지 아니한 경우에는 불이익이 돌아가도록 하는 한편 그에 의한 변론준비를 완료한 때에는 유리한 취급을 받도록 규정하고 있다.

(2) 준비서면 부제출 등의 경우

준비서면에 기재하지 아니한 사실은 상대방이 출석하지 아니한 때에는 변론에서 주장하지 못한다(민소법 제276조). 상대방이 출석하지 아니한 변론기일에서 당사자가 준비서면에 기재하지 아니한 새로운 사실을 주장할 수 있게 한다면 상대방은 전혀 예상하지 아니한 소송자료에 기하여 판결을 받게 되어 불합리할 뿐 아니라 출석한 당사자의 사실상의 주장에 대하여 반대진술의 기회가 부여되지 아니한 채 이를 자백한 것으로 간주되어(민소법 제150조) 공격방어의 기회를 평등하게 부여하여야 한다는 쌍방심문의 원칙에도 어긋나기 때문이다. 그러나 단독사건의 경우에는 전술과 같이 원칙적으로 서면에 의한 변론의 준비가 필요 없으므로, 특단의 사정이 없는 한(민소법 제272조 2항단서) 당사자는 상대방이 변론기일에 불출석한 때에도 새로운 사실을 주장할 수 있다.

상대방이 출석하지 아니하여 주장할 수 없는 것은 사실에 관한 것에 한하며 단순한 법률상 견해의 진술, 증거조사의 결과에 관한 의견의 진술, 상대방이 충분히 예견할 수 있는 상대방의 주장사실에 관한 인부는 포함되지 아니한다.

(3) 준비서면을 제출한 경우

준비서면을 제출한 때에는 상대방이 불출석하여도 그 기재사실을 주장할 수 있고 상대방은 변론의 전취지에 의해 그 사실을 다툰다고 인정되는 경우 이외에는 이를 자백한 것으로 간주되므로(민소법 제150조 3항) 그에 관한 입증책임을 면하게 된다. 또한 이를 제출한 당사자가 변론 또는 준비절차기일에 출석하지 아니하여도 그 기재사항을 진술한 것으로 간주되므로 불출석으로 인한 불이익을 줄일 수 있다. 그러나 기일해태의 위험이 이로써 막아지는 것은 아니다. 준비서면은 어디까지나 변론의 예고에 그치는 것이기 때문에 이를 제출한 것만으로 소송자료가 될 수 없으며 소송자료가 되기 위해서는 변론에서 진술을 필요로 한다. 따라서 당사자는 제출한 뒤에도 이를 진술하지 않고 그 기재사항을 정정할 수 있다. 이처럼 준비서면은 반드시 변론기일에서 진술 또는 의제 진술되어야만 하는 점이 증거의 신청과 다르다. 증거의 신청은 기일전에도 할 수 있다.

자. 법원의 준비명령 통지

◆ 법원의 준비명령 통지양식(일반용의 경우)

유 의 사 항

1. 준비서면에는 상대방의 주장 및 증거자료에 대하여 각 항목별로 인정하는지 여부를 밝히고, 인정할 수 없다면 그 사유를 구체적으로 기재하여야 합니다.
2. 자신의 주장사실을 뒷받침할 만한 증거를 다음 요령에 따라 함께 제출·신청하시기 바랍니다.
   ① 서증의 경우 : 사본 및 이에 대한 설명서 제출
   ② 증인을 신청할 경우 : 성명 및 입증취지 등을 기재한 증인신청서 제출
   ③ 위 기한까지 자료를 제출하지 않거나 제출된 내용이 부실한 경우에는 더 이상 주장과 증거신청이 없는 것으로 보아 다음 절차로 진행되며, 주장과 증거신청을 늦게 하여 소송을 지연시키는 것으로 인정되는 경우에는 각하되는 불이익을 받을 수 있습니다.

[서식] 준비서면(공사대금, 피고의 항변)

준 비 서 면

사 건 20○○ 가합 제1234호 공사대금청구사건
원 고 정 일 남
피 고 한 국 민

위 사건에 관하여 피고는 다음과 같이 변론을 준비합니다.

아 래

1. 피고는 20○○. 9. 10. 서울 종로구 숭인동 123-4 지상에 연건평 100평 평당공사대금은 1,900,000원씩입니다. 총공사대금은 190,000,000원이 되지만 원고의 설계변경으로 인하여 2평이 감보되었습니다.

2. 피고는 감보된 평수를 공제하고 계산한 금액이 186,200,000원이 되고 이중에서 피고가 원고에게 지불한 돈은 86,200,000원이고, 피고가 미지급한 돈은 100,000,000원이지만 원고는 이건 공사를 완공하지 못하고 마무리 공사와 하자 부분 공사를 피고 제출답변서와 같이 미완성하고 있으며 추가로 옥탑천정과 벽채에 균열이 날이갈수록 점점 더 커지고 있으며, 외벽에 매직공사를 하지 아니하고 신축건물천정에서 물이 떨어져 옥내가 부식되고 있는 상태임으로 위 공사를 완공하여 주거생활에 하자가 없도록 공사를 끝마치고 준공검사를 필하여 소유권 보존등기를 할 수 있도록 하여 준다면 동시이행으로 공사비잔액을 지급할 것을 약속 합니다.

3. 그런데 원고는 도급공사 계약의 요건을 이행하지 아니한 채 공사비만을 청구하여 지급받겠다는 것은 동서고금을 통하여 전대후무한 처사라고 하지 아니할 수가 없습니다.

4. 그러므로 피고는 주장사실을 입증하기 위하여 마무리 공사와 하자보수공사 부분을 전문 건설업체에서 공사비 감정으로 견적서를 발부받아 제출코저 하였으나 각 업체마다 감정을 거부하고 있으므로 증거로 공사비 감정을 신청코저 준비하고 있으니 귀원에서 인정하는 감정인에게 의뢰하여 원고의 추가 공사 비용을 감정하여 이를 기초로 공정한 판결을 하여 주시기 바라며 이에 변론을 준비합니다.

첨 부 서 류

1. 사진 8 매

20○○. 12. 2.

피 고 한 국 민 (인)

서울중앙지방법원 귀중

준비서면의 제출절차와 해설

◆ 준비서면의 제 출	1. 준비서면의 작성방법 : 준비서면에는 ① 당사자의 성명, 명칭 또는 상호와 주소, ② 대리인의 성명과 주소, ③ 사건의 표시, ④ 공격 또는 방어의 방법, ⑤ 상대방의 청구와 공격 또는 방어의 방법에 대한 진술, ⑥ 덧붙인 서류의 표시, ⑦ 년 월 일, ⑧ 법원의 표시 등을 기재하고, 당사자 또는 대리인이 이에 기명날인 또는 서명하여야 한다(민소법 제274조). 2. 준비서면에 첨부할 서면 : 당사자가 소지하는 문서로서 준비서면에 인용한 것은 준비서면에 그 등본 또는 그 사본을 첨부하여야 한다(민소법 제275조 1항). 3. 준비서면의 제출시기 : 준비서면은 소송의 정도에 따라 적절한 시기에 제출할 수 있으나(민소법 제146조), 준비서면에 기재한 사항에 대한 상대방의 준비기간을 두고 제출하여야 한다(민소법 제273조). 새로운 민사소송절차에서는 답변서 또는 준비서면을 받은 때로부터 3주일 이내에 제출하도록 하고 있다. 준비서면의 제출기간은 재판장이 정할 수 있고, 그 기간을 신축할 수도 있다. 위 기간을 도과하여 제출된 준비서면은 부적법한 것은 아니나, 그로 인하여 소송이 지연된 때에는 그 비용을 부담시킬 수 있으며(민소법 제100조, 제107조) 또는 실기한 공격·방어방법의 제출로 인정하여 각하될 수 있다(민소법 제149조, 제285조). 당사자가 기한을 지킬 수 없는 부득이한 사정이 있는 경우에는 그 사정을 이유로 준비서면의 제출기한연장신청을 하여 재판장의 허가를 받으면 허가받은 기간 동안 제출기한이 연장된다. ☞ 제3절 준비서면(556면) 참조
◆ 인지 및 송 달 료	인지를 붙이지 아니한다. 다만 그 준비서면에 신청사항이 포함되어 있으면 민소인지법 제10조에 의하여 인지를 붙인다. 송달료는 소송계속중의 중간적, 부수적 신청에는 따로 납부하지 아니한다.
◆ 제출부수	준비서면 원본 1부 및 상대방 수만큼의 부본을 제출하여야 한다.
◆ 제출법원	본안소송 계속법원에 제출한다.

[서식] 준비서면(어음금, 피고의 항변)

준비서면

사 건 20○○가합1234 어음금

원 고 ○○새마을금고

피 고 이 준 배

위 사건에 관하여 피고는 아래와 같이 변론을 준비합니다.

아 래

1. 원고금고의 20○○. ○. ○.자 소변경신청서의 대출금청구 가운데 20○○. ○. ○.에 2회에 걸쳐 금 150,000,000원씩 합계 금 300,000,000원을 피고에게 대출하였다는 점만 부인합니다.

2. 원고금고는 원고금고의 직원 소외 김동호 등이 피고의 명의를 도용하여 대출받는 방법으로 원고금고의 돈 370,000,000원을 횡령한 사실과 원고금고의 이사장 소외 이창수가 위 횡령금을 책임지고 상환하기로 약속한 사실은 시인하면서도, 소외 김상구가 부정대출 받은 돈 가운데 금 147,000,000원을 변제하고 나머지 금 240,000,000원은 소외 김동호가 원고금고로부터 대출 받아 정리하였으며, 위 20○○. ○. ○.자 금 300,000,000원의 대출금은 위 부정대출금과는 무관하다고 주장하고 있습니다(20○○. ○. ○.자 원고대리인의 준비서면 6의 다항 참조).

3. 피고는 사업에 실패하여 원고금고에 대한 채무 외에도 많은 빚을 지고 있고 그 때문에 피고의 주택 등 전 재산이 압류 또는 가압류된 상태여서 빚 정리를 하고 나면 한 푼도 남지 않는 처지인데(오히려 부족함), 그러한 사정을 잘 알고 있는 원고금고가 피고 명의의 당좌수표(갑 제2호증 및 4호증)를 소지하고 있음을 기화로(피고로서는 위 금 300,000,000원이 아니더라도 이차피 남는 재산이 없다는 점에 착안하여), 위 부정대출금 정리를 위해 소외 이창수 명의로 대출한 금 240,000,000원을 일부라도 환수할 작정으로 이 사건 소제기에 이른 것으로 보입니다.

4. 피고가 위 당좌수표 2매를 원고금고에게 교부한 것은 오로지 상부기관의 감사 때문에 필요하다는 원고금고의 간청에 따른 것인데, 원고금고의 허위주장을 그대로 인정해주면 다른 채권자들을 해치는 결과를 가져오기 때문에 다투고 있을 뿐입니다.

5. 피고가 원고의 무리한 간청을 거절하지 못했던 것은, 피고가 사업을 하는 동안 원고금고의 이사장 소외 이창수와 과장 소외 김동호(실무 책임자로서 현재 ○○교도소 수감중임)로부터 어음할인 및 대출 등의 많은 도움을 받았고, 위 부정대출금에 대하여는 소외 이창수가 원고금고의 이사장 자격으로 책임을 지겠다는 각서(갑 제10호증의 1)까지 써 주었기 때문입니다.

6. 원고는 위 당좌수표에 대하여 소장에서는 수표금으로 청구를 하고, 원고금고의 상근이사 소외 정병수는 증인으로 출석하여 위 당좌수표를 '피고가 할인하여 갔다' 라고 진술한 바 있습니다.

7. 그런데 위 수표금청구를 대여금청구로 변경하면서, 20○○. ○. ○. 차용금한도 금 800,000,000원, 거래기간 20○○. ○. ○.부터 20○○. ○. ○.까지' 라는 취지의 어음거래약정을 피고와 체결하고 그에 따라 약속어음 또는 당좌수표를 담보로 대출해준 돈이라고 주장합니다.

8. 그러나 위 어음거래약정서(갑 제9호증의 1)는 원고금고가 감사대비를 위하여 필요한 서류라고 하면서 날인을 부탁하여서 '채무자본인' 난에 피고가 서명 날인만 해준 것이고, 출금전표 이면(갑 제9호증의 3 및 제9호증의7)에도 역시 원고의 부탁대로 서명날인을 해준 것이지 실제로 위 금 300,000,000원을 대출 받거나 수령한 것이 아닙니다.

9. 피고가 원고에게, 위 금 300,000,000원 대출금에 대한 담보조로 받은 것이 약속어음인지 당좌수표인지를 밝혀달라고 석명을 구하자, 원고는 처음 대출 당시에는 액면 금 150,000,000원 짜리 약속어음 2매(자가789562 및 자가123568)를 받았는데, 위 자가789562 약속어음은 20○○. ○. ○. 갑 제4호증 당좌수표(마가4561234, 액면 금 150,000,000원)와 교환하고, 위 자가123568 약속어음은 피고가 20○○. ○. ○○.에 금 10,000,000원을 변제하여서 같은 해 ○○. ○. 액면금 140,000,000원의 당좌수표(갑 제2호증)와 교환하여 위 2매의 당좌수표를 소지하게 되었다고 합니다.

가. 피고는 우선 원고에게, 약속어음을 당좌수표로 교환하게 된 이유가 무엇인지를 묻습니다. 그리고 원금 중 금 10,000,000원을 20○○. ○. ○○.에 변제 받았다는데 그 돈은 현금인지 수표인지, 수표라면 그 일련번호는 무엇인지 밝혀주실 것을 요구합니다(피고는 위 금 10,000,000원을 변제한 사실이 없습니다). 담보로 제공받는 약속어음은 일자를 백지로 하는 것이 통례이고, 위 당좌수표에 대해서도 원고금고는 발행일자를 후에 보충하였다고 진술하고 있습니다.

나. 원고금고의 주장대로 피고가 위 자가789562 약속어음을 담보로 금 150,000,000원을 대출 받고 200○. ○. ○.부터 같은 해 ○. ○○.까지의 선이자 금 2,663,013원을 납부했다면, 대출 받은 지 5일밖에 안된 ○. ○○.에 굳이 원금 가운데 금 10,000,000원을 변제한다는 것도 극히 이례적인 일이라 하겠습니다. 위 금 10,000,000원은 소외 이창수이사장이나 소외 김동호과장이 원고금고에 상환한 돈이 아닌가 생각합니다.

다. 원고가 대출금에 대한 담보로 받았다고 주장하는 위 2매의 약속어음은 그 액면 금액부터 사실과 다릅니다.

위 자가789562 약속어음은 액면 금액이 금 150,000,000원이 아니라 금 50,000,000원으로(을 제2호증의 1 참조) 피고가 20○○. ○. ○.경 발행하여 건축업을 하는 소외 양명수에게 빌려주었던 것이고, 위 자가123568 약속어음(을 제2호증의 2)은 피고가 같은 해 ○. ○.경 건축업자인 소외 양명수에게 액면 금액을 금 150,100,000원으로 기재하여 발행하였다가, 소외 양명수이 사용하기 편리하도록 액면 금액을 금 50,000,000원으로 쪼개어 발행해달라고 요구하여서 위 어음의 금액 금 150,000,000원을 지우고 그 위 여백에다가 '一金 오천만원' 이라고 고쳐 써 주었더니 보기에 지저분하다고 하여서 새 어음용지로 발행해주고, 위 약속어음은 (어음용지가 아깝기 때문에) 액면 금액을 3,824,850원으로 다시 고쳐서 건축공사장 식대 지급에 사용하였습니다. 원고금고 주장의 허구성이 명백히 드러나는 대목입니다.

원고금고의 주장대로, 설사 위 금 300,000,000원에 대하여 피고와의 사이에 금전소비대차계약이 유효하게 성립되었다 하더라도, 소외 이창수이사장이나 소외 김동호과장 이를 전액 변제하였으므로 피고의 채무는 이미 소멸하였습니다.

20○○. ○. ○.

위 피고 이 준 배 (서명 또는 날인)

서울중앙지방법원 귀중

준비서면의 제출절차와 해설

◆ 준비서면의 제출	1. 준비서면의 작성방법 : 준비서면에는 ① 당사자의 성명, 명칭 또는 상호와 주소, ② 대리인의 성명과 주소, ③ 사건의 표시, ④ 공격 또는 방어의 방법, ⑤ 상대방의 청구와 공격 또는 방어의 방법에 대한 진술, ⑥ 덧붙인 서류의 표시, ⑦ 년 월 일, ⑧ 법원의 표시 등을 기재하고, 당사자 또는 대리인이 이에 기명날인 또는 서명하여야 한다(민소법 제274조). 2. 준비서면에 첨부할 서면 : 당사자가 소지하는 문서로서 준비서면에 인용한 것은 준비서면에 그 등본 또는 그 사본을 첨부하여야 한다(민소법 제275조 1항). 3. 준비서면의 제출시기 : 준비서면은 소송의 정도에 따라 적절한 시기에 제출할 수 있으나(민소법 제146조), 준비서면에 기재한 사항에 대한 상대방의 준비기간을 두고 제출하여야 한다(민소법 제273조). 새로운 민사소송절차에서는 답변서 또는 준비서면을 받은 때로부터 3주일 이내에 제출하도록 하고 있다. 준비서면의 제출기간은 재판장이 정할 수 있고, 그 기간을 신축할 수도 있다. 위 기간을 도과하여 제출된 준비서면은 부적법한 것은 아니나, 그로 인하여 소송이 지연된 때에는 그 비용을 부담시킬 수 있으며(민소법 제100조, 제107조) 또는 실기한 공격·방어방법의 제출로 인정하여 각하될 수 있다(민소법 제149조, 제285조). 당사자가 기한을 지킬 수 없는 부득이한 사정이 있는 경우에는 그 사정을 이유로 준비서면의 제출기한연장신청을 하여 재판장의 허가를 받으면 허가받은 기간 동안 제출기한이 연장된다. ☞ 제3절 준비서면(556면) 참조
◆ 인지 및 송달료	인지를 붙이지 아니한다. 다만 그 준비서면에 신청사항이 포함되어 있으면 민소인지법 제10조에 의하여 인지를 붙인다. 송달료는 소송계속중의 중간적, 부수적 신청에는 따로 납부하지 아니한다.
◆ 제출부수	준비서면 원본 1부 및 상대방 수만큼의 부본을 제출하여야 한다.
◆ 제출법원	본안소송 계속법원에 제출한다.

[서식] 준비서면(양수금, 원고의 변론)

준비서면

사 건 20○○가합1234 양수금
원 고 강 준 호
피 고 이 준 배

위 사건에 대하여 원고는 다음과 같이 변론을 준비합니다.

다 음

피고 제출의 준비서면에 대한 답변

가. 채권의 이중양도사실 여부

이 사건 원고와 소외 채무자 김명구 사이에 채권양도전인 20○○. ○. ○. 소외 채무자 김명구는 또 다른 채권자 소외 이달현에게 채권양도계약서를 작성해 준 사실이 있어 채권이 이중으로 양도된 사실은 피고의 주장과 같습니다. 그러나 그 외 피고의 주장사실에 대하여는 전부 부인합니다.

나. 채권양수인간의 우선권

소외 채무자 김명구는 소외 이달현에 대한 매매대금반환채무의 변제기가 경과된 뒤 지급기일의 연장을 신청하면서 소외 채무자 김명구가 피고에게 가지고 있던 대여금반환채권을 담보조로 당사자간 채권양도계약서를 작성하고, 차용증을 소외 이달현에게 건네 주었으나, 당시 소외 채무자 김명구는 피고에게 위 채권을 양도한 사실에 대하여는 직접 통지하지 않았을 뿐만 아니라 확정일자 있는 증서로 통지하지 않았으며, 피고 또한 위 소외인들 사이의 채권양도사실을 이 사건 양수금청구의 소송 진행 중에 알게 된 것으로 사전에 승낙한 사실도 없다 할 것이고, 가사 채권양도사실을 알고 있었다 하더라도 확정일자 있는 증서에 의한 승낙이 없는 반면, 소외 채무자 김명구는 피고에게 20○○. ○. ○.자 배달증명부 내용증명우편으로 피고에 대한 채권을 원고에게 양도한다는 통지를 한 사실이 있으므로 민법 제450조에 의하면 원고가 우선권 있는 채권양수인이라 할 것이므로, 피고가 단순히 채권이 이중으로 양도되었고, 차용증을 타인이 보관하고 있다하여 원고의 청구를 거부 할 수는 없다 할 것입니다.

다. 원고가 채권양도인의 대리인으로서 한 채권양도의 통지

피고는 답변서에서 채권양도의 통지는 양도인이 하여야 함에도 불구하고 양수인인 원고가 하였으므로 적법한 통지가 아니라고 주장하고 있으나, 채권양도의 통지는 법률행위가 아닌 관념의 통지이므로 대리인이 하여도 무방하다 할 것이고 이는 대법원의 판례에서도 인정되고 있습니다.(대법원 1994. 12. 27. 선고 94다19242 판결 참조) 더욱이 양도인인 소외 채무자 김명구가 채권양도 후 해외로 출국하면서 위임장을 작성해주었으며, 이에 근거하여 배달증명부 내용증명우편으로 양도인의 대리인으로서 채권양도통지를 한 것이므로 적법하다 할 것입니다.

라. 따라서 피고의 이 사건 채권의 이중양도사실 및 채권양도통지의 하자의 주장은 이유가 없다고 할 것입니다.

20○○. ○. ○.

위 원고 ○○○ (서명 또는 날인)

서울중앙지방법원 귀중

준비서면의 제출절차와 해설

◆ 준비서면의 제 출	1. 준비서면의 작성방법 : 준비서면에는 ① 당사자의 성명, 명칭 또는 상호와 주소, ② 대리인의 성명과 주소, ③ 사건의 표시, ④ 공격 또는 방어의 방법, ⑤ 상대방의 청구와 공격 또는 방어의 방법에 대한 신술, ⑥ 덧붙인 서류의 표시, ⑦ 년 월 일, ⑧ 법원의 표시 등을 기재하고, 당사자 또는 대리인이 이에 기명날인 또는 서명하여야 한다(민소법 제274조). 2. 준비서면에 첨부할 서면 : 당사자가 소지하는 문서로서 준비서면에 인용한 것은 준비서면에 그 등본 또는 그 사본을 첨부하여야 한다(민소법 제275조 1항). 3. 준비서면의 제출시기 : 준비서면은 소송의 정도에 따라 적절한 시기에 제출할 수 있으나(민소법 제146조), 준비서면에 기재한 사항에 대한 상대방의 준비기간을 두고 제출하여야 한다(민소법 제273조). 새로운 민사소송절차에서는 답변서 또는 준비서면을 받은 때로부터 3주일 이내에 제출하도록 하고 있다. 준비서면의 제출기간은 재판장이 정할 수 있고, 그 기간을 신축할 수도 있다. 위 기간을 도과하여 제출된 준비서면은 부적법한 것은 아니나, 그로 인하여 소송이 지연된 때에는 그 비용을 부담시킬 수 있으며(민소법 제100조, 제107조) 또는 실기한 공격·방어방법의 제출로 인정하여 각하될 수 있다(민소법 제149조, 제285조). 당사자가 기한을 지킬 수 없는 부득이한 사정이 있는 경우에는 그 사정을 이유로 준비서면의 제출기한연장신청을 하여 재판장의 허가를 받으면 허가받은 기간 동안 제출기한이 연장된다. ☞ 제3절 준비서면(556면) 참조
◆ 인지 및 송 달 료	인지를 붙이지 아니한다. 다만 그 준비서면에 신청사항이 포함되어 있으면 민소인지법 제10조에 의하여 인지를 붙인다. 송달료는 소송계속중의 중간적, 부수적 신청에는 따로 납부하지 아니한다.
◆ 제출부수	준비서면 원본 1부 및 상대방 수만큼의 부본을 제출하여야 한다.
◆ 제출법원	본안소송 계속법원에 제출한다.

[서식] 준비서면(구상금, 피고)

준비서면

사　건　20○○나1234 구상금
원　고　○○○화재해상보험주식회사
피　고　김수하 외 1

위 사건에 관하여 피고들은 다음과 같이 변론을 준비합니다.

다　　　음

1. 공동불법행위자 김수하의 과실비율

이 사건 가해자 소외 최문도의 보험자인 원고에 대한 손해배상소송에서 법원에서 인정한 피고 김수하의 30%의 과실비율은 피고 김수하와 소외 최문도와의 사이에서 손해배상금액을 산정함에 있어 참작된 것일 뿐 위 피고 김수하와 같은 이수호가 공동의 불법행위로 소외 박명수에게 손해를 입혔는지를 판단함에 있어서는 위 과실비율이 그대로 적용될 수 없는 것입니다.

판례도 "트럭운전자 '갑'이 과속으로 중앙선을 침범하여 앞서 가던 오토바이를 추월하려 하다가 때마침 좌회전하는 오토바이를 들이받아 오토바이 운전자인 '을'을 사망하게 하고 이로 인하여 도로 좌측 가의 가로수 밑에서 서있던 '병'을 트럭으로 충격하여 사망하게 한 사고에 있어 피해자 '을'이 안전모를 착용하지 않은 점과 트럭의 동태를 잘 살피지 않은 채 좌회전을 한 점을 과실로 보아 그 과실비율을 30%로 인정한 다음, 제3의 피해자인 '병'에 대한 '을'의 '갑'과의 공동불법행위자로서의 책임비율을 위 과실비율과 같이 본 원심판결에 대하여, '을'의 위 과실 중 안전모를 착용하지 않은 과실은 자신의 손해발생과 손해확대에 관련이 있을 뿐 '병'의 손해발생에 대하여는 인과관계가 있는 과실이라고 볼 수 없다"고 판시하고 있습니다.(대법원 1992. 3. 10. 선고 91다 43459판결 참조)

소외 최문도는 술에 취한 상태에서 중앙선을 침범하여 운행하다가 이 사건 사고를 일으킨 것이고 피고 김수하는 단지 안전모를 착용하지 아니하고 운전면허가 없었다는 것인데 이는 피고 김수하 자신이 입은 손해에 대한 과실비율로 참작될 수는 있을지언정 소외 박명수가 입은 손해에 대한 과실비율로 인정할 수는 없다고 할 것입니다. 따라서 소외 박명수가 이 사건 사고로 인하여 입은 손해는 소외 최문도의 일방적인 과실로 인한 것이며 그렇지 않다 하더라도 피고 김수하의 과실비율은 극히 미미하다고 할 것입니다.

2. 구상권행사요건으로서의 현실적인 출재여부

○○우체국에 대한 사실조회회보결과에 의하면 20○○. ○. ○.에 소외 박명수의 아버지 소외 박송준의 계좌에 금 100,000,000원이 입금된 사실은 인정되나, 을 제12호증의 4(영수증)와 같이 같은 해 ○. ○.에 금 167,000,000원이 입금되었다는 회보는 없습니다.

위 금액은 거액으로서 피고측에서 소외 박명수에게 위 금액을 현실적으로 수령하였는지 문의하였는바, 금 100,000,000원에 대하여는 이를 인정하면서도 나머지 금 167,000,000원에 대하여는 대답을 하지 않고 회피하고 있습니다.

원고가 지출하였다고 주장하는 소외 박명수와의 합의금 275,000,000원은 사망한 소외 망 김호철의 손해배상액이 금 105,887,602원에 불과한 점에 비추어 과다한 금액인바, 원고는 위 금액을 지출하여 소외 박송준이 현실적으로 수령하였다는 것을 입증하여야 할 것입니다.

20○○. ○. ○.

위 피고 1. 김 수 하 (서명 또는 날인)
2. 이 수 호 (서명 또는 날인)

서울중앙지방법원 귀중

준비서면의 제출절차와 해설

◆ 준비서면의 제출	1. 준비서면의 작성방법 : 준비서면에는 ① 당사자의 성명, 명칭 또는 상호와 주소, ② 대리인의 성명과 주소, ③ 사건의 표시, ④ 공격 또는 방어의 방법, ⑤ 상대방의 청구와 공격 또는 방어의 방법에 대한 진술, ⑥ 덧붙인 서류의 표시, ⑦ 년 월 일, ⑧ 법원의 표시 등을 기재하고, 당사자 또는 대리인이 이에 기명날인 또는 서명하여야 한다(민소법 제274조). 2. 준비서면에 첨부할 서면 : 당사자가 소지하는 문서로서 준비서면에 인용한 것은 준비서면에 그 등본 또는 그 사본을 첨부하여야 한다(민소법 제275조 1항). 3. 준비서면의 제출시기 : 준비서면은 소송의 정도에 따라 적절한 시기에 제출할 수 있으나(민소법 제146조), 준비서면에 기재한 사항에 대한 상대방의 준비기간을 두고 제출하여야 한다(민소법 제273조). 새로운 민사소송절차에서는 답변서 또는 준비서면을 받은 때로부터 3주일 이내에 제출하도록 하고 있다. 준비서면의 제출기간은 재판장이 정할 수 있고, 그 기간을 신축할 수도 있다. 위 기간을 도과하여 제출된 준비서면은 부적법한 것은 아니나, 그로 인하여 소송이 지연된 때에는 그 비용을 부담시킬 수 있으며(민소법 제100조, 제107조) 또는 실기한 공격·방어방법의 제출로 인정하여 각하될 수 있다(민소법 제149조, 제285조). 당사자가 기한을 지킬 수 없는 부득이한 사정이 있는 경우에는 그 사정을 이유로 준비서면의 제출기한연장신청을 하여 재판장의 허가를 받으면 허가받은 기간 동안 제출기한이 연장된다. ☞ 제3절 준비서면(556면) 참조
◆ 인지 및 송달료	인지를 붙이지 아니한다. 다만 그 준비서면에 신청사항이 포함되어 있으면 민소인지법 제10조에 의하여 인지를 붙인다. 송달료는 소송계속중의 중간적, 부수적 신청에는 따로 납부하지 아니한다.
◆ 제출부수	준비서면 원본 1부 및 상대방 수만큼의 부본을 제출하여야 한다.
◆ 제출법원	본안소송 계속법원에 제출한다.

[서식] 준비서면(임대차관련 건물명도청구, 피고의 항변)

준비서면

사 건 20○○가단1234 건물명도청구
원 고 강 준 호
피 고 이 준 배

위 사건에 관하여 피고는 다음과 같이 변론을 준비합니다.

다 음

1. 이 사건의 쟁점

원고가 이 사건 건물의 명도를 구하는 이 사건에서 피고가 점유하고 있는 임대차목적물의 용도가 주거용인지 비주거용인지가 쟁점이라 할 것입니다.

2. 피고는 이 사건 임대차목적물을 주거용으로 사용하고 있습니다.

가. 피고가 이 사건 임대차목적물을 임차한 목적

피고는 20○○. ○. ○. 당시 이 사건 건물의 소유자였던 소외 이창수와 이 사건 임대차목적물에 관하여 임대차계약을 체결하였는바, 그 계약서상에 임차목적물이 '점포, 방'으로 기재되어 있을 뿐만 아니라 임대인은 준공검사 후 부엌을 해주기로 하는 약정이 있습니다{을 제1호증의 1(부동산전세계약서) 참조}. 위와 같은 약정은 이 사건 임대차목적물이 주거용으로 사용하기 위하여 임차된 것이라는 것을 입증하는 것이라 할 것입니다.

또한, 피고는 현재 이 사건 임대차목적물에서 문방구를 운영하고 있지만 위 문방구를 개업한 시기는 20○○. ○. ○.이고{을 제5호증(사업자등록증) 참조}, 피고가 이 사건 임대차목적물을 처음 임차한 시기는 20○○. ○. ○.입니다{을 제1호증의 1(부동산전세계약서) 참조}. 이는 피고가 문방구를 운영하기 위하여 이 사건 임대차목적물을 임차한 것이 아니고 위에서 본 바와 같이 주거용으로 사용하기 위하여 임차하였다가 부업으로 문방구를 운영하게 된 것이라는 것을 입증하는 것이라 할 것이므로, 피고가 현재 문방구를 운영하고 있다는 사실만으로 이 사건 임대차목적물이 주거용 건물이 아니라고 볼 수는 없을 것입니다.

나. 이 사건 건물의 공부상의 용도

이 사건 건물의 용도는 공부상 지층, 1층의 일부는 근린생활시설이고, 1층의 일부와 2층, 3층은 다가구주택으로 되어 있습니다{갑 제2호증(건축물대장등본) 참조}. 즉, 피고가 임차하고 있는 부분은 이 사건 건물의 1층 부분인바, 피고가 임차하고 있는 부분의 용도는 일부는 근린생활시설이고 일부는 다가구주택이라고 할 것이므로 공부상의 용도만을 보더라도 이 사건 건물의 전체적인 용도는 주거용이라 할 것이고 이 사건 임대차목적물은 단지 일반 상가로 사용되기 위하여 건축된 것이라고는 볼 수 없다 할 것입니다.

다. 이 사건 임대차목적물의 구조 및 이용관계

원고가 준비서면에 첨부한 현황측량도를 보면 이 사건 임대차목적물이 점포와 방만으로 구성되어 있는 것으로 되어 있으나, 실제로는 이 사건 임대차목적물의 방 뒷편으로는 주거생활에 필요한 부엌과 피고 가족이 사용하는 화장실이 설치되어 있을 뿐만 아니라 문방구로 사용하는 면적과 주거생활을 하는 방과 부엌을 합한 면적은 비슷합니다(증인 김동호의 증언 참조). 또한, 피고는 이 사건 임대차목적물 이외에는 다른 거처가 없어 그 곳에서 피고의 유일한 가족인 딸과 함께 주거생활을 영위한 지가 약 8년 정도 되었고 이 사건 임대차 목적물의 일부인 살림방에는 TV, 피고의 딸이 사용하는 학생용 책상, 장롱 등 일상생활에 필요한 가구들이 비치되어 있으며 피고의 딸도 이 사건 임대차목적물이 위치하고 있는 곳과 가까운 ○○초등학교에 다니고 있습니다(위 증인의 증언 참조).

라. 이 사건 건물의 주변상황

이 사건 건물의 주변상황은 노면을 따라 한산한 상권이 이루어져 있고 후면은 학교 및 주택지역이며{을 제7호증의 7(감정평가서) 참조}, 이 사건 건물이 위치하고 있는 지역의 용도는 일반주거지역{갑 제4호증(토지이용계획확인원) 참조}인 점에 비추어 보더라도 이 사건 임대차목적물이 주거용으로 사용되었음을 알 수 있을 것입니다.

마. 경매절차에서의 피고의 임대차관계에 대한 평가

이 사건 건물 및 대지는 귀원 20○○타경○○호 부동산경매사건으로 경매신청되어 감정가 금 278,195,000원으로 평가되었고 소외 양명수가 20○○. ○. ○. 금 195,550,000원에 매수하여 같은 날 원고에게 그 소유권을 이전해주었습니다.

이 사건 건물 및 대지에 관하여 경매절차가 진행될 당시 경매지에서는 피고를 이 사건 건물의 대항력 있는 임차인으로 평가하고 있고{을 제6호증의 1, 2(경매지 표지 및 내용) 참조}, 귀원에서 작성한 이해관계인표에서도 피고가 주민등록전입신고는 20○○. ○. ○.에, 확정일자는 20○○. ○. ○○.에 받아 피고에게 배당을 할 수는 없으나 대항력 있는 임차인에 해당한다는 표시를 하고 있습니다{을 제7호증의 9(이해관계인표) 참조}.

바. 원고가 제출한 참조판례에 관하여

원고는 원고의 주장을 뒷받침하기 위하여 대법원 1996. 3. 12. 선고 95다51953 판결을 참조판례로 제출하고 있는바, 위 판결의 사실관계는 임대차계약서상에 용도 다방, 유익비 청구 포기 등의 약정이 있고 위 사건의 임차인은 사건 건물에 항시 거주하였던 것이 아니었다는 것인바, 이는 이 사건의 사실관계와 현격히 다른 점이 있다 할 것이므로 이 사건에 적용할 만한 판례가 아니라 할 것입니다.

오히려 대법원 1988. 12. 27. 선고 87다카2024 판결에 의하면, 임차목적물의 용도가 공부상 근린생활시설 및 주택용 4층 건물이고 주거 및 상업 목적으로 사용하기 위하여 자녀를 데리고 입주하였으며 사건 건물의 소유자는 건물의 뒷편에 가건물로 부엌을 설치하여 주었고 장독대와 공동으로 사용하고 있는 화장실이 있는 경우 임차인이 임치하고 있는 건물은 주거용 건물에 해당한다고 판시하고 있습니다. 위 판례는 이 사건 사실관계와 아주 흡사한 경우로서 이 사건에 있어서도 적용될 수 있다고 할 것입니다.

3. 결 어

위에서 본 바와 같이 피고는 이 사건 임대차목적물을 주거용으로 사용하고 있어 주택임대차보호법상의 대항력 있는 임차인이라 할 것이므로, 피고는 임차보증금 33,000,000원(피고가 지급한 임차보증금은 금 36,000,000원이지만 금 3,000,000원은 이 사건 건물에 대한 경매절차를 통하여 배당 받은 제1순위 근저당권이 설정된 뒤에 증액된 것이어서 금 33,000,000원만이 대항력을 가진 임차보증금이라 할 것입니다)을 반환 받지 않는 이상 피고가 임차하고 있는 이 사건 임대차목적물을 원고에게 명도 할 의무가 없다 할 것입니다.

첨 부 서 류

1. 참고판례(대법원 1988. 12. 27. 선고 87다카2024 판결)

20○○. ○. ○.

위 피고 이 준 배 (서명 또는 날인)

서울중앙지방법원 귀중

준비서면의 제출절차와 해설

◆ 준비서면의 제 출	1. 준비서면의 작성방법 : 준비서면에는 ① 당사자의 성명, 명칭 또는 상호와 주소, ② 대리인의 성명과 주소, ③ 사건의 표시, ④ 공격 또는 방어의 방법, ⑤ 상대방의 청구와 공격 또는 방어의 방법에 대한 진술, ⑥ 덧붙인 서류의 표시, ⑦ 년 월 일, ⑧ 법원의 표시 등을 기재하고, 당사자 또는 대리인이 이에 기명날인 또는 서명하여야 한다(민소법 제274조). 2. 준비서면에 첨부할 서면 : 당사자가 소지하는 문서로서 준비서면에 인용한 것은 준비서면에 그 등본 또는 그 사본을 첨부하여야 한다(민소법 제275조 1항). 3. 준비서면의 제출시기 : 준비서면은 소송의 정도에 따라 적절한 시기에 제출할 수 있으나(민소법 제146조), 준비서면에 기재한 사항에 대한 상대방의 준비기간을 두고 제출하여야 한다(민소법 제273조). 새로운 민사소송절차에서는 답변서 또는 준비서면을 받은 때로부터 3주일 이내에 제출하도록 하고 있다. 준비서면의 제출기간은 재판장이 정할 수 있고, 그 기간을 신축할 수도 있다. 위 기간을 도과하여 제출된 준비서면은 부적법한 것은 아니나, 그로 인하여 소송이 지연된 때에는 그 비용을 부담시킬 수 있으며(민소법 제100조, 제107조) 또는 실기한 공격·방어방법의 제출로 인정하여 각하될 수 있다(민소법 제149조, 제285조). 당사자가 기한을 지킬 수 없는 부득이한 사정이 있는 경우에는 그 사정을 이유로 준비서면의 제출기한연장신청을 하여 재판장의 허가를 받으면 허가받은 기간 동안 제출기한이 연장된다. ☞ 제3절 준비서면(556면) 참조
◆ 인지 및 송 달 료	인지를 붙이지 아니한다. 다만 그 준비서면에 신청사항이 포함되어 있으면 민소인지법 제10조에 의하여 인지를 붙인다. 송달료는 소송계속중의 중간적, 부수적 신청에는 따로 납부하지 아니한다.
◆ 제출부수	준비서면 원본 1부 및 상대방 수만큼의 부본을 제출하여야 한다.
◆ 제출법원	본안소송 계속법원에 제출한다.

[서식] 준비서면(부부간의 명의신탁약정, 소유권이전등기, 원고)

준비서면

사 건 20○○가단1234 소유권이전등기
원 고 강 준 호
피 고 이 준 배

위 사건에 관하여 원고는 다음과 같이 변론을 준비합니다.

다 음

1. 부동산실권리자명의등기에관한법률의 적용범위(명의신탁약정의 개념)

가. 부동산실권리자명의등기에관한법률의 대상이 되는 명의신탁약정은 '부동산에 관한 소유권 기타 물권(이하 부동산에 관한 물권이라 함)을 보유한 자 또는 사실상 취득하거나 취득하려고 하는 자가 타인과의 사이에 대내적으로는 실권리자가 부동산에 관한 물권을 보유하거나 보유하기로 하고 그에 관한 등기는 그 타인의 명의로 하기로 하는 약정' 이라고 정의됩니다(부동산실권리자명의등기에관한법률 제2조 제1호).

나. 여기서 '물권을 보유한 자' 는 소유권 기타 물권자로 등기되어 있는 자는 물론, 건물의 신축자와 같은 원시취득자와 민법 제187조에 의하여 물권을 취득하였으나 아직 등기를 마치지 아니한 자를 포함합니다.

한편 '사실상 취득하거나 취득하려고 하는 자' 란 예컨대 매매계약을 맺고 그 대금을 지급하는 등 소유권 기타 물권자로 등기할 지위에 있으나 아직 등기하지 않은 자를 말한다 할 것입니다.

2. 이 사건 각 명의신탁약정의 효력

가. 별지목록 제1기재 부동산(○○도 임야)에 대한 명의신탁

(1) 원고는 (주)○○주택의 대표이사로 재직 중이던 20○○. ○. ○. (주)

○○주택 소유의 ○○ ○○읍 ○○길 ○○ 소재 ○○빌라 3채(201호, 301호, 302호, 갑 제8호증의 1, 2, 3 각 부동산등기부등본)를 대표이사 자격으로 자신에게 증여를 함(증인 이창수의 증언, (주)○○주택은 소규모 회사로서 사실상 원고의 개인기업과 같았음)과 동시에 개인자격으로 소외 김동호와 그 소유의 별지목록 제1기재 부동산(○○도 임야)과 교환하는 계약을 체결하였고(갑 제6호증 부동산물물교환계약서, 갑 제3호증의 1 부동산등기부등본, 등기원인은 매매로 기재되어 있으나 그 실질은 교환), 20○○. ○. ○. 별지목록 제1기재 부동산의 등기명의를 피고명의로 하였습니다(갑 제3호증의 1 부동산등기부등본).

즉, 신탁자(원고)가 별지목록 제1기재 부동산에 관해 수탁자(피고)와 명의신탁약정을 맺고, 신탁자가 교환계약의 당사자가 되어 소외 김동호와 교환계약을 체결하되 다만 등기를 소외 김동호로부터 수탁자(피고) 앞으로 직접 이전하는 명의신탁유형(3자간등기명의신탁)을 취하었던 것입니다(증인 이창수의 증언 참조).

(2) 위 제1항에서 주장한 바와 같이 신탁자의 자격은 반드시 '물권을 현실적으로 보유한 자' 만을 지칭하는 것이 아니고, '사실상 취득하거나 취득하려고 하는 자' 도 포함하기 때문에 원고와 같이 '증여를 받은 이후 소유권자로 등기할 지위에 있으나 아직 등기하지 않은 자' 도 신탁자의 자격을 갖추고 명의신탁약정을 맺을 자격이 있다 할 것이므로 피고 앞으로의 별지목록 제1기재 부동산에 대한 부부(夫婦)간의 명의신탁약정은 유효하다 할 것입니다.

나. 별지목록 제2기재 부동산(○○도 임야)에 대한 명의신탁

(1) 한편, 원고는 20○○. ○. ○. (주)○○주택의 대표이사 자격으로 소외 정병수에게 (주)○○주택을 양도하였는바, (주)○○주택 소유의 ○○시 ○○구 ○○로 ○○ 소재 ○○빌라 3채(지하층 102호, 1층 101호, 2층 201호, 갑 제8호증의 4, 5, 6 각 부동산등기부등본)는 양도재산에서 제외시키고(갑 제9호증 법인양도양수계약서, 갑 제10호증 법인등기부등본), 원고 개인에게 증여하였습니다(증인 이창수의 증언 참조).

(2) 원고는 위 ○○빌라 3채를 증여 받은 이후 20○○. ○. ○. 개인자격{(주)○○주택이 이미 양도되었기 때문}으로 소외 김동호와 그 소유의 별지목

록 제2기재 부동산(○○도 임야)과 교환하는 계약을 체결하였고(갑 제7호증 부동산교환계약서, 갑 제3호증의 2 부동산등기부등본, 등기원인은 매매로 기재되어 있으나 그 실질은 교환), 20○○. ○. ○. 별지목록 제2기재 부동산의 등기명의를 피고 명의로 하였습니다.

(3) 즉, 신탁자(원고)가 별지목록 제2기재 부동산에 관해 수탁자(피고)와 명의신탁약정을 맺고, 신탁자가 교환계약의 당사자가 되어 소외 김동호와 교환계약을 체결하되 다만 등기를 소외 김동호로부터 수탁자(피고) 앞으로 직접 이전하는 명의신탁유형(3자간등기명의신탁)을 취하였던 것입니다(증인 이창수의 증언 참조).

(4) 위 명의신탁도 위에서 주장한 바와 같이 부부간의 명의신탁으로서 유효하다 할 것입니다.

3. 결론

위와 같이 신탁자의 자격은 반드시 '물권을 현실적으로 보유한 자' 만을 지칭하는 것이 아니고, '사실상 취득하거나 취득하려고 하는 자' 도 포함하기 때문에 원고와 같이 '위 ○○빌라 6채를 증여 받은 이후 소유권자로 등기할 지위에 있으나 아직 등기하지 않은 자' 도 신탁자의 자격을 갖추고 명의신탁약정을 맺을 적법한 자격이 있다 할 것이므로 피고 앞으로의 별지목록 기재 각 부동산에 대한 부부(夫婦)간의 명의신탁약정은 유효하다 할 것이고, 위 명의신탁약정이 적법하게 해지되었을 때에는 별지목록 기재 각 부동산은 당연히 신탁자인 원고(비록 물권을 현실적으로 보유한 등기명의자가 아니더라도)에게 귀속된다 할 것이므로 원고의 청구는 인정되어야 할 것입니다.

첨 부 서 류

1. 참고자료 1통

20○○. ○. ○.

위 원고 ○○○ (서명 또는 날인)

서울중앙지방법원 귀중

준비서면의 제출절차와 해설

◆ 준비서면의 제출	1. 준비서면의 작성방법 : 준비서면에는 ① 당사자의 성명, 명칭 또는 상호와 주소, ② 대리인의 성명과 주소, ③ 사건의 표시, ④ 공격 또는 방어의 방법, ⑤ 상대방의 청구와 공격 또는 방어의 방법에 대한 진술, ⑥ 덧붙인 서류의 표시, ⑦ 년 월 일, ⑧ 법원의 표시 등을 기재하고, 당사자 또는 대리인이 이에 기명날인 또는 서명하여야 한다(민소법 제274조). 2. 준비서면에 첨부할 서면 : 당사자가 소지하는 문서로서 준비서면에 인용한 것은 준비서면에 그 등본 또는 그 사본을 첨부하여야 한다(민소법 제275조 1항). 3. 준비서면의 제출시기 : 준비서면은 소송의 정도에 따라 적절한 시기에 제출할 수 있으나(민소법 제146조), 준비서면에 기재한 사항에 대한 상대방의 준비기간을 두고 제출하여야 한다(민소법 제273조). 새로운 민사소송절차에서는 답변서 또는 준비서면을 받은 때로부터 3주일 이내에 제출하도록 하고 있다. 준비서면의 제출기간은 재판장이 정할 수 있고, 그 기간을 신축할 수도 있다. 위 기간을 도과하여 제출된 준비서면은 부적법한 것은 아니나, 그로 인하여 소송이 지연된 때에는 그 비용을 부담시킬 수 있으며(민소법 제100조, 제107조) 또는 실기한 공격·방어방법의 제출로 인정하여 각하될 수 있다(민소법 제149조, 제285조). 당사자가 기한을 지킬 수 없는 부득이한 사정이 있는 경우에는 그 사정을 이유로 준비서면의 제출기한연장신청을 하여 재판장의 허가를 받으면 허가받은 기간 동안 제출기한이 연장된다. ☞ 제3절 준비서면(556면) 참조
◆ 인지 및 송달료	인지를 붙이지 아니한다. 다만 그 준비서면에 신청사항이 포함되어 있으면 민소인지법 제10조에 의하여 인지를 붙인다. 송달료는 소송계속중의 중간적, 부수적 신청에는 따로 납부하지 아니한다.
◆ 제출부수	준비서면 원본 1부 및 상대방 수만큼의 부본을 제출하여야 한다.
◆ 제출법원	본안소송 계속법원에 제출한다.

[서식] 준비서면(계약금 등 반환, 원고)

준비서면

사 건 20○○가단1234 계약금 등 반환
원 고 강 준 호
피 고 이 준 배

위 사건에 관하여 원고는 다음과 같이 변론을 준비합니다.

다 음

1. 중도금수령거절

피고는 원고가 중도금을 약정한 시기에 지급하지 아니하므로 계약해제 할 수 밖에 없었다고 주장하나 이는 사실이 아닙니다.

원고와 피고는 20○○. ○. ○. 피고 소유의 ○○시 ○○로 ○○ 대 166㎡ 및 지상 주택을 대금 1억 2,000만원에 매매하기로 계약하고, 원고는 같은 날 피고에게 계약금 1,000만원을 지급하였고 같은 해 ○. ○○. 약속대로 피고의 집을 방문하여 중도금 5,000만원을 지급하려고 하였으나 집이 비어있는 관계로 중도금을 지급하지 못하였고, 피고의 처 소외 양명수가 운영하는 같은 동 소재 ○○갈비집으로 찾아가 중도금의 지급의사를 밝혔으나 피고의 처 소외 양명수는 피고가 중도금을 수령하지 말라고 했다면서 수령을 거부하였습니다.

2. 계약금의 반환

피고는 20○○. ○○. ○. 원고에게 전화로 부동산가격이 올랐으므로 매매가격을 조정할 것을 요청하였으며, 원고가 이에 대한 거부의사를 표시하자 원고가 중도금을 제때 지급하지 아니한다는 이유로 20○○. ○○. ○○. 계약금 중 금 500만원을 반환하며 계약해제의 의사표시를 하였습니다.

3. 위약금의 지급책임

이 사건 매매계약해제의 원인이 원고가 중도금을 약정된 시기에 지급하지 아니 하였기 때문이라는 피고의 주장은 사실과 다르므로 부인합니다. 피고는 원고와는 무관하게 일방적으로 부동산가격의 상승을 이유로 중도금의 수령을 거부하고 계약해제통지를 하였으므로 피고가 이 사건 부동산매매계약의 해제로 인한 위약의 책임을 부담하여야 하며 위약의 책임범위는 피고가 지급 받은 계약금 1,000만원 중 원고에게 반환하지 아니한 금 500만원 이외에도 계약서상 명시된 대로 매도인이 계약해제한 경우에 지급하기로 되어있는 계약금에 해당하는 금 1,000만원을 위약금으로 추가 지급하여야 할 것입니다

20○○. ○. ○.

위 원고 강준호 (서명 또는 날인)

서울중앙지방법원 귀중

준비서면의 제출절차와 해설

◆ 준비서면의 제출	1. 준비서면의 작성방법 : 준비서면에는 ① 당사자의 성명, 명칭 또는 상호와 주소, ② 대리인의 성명과 주소, ③ 사건의 표시, ④ 공격 또는 방어의 방법, ⑤ 상대방의 청구와 공격 또는 방어의 방법에 대한 진술, ⑥ 덧붙인 서류의 표시, ⑦ 년 월 일, ⑧ 법원의 표시 등을 기재하고, 당사자 또는 대리인이 이에 기명날인 또는 서명하여야 한다(민소법 제274조). 2. 준비서면에 첨부할 서면 : 당사자가 소지하는 문서로서 준비서면에 인용한 것은 준비서면에 그 등본 또는 그 사본을 첨부하여야 한다(민소법 제275조 1항). 3. 준비서면의 제출시기 : 준비서면은 소송의 정도에 따라 적절한 시기에 제출할 수 있으나(민소법 제146조), 준비서면에 기재한 사항에 대한 상대방의 준비기간을 두고 제출하여야 한다(민소법 제273조). 새로운 민사소송절차에서는 답변서 또는 준비서면을 받은 때로부터 3주일 이내에 제출하도록 하고 있다. 준비서면의 제출기간은 재판장이 정할 수 있고, 그 기간을 신축할 수도 있다. 위 기간을 도과하여 제출된 준비서면은 부적법한 것은 아니나, 그로 인하여 소송이 지연된 때에는 그 비용을 부담시킬 수 있으며(민소법 제100조, 제107조) 또는 실기한 공격·방어방법의 제출로 인정하여 각하될 수 있다(민소법 제149조, 제285조). 당사자가 기한을 지킬 수 없는 부득이한 사정이 있는 경우에는 그 사정을 이유로 준비서면의 제출기한연장신청을 하여 재판장의 허가를 받으면 허가받은 기간 동안 제출기한이 연장된다. ☞ 제3절 준비서면(556면) 참조
◆ 인지 및 송달료	인지를 붙이지 아니한다. 다만 그 준비서면에 신청사항이 포함되어 있으면 민소인지법 제10조에 의하여 인지를 붙인다. 송달료는 소송계속중의 중간적, 부수적 신청에는 따로 납부하지 아니한다.
◆ 제출부수	준비서면 원본 1부 및 상대방 수만큼의 부본을 제출하여야 한다.
◆ 제출법원	본안소송 계속법원에 제출한다.

[서식] 준비서면(임차보증금반환청구, 원고)

준비서면

사 건 20○○가합1234 임차보증금반환청구

원 고 강 준 호

피 고 이 준 배

위 사건에 관하여 원고는 다음과 같이 변론을 준비합니다.

다 음

1. 피고 주장에 대한 답변

가. 피고는 원고가 이 사건 주택을 피고로부터 임차한 것이 아니라 이 사건 주택에 대해여 아무런 권한이 없는 소외 이창수와 사이에 임대차계약을 체결하였으므로 피고는 원고의 임차보증금반환청구에 응할 수 없다고 합니다.

나. 그러나 원래 피고는 20○○. ○. ○. 소외 이창수에게 금 504,000,000원에 이 사건 주택이 포함된 연립주택(○○빌라) 건물의 신축공사를 도급하였는바, 그 공사가 완공된 뒤에도 그 공사대금 중 금 273,537,400원을 지급하지 못하게 되자 20○○. ○. ○. 위 연립주택 중 제101호(이 사건 주택)와 제102호에 대하여 소외 이창수에게 피고를 대리하여 이를 분양하거나 임대할 권리를 부여하고 그 분양대금으로 공사비에 충당하기로 약정하였던 것인데, 원고는 소외 이창수와 사이에 이 사건 주택에 대하여 20○○. ○. ○. 임대차기간 2년, 임대차보증금은 금 ○○○원으로 하는 임대차계약을 체결하고 그 임대보증금을 완불한 뒤 20○○. ○. ○.에 이 사건 주택에 입주하고 있는 것입니다.

2. 표현대리

가. 설사 소외 이창수에게 피고를 대리하여 이 사건 주택을 매각할 권리만 있을 뿐이고 이를 임대할 대리권이 없다고 하더라도 소외 이창수는 피고의 표현대리인이라고 할 것이고, 따라서 이 사건 임대차계약의 효력은 피고에게 미친다고 할 것입니다.

나. 즉, 피고는 소외 이창수에게 이 사건 주택의 분양대리권을 준 것이고 분양대리권에는 당연히 임대할 대리권도 포함하는 것이 일반적이라고 할 것인바, 피고는 소외 이창수에게 분양권을 주는 각서를 만들어 교부하였고 소외 이창수는 자신에게 임대할 권리가 있다고 말하였는바, 위 인증서를 확인한 원고로서는 소외 이창수에게 이 사건 주택을 임대할 대리권이 있다고 믿음에 아무런 과실이 없다고 할 것인즉, 소외 이창수의 대리행위가 설사 무권대리라고 할지라도 권한을 넘는 표현대리로서 유효하다고 할 것입니다.

20○○. ○. ○.

위 원고 ○○○ (서명 또는 날인)

서울중앙지방법원 귀중

준비서면의 제출절차와 해설

◆ 준비서면의 제출	1. 준비서면의 작성방법 : 준비서면에는 ① 당사자의 성명, 명칭 또는 상호와 주소, ② 대리인의 성명과 주소, ③ 사건의 표시, ④ 공격 또는 방어의 방법, ⑤ 상대방의 청구와 공격 또는 방어의 방법에 대한 진술, ⑥ 덧붙인 서류의 표시, ⑦ 년 월 일, ⑧ 법원의 표시 등을 기재하고, 당사자 또는 대리인이 이에 기명날인 또는 서명하여야 한다(민소법 제274조). 2. 준비서면에 첨부할 서면 : 당사자가 소지하는 문서로서 준비서면에 인용한 것은 준비서면에 그 등본 또는 그 사본을 첨부하여야 한다(민소법 제275조 1항). 3. 준비서면의 제출시기 : 준비서면은 소송의 정도에 따라 적절한 시기에 제출할 수 있으나(민소법 제146조), 준비서면에 기재한 사항에 대한 상대방의 준비기간을 두고 제출하여야 한다(민소법 제273조). 새로운 민사소송절차에서는 답변서 또는 준비서면을 받은 때로부터 3주일 이내에 제출하도록 하고 있다. 준비서면의 제출기간은 재판장이 정할 수 있고, 그 기간을 신축할 수도 있다. 위 기간을 도과하여 제출된 준비서면은 부적법한 것은 아니나, 그로 인하여 소송이 지연된 때에는 그 비용을 부담시킬 수 있으며(민소법 제100조, 제107조) 또는 실기한 공격·방어방법의 제출로 인정하여 각하될 수 있다(민소법 제149조, 제285조). 당사자가 기한을 지킬 수 없는 부득이한 사정이 있는 경우에는 그 사정을 이유로 준비서면의 제출기한연장신청을 하여 재판장의 허가를 받으면 허가받은 기간 동안 제출기한이 연장된다. ☞ 제3절 준비서면(556면) 참조
◆ 인지 및 송달료	인지를 붙이지 아니한다. 다만 그 준비서면에 신청사항이 포함되어 있으면 민소인지법 제10조에 의하여 인지를 붙인다. 송달료는 소송계속중의 중간적, 부수적 신청에는 따로 납부하지 아니한다.
◆ 제출부수	준비서면 원본 1부 및 상대방 수만큼의 부본을 제출하여야 한다.
◆ 제출법원	본안소송 계속법원에 제출한다.

[서식] 준비서면(대여금청구, 원고)

준비서면

사　건　20○○가합1234○ 대여금청구
원　고　강 준 호
피　고　이 준 배

위 사건에 관하여 원고는 다음과 같이 변론을 준비합니다.

다　　　음

1. 사실관계의 정리

가. 대여금 액수에 대하여

피고는 ○○구 ○○로에서 '○횟집'을 운영하였습니다. 그러던 중, 피고는 원고로부터 20○○년경 금 2,500만원, 20○○년경 금 3,500만원 합계 금 6,000만원을 빌렸습니다.

나. 다툼 없는 사실의 정리

피고는 20○○년경 금 2,500만원을 빌렸다는 것을 인정하고 있으나, 20○○년경 금 3,500만원을 빌렸다는 사실은 이를 부인하고 있으며, 피고가 오히려 원고에게 금 80,919,000원을 원금과 이자조로 변제하였다고 주장하고 있습니다.

다. 따라서 이 사건의 쟁점은 피고가 20○○년경 금 3,500만원을 빌린 사실이 있는지, 피고가 원고에게 이자 및 원금의 상환조로 준 돈이 얼마인지라고 하겠습니다.

2. 금 3,500만원의 대여여부에 관하여

가. 피고의 주장

피고는 원고가 20○○년경 위 횟집의 전세보증금으로 투자한 금 2,800만원과 권리금 1,000만원을 합한 금액에서 금 300만원을 뺀 금 3,500만원에 이 사건 횟집을 인수하기로 피고와 합의하였으나 이를 이행하지 않았으므로, 결과적으로 피고는 채무를 지지 않고 있다는 것입니다.

나. 피고 주장의 부당성

원고는 피고가 먼저 빌려간 금 2,500만원의 원금은커녕 이자의 지급마저 게을리 하고 있자, 이를 독촉하던 차에 피고가 자신에게 금 3,500만원을 추가로 빌려준다면 소외 이창수에게 들고 있던 계금 5,400만원의 명의를 원고에게 이전시켜 주겠다고 기망하였습니다. 이에 원고는 소외 이창수로부터 피고가 위 계원으로 있는지 확인(수사기록 78면, 진술조서)을 하였고, 기존에 빌려주었던 금 2,500만원까지 확보하겠다는 욕심에 친구로부터 금 4,000만원을 차용하여 피고에게 금 3,500만원을 빌려 주었던 것입니다.

그러나 피고는 위 계금을 성실히 납부하지 않았고 원고는 빌려준 금 3,500만원을 위 계금으로 충당하지 못하게 된 것입니다.

3. 피고가 이자 및 원금상당의 금원을 변제하였는지

가. 피고의 주장

피고는 20○○. ○.경부터 20○○. ○.경까지 총액 금 80,919,000원을 갚았고 이것으로 이자뿐만이 아니라 원금까지 변제되었다고 주장하고 있습니다.

나. 피고 주장의 부당성

그러나 피고는 증거로 장부를 제출하고도 도대체 어느 부분이 피고의 주장사실에 부합하는지 특정도 하지 않았으며, 게다가 위 장부와 사실확인서는 객관성도 없습니다.

원고는 총액 금 1,500여만원 정도를 피고로부터 받은 사실은 있으나 이는 어디까지나 이자조로 받은 것이지 원금이 상환된 것도 아닙니다. 이것은 각서상으로도 분명히 인정되고 있습니다.

4. 결 론

결국 피고의 주장은 어느 것도 이를 인정할 만한 정도로 입증되지 않은 허위의 진술에 지나지 않습니다. 오히려 원고는 금 6,000만원이나 되는 거금을 빌려주고도 6년이 지난 현재까지 원금은커녕 이자도 제대로 받지 못하였습니다. 특히 원고가 빌려준 금 3,500만원은 원고가 친구인 소외 김동호로부터 차용한 돈입니다. 원고는 친구의 빚 독촉에 못 이겨 동생 소외 정병수의 집을 저당 잡혀 위 돈을 변제한 상태이며(수사기록 45면, 금전소비대차약정서), 생활고로 하루하루 어려운 생활을 하던 중 자살까지 기도하였습니다. 따라서 원고의 권리회복을 위해 조속히 원고의 청구를 인용하여 주시기 바랍니다.

20○○. ○. ○.

위 원고 ○○○ (서명 또는 날인)

서울중앙지방법원 귀중

준비서면의 제출절차와 해설

◈ 준비서면의 제출	1. 준비서면의 작성방법 : 준비서면에는 ① 당사자의 성명, 명칭 또는 상호와 주소, ② 대리인의 성명과 주소, ③ 사건의 표시, ④ 공격 또는 방어의 방법, ⑤ 상대방의 청구와 공격 또는 방어의 방법에 대한 진술, ⑥ 덧붙인 서류의 표시, ⑦ 년 월 일, ⑧ 법원의 표시 등을 기재하고, 당사자 또는 대리인이 이에 기명날인 또는 서명하여야 한다(민소법 제274조). 2. 준비서면에 첨부할 서면 : 당사자가 소지하는 문서로서 준비서면에 인용한 것은 준비서면에 그 등본 또는 그 사본을 첨부하여야 한다(민소법 제275조 1항). 3. 준비서면의 제출시기 : 준비서면은 소송의 정도에 따라 적절한 시기에 제출할 수 있으나(민소법 제146조), 준비서면에 기재한 사항에 대한 상대방의 준비기간을 두고 제출하여야 한다(민소법 제273조). 새로운 민사소송절차에서는 답변서 또는 준비서면을 받은 때로부터 3주일 이내에 제출하도록 하고 있다. 준비서면의 제출기간은 재판장이 정할 수 있고, 그 기간을 신축할 수도 있다. 위 기간을 도과하여 제출된 준비서면은 부적법한 것은 아니나, 그로 인하여 소송이 지연된 때에는 그 비용을 부담시킬 수 있으며(민소법 제100조, 제107조) 또는 실기한 공격·방어방법의 제출로 인정하여 각하될 수 있다(민소법 제149조, 제285조). 당사자가 기한을 지킬 수 없는 부득이한 사정이 있는 경우에는 그 사정을 이유로 준비서면의 제출기한연장신청을 하여 재판장의 허가를 받으면 허가받은 기간 동안 제출기한이 연장된다. ☞ 제3절 준비서면(556면) 참조
◈ 인지 및 송달료	인지를 붙이지 아니한다. 다만 그 준비서면에 신청사항이 포함되어 있으면 민소인지법 제10조에 의하여 인지를 붙인다. 송달료는 소송계속중의 중간적, 부수적 신청에는 따로 납부하지 아니한다.
◈ 제출부수	준비서면 원본 1부 및 상대방 수만큼의 부본을 제출하여야 한다.
◈ 제출법원	본안소송 계속법원에 제출한다.

제3장

소액소송과 독촉절차

제1절 소액소송

1. 서 설

"소액소송" 이란 소액사건심판에 의하여 소송목적의 값이 3,000만원을 초과하지 아니하는 금전 기타대체물, 유가증권의 일정한 수량의 지급을 청구하는 사건을 말한다. 소액소송은 "이행권고제도" 에 따라 일반 민사사건보다 신속하고 간편하게 처리하는 제도이다.

2. 이행권고결정제도

가. 의 의

"이행권고결정" 이라 함은 소액사건의 소가 제기된 때에 법원이 결정으로 소장부본이나 제소조서등본을 첨부하여 피고에게 청구취지대로 이행할 것을 권고하는 결정을 말한다. 즉 간이한 소액사건에 대하여 직권으로 이행권고결정을 한 후 이에 대하여 피고가 이의하지 않으면 곧바로 변론 없이 원고에게 집행권원을 부여하자는 것이 이 제도의 골자라고 할 수 있다.

나. 소장심사 및 변론

법원은 소장, 준비서면 기타 소송기록에 의하여 청구가 이유 없음이 명백한 때에는 변론 없이도 청구를 기각할 수 있다. 증인은 판사가 신문하고, 상당하다고 인정한 때에는 증인 또는 감정인의 신문에 갈음하여 진술을 기재한 서면을 제출하게 할 수 있다.

소액사건의 신속한 처리를 위하여 1회의 변론기일로 심리를 마치고 즉시 선고할 수 있도록 하고 있다. 다만, 법원이 이행권고결정을 하는 경우에는 즉시 변론기일을 지정하지 않고, 일단 피고에게 이행권고결정등본을 송달한 후 이의가 있을 경우에만 변론기일을 지정하여 재판을 진행하게 된다.

다. 소송대리인

당사자의 배우자, 직계혈족, 형제자매는 법원의 허가 없이도 소송대리인이 될 수 있다. 이 경우 신분관계를 증명할 수 있는 가족관계등록사항에 관한 증명서 또는 주민등록등본 등으로 신분관계를 증명하고, 소송위임장으로 수권관계를 증명하여야 한다.

라. 소액사건의 소장 작성안내

소는 말로도 제기할 수 있다. 소송에 필요한 증거서류와 도장, 인지대, 송달료 등을 준비하고 상대방의 주소, 성명을 정확히 알아서 법원 소장접수 담당사무관 등에게 제출하고 면전에서 진술하면 법원사무관 등이 소제기조서를 작성하는 방식으로 소가 제기된다. 당사자가 직접 소장을 작성하여 제출할 수도 있다.

당사자가 직접 소장을 작성하고자 하는 경우에는 아래의 「소액사건 소장양식」을 참조하거나, 각 법원 또는 시 · 군법원 민원실에서 양식을 교부받아 소장작성요령에 따라 작성하여 제출한다.

마. 이행권고 결정

법원은 원고의 소장을 심사한 후 이행권고결정을 할 요건이 갖추어졌다고 판단되면 먼저 이행권고 결정을 하게 된다. 그러나 지급명령이의 또는 조정이의사건인 경우, 청구취지나 청구원인이 불명한 때, 기타 이행권고를 하기에 적절하지 않은 경우에는 이행권고결정을 할 수 없다.

이행권고결정에는 소장부본을 첨부하여야 하므로, 원고는 소액사건의 소장을 제출할 때 원고와 피고의 수에 1을 더한 숫자만큼의 소장부본을 제출하여야 한다(소액사건심판규칙 제3조의2) 이는 이행권고결정의 원본용, 피고에게 송달하는 등본용, 확정 후 원고에게 송달하는 정본용으로 사용할 소장부본이 필요하기 때문이다.

참여사무관 등은 이행권고결정이 피고에게 송달되어 확정되면 그 정본을 원고에게 송달하게 되고, 피고는 이행권고결정등본을 송달받은 날부터 2주일 안에 서면으로 이의신청을 할 수 있는바, 피고가 이행권고결정등본을 송달받은 날부터 2주일의 불변기간 안에 서면으로 이의신청을 하지 않으면 사건은 종결되고 원고가 전부 승소한 것으로 확정된다. 이행권고결정이 확정된 때에는 확정판결과 같은 효력을 부여받게 된다.

이행권고결정을 하지 않은 경우와 피고가 이의신청을 한 경우에는 변론기일에 재판을 열어 심리 후 판결하게 된다.

바. 강제집행

이행권고결정에 기한 강제집행은 원칙적으로 집행문을 부여받을 필요없이 이행권고결정서정본에 의하여 하도록 되어 있다. 다만, 조건이 있는 채권인 경우와 승계집행문이 필요한 경우에는 재판장의 명을 받아 집행문을 부여받아야 한다.

[서식] 대여금청구의 소

소 장

원 고 정 숙 희(주민등록번호 -)
서울 강남구 삼성대로 123-4 서림빌딩 101호
(전화 , 팩스 , 휴대폰)

피 고 나 영 철(주민등록번호 -)
서울 서초구 방배로 123 무림아파트 1동 101호
(전화 , 팩스 , 휴대폰)

대여금청구의 소

청 구 취 지

1. 피고는 원고에 대하여 금15,000,000원 및 이에 대하여 본 소장부본 송달 다음 날부터 완제일까지 연 12%의 비율에 의한 금원을 지급하라.
2. 소송비용은 피고의 부담으로 한다.
3. 위 제1항은 가집행할 수 있다.

라는 판결을 구합니다.

청 구 원 인

1. 원고는 소외 이순하로 부터 금15,000,000원의 채무관계가 있었는데 피고는 소외 이순하와 부부지간으로 위 채무를 가정생활을 위한 가사채무로 인정하여 20○○. 9. 1. 금7,500,000원을 지급기일 20○○. 10. 31로, 같은해 9. 30. 금7,500,000원을 지급기일 20○○. 1. 31로 하여 합계 금15,000,000원을 별첨과 같이 지급지, 지급장소, 발행지 각 서울특별시로 된 약속어음을 차용증에 갈음하여 교부받았습니다.

2. 피고는 변제기간이 지난 지금까지 위 금원모두를 변제하지 않고 있어 원고가 변제할 것을 요구하였으나 차일피일 미루고 있으므로 부득이 청구취지와 같은 판결을 받고자 본소 청구에 이른 것입니다.

입 증 방 법

1. 갑제1호증의 1　　　약속어음

　　　　2　　　〃

1. 갑제2호증　　　주민등록등본

첨 부 서 류

1. 위 입증방법　　　각1통

1. 소장부본　　　1통

20○○ 12. .

원 고 정 숙 희 (인)

서울중앙지방법원 귀중

소 제기절차와 해설

◆ 소의 제기	소의 제기는 소장을 작성하여 법원에 제출하여야 한다. 소를 제기하려고 하는 사람은 소를 제기하기 전 충분한 사전조사를 할 필요가 있다. 사전조사에는 소를 제기하는 사건에 대한 승소의 가능성, 사실을 증명할 서류의 확보, 공격방법과 피고의 예상되는 방어방법, 보전처분의 필요성, 승소한 경우 강제집행실행의 가능성 등을 조사하여 그에 대처하여야 한다. 소를 제기하려면 적법한 소장의 요건을 갖추어야 하는데, 소장에는 필요적 기재사항 등이 기재되어 있고, 상당한 인지가 첩부되어 있어야 한다. ☞ 2. 소장의 작성요령(34면) 참조
◆ 소가산정	소를 제기할 때에는 소가를 산정하여야 한다. 소가는 사물관할을 정하는 표준이 되는 외에 원고가 소장 등을 제출할 때 납부할 인지액을 정하는 기준이 된다(민사소송등인지법 제2조 내지 제8조). ☞ 3. 소송목적의 값 산정방법(50면) 참조
◆ 인지첩부	제1심 소장에 첩부할 인지는 소송목적의 값에 따라 산출된 인지액을 붙여야 한다(민인법 제2조 제1항). ☞ 4. 첩부인지액의 산출 및 납부방법(71면) 참조
◆ 송 달 료	소장을 제출할 때에는 당사자 수에 따른 계산방식에 의한 송달료를 송달료수납은행에 납부하고 그 은행으로부터 교부받은 송달료납부서를 소장표지 뒷면에 떨어지지 않을 정도로 풀로 붙인다. ☞ 5. 송달료 납부방법(72면) 참조
◆ 관할법원	소는 피고의 보통재판적이 있는 곳의 법원이 관할한다(민소법 제2조). 소장은 피고의 주소지를 관할하는 법원에 제출하는 것이 원칙이나, 소송의 편의를 도모하기 위해 특별한 재판관할이 인정되고 있다. ☞ 6. 관할법원(소장제출법원)(73면) 참조

[서식] 소장(대여금 청구)(법원에 비치 되어 있는 양식)(표지)

접 수 인

소 장

사 건 번 호	
배당순위번호	
담 당	제 단독

사 건 명

원 고 (이름) (주민등록번호 -)

(주소) (연락처)

1. 피 고 (이름) (주민등록번호 -)

(주소) (연락처)

2. 피 고 (이름) (주민등록번호 -)

(주소) (연락처)

소송목적의 값	원	인지	원
(인지첩부란)			

○○ 지방법원 귀중

◇유의사항◇

1. 연락처란에는 언제든지 연락 가능한 전화번호나 휴대전화번호, 그 밖에 팩스번호·이메일 주소 등이 있으면 함께 기재하여 주시기 바랍니다. 피고의 연락처는 확인이 가능한 경우에 기재하면 됩니다.
2. 첨부할 인지가 많은 경우에는 뒷면을 활용하시기 바랍니다.

청 구 취 지

1. 청구금액: (원 금) 금____________원

(가산금) 기 간____________부터 소장부본 송달일까지

비 율 연____________푼

기 간 소장부본 송달다음날부터 완제일까지

비 율 연12%

2. 피고들 상호간의 관계 : 연대( )

청 구 원 인

1. 대여내역

(1) 대여자____________ (2) 차용자____________

(3) 연대보증인____________, ____________

(4) 대 여 일 :____________,____________,____________

(5) 금 액 :__________원, __________원, __________원

(6) 변 제 기 :____________, ____________, ____________

(7) 약정이율 :____________, ____________, ____________,

2. 기타 보충할 내용

20 . . .

원고 (인)

증 거 방 법
부 속 서 류

주) 전 서식 말미 참조

3. 피고의 이의

소장부본을 송달받은 피고는 원고의 청구에 이의가 있으면 답변서를 제출한다. 답변서에는 청구의 취지 및 청구의 원인에 대한 이의 이유를 구체적으로 적어야 한다. '청구의 취지'에 대한 답변에서는 원고의 청구에 응할 수 있는지 여부를 분명히 밝혀야 하며, '청구의 원인'에 대한 진술에서는 원고가 소장에서 주장하는 사실을 인정하는지 여부를 개별적으로 밝히고, 인정하지 아니하는 사실에 관해서는 그 사유를 구체적으로 적어야 한다. 또한, 답변내용을 입증할 수 있는 서증을 함께 제출하여야 한다.

답변서의 작성 및 제출방법은 일반의 소송절차와 같다. 515면 참조

제2절 독촉절차

1. 총 설

가. 의 의

독촉절차라 함은 금전 기타 대체물이나 유가증권의 일정한 수량의 지급을 목적으로 하는 청구에 대하여 채권자의 신청에 의하여 서면심리로 채무자에게 지급명령을 발하고 채무자가 이에 대하여 이의를 하지 않을 경우에는 그 명령에 확정력과 집행력을 부여하여 채권자로 하여금 집행권원을 취득케 하는 제도를 말한다. 그러나 이 제도는 채무자의 처지는 고려함이 없이 일방적으로 서면심리로서 지급명령을 하는 절차이기 때문에 진실에 합치하지 않을 경우도 있으므로 위와 같이 금전 기타 대체물이나 유가증권으로 독촉절차의 대상이 되는 청구를 제한하였다(민소법 제462조).

독촉절차는 지급명령이라는 형식으로 재판하게 되며 채무자가 이의를 신청(민소법 제470조)한 경우에는 통상의 소송절차로 진행된다(후술한다).

법원은 독촉절차의 재판업무를 원활히 하기 위하여 재판예규{독촉절차관련 재판업무처리에 관한 지침를 제정운용하고 있다.

나. 요 건

(1) 소송물

지급명령을 신청하기 위하여는 아래의 요건을 구비하여야 한다(민소법 제462조).

일정한 금액의 지급 기타 대체물이나 유가증권의 일정한 수량의 급부를 목적으로 하는 청구인 것임을 요한다. 청구의 원인에 대하여는 법률행위이냐 불법행위이냐를 불문한다.

대체물이란 금전(예컨대 대금, 매매대금, 어음금, 손해배상금등)이나 쌀과 같이, 일반의 거래에 있어서, 그 물건의 성질을 문제삼지 않고 동종류의 다른 물건으로 바꿀 수 있는 물건을 대체물이라 하고, 이에 반하여 토지, 건물, 예술품과 같이 동종의 다른 물건으로 바꿀 수 없는 물건을 부대체물이라 한다. 유가증권은 목적물의 개성이 문제되지 않는 청구이어야 하며 즉시 그 지급을 구할 수 있는 것이어야 한다. 유가증권이라 하더라도 기명식주권일 경우에는 독촉절차에 의할 수 없다.

(2) 송 달

대한민국에서 공시송달에 의하지 아니하고 그 명령의 송달을 할 수 있는 경우에 한 한다. 이는 공시송달로 그 명령을 송달하면 채무자는 사실상 지급명령을 송달받을 수 없어 그에 대한 이의를 할 수 없기 때문에 채무자에게 이의신청의 기회를 주기 위한 것이다. 그러므로 외국에서 송달하거나 내국에서도 지급명령을 공시송달에 의하여 송달할 때에는 이를 허가하지 아니한다(민소법 제462조 단서).

2. 지급명령의 신청절차

가. 개 설

지급명령의 신청에는 그 성질에 반하지 않는 한 소에 관한 규정을 준용한다(민소법 제464조). 그러므로 지급명령의 신청은 서면으로 하는 것이 보통이나 구술로도 할 수 있으며 신청서에는 소장의 기재사항에 따라 신청의 취지 또는 원인, 독촉절차비용 등을 기재하고 채무자가 지급명령이 송달된 날로부터 2주일내에 이의신청을 할 수 있음을 부기하여야 한다(민소법 제468조). 특히 신청의 취지는 지급의 목적물을 표시하여 구체적으로 기재하여야 하며 불확실하게 기재하면 아니된다. 부대청구(민소법 제27조 2항)에 대하여는 기산일과 그 비율 또는 계산한 수액을 기재하여야 한다.

지급명령 신청은 전자독촉시스템을 이용하여 전자문서를 작성 · 제출할 수도 있다. 신청인은 공인인증서를 사용하여 신청하고 법인인 경우에는 법인인증서를 사용하여 신청한다. 신청비용은 전자적으로 납부할 수 있으며, 소송비용이 납부되면 지급명령신청서가 법원에 제출된다.

부속서류로서 대리인이 있을 경우에는 대리위임장, 회사기타 법인이 당사자인 경우에는 대표권한을 증명하기 위한 등기부초본 등을 제출하여야 하며, 당사자가 미성년자 또는 금치산자인 때에는 법정대리권을 증명하기 위한 가족관계증명서 등을 제출하여야 한다.

나. 신청권자

당사자가 미성년자 또는 금치산자인 때에는 법정대리인에 의하여 소송행위를 하여야 하며 변호사가 아닌 자도 법원의 허가를 얻어 대리인이 될 수 있다(민소법 제88조). 그러나 채무자가 지급명령에 대하여 이의를 신청한 경우에는 지급명령신청은 소송절차로 옮겨가므로 소송절차에서의 소송수행은 적격을 갖춘 자 예컨대 변호사만이 할 수 있다.

다. 인지 · 송달료 등

이 신청서에는 민사소송등 인지법 제7조 2항, 4항에 의하여 제2조 규정 인지액의 10분의 1의 금액에 해당하는 인지를 붙인다.

채무자의 이의신청이 있는 경우에는 소송절차로 옮겨가므로 채권자는 민사소송등 인지법 제7조 3항에 의하여 위 10분의 1의 나머지를 추가로 붙여야 한다(민소법 제473조 제1항). 일부에 대하여 이의가 있는 경우에는 그 일부에 대한 인지액을 추가납부한다.

지급명령신청서의 부본과 아울러 당사자 1인당 송달료 4회분을 납부한다. 신청서에 소명한 차용증서는 반드시 원본을 제출하면 법원에서 그 원본과 사본을 대조한 후에 원본을 채권자에게 반환한다. 실무상 당사자표시의 목록은 5통을 첨부한다.

라. 준용규정

지급명령의 신청에는 소에 관한 규정이 준용(민소법 제464조)되므로 청구취지 및 원인변경(민소법 제262조), 판결의 경정(민소법 제211조)·소송승계(민소법 제233조)·신청의 취하(민소법 제266조)등이 준용된다. 지급명령신청이 받아들여지면 시효중단의 효력이 생긴다(민소법 제265조).

마. 관할법원

독촉절차의 관할법원을 종전에는 근무지의 특별재판적(민소법 제7조)과 사무소·영업소 소재지의 특별재판적(민소법 제12조)으로 하고 있던 것을, 개정법에서는 그 외에도 거소지 또는 의무이행지의 특별재판적(민소법 제8조), 어음·수표지급지의 특별재판적(민소법 제9조), 불법행위지의 특별재판적(민소법 제18조)으로 그 범위를 확대하였다(민소법 제463조). 위 관할은 전속관할이다.

따라서 사무소 또는 영업소에 계속하여 근무하는 자에 대한 독촉절차는 그 사무소 또는 영업소 소재지를 관할하는 법원에도 제출할 수 있고(민소법 제7조), 재산권에 관한 소를 제기하는 경우에는 거소지 또는 의무이행지의 법원에 제기할 수 있고(민소법 제8조), 어음·수표에 관한 소를 제기하는 경우에는 지급지의 법원에 제기할 수 있고(민소법 제9조), 사무소 또는 영업소가 있는 채무자에 대하여서는 그 사무소 또는 영업소의 업무에 관하여 생긴 청구권에 한하여 그 소재지의 지방법원에도 제출할 수 있으며(민소법 제10조), 불법행위에 관한 소를 제기하는 경우에는 행위지의 법원에 제기할 수 있다(민소법 제18조).

관할에 대하여 당사자간에 합의가 있었더라도 지급명령은 채무자의 주소지를 관할하는 법원에 신청하여야 한다. 관할을 위반하여 신청한 지급명령은 각하된다(민소법 제465조 전단).

3. 제소신청

채권자는 법원으로부터 채무자의 주소에 대한 보정명령을 받은 경우에는 제소신청을 할 수 있다(민소법 제466조). 제소신청을 한 경우에는 지급명령을 신청한 때에 소가 제기된 것으로 본다(민소법 제472조 1항). 소의 제기가 있는 것으로 볼 때에는 소장에 붙여야 할 인지액에서 지급명령신청서에 붙인 인지액을 뺀 금액상당의 인지를 보정하여야 한다.

민사소송법 제466조 2항은 지급명령을 공시송달하거나 외국으로 송달하여야 할 경우에는 채권자의 제소신청이 없더라도 법원 스스로 직권에 의한 결정으로 사건을 소송절차에 부칠 수도 있도록 하였다. 법원의 위 직권결정에 대하여는 불복할 수 없다.

4. 재 판

지급명령의 신청있으면 법원은 그 신청을 조사하여 적법한 때에는 지급명령을 발하고 다음과 같은 결점이 있으면 이를 각하하게 된다(민소법 제465조).

① 지급명령의 신청이 전술한 요건(민소법 제462조)과, 관할위반(민소법 제463조)의 규정에 위반한 때, 청구의 취지에 있어서 이유없는 것이 명백한 때, 예컨대 대여금을 원인으로 미곡의 일정한 수량의 급부를 청구하는 것과 같다.

② 청구의 일부만에 관하여 지급명령을 발할 수 없을 때, 예컨대 정기금의 채권에 의하여 지급명령의 신청을 한 경우에 청구의 일부에 관하여는 아직 변제기에 도래하지

않은 것과 같다. 이 경우에는 청구의 전부에 관하여 신청을 각하되는 것은 아니고 그 부분에 관하여만 각하된다.

위 각하의 결정에 대하여는 불복신청을 하지 못한다(민소법 제465조 2항). 불복을 하지 못하게 한 것은 동일한 사유로 소를 제기할 수도 있으며 또는 위 요건에 대한 하자를 보완하여 다시 지급명령을 신청할 수 있기 때문에 불복을 인정하지 아니한 것이다.

[서식] 지급명령신청서(할부외상 약정대금청구, 보증인과 함께)

지급명령신청

채 권 자 (주)한국전자
대표이사 장 태 희
서울 강남구 삼성대로 123-4(우편번호)
전화, 휴대폰번호 :
팩스번호·전자우편(e-mail)주소:

채 무 자 1. 최 준 철
서울 강남구 수서로 123-45(우편번호)
선화·휴대폰번호 :
팩스번호·전자우편(e-mail)주소:
2. 주 현 호
서울 강남구 수서로123 청림빌라 101호(우편번호)
전화·휴대폰번호 :
팩스번호·전자우편(e-mail)주소:

구상금청구독촉사건

청 구 취 지

채무자들은 연대하여 채권자에게 금30,000,000원 및 동금액에 대하여 이 지급명령정본 송달일 익일부터 완제일까지 연 12%의 비율에 의한 금원과 아래 독촉절차비용을 지급하라.

독촉절차 비용 : 합계금38,160원
내용 1. 인지대 : 금14,000원
2. 송달료 : 금24,160원

청 구 원 인

1. 채권자는 가전제품의 제조, 판매 및 팩토링 업무를 정관상 목적사업으로 하고 있는 회사이고 (1) 채무자는 채권자의 대리점인 신청외 서울 강남구 개포동 123-50 대성전자 대표자 한상례(이하 "대리점" 이라 약칭함)으로부터 다음 기재의 계약내용과 같이 채권자회사의 가전제품을 팩토링(FACTORING)방식 [대리점이 소비자에게 채권의 제품을 할부외상판매하고 그 외상매출채권을 금융회사에 양도담보로 제공하여 그 채권에 상응하는 팩토링금융(선급융자)을 받으며 소비자의 채무이행으로 이 융자금의 상환에 충당(소비자의 채무와 이 상환채무는 동일조건임)되는 신용판매의 한 방식]으로 외상구매하고 계약당일에 매매목적물을 인도받은 사람이고 (2) 채무자는 (1) 채무자의 아래 계약상 연대보증인 입니다.

- 주요계약내용-

(가) 계약체결일 : 20○○. 1. 23.

(나) 매매목적물 : 복사기(모델번호 HGO-211-4HC)

(다) 할부외상 약정대금 : 금30,000,000원정

(라) 할부기간 : 20○○. 2. 23부터 20○○. 8. 23까지(6회 분할)

(마) 특약사항 : 만일 위 할부외상불입대금을 3개월이상 불입치 않을 경우에는 기한의 이익을 상실하며 미불입잔여대금 전부를 일시에 완불하기로 한다.

2. 그리고 신청외 대리점의 위 계약에 의한 채권을 신청외 서울 강남구 삼성대로 123-40 한국FACTOR 대표자 민광식(이하 "금 융회사" 라고 약칭함)에게 양도함을 채무자들이 승락하였고, 이 채권을 담보로 동 신청외 대리점이 동 금융회사로부터 팩토링금융(융자)을 받음에 있어 채권자는 그 상환채무를 연대보증함으로써 위 계약상 채무의 이행보증인적 지위에 서게 되었으며, 아울러 채권자는 위 할부채권의 추심 및 관리와 동 신청외 대리점의 동 신청외 금융회사에 대한 팩토링 융자금 상환업무를 인수하였습니다.
3. 그런데 (1) 채무자는 위 매매계약에 의거 목적물인 가전제품을 인도받아 사용

수익하면서도 자신의 할부대금 불입채무를 20○○. 4. 23. 이래 이행치 않으므로 채권자의 직원이 직접 방문하거나 또는 서면으로 수차에 걸쳐 그 이행을 최고하였음에도 불구하고 지금까지(이 명령신청일까지) 이행하지 않았고, 이로 인해 팩토링금융 상환채무의 불이행 및 기한의 이익 상실로 이어짐에 따라 동 상환채무의 연대보증인인 채권자는 부득이 채무자의 미이행채무전액인 금 30,000,000원을 신청외 금융회사에 대위변제하였습니다.

4. 따라서 채권자는 신청외 위 금융회사에 대위변제한 금30,000,000원을 채무자들로부터 구상받고(민법 제444조), 동 구상금에 대하여 이 지급명령(정본 송달일 익일로부터 완제일까지 연 12%에 의한 금원과 독촉절차비용을 각 지급받고자(소송촉진 특례법 제1조) 이 신청에 이른 것입니다.

첨 부 서 류

1. 할부구입계약서 1통
1. 선급융자증서 1통
1. 대위변제증서 1통
1. 납부서 1통

20○○. 9. .

위 채권자 주식회사 한국전자
대표이사 장 태 희 (인)

서울중앙지방법원 귀중

비 용	·소가산정 : 50면 참조 ·송달료 : 72면 참조
관할법원	73면 참조
제출부수	신청서 1부 및 상대방 수만큼의 부본 제출. 당사자표시의 목록은 5통을 첨부
불복절차 및 기 간	신청인(채권자) : 신청각하결정에 대하여는 불복하지 못함(민소법 제465조 제2항). 피신청인(채무자) : 지급명령이 송달된 날부터 2주 이내 지급명령에 대하여 이의신청(민소법 제470조)

[서식] 지급명령신청서(대여금청구의 독촉사건)

지급명령신청

채 권 자　　이　경　태
서울 동작구 사당로 123-4(우편번호　　　)
전화·휴대폰번호 :
팩스번호·전자우편(e-mail)주소:

채 무 자　　방　조　국
서울 동작구 노량진로 123-45(우편번호　　　)
전화·휴대폰번호 :
팩스번호·전자우편(e-mail)주소:

대여금청구의 독촉사건
청구금액 : 금 5,000,000원

채무자는 채권자에게 금 5,000,000원 및 이에 대한 20○○. ○. ○.부터 이 사건 지급명령결정정본을 송달 받는 날까지는 연 18%의, 그 다음날부터 다 갚는 날까지는 연 12%의 각 비율에 의한 금액 및 아래 독촉절차비용을 합한 금액을 지급하라는 지급명령을 구합니다.

아　　래

금 26,660원　　독촉절차비용

내　역
금 2,500원　　인 지 대
금 24,160원　　송 달 료

신 청 이 유

1. 채권자는 채무자에게 20○○. ○. ○. 금 5,000,000원을 대여해주면서 변제기한은 같은 해 ○○. ○, 이자는 월 1.5%를 지급 받기로 한 사실이 있습니다.
2. 그런데 채무자는 위 변제기일이 지났음에도 불구하고 원금은 고사하고 약정한 이자까지도 채무이행을 하지 아니하므로 채권자는 채무자에게 위 원금 및 지연이자를 변제할 것을 여러 차례에 걸쳐 독촉하자 채무자는 원금 및 지연이자를 20○○. ○. ○○.까지 지급하겠다며 지불각서까지 작성하여 주고서도 이마저도 전혀 이행치 않고 있습니다.
3. 따라서 채권자는 채무자로부터 위 대여금 5,000,000원 및 이에 대한 20○○. ○. ○.부터 이 사건 지급명령결정정본을 송달 받는 날까지는 약정한 이자인 연 18%(계산의 편의상 월 1.5%를 연단위로 환산함), 그 다음날부터 다 갚는 날까지는 소송촉진등에관한특례법에서 정한 연 12%의 각 비율에 의한 이자, 지연손해금 및 독촉절차비용을 합한 금액의 지급을 받기 위하여 이 사건 신청을 하기에 이르게 된 것입니다.

첨 부 서 류

1. 지불각서 1통
1. 송달료납부서 1통

20○○. 5. .

채권자 이 경 태 (인)

서울중앙지방법원 귀중

비 용	·소가산정 : 50면 참조 ·송달료 : 72면 참조
관할법원	73면 참조
제출부수	신청서 1부 및 상대방 수만큼의 부본 제출. 당사자표시의 목록은 5통을 첨부
불복절차 및 기 간	신청인(채권자) : 신청각하결정에 대하여는 불복하지 못함(민소법 제465조 제2항). 피신청인(채무자) : 지급명령이 송달된 날부터 2주 이내 지급명령에 대하여 이의신청(민소법 제470조)

[서식] 지급명령신청서(임차보증금반환청구의 독촉사건)

지급명령신청

채 권 자　　이　경　태
서울 동작구 사당로 123-4(우편번호　　　)
전화·휴대폰번호 :
팩스번호·전자우편(e-mail)주소:

채 무 자　　방　조　국
서울 동작구 노량진로 123-45(우편번호　　　)
전화·휴대폰번호 :
팩스번호·전자우편(e-mail)주소:

임차보증금반환청구의 독촉사건
청구금액 : 금 35,000,000원

신 청 취 지

채무자는 채권자에게 금 35,000,000원 및 이에 대한 20○○. ○○. ○○.부터 이 사건 지급명령정본을 송달 받는 날까지는 연 5%의, 그 다음날부터 다 갚는 날까지는 연 12%의 각 비율에 의한 금액 및 아래 독촉절차비용을 합한 금액을 지급하라는 지급명령을 구합니다.

아　　래

금 40,360원　　독촉절차비용

내　　역
금　16,200원　　인 지 대

금 24,160원 송 달 료

신 청 이 유

1. 채권자와 채무자는 20○○. ○. ○. 피고 소유 ○○시 ○○구 ○○로 ○○ 소재 목조기와지붕 평가건물 단층주택 47,36㎡ 중 방 1칸 및 부엌에 대하여 임차보증금 35,000,000원, 임대차기간은 2년으로 하는 임대차계약을 체결하고 점유·사용하여 오다가 20○○. ○○. ○. 임대차계약기간의 만료로 인하여 임대인인 채무자에게 건물을 명도 하였습니다.
2. 그렇다면 채무자는 채권자에게 위 임차보증금을 지급할 의무가 있음에도 불구하고 지급하지 아니하여 채권자는 채무자에게 임차보증금을 반환하여 줄 것을 여러 차례에 걸쳐 독촉하였음에도 채무자는 지금까지 위 임차보증금을 반환하지 않고 있습니다.
3. 따라서 채권자는 채무자로부터 위 임차보증금 35,000,000원 및 이에 대한 20○○. ○○. ○○.부터 이 사건 지급명령결정정본을 송달 받는 날까지는 민법에서는 연 5%의, 그 다음날부터 다 갚는 날까지는 소송촉진등에관한특례법에서 정한 연 12%의 각 비율에 의한 지연손해금 및 독촉절차비용을 합한 금액의 지급을 받기 위하여 이 사건 신청을 하기에 이르게 된 것입니다.

첨 부 서 류

1. 부동산임대차계약서 1통
1. 부동산등기부등본 1통
1. 송달료납부서 1통

20○○. 5. .

채권자 이 경 태 (인)

서울중앙지방법원 귀중

주) 전 서식말미 참조

5. 지급명령에 대한 이의

가. 서 설

지급명령에 대한 이의는 독촉절차에 있어서의 채무자의 방어행위이므로 채무자는 지급명령에 대하여 이의의 신청을 할 수 있도록 하였다(민소법 제469조 2항). 채권자가 지급명령을 신청하게 되면 그 부본을 상대방인 채무자에게 송달되는 바, 채무자는 지급명령이 송달된 날부터 2주일이내에 이의신청을 하여야 한다. 채무자의 이의신청이 있으면 지급명령절차는 소송절차로 옮겨가고 지급명령신청서를 법원에 제출한 때에 소장을 제출한 것으로 보게 된다. 채무자가 이의신청을 한 때에는 지급명령은 이의의 범위안에서 그 효력을 잃는다(민소법 제470조).

나. 이의의 신청

(1) 신청방법 및 불복

이의의 신청은 지급명령이 송달된 날부터 2주일이내에 이의신청을 하여야 한다. 위 기간은 불변기간이다(민소법 제470조). 지급명령 이의신청기간제도의 도입은 채무자의 귀책사유없이 지급명령 이의신청기간을 도과한 경우에는 추후보완을 허용하여 채무자의 이의권을 보장하였다.

이의신청은 서면 또는 구술로 할 수 있으며 서면으로 하는 경우에는 지급명령을 한 법원에 제출하여야 한다. 부본과 아울러 송달료 2회분을 납부한다.

이의신청은 이의의 대상인 독촉사건을 특정하여 이의의 의사가 표시되어 있으면 되고 이의의 사유를 기재할 필요는 없다. 이의는 지급명령의 일부에 대하여서도 할 수 있으나(민소법 제465조) 그 경우에는 이의있는 부분을 명확히 하여야 한다.

법원이 이의신청을 적법하지 아니하다고 확정한 때에는 결정으로 이를 각하하게 된다. 각하의 결정에 대하여는 즉시항고를 할 수 있다(민소법 제471조).

(2) 이의 신청에 대한 채권자의 부담

채무자의 이의신청이 있는 경우에는 소송절차로 옮겨가므로 채권자는 민사소송등 인지법 제7조 3항에 의하여 지급명령신청시에 첩용하였던 인지액의 10분의 1의 나머지를 추가로 첩부하여야 한다(민소법 제473조 제1항). 일부에 대하여 이의가 있는 경우에는 그 일부에 대한 인지액을 추가 납부하여야 한다. 채무자가 지급명령에 대하여 적법한 이의신청을 한 경우에는 지급명령을 신청한 때에 이의신청된 청구목적의 값에 관하여 訴가 제기된 것으로 본다(민소법 제472조 제2항).

(3) 이의신청의 취하

독촉법원이 가집행선고전의 이의신청을 적법한 것으로 인정하고 기록을 관할법원에 송부한 후에는 그 이의를 취하할 수 없다(대법원 1977.7.12. 76다2146, 2147 공567호 10216).

다. 이의신청의 효력

채무자가 이의신청을 한 때에는 지급명령은 이의의 범위안에서 그 효력을 잃는다(민소법 제470조). 이것은 지급명령의 신청이 무의미한 것으로 돌아간다는 것이 아니고 적법한 이의신청이 있는 때에는 이의 있는 청구목적의 가액에 의하여 지급명령을 신청한 때에 소를 제기한 것으로 본다는 것이다(민소법 제472조 1항). 이의신청이 있더라도 그 이의가 각하되든가(민소법 제471조) 적법하게 취하되면 지급명령은 실효되지 아니한 것으로 된다. 이의에 의하여 지급명령이 실효되는 시점은 이의신청이 법원에 제출된 때라 할 것이지만 그 이의신청이 적법한 것으로 확정된 때이다. 따라서 지급명령신청은 소송절차로 이행하여 소송절차의 규정이 준용된다. 그러므로 통상의 소송절차에 따라 변론기일을 열어 심리하게 되고 변론기일에 출석하지 아니하면 기일해태, 취하간주 등의 불이익을 입게 되며 통상의 소송절차에 의하여 심리판단된다.

라. 지급명령의 확정

(1) 개 설

지급명령에 대하여 이의신청이 없거나(포기한 경우) 이의신청을 취하하거나 각하결정이 확정된 때에는 지급명령이 확정된다(민소법 제474조). 따라서 확정된 지급명령에 대한 취소는 재심의 소를 제기하여 취소할 수밖에 없다.

지급명령에는 기판력은 인정되지 아니한다(대법원 2009.7.9. 선고 2006다73966 판결).

(2) 확정판결과 동일한 효력을 인정

확정된 지급명령에 대하여 구 민사소송법(1990. 1. 13. 법률 제4201호로 개정된 후 2002. 1. 26. 법률 제6626호로 전문 개정되기 전의 것) 제445조는 확정판결과 동일한 효력을 인정하고 있지 아니하다가, 현행 민사소송법(2002. 1. 26. 법률 제6626호로 전문 개정된 것) 제474조로 확정판결과 동일한 효력을 인정하는 것으로 개정되었다. 확정된 지급명령에 기한 강제집행은 집행문을 부여받을 필요 없이 지급명령 정본에 의하여 행한다. 다만, ㉠ 지급명령의 집행에 조건을 붙인 경우 ㉡ 당사자의 승계인을 위하여 강제집행을 하는 경우 ㉢ 당사자의 승계인에 대하여 강제집행을 하는 경우에는 그러하지 아니하다(민사집행법 제58조).

지급명령 정본에 기초하여 강제집행을 신청하는 경우에는 별도로 지급명령의 송달증명 및 확정증명은 필요로 하지 아니한다(재민 2002-4호).

(3) 확정된 지급명령에 대한 청구이의의 소

확정된 지급명령에 대한 청구이의의 소(민사집행법 제58조)에 있어서는 지급명령 발령 이후의 그 청구권의 소멸이나 청구권의 행사를 저지하는 사유뿐만 아니라 지급명령 발령 전의 청구권의 불성립이나 무효 등도 그 이의 사유가 된다고 할 것이다(대법원 2004. 5. 14. 선고 2004다11346 판결).

[서식] 지급명령에 대한 이의신청서

지급명령에 대한 이의신청

사 건 20○○ 차 제3991호로 지급명령신청사건
채 권 자 오 진 상
서울 도봉구 미아로 132-103(우편번호)
전화·휴대폰번호 : 팩스번호·전자우편(e-mail)주소:

채 무 자 김 한 섭
서울 종로구 창신로 136-11(우편번호)

전화·휴대폰번호 :
팩스번호·전자우편(e-mail)주소:

위 사건에 관하여, 채무자는 20○○. 5. 3. 동 지급명령정본의 송달을 받았으나, 이에 불복하므로 이의신청을 합니다.

첨 부 서 류

1. 이의신청서 부본 1통

20○○. 5. 10.

위 채무자 김 한 섭 (인)

서울중앙지방법원 귀중

비 용	인지액 : 500원을 붙인다. 송달료 : 당사자 1인당 6회분(72면) 참조
제출법원	지급명령을 한 법원
제출부수	신청서 1부 및 상대방 수만큼의 부본 제출
제출기간	지급명령을 송달 받은 날부터 2주 이내(민소법 제470조)
관련법규	민사소송법 제462조 내지 제474조
불복절차 및 기 간	·이의신청 각하결정에 대한 즉시항고(민소법 제471조 제2항) ·재판이 고지된 날부터 1주 이내(민소법 제444조)

제4장 내용증명과 소멸시효

제1절 내용증명

1. 서 설

"내용증명" 이란 법률상 각종의 최고(催告) · 해제(解除) · 취소(取消) · 승인(承認) · 위임(委任) 등 권리 의무의 변경 기타로 후일 당사자간의 분쟁 등이 생겼을 때의 증거로서 소송이나 재판에 도움을 주기 위하여 어떤 내용의 것을 언제, 누가 ,누구에게 발송하였는가 하는 사실을 발송인이 작성한 등본에 의하여 우체국장이 공적인 입장에서 증명하는 제도이다(우편법시행규칙 제46조).

내용증명제도는 기재된 내용의 진실을 추정해주지는 않지만 그 내용의 사실을 우체국이 증명하는 제도이므로 내용의 발송사실, 발송일자 및 전달사실까지 증명될 수 있다.

그러나 금전거래에서 채권자가 채무변제 촉구를 내용으로 하는 내용증명을 보낸다고 해도 이러한 내용증명서가 반드시 진실의 사실을 입증하는 것이 아니다. 따라서 채무자가 이를 반박하지 않는다고 해서 법률적으로 불이익을 받지는 아니한다. 다만, 채권자는 내용증명을 통해 법적절차를 밟을 것을 표명하고 있으므로 이에 대항하기 위한 법적 조치를 강구해야 할 것이다.

2. 내용증명의 작성 및 발송방법

가. 작성방법

내용증명은 A4용지를 기준으로 육하원칙에 따라 전달 내용을 알기 쉽게 작성하여야 한다. 내용증명서 상단 또는 하단에 보내는 사람과 받는 사람의 주소와 성명을 써야 하고, 내용문서의 원본 또는 등본의 문자나 기호를 정정 · 삽입 또는 삭제한 때에는 "정정" · "삽입" 또는 "삭제" 의 문자 및 자수를 난외(欄外) 또는 말미 여백에 기재하고 그 곳에 발송인의 인장이나 지장을 찍어야 한다.

내용증명서 봉투에 내용증명서에 쓴 보내는 사람과 받는 사람의 주소와 성명을 동일하게 한다.

나. 발송방법

내용증명우편물의 접수는 접수우체국에서 내용문서 원본과 등본을 대조하여 서로 부합함을 확인한 후 내용문서 원본과 등본의 각통에 발송 연월일 및 그 우편물을 내용증명우편물로 발송한다는 뜻과 우체국명을 기재하고 통신일부인을 찍는 방법으로 이루어진다.

작성된 내용증명서는 통상 3부가 필요하다. 우체국에 3통을 제출하면 2통은 원본으로 사용되므로 1통은 우체국직인을 날인하여 발송인에게 내어 주는데, 절차를 갖추어 접수 · 증명된 내용문서의 원본은 우체국의 취급직원이 보는 곳에서 발송인이 수취인 및 발송인의 성명 · 주소를 적은 봉투에 넣고 이를 봉한다.

내용증명을 보낼 때는 배달증명을 병행하기도 한다. "배달증명" 이란 발송인이 보낸 내용증명의 배달사실 즉, 언제, 누구에게 배달하였다는 것을 배달우체국에서 증명하여 발송인에게 통지하는 특수취급제도를 말한다.

3. 내용증명 사례

[서식] 점포 월차임 지급청구 등

통 고 서

받는 사람(임차인) : 장 동 구
서울시 강북구 수유로 123-1
전화 : 010-2345-6987

보내는 사람(임대인) : 김 종 명
서울시 강북구 수유로 789-1
전화 : 010-7896-4569

부동산소재지 : 서울시 강북구 수유로 123-1
물 건 : 점포

본인은 상기 소재상가의 임대인인바, 위 임차인은 상습적으로 월세를 연체하고 지불의 이행을 지체하고 있어 이에 통고합니다.

임대인은 별다른 수입이 없이 위 상가의 월세를 받아 생계를 유지하는 입장인데 임차인은 20○○년 ○월 ○일 현재 3개월간 위 점포에 대한 월세를 연체 중이며 임대인은 이에 따른 고통을 받고 있습니다.

그동안 귀하의 어려운 점을 감안하여 임대차 계약을 지속하여 왔으나, 현재 연체한 차임이 상당금액에 이르고, 임대인인 저의 경제적 어려움으로 더는 이를 방치할 수 없는 것이 현실입니다.

상가임대차 보호법의 규정에도 차임이 2개월 이상 연체일 경우에는 상가임대차 보호법을 적용받지 못하도록 규정하고 있습니다.

따라서 20○○년 ○월 ○일 까지 위 점포를 비워 줄 것을 통지하는 바입니다. 만일 위 기일 내에 점포를 비워주지 않을 경우에는 법적조치를 취할 것임을 통보합니다.

20○○년 ○월 ○일

위 임대인 : 김 종 명 (인)

별첨 : 임대차 계약서 사본1부 및 연체 차임내역서 1부.

[서식] 부동산 매매계약 해지 통보

내 용 증 명

받는 사람(매수인) : 김 동 명
서울시 강북구 수유로 789-1
전화 : 010-7896-4569

보내는 사람(매도인) : 장 동 구
서울시 강북구 수유로 123-1
전화 : 010-2345-6987

제 목 : 부동산 매매계약 해지 통보

<계약 부동산의 표시>
소재지 : 서울시 강북구 수유로 123-1
물 건 : 대지 및 건물

<계약내용>
매매금액 : 삼억원정(₩300,000,000원)
계 약 금 : 삼천만원은 20○○년 ○월 ○일 계약시에 지불하고
중 도 금 : 일억원은 20○○년 ○월 ○일 에 지불하며
잔 금 : 일억칠천만원은 20○○년 ○월 ○일에 지불하기로 한다.

1. 위와 같이 20○○년 ○월 ○일 매도인과 매수인은 계약을 체결하고 매도인은 계약금을 수령하였으나 약속한 중도금 및 잔금 지불일에 중도금 및 잔금을 지불하지 않아 본인(매도인)은 전화상으로 매수인에게 수차례에 걸쳐 계약이행을 요구하였으나 곧 지불한다는 말만 하는 등 차일피일 미루기만 하면서 현재까지도 계약불이행 상태에 있습니다.

2. 이에 매도인은 매수인의 계약불이행으로 본 계약이 해지되었음을 알려드리며 계약금은 계약불이행으로 인한 손해금으로 매도인 소유가 되었을 통보하오니 착오 없으시기 바랍니다.

20○○년 ○월 ○일

위 매도인 : 장 동 구 (인)

매수인 김 동 명 귀하

첨부 : 부동산매매계약서 사본 1부

[서식] 물품대금 지급요청

내 용 증 명

받는 사람(피청구인) : 장 동 구
서울시 강북구 수유로 123-1
전화 : 010-2345-6987

보내는 사람(청구인) : 김 종 명
서울시 강북구 수유로 789-1
전화 : 010-7896-4569

제 목 : 구매물품대금 지급요청

구매물품

구매일자 : 20○○년 ○월 ○일

품 명 : 사무용책상, 의자 및 탁자

수 량 : 사무용책상 19개, 의자 19개, 탁자 2개

총물품대금 : 1,250,000원

청구인은 상기 주소지에서 상호 '바른 손 가구' 를 운영하는 자인바, 귀하는 본인이 운영하는 위 점포에서 20○○년 ○월 ○일 상기에 표시된 사무용책상, 의자 및 탁자를 외상으로 구매하고 20○○년 ○월 ○일에 대금을 지급하기로 하였으나, 20○○년 ○월 ○일 현재까지 대금지급을 차일피일 미루고 있습니다.

청구인은 위의 물품대금의 지급요청을 직접 찾아가거나, 전화로 수차례에 걸쳐 요청하였으나, 귀하는 그때마다 곧 준다고 하면서 지금까지 계속적으로 거짓말만 하고 있습니다.

청구인은 귀하와의 우호적인 관계를 고려하여 현재까지 그 변제를 연장하여 드렸던 바, 만약 20○○년 ○월 ○일 까지 위 대금을 변제하지 않을 경우 법적조치를 취할 것임을 통보합니다.

위와 같은 불미스러운 일이 없도록 다시한번 변제를 촉구합니다.

20○○년 ○월 ○일

위 청구인 김 종 명 (인)

피청구인 장 동 구 귀하

별첨 : 청구내역서 1부.

[서식] 가맹점 계약관련

내 용 증 명

받는 사람(가맹본부) : 주식회사 동명
대표이사 김 동 명
서울시 강북구 수유로 789-1
전화 : 010-7896-4569

보내는 사람(가맹점사업자) : 장 동 구
서울시 강북구 수유로 123-1
전화 : 010-2345-6987

상기의 가맹본부와 가맹점사업자가 20○○년 ○월 ○일 체결한 프렌차이즈 ○○계약에 대하여 가맹점 사업자는 아래와 같이 가맹본부에게 통보합니다.

- 아　　래 -

1. 상기의 가맹점 사업자는 가맹본부와의 계약서에 명시된 ○○기계를 인수하여 사용설명서에 따라 ○○의 조리를 시작하였으나, 사용설명서대로 ○○이 제조되지 않고 멈추는 등 고장이 있어 이를 20○○년 ○월 ○일 가맹본부에 연락을 하자 가맹본부는 20○○년 ○월 ○일 기술자를 파견하여 ○○기계를 수리하여 주었습니다.

2. 그런데 동년 ○월 ○일 또 ○○기계가 작동을 하지 않아 가맹본부에 연락을 취하여 기술자가 출장을 나와 ○○기계를 수리하여 주었으나 동년 ○월 ○일 다시 가동을 멈추었고, 이를 반복하기를 20○○년 ○월 ○일 현재 6차례에 이르렀습니다. 따라서 위 가맹점 사업자는 본 계약은 당연히 해지사유가 되며 이에 따른 금전의 반환 및 배상을 해 줄 것

을 전화상으로 수차례 독촉하였으나 이렇다 할 연락도 없이 지금까지 오고 있습니다.

3. 따라서 20○○년 ○월 ○일까지 위 가맹점 사업자에게 적절한 해명 및 금전 반환, 배상 등이 이루어지지 않을 시는 법적조치를 취할 것임을 가맹본부에 통보합니다.

20○○년 ○월 ○일

위 가맹점사업자 장 동 구 (인)

첨부 : 1. 가맹점계약서 및 임금표 각 1부
1. ○○기계 출장수리 내역서 1부

[서식] 전세금 반환

내 용 증 명

받는 사람(전세임대권자) : 김 동 명
서울시 강북구 수유로 789-1
전화 : 010-7896-4569

보내는 사람(전세임차권자) : 장 동 구
서울시 강북구 수유로 123-1
전화 : 010-2345-6987

제 목 : 전세금반환청구

1. 귀하의 가정에 평안하심을 기원합니다. 다름이 아니라 본인은 귀하 소유의 서울시 강북구 수유3동 789-1번지 소재 가옥 2층 85㎡를 임차

하여 거주하다가 임차기간이 만료하여 귀하에게 본 가옥을 명도하여 주었으나 ○개월이 지난 현재까지 전세보증금을 반환하지 않아 이에 보증금의 지급을 받고자 이에 통고하는 바입니다.

2. 따라서 20○○년 ○월 ○일 까지 미반환 보증금 금오천만원(50,000,000원)을 돌려주시기를 바랍니다. 만약 위 기일 까지 보증금을 돌려주지 않을 경우에는 강제집행 등 법적 조치를 취함을 알려드리오니 이점 양해하여 주시기 바랍니다.

20○○년 ○월 ○일

위 전세임차권자 장 동 구 (인)

전세임대권자 김 동 명 귀하

[서식] 채권양도 통지서

채권양도 통지서

받는 사람(채무자) : 김 동 명
서울시 강북구 수유로 789-1
전화 : 010-7896-4569

보내는 사람(채권자) : 장 동 구
서울시 강북구 수유로 123-1
전화 : 010-2345-6987

1. 위 채권자는 20○○년 ○월 ○일 채무자에게 금일천만원을 변제기일 20○○년 ○월 ○일, 이사금 년25%로 하여 대여하였으나, 변제기간이

지난 현재까지 변제하지 않고 있으며, 수차례 변제할 것을 요구하였으나 차일피일 미루고 있으므로 부득이 본인의 채권자인 아래의 사람에게 별지 채권양도계약서 사본과 같이 위 채권을 양도하였음을 통지하오니, 이 통지를 받은 날 이후부터는 위 대여금 및 이자금을 채권양수인에게 지급하여 주시기 바랍니다.

- 아　　래 -

채권양수인 : 강 준 구
서울시 서초구 서초대로 123-1

20○○년 ○월 ○일

위 채권자　장 동 구 (인)

김 동 명 귀하

첨 부 : 채권양도계약서 사본 1통

제2절 채권의 소멸시효

1. 개 설

채권자는 변제기가 되면 채권을 청구할 수 있는데, 채권자의 채권청구는 채권이 소멸시효로 소멸되기 전에 해야 한다(민법 제162조 이하).

"소멸시효" 란 권리자가 그의 권리를 행사할 수 있었음에도 불구하고 일정한 기간 동안 그 권리를 행사하지 않는 상태 즉 권리불행사의 상태가 계속된 경우에 그 자의 권리를 소멸시키는 제도를 말한다.

소멸시효제도는 일정한 기간 계속된 사회질서를 유지하고, 시간의 경과로 인해 곤란하게 되는 증거보전으로부터의 구제 또는 자기의 권리를 행사하지 않고 권리 위에 잠자는 자를 법의 보호에서 제외하기 위한 것이다(대법원 1976. 11. 6. 선고 76다148 전원합의체판결).

소멸시효기간의 만료로 소멸시효가 완성되면 채권은 당연히 소멸하고(대법원 1966. 1. 13. 선고 65다2445 판결), 원본채권이 시효로 소멸하면 이자채권도 함께 시효로 소멸한다(민법 제183조).

2. 소멸시효의 기산점

소멸시효는 권리를 행사할 수 있는 때로부터 진행한다(민법 제166조제1항). 권리를 행사할 수 있는 때의 의미는 다음과 같다.

구 분	권리를 행사할 수 있는 때의 의미	예시
기한이 정해진 경우	기한이 도래한 때	2012. 1. 30
불확정(不確定) 기한부채권의 경우	기한도래를 안 때	추곡수매가 끝나면
기한이 없는 경우	그 채권을 행사할 수 있는 때	–
조건이 있는 경우	그 조건이 성취된 때	공무원 시험에 붙으면

3. 채권의 소멸시효 기간

가. 민사채권

민사채권은 10년간 행사하지 않으면 소멸시효가 완성된다(민법 제162조제1항).

나. 상사채권

금전거래의 원인이 상행위로 인한 경우에는 상법에 다른 규정이 없는 때에는 5년간 행사하지 않으면 소멸시효가 완성된다. 그러나 다른 법령에 이보다 단기의 시효의 규정이 있는 때에는 그 규정에 따른다(상법 제64조).

다. 1년 이내의 기간으로 정한 이자채권

1년 이내의 기간으로 정한 이자채권은 3년간 행사하지 않으면 소멸시효가 완성된다(민법 제163조). '1년 이내의 기간으로 정한 이자채권' 이란 1년 이내의 정기로(예를 들어 매달 이자를 주기로 하는 경우) 지급되는 채권이라는 뜻이며, 변제기가 1년 이내의 채권이라는 의미가 아니다(대법원 1996. 9. 20. 선고 96다25302 판결).

라. 판결 등에 따라 확정된 채권의 소멸시효

판결에 의하여 확정된 채권은 단기의 소멸시효에 해당한 것이라도 그 소멸시효는 10년으로 한다(민법 제165조제1항).

파산절차에 의하여 확정된 채권 및 재판상의 화해, 조정 그 밖에 판결과 동일한 효력이 있는 것에 의하여 확정된 채권도 그 소멸시효는 10년으로 한다(민법 제165조제2항).

판결확정 당시에 변제기가 도래하지 않은 채권은 판결 등에 의해 확정되었더라도 10년으로 연장되지 아니한다(민법 제165조제3항).

4. 소멸시효의 중단

가. 개 설

채권자는 채권의 시효가 완성되기 전에 소멸시효를 중단시켜야 한다. 소멸시효를 중단시키는 방법으로는 재판상청구, 파산절차참가, 지급명령의 신청, 화해를 위한 소환, 임의출석, 압류 · 가압류 · 가처분이 있고, 채무자가 채무를 승인하는 경우에도 소멸시효는 중단된다.

나. 재판상 청구

재판상의 청구를 하면 소멸시효가 중단된다. 그러나 소송이 각하, 기각 또는 취하되는 경우에는 시효중단의 효력이 없다(민법 제170조제1항). 다만, 재판상의 청구가 제기되었으나 소송이 각하, 기각 또는 취하된 경우(민법 제170조제1항)에 6개월 내에 재판상의 청구, 파산절차참가, 압류 또는 가압류, 가처분을 한 때에는 시효는 최초의 재판상청구로 인하여 중단된 것으로 본다(민법 제170조제2항).

다. 파산절차참가

채무자의 파산으로 채권자가 파산절차에 참가하는 경우에는 소멸시효가 중단된다. 그러나 채권자가 참가를 취소하거나 그 청구가 각하된 때에는 시효중단의 효력이 없다(민법 제171조).

라. 지급명령 신청

채권자가 독촉절차를 이용하여 지급명령을 신청한 경우에는 소멸시효가 중단된다(민법 제172조).

마. 최 고

채권자가 채무자에게 이행을 청구하는 경우에는 소멸시효가 중단된다. 최고는 특별한 형식이 없으나 6개월 내에 재판상의 청구, 파산절차참가, 화해를 위한 소환, 임의출석, 압류 또는 가압류, 가처분을 하지 않으면 소멸시효 중단의 효력이 발생하지 아니한다(민법 제174조).

바. 압류 · 가압류 · 가처분

압류, 가압류 및 가처분은 권리자의 청구에 의하여 또는 법률의 규정에 따르지 아니함으로 인하여 취소된 때에는 시효중단의 효력이 없다(민법 제175조).

압류, 가압류 및 가처분은 시효의 이익을 받은 자에 대하여 하지 않은 때에는 이를 그에게 통지한 후가 아니 면 시효중단의 효력이 없다(민법 제176조). 예를 들어, 채무자 아닌 사람이 채무자를 위해 자신의 부동산에 저당권을 설정해 주었는데 채무자가 변제하지 않아 채권자가 이를 압류하였다면, 이 사실을 채무자에게 통지해야 채권의 시효가 중단된다.

사. 채무승인

채무자가 채권자에게 그 권리의 존재를 인정한다고 표시하는 경우에는 소멸시효가 중단된다.

승인은 승인을 할 만한 권한 있는 자가 해야 하지만, 시효중단의 효력 있는 승인에는 상대방의 권리에 관한 처분의 능력이나 권한 있음을 요하지 아니한다(대법원 1970. 3. 10. 선고 69다401 판결 및 민법 제177조).

승인은 채무자에게 명시적으로 승인하는 것 뿐 아니라 이자를 지급하거나, 일부변제를 하거나 담보를 제공하는 것도 채무의 승인이 된다.

아. 소멸시효 중단의 효력

시효가 중단된 때에는 중단까지에 경과한 시효기간은 이를 산입하지 않고 중단사유가 종료한 때로 부터 새로이 진행한다(민법 제178조제1항).

재판상의 청구로 인하여 중단한 시효는 재판이 확정된 때로부터 새로이 진행한다(민법 제178조제2항).

저자 : 조 순 구
- 약 력
▸ 연세대학교 법과대학 졸업
▸ 제 6 회 법무사시험합격
▸ 폴라리스 법학원 (민사법.형사법) 강의
▸ 현) 서초동 법무사

- 저 서-
• 법인등기
• 민사집행서식과 신청실무

소장 · 답변서 · 준비서면 · 내용증명 [3판]

2019년 8월 20일 인쇄
2019년 8월 25일 발행

저자와의
협의에 의하여
인지 생략

저 자 : 조 순 구
발행인 : 양 갑 수
발행처 : 도서출판 法 律 & 出 版
등록번호 : 25100-2005-000110
서울특별시 서초구 서초동 1712-2 동용빌딩 104호
전화(代) :02-521-8199(代) FAX :02-598-0332

ISBN 978-89-956907-7-2-93360

http:www.kslawbook.com 정가 38,000원